디지털 게임 AI의 모든 것!

재미있는 **게임 AI**는 어떻게 움직이는가?

인공지능을 만드는 법

미야케 요이치로(三宅 陽一郎) 저
이도희 역

BM 성안당

머리말

이 책은 인공지능을 다룬 책이다. 필자는 게임 개발자이기 때문에 게임 개발에 대한 인공지능에 대하여 집중적으로 설명하고 있지만 크게 보면 지능 그 자체라는 화제를 다룬다.

또한 인공지능에 대해 기본적인 사고 방식을 심화시켜 간다는 입장에 서서, 최첨단 이슈를 나열하는 데 그치지 않고 읽다보면 자연스럽게 독자 여러분과 함께 생각하며 학습하는 장이 될 것이다.

'왜 엔지니어나 연구자가 아닌 사람이 인공지능을 이해할 필요가 있는가?', '흥미를 불러일으킬 수 있을까?' 하는 것을 주제로 했다. 따라서 이 책을 읽기 위해 아무런 지식도 필요치 않다.

무언가를 배운다고 할 때에는 지식부터 파고들면 결국 지식의 숲 속에 파묻혀 헤어나지 못하게 된다. 지식의 숲을 지식으로 걸어갈 수는 없는 것이다. 그러나 어떤 경우든 먼저 스스로의 '질문'에서 출발하면 지식의 숲을, 그리고 지식의 사이를 빠져나와 걸어갈 수 있게 될 것이다. 이윽고 지식을 얻었을 때 질문은 그 지식의 결정체의 중심이 되어 결정한 지식을 다시 본인에게 돌려줄 수 있게 된다.

인공지능도 이와 마찬가지로 그 분야의 한가운데에 깊고 넓은 숲을 가지고 있다. 지능의 세계는 심오하며 깊숙이 들어가는 것이 그리 어렵지는 않다. 하지만 숲 속에서 어느 새 방향을 잃고 어느 쪽이 깊은 숲속인지 입구인지 모르게 되어 버리며, 이것이 인공지능이라는 분야의 특징이기도 하다.

그런데 '지능이란 무엇인가?'라는 '질문'을 계속 가지고 있다면, 예를 들어 그것이 무척이나 심하게 우회하는 길에 있다 해도, 또는 나선 모양으로 빙글빙글 계속 돌아가는 것 같다 할지라도, 그 질문이 지능의 숲의 중심으로 인도해 줄 것이다.

그러므로 이 책을 구입했다면 스스로 '질문'의 힘을 절대 끊어지지 않도록 할 것을 당부한다. 아는 것보다 계속 질문하는 것이 중요하며, 지식은 끊임없이 질문하는 자에게 찾아온다.

그럼 지금부터 독자 여러분을 지능의 모험으로 안내해 본다.

이 책을 읽는 방법

이 책에서 다루는 주제는 다양한 분야에 걸쳐 있으므로 차례대로 읽을 필요는 없다.

전문용어는 가능하면 처음 나올 때 설명했지만, 아무 곳이나 자유롭게 왔다 갔다 하며 읽는 상황을 생각해서 썼다.

흥미로워 보이는 곳, 자신이 중요하다고 생각하는 곳부터 먼저 읽고 차차 흥미를 넓혀 가면 좋을 것이다.

일단 여기서 대략적인 구성도를 그려 두므로, 아무 곳이나 읽다가 혼란스러울 때 이 페이지로 돌아와 다시 방향을 잡으면 된다.

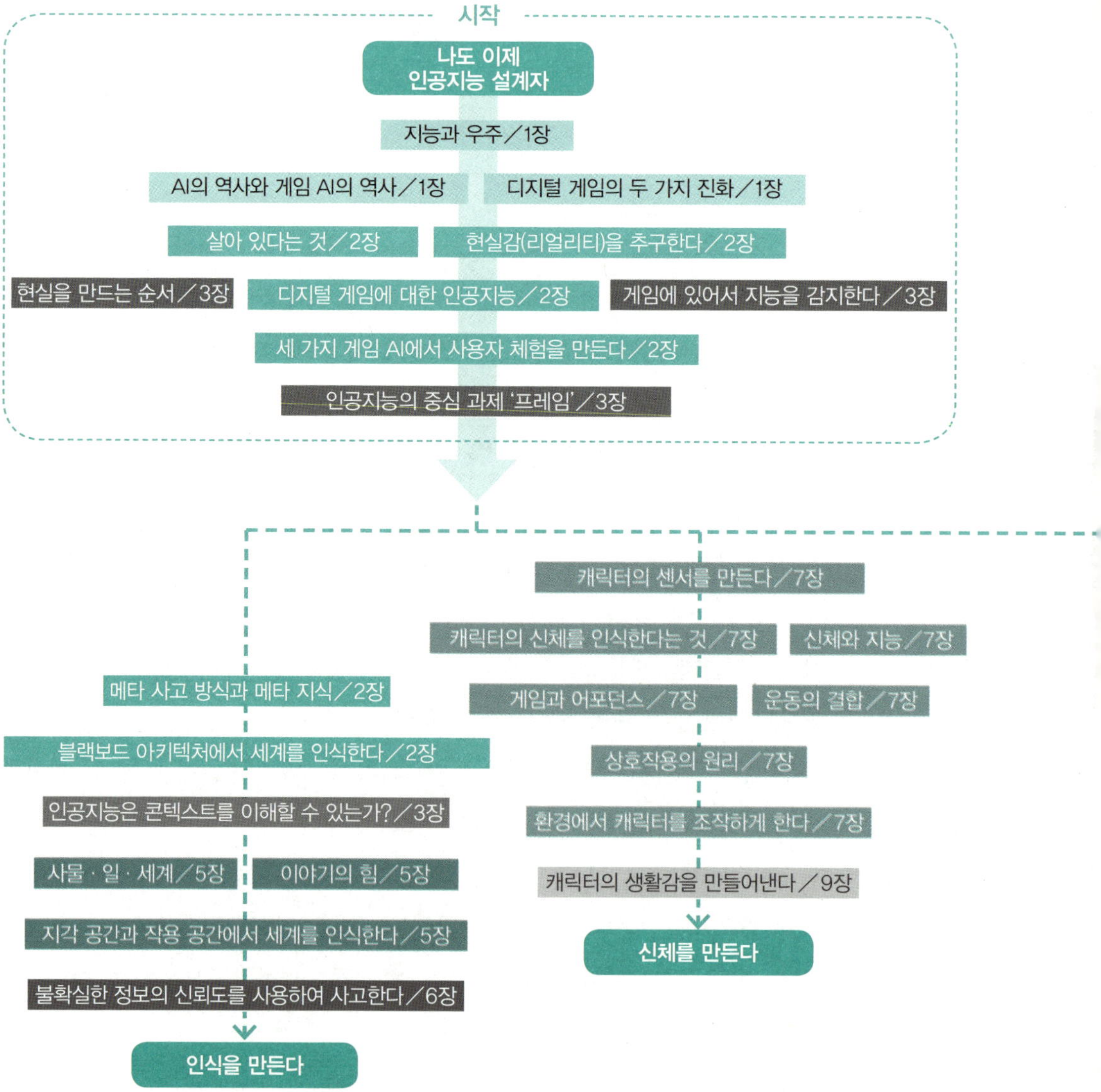

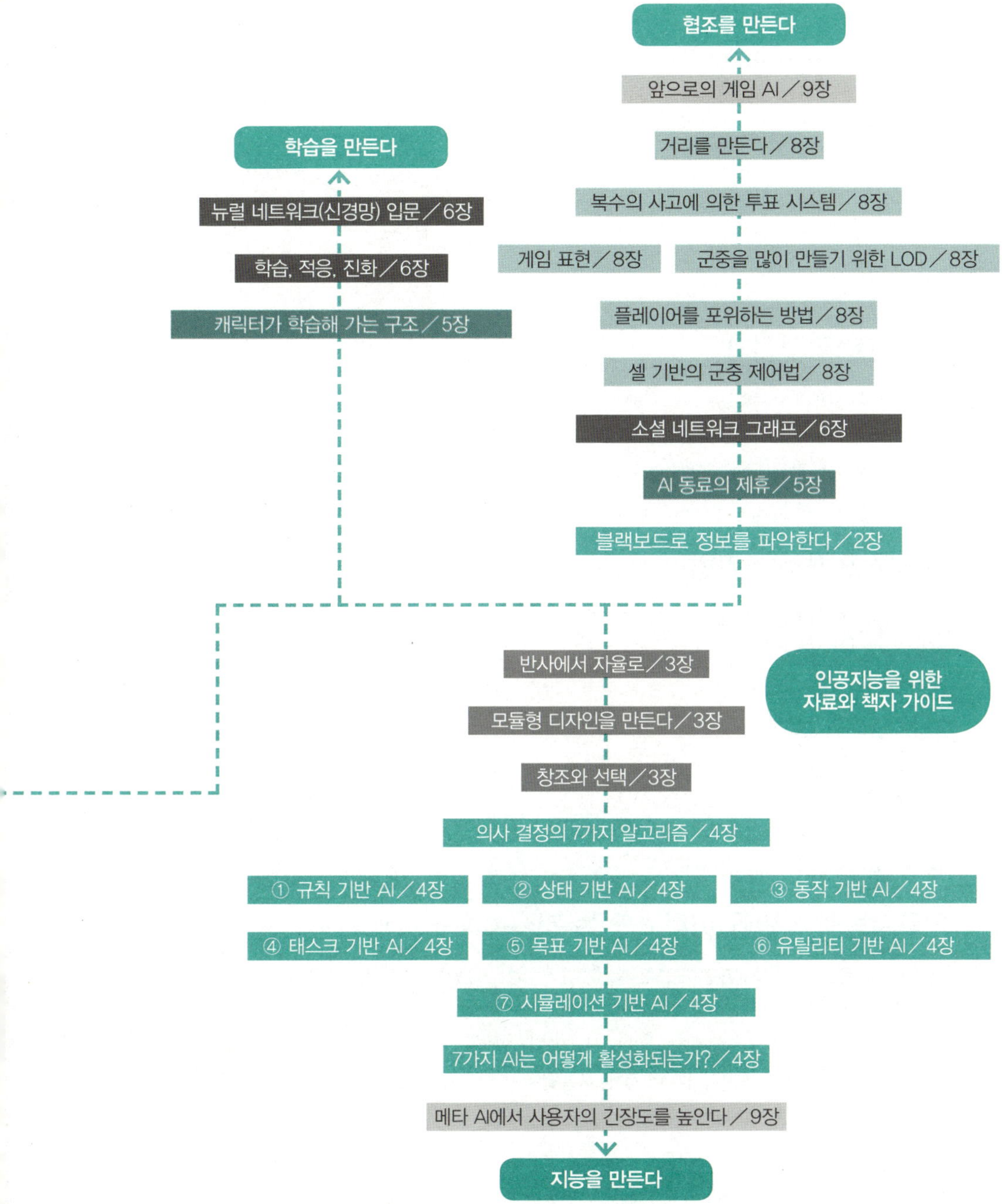
협조를 만든다
앞으로의 게임 AI／9장
거리를 만든다／8장
복수의 사고에 의한 투표 시스템／8장
게임 표현／8장
군중을 많이 만들기 위한 LOD／8장
플레이어를 포위하는 방법／8장
셀 기반의 군중 제어법／8장
소셜 네트워크 그래프／6장
AI 동료의 제휴／5장
블랙보드로 정보를 파악한다／2장
학습을 만든다
뉴럴 네트워크(신경망) 입문／6장
학습, 적응, 진화／6장
캐릭터가 학습해 가는 구조／5장
반사에서 자율로／3장
모듈형 디자인을 만든다／3장
창조와 선택／3장
의사 결정의 7가지 알고리즘／4장
① 규칙 기반 AI／4장
② 상태 기반 AI／4장
③ 동작 기반 AI／4장
④ 태스크 기반 AI／4장
⑤ 목표 기반 AI／4장
⑥ 유틸리티 기반 AI／4장
⑦ 시뮬레이션 기반 AI／4장
7가지 AI는 어떻게 활성화되는가?／4장
메타 AI에서 사용자의 긴장도를 높인다／9장
지능을 만든다
인공지능을 위한
자료와 책자 가이드

목차

서장
지능의 바다로

사람은 일생을 살면서 지능에 대해 계속 흥미를 갖게 된다.

인간이란 대부분의 시간을 자기 자신에 대해, 사람과 사람의 관계에 대해, 사회 대해, 우주에 대해 생각하는 동물이다. 인간이라는 말이 사람 사이라는 의미이므 사람은 사람과 사람 사이에 관심이 있으며 자신이 다른 사람 속에서 어떤 위치 있는지, 그리고 자신이 다른 사람을 어떻게 생각하는지 정말 알고 싶다고 생 한다.

그리고 우리 자신이 바로 지능인데도 지능이라는 것이 무엇인지 제대로 알기 꽤 어렵다.

또한 사람은 세계에 대해서도 알고 싶어 하는데, 그것이 과학이다. 과학은 눈부 시게 진보해 와서 지금은 배움에 끝이 없을 만큼 많은 일들이 알려져 있다.

그렇다면 '안다'는 것은 도대체 무엇이란 말인가?

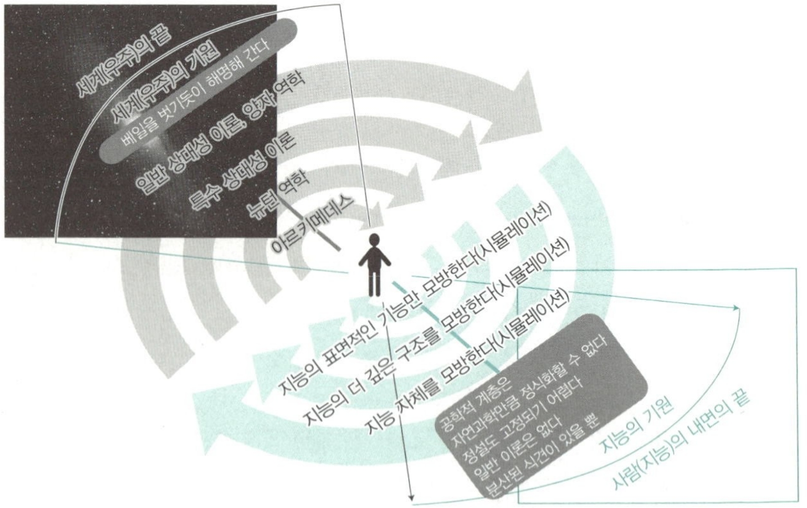

[그림 0-1] 세계를 안다는 것은 지능의 기원에서 세계의 끝을 생각하는 것

지능이란 '아는' 힘. 그렇다면 '안다'는 건 무엇인가?

지능의 세계를 안다는 것은 무엇일까? 우리의 지능과 신체의 '본질'은 대체 어떻게 되어 있는 것일까?

'아는 것을 알라'고 하는 것은 그리스의 철학자 소크라테스가 2000년 이상 전에 한 말이다. 아는 주체로서의 자신은 무엇인가? 즉, 지능이란 무엇인가? 상당히 중요한 화두인데도 우리는 잘 알고 있지 못하다. 데카르트는 그의 학문의 출발점이 된 『방법서설』에서 '의심하는' 주체로서의 자신은 부정할 수 없으며, 유명한 '나는 생각한다. 고로 존재한다'고 했는데 '나는 안다. 고로 존재한다'고 바꾸어 말할 수도 있다. 그러나 급속한 자연과학의 발전에 따라 우주에 대해 알고 있는 깊이에 비하면 우리는 자신의 내면에 대해 아직 너무 알지 못한다.

서양의 자연과학과 자연철학에서는 사람과 우주가 있고 우주를 대상으로 객관적으로 보고 가정과 가설에 의해 법칙을 발견한다고 한다. 아는 주체로서의 자신을 그렇게 정의한다. 하지만 지능은 다른 것이다. 지능이란 우리 자신인 것이다.

우리는 우리일까? 대상일까?

인공지능에 있어서 무엇이 대상인 것인가?

순수하게 대상화할 수 없는 대상을 어떻게 알면 좋을까, 물질이나 소프트웨어조차 알지 못하는 지능을 어떻게 과학하면 좋을 것인가?

'지능을 가지고 살아가는' 우리네 인간을 알기 위해 지능의 연구는 여러 분야에 걸쳐 전방위적으로 진행되어 왔다. 인지과학, 뇌과학, 심리학, 정신의학, 그리고 철학과 문학 등 많은 학문이 지능을 다양한 각도에서 연구하고 많은 식견을 얻어 왔다. 다만 그것은 해당 학문의 입장으로 한 방향에서 본 성질을 조사한다. 학문이란 그런 것이다.

그러나 인공지능의 가장 중요한 사명으로 '실제로 한 개의 지능을 만든다'는 것이 있다. 지능의 수수께끼는 아직 깊은 심연으로서 눈앞에 있다. 그러나 그렇다 해도 만

드는 일 속에서 새로운 식견을 알고 새로운 패러다임을 얻을 가능성이 있다. 필자가 취하는 것은 그러한 입장이다.

많은 다른 학문의 식견을 이용하여 게임에 필요한 인공지능을 만든다. 그것은 최종적인 해답이 아니라 해도 아는 것과 만드는 것의 리듬에 따라 우리는 진보하는 것이다. 그리고 반대의 관점을 취하면 모든 자연과학(사이언스)이 우주란 무엇인가 하는 질문에 따라 연결되어 있듯이 모든 인간에 대한 과학은 지능이란 무엇인가 하는 질문에 의해 연결되어 있는 것이다.

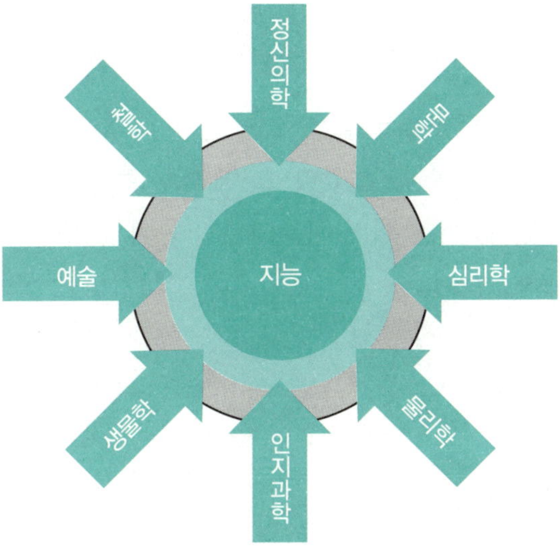

[그림 0-2] 다양한 영역의 학문이 '지능'을 탐구한다.

그럴 때에는 '지능은 이런 지도 모른다'는 지식의 단편을 그러모아 가까스로 체험으로서의 이론 체계를 세운 상태에서 실제로 만들어 보아야 한다. 만들어 보면 부족한 곳이 여러 군데 있으며, '이곳은 어떻게 되어 있는 것일까' 하고 조사하면 자신의 연구 부족 또는 아직 실제로 알려져 있지 않은 것이 드러난다.

예를 들어 시간은 누구나 알고 있다. 그렇다면 우리가 시간을 느끼는 것은 어떤 기구에 의한 느낌일 것이다. 물리학에서는 시간이 매개변수 중 하나이지만 지능에 있어서는 주관적인 체험인 것이다. 주위나 자기 자신의 변화, 그리고 행동에 의해 시간을 체험한다. 그것은 객관적인 매개변수가 아니라 살아 있는 체험에서 인도되는 성질인 것이다.

우리는 자신이 살아온 시간이나 앞으로 지나갈 1시간을 초시계로 재는 것은 아니다. 무엇을 해 왔는가, 무엇이 1시간으로 가능한가 하는 자기 자신의 가능성으로 시간을 재고 있다. 이 체험을 창출하는 이론은 아직 없다. 인공지능이란 그러한 학문이다. 만드는 것에 의해 알고 안 것에 의해 만들어 내는, 그런 학문이고 공학이다.

가까운 신변의 일에서 지능을 감지한다

인공지능에는 실로 다양한 입구가 있다.

오늘 동물원에 가서 호랑이를 보았다. 호랑이는 교묘하게 바위에서 바위를 뛰어오르며 달리고 있었다. 저건 어떤 지능의 움직임이 있기에 가능한 것일까?

또는 뉴스에서 장기 AI가 유명한 프로기사에게 이겼다고 했다. AI는 그만큼 똑똑한 것일까?

친척의 아이는 정월에 만날 때마다 놀랄 만큼 많은 말을 기억하고 있다. 저건 어떤 능력인 것일까?

신문에서 어떤 AI가 튜링 테스트(Turing test: 기계가 인공지능을 갖추었는지 검증하는 테스트)에 합격했다. 이미 사회에 AI가 융화되는 날도 가까운 것일까?

SF 영화를 관람했다. 저렇게 똑똑한 로봇이 있다면 편리하긴 하겠는데…. 등등.

그래서 사람은 지능에 흥미를 가지고 인공지능의 분야에 한 걸음 발을 들여놓을 수 있다. 실제로 인공지능은 정말 발을 들여놓기 쉬운 분야인 것이다.

인공지능이란 분야는 방향을 잃기 쉽다

그러나 문제는 거기서부터 시작된다. 인공지능은 한걸음 발을 들여놓기까지는 좋지만 거기서부터 한걸음 더 앞으로 나아가려고 하면 방향을 볼 수 없게 되어 버린다. 그리고 어느 사이엔가 혼란스러운 중에 흥미를 잃는 경우가 많다.

인공지능이라는 숲은 방향을 잃기 쉽다 — 그 이유로 인공지능은 인공지능이라는 이름을 바탕으로 많은 주제를 내포하고 있으므로 도대체 어느 것이 중심인지 모르게 되어 버리기 때문이다. 인식, 감각, 판단, 행동과 의미, 추정, 의사 결정, 활동, 평가, 신체, 지식, 사회, 그 어느 것이나 지능과 관계가 있다. 이것만의 지능에 관한 주제 중에서 도대체 무엇이 중심인지 알지 못한 채 계속 걸어가면 어느 사이엔가 지능이라는 숲의 밖으로 나와 버린다. 지능이라는 심연을 향하려면 스쿠버 다이빙으로 깊이 잠수할 때처럼 상당한 중심추가 필요한 것이다. 그 중심추란 상당한 요령, 즉 지능에 대해 '무엇에 대해 어떻게 질문할 것인가?'하는 것이다.

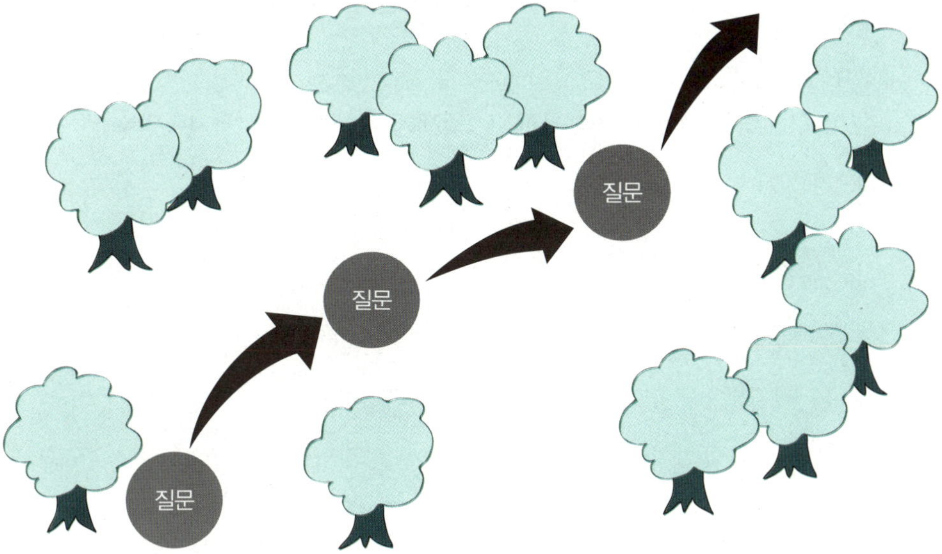

[그림 0-3] 지능의 숲은 질문에서 질문으로

자신이 정말 알고 싶다고 생각하는 질문을 결코 놓쳐서는 안 된다. 많은 지식이 당신이 알았다고 인식한 결과일 것이다. 그러나 지능에 대해 말하자면 완전히 알고 있다는 식의 인식은 거의 아무 것도 없다. 어떤 질문도 곧바로 지능의 숲의 심연을 향하고 있다.

이 책을 읽으면서 지식보다 질문을 중요하게 생각하는 것, 질문을 안고 걸어가면 반드시 지능이란 숲의 깊숙한 곳에 도착한다는 것을 배워 가게 된다면 좋겠다. 이 책에 들어섰다가 이 책에서 나올 때 새로운 출구에서 나올 수 있도록 지능의 모험을 준비해 보자.

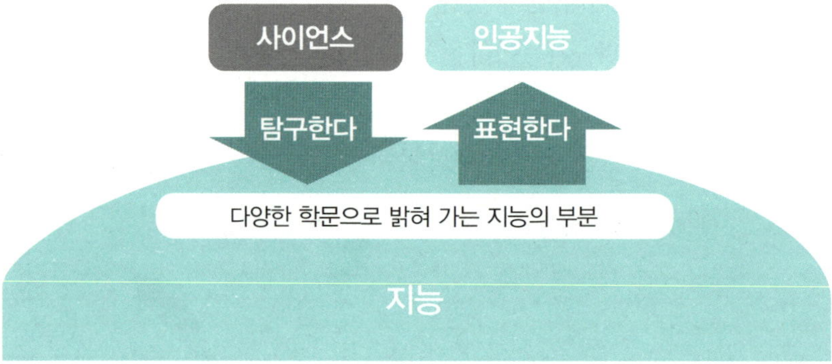

[그림 0-4] 사이언스는 지능을 대상으로 연구하고, 인공지능은 그 식견을 모아서 한 개의 지능을 만든다.

1장

지능이란 무엇인가?

~자연지능과 인공지능

지능이란 무엇인가?

우리는 지능 그 자체이지만, 마치 우리가 '자신의 몸'이라고 생각하고 있더라도 사실은 자기 신체의 의학적인 견지를 알지 못하듯이 지능의 구조에 대해 보통은 그 대부분을 알지 못한다.

좀 뜬금없긴 하지만 '지능이란 무엇인가' 하는 질문과 상대가 되는 질문은 무엇일까?

그것은 '우주란 무엇인가' 하는 질문이다. 우주에 대해서는 수천 수백 년에 걸쳐 많은 지식과 과학을 얻은 인간도 아직 지능이란 내면의 수수께끼는 제대로 풀지 못했다. 지능의 수수께끼를 푸는 갖가지 수단의 연구 방법이 필요하다.

또한 이 질문에 대해 꼭 지켜야 하는 한 가지가 있다.

그것은 결코 성급히 결론을 내리지 말라는 것이다.

과학이 3000년에 걸쳐 만들어 온 것과 마찬가지로 지능이란 무엇인가 하는 질문에 대해서도 이미 수백 년이 넘는 연구가 이루어져 왔다. 그래서 조금씩 그 탐색의 결실을 맺고 있지만 아직 큰 이론이나 결과를 얻은 것은 아니다.

지능이란 무엇인가 — 여행을 하는 것 자체에 가치가 있으므로 우선은 이 장에서 여행에 나서기 위한 장비를 알아보자.

지능과 우주
지능이란 무엇인가 생각해 보자

'지능이란 무엇인가', 이 심오한 질문을 한 마디로 잘라 말하기는 불가능하다. 그리고 인간이 아직 완전히 답을 손에 넣지 못한 질문도 있다. 완전한 답은 커녕 단편적인 단서조차 막연한 상태에 있다. 이 질문에 대한 답은 다양한 입장에서 다양한 답이 있을 수 있다. 그러나 어느 것도 결정적이라고 말할 수 없다. 이 질문은 그 심연이 깊기도 하지만 우리는 아직 충분히 질문의 심연에 깊이 잠겨들 만한 식견을 손에 넣지 못하고 있다.

그래서 이 질문을 일단 잊어버리고 인공지능의 응용을 지향하여 우선 만들어 본다는 공학적 접근 방식이 있다.

또한 한 가지가 더 있는데, 지능이란 무엇인가 하는 질문을 잊지 말고 진행해 나가서 지능의 심연을 향해 나선형의 계단을 천천히 내려가는 길이 있다.

이것은 사이언스로서 탐구하는 접근 방식이다. 인공지능이란 중심에 철학적인 심연을 두고 거기서부터 위로 향하는 길(공학)과 아래로 향하는 길(과학)이 펼쳐져 있다. 그러므로 정의라 해도 어떤 길을 밟느냐에 따라 완전히 달라진다. 이 책에서도 '지능이란 무엇인가'를 다양한 입장에서 재정의하는 것을 반복해 간다.

지능을 정의한다

그럼 우선 원안으로서 필자 자신의 지능에 대한 정의를 써 본다.

"지능은 모든 생물이 가지고 있으며, 환경 세계 속의 지각과 행동을 가능하게 하고 그 생물의 존재를 밖으로, 밖으로 확장시키는 동시에 자기 자신을 안쪽에서 조화시키는 것이다. 만약 신체를 가지고 있지 않다면, 즉 자신의 안쪽이라는 것을 가지고 있지 않다면 자신이라는 것이 없는 셈이므로 생물은 존재하지 않고 지능을 갖지 않아도 좋은 것이다. 그것은 마치 노을이나 대기처럼 실체가 없는 존재가 될 것이다. 그러나 생물은 신체를 가지고 있어, 즉 내부를 가지고 있어 내장이나 혈액, 뼈, 근육을 가지고 있다. 생물은 그러한 생생한 '내부'를 외부에서, 즉 환경 속에서 유지해 갈 필요가 있다. 추워지면 집으로 들어가야 하고 더워지면 수분을 배출해서 신체를 식혀야 한다. 배가 고프면 무언가를 먹어야 한다. 생식의 시기에는 암수를 구분해야 한다."

지능의 가장 간단한 정의는 다음과 같다.

지능의 정의(그 첫 번째)

자신의 내부를 외부에서 지키는 것,
내부에서 솟아오르는 욕구를 환경에서 실현하는 것

즉, 지능은 환경과 신체의 경계에 있고 외부와 내부의 경계에 존재하며 그 경계에서 내부를 지키는 것이다. 만약 지능이 없으면 우리는 곧 신체를 파괴해서 숨이 끊기고 말 것이다.

어떤가? 모든 사람에게 지능의 정의와 이미지가 가까운 것이었을까? 그렇지 않으면 완전히 다른 정의일까? 아무튼 이대로 계속해 가기로 한다.

지능의 정의(그 두 번째)

외부와 내부의 경계에서 그 관계를 조정하는 것

좀 더 자세히 해설해 보자. 자기 자신이 지금 무엇을 느끼고 있는가 생각해 보자. 배가 고픈지 조금 추운지 졸린지, 그렇다면 그것을 실행하기 위해 냉장고에 가거나 난방을 틀거나 침대로 갈 것이다. 이것은 지능이 신체의 상태를 알아차려서 이 상황을 완화시키기 위해 실행한 조치인 것이다. 너무나 원초적인 지능의 역할이지만 지능에 대한 최초의 정의로 여기서부터 시작하기로 하자. 지능의 정의는 아직 결정적인 것이 될 수 없으므로 반복해서 조금씩 심화시켜 가는 것이 좋겠다.

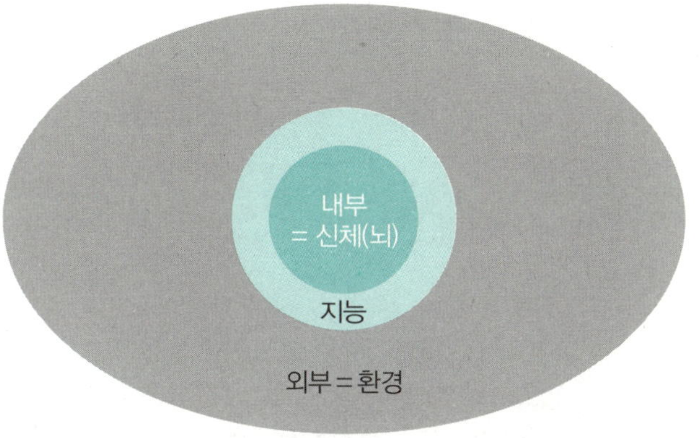

[그림 1-1] 지능의 정의. 지능은 외부(= 환경)와 내부(= 신체)의 경계에서 존재를 조정한다.

지능은 상대적인 것

여기서 이 장의 첫 질문을 반복한다.

"지능의 대의어(對義語: 뜻이 서로 정반대되거나 짝을 이루는 말. 반의어.)는 무엇일까?"

서두에서 말했듯이 안쪽의 지능과 반대쪽 극단에 있는 것은 그것을 포함하는 세계라고 생각해 보자. 우주의 진화와 생물의 진화라는 입장에 서 있다면 138억 년 전에 우주가 탄생하고 46억 년 전에 지구가 생기고 생물이 진화하고 그 결실로 지성이 생겨났다. 우주의 생성의 끝에서 최후에 나타난 산물, 그것이 지성이라고 한다면 이 세계에는 우주와 지능이라는 두 가지 극단이 존재한다. 그리고 태어나서 목격된 지능은 세계로 우주로 향하여 지능을 움직인다. 낮에는 자신의 주위 환경 세계를 살아나가고 밤에는 먼 창공을 바라보면서 자신들이 어디서 왔는가 하며 여기에 있는 이유를 생각한다.

지능을 생각할 때에는 언제나 그것을 둘러싼 환경 세계와 함께 생각해야 한다.

지능은 결코 절대적인 것이 아니라 우주의 생성의 끝에서 태양계가 탄생하고 거기에 지구가 생기고 그 표면에 생명이 나고, 이윽고 생명은 지능을 갖게 되었다. 그러한 지능은 '지구산 지능'이며 신체가 이 세계의 대기에 순응하도록 지구 세계에 적응한 지성이 우리이고 지구 상의 지성인 것이다.

지구 상에는 많은 생물이 있다. 각 생물은 자기들이 살아가는 장소에 적응한 고유의 지능을 가지며 자신을 둘러싼 환경에 적응하기 위해 변화, 적응, 발전했고 신체와 지성 모두 환경에 대해 상대적으로 발전한 것이다. 환경이 변하면 지능도 어느 정도 변화한다.

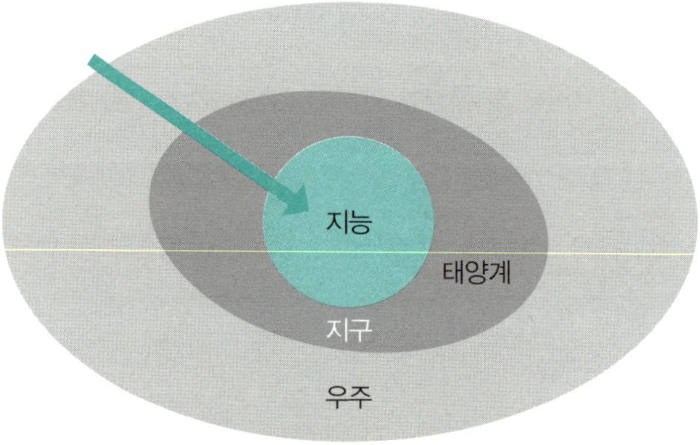

[그림 1-2] 우주, 지구, 태양계, 지구, 그리고 생물이 살아가며 지능을 갖게 된 경위

또한 지능은 신체에 의해서도 제한을 받는다. 신체의 형상이 의식의 형태를 어느 정도 결정한다.

문어란 것은 어떤 의식일까? 다리 여덟 개를 움직이는 뇌는 어떤 뇌일까? 잠자리라는 것, 사슴처럼 뿔을 가진 것, 인간처럼 사회를 갖는 것은 — 각각 서로 다른 지능의 형태를 가진다. 그래서 신체는 환경과 고유의 관계를 가진다. 나무 위에 사는 것, 나무에서 나무로 날며 이동하는 것, 흙 속 깊이 사는 것, 잎사귀와 바위 아래에 사는 것, 물 속에 사는 것, 그리고 지능은 그러한 신체와 환경 사이의 관계를 맺어주는 기능을 보유하고 있다.

지능의 정의(그 세 번째)

지능은 신체와 환경의 관계를 맺어준다.

그러나 지능이 고도화되면 될수록 지능은 그러한 장소나 환경, 신체의 고유성을 뛰어넘어 추상적인 사고를 갖게 된다. 하지만 그 규칙에서 완전히 벗어나는 것은 아니다.

매우 고도화된 사고를 하고 있다 해도, 예를 들어 국가 간의 영토 문제를 논의하고 있다고 해도 개나 곰 등의 동물이 가진 것처럼 영역의 본능에서 벗어나기는 어려울지 모른다. 동물이 가진 영역은 둥지 주위의 포식장, 자기가 먹는 식물이 있는 장소 등 언제나 물리적인 영역과 관련되어 있다. 영역은 그곳을 지배한다는 것보다는 그 개체의 생존의 기본이 되는 것이다. 그것을 침해 받으면 자신의 생존이 위기에 봉착하게 된다. 영역이 감정의 원천이라는 사고 방식도 있다('아지 이론' p.73).

그러나 인간이 가진 영역은 거기서 추상화되어 가며 자신의 전문 영역이기도 하고 일의 영역이기도 하고 전체를 본 적도 없는 영역이기도 하다.

그것도 밝혀 가면 전문가로서 전문 영역은 그 사람이 살아가는 양식이고 일의 영역이라는 것도 마찬가지로 생활의 기반이기도 하다. 우리가 거기까지 강하게 환경을 속박하는 것은 말하자면 환경에 얽매여 살아가는 생물의 본질을 나타내는 것이다.

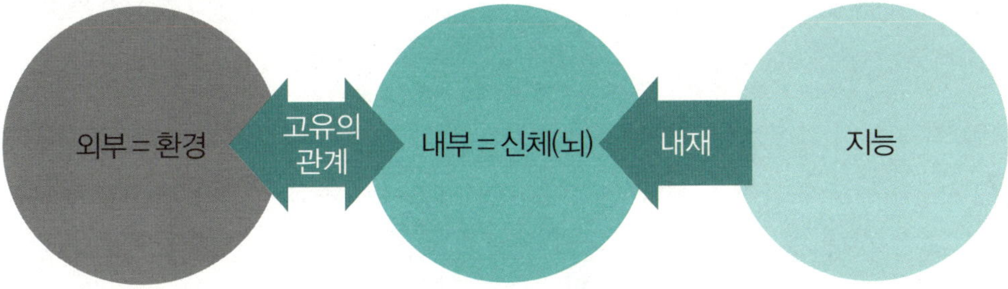

[그림 1-3] 신체와 환경이 특유의 관계를 가지며, 지능은 그 신체에 내재한다.

기능은 보편적인 것

우주의 끝으로서의 지능, 우주를 발견하는 지능, 우주 속에서 형성된 지능. 지능은 또한 자연이 탄생시킨 것이기도 하다. 숲이나 바람이나 화산이나 호수와 같이 자연물 하나하나로서 존재한다. 돌에는 여러 가지 형태가 있듯이, 지능도 마찬가지로 다양한 형태가 있는 것이다. 지능은 자연 현상의 하나이다.

그러나 형태는 달라도 모든 돌에는 공통의 성질이 있다. 식물은 한 포기 한 포기가 다르지만 그래도 공통의 구조를 가진다. 앞에서 지능을 하나하나의 형태가 서로 다르다고 썼다. 그러나 돌이나 식물처럼 지능에 공통인 보편적 구조와 성질이 있다.

지능의 정의(그 네 번째)

생물의 공통인 성질

우리는 그것을 '지능의 원리'라고 부른다. 이 원리를 추적하는 것은 사이언스(이학)이다.

엔지니어링으로서의 인공지능

지능의 원리야말로 인공지능을 구동한다. 인공지능의 엔지니어링이란 그러한 자연의 지능에서 추출한 지능의 원리를 실제로 프로그래밍하여 구축함으로써 공학적으로(인공적으로) 지능을 만들어 낸다는 시도인 것이다.

마치 건축이 자연계의 여러 가지 원리나 구조, 물질을 연구하여 고층 빌딩을 세우듯이 지능도 또한 자연계나 인간이 가진 지능의 원리와 성질을 연구하여 인공지능을 만들어 낸다. 공학이 자연에서 배운 원리를 응용하여 공업 제품이나 건축, 항공기, 자동차를 만들어 냈듯이 인공지능은 자연이나 인간에서 배운 원리를 응용하여 인공지능을 만든다. '지능의 원리라니? 그런 건 학교에서 배우지 않았는데'라는 사람도 많을 것이다. 인공지능이라는 학문은 매우 젊어서 아직 60년 정도이지만 학문으로서 인식되어 교육 과정에 포함되는 것은 상당히 시간이 걸릴 것이다.

지능의 원리는 심오하며 현재 그 일단을 파악한 단계에 불과하다. 이 책에서 소개하는 지능도 완전한 해답이기는커녕 단편적이고 불완전한 것이다. 그러나 그처럼 불완전하면서도 실제로 만들어 봄으로써 그 지능의 원리의 본질이나 정당성을 어느 정도 확인할 수 있다.

'지능의 대의어는 우주이다'라고 썼는데, 인류는 우주란 무엇인가를 알기 위해 상당히 오랜 시간과 노력을 소비해 왔다. 그래서 지금은 그 전체 모습이 어렴풋하나마 눈에 보이는 곳까지 와 있다.

지능의 정의(그 다섯 번째)

우주의 대의어

그리고 그것과 같은 정도의 시간과 노력을 지능이란 무엇인가, 인간이란 무엇인가 하는 질문에 쏟아부어 왔다. 한편은 자꾸만 밖으로 확장하는 호기심이고 다른 한편은 내면으로 깊이 자기를 탐구하는 여행이다. 이 의미에서도 우주와 지능은 대극(對極)에 있는 것이다.

말과 몸

지금까지 지능을 외부 환경과 내부 신체의 환경으로 정의했는데, 그 밖에도 여러 가지 정의가 있다.

인공지능이란 학문이 시작되던 시대의 정의는 다음과 같다.

지능의 정의(그 여섯 번째)

말을 다루고 기억과 추론의 능력을 가진 것

이 정의는 높은 지능의 측면을 요구하는 것이었다.

'말의 첫 걸음'. 서양에서 '말(로고스)'은 특별한 의미가 있다. 말에 의해 인간은 동물과 구별되며 말이 사회에서 힘을 가지고 계약을 하고 말이 인간의 가장 높은 지능이라는 사고 방식이 있다. 이 방향에 따라 지능의 가장 높은 부분을 먼저 만들려고 한 것이 당초 인공지능의 시작이었다. 인간의 뇌로 치자면 이것은 '대뇌'이며 또한 표면적인 '대뇌신피질'이라는 부분에 해당할 것이다. 즉, 진화 단계로 보면 마지막으로 발달한 부분이다.

언어를 사용한 인공지능이라는 발상은 서양의 인공지능 발전에서 큰 흐름 중 하나이다. 그러한 측면을 너무나 당연하게 강조해서 그렇기도 하지만 그 기저에는 말을 사용하는 것이 지능의 증명이라는 깊은 문화적 측면이 표출되고 있다. 그 구속감은 동양에서 태어난 필자 자신도 당황스러울 정도이다. 애플(Apple)의 시리(Siri)나 IBM의 왓슨(Watson), 검색 엔진 구글(Google), 세계를 선도하는 기업 또한 자연 언어 처리를 근간으로 하고 있다. 일본 기업에 그러한 기술이 없는 것도 아니고 우리들에게는 언어에 그렇게까지 구속을 받는다고 생각하지 않는다. 필자도 언어는 지성의 그림자이고 본체가 아니라는 생각을 가지고 있다.

그렇다면 언어 = 인공지능이라는 극단론과 반대인 사고 방식은 어떨까.

그것은 지능을 신체와 깊이 결부시켜 생각하는 것이다. 말이 대뇌의 기능이라고 하면 지능을 가진 생리적인 측면이나 운동을 담당하는 부분은 '소뇌'이며, 지능은 신체를 제어하는 것으로서 발달해 왔다. 그 기능은 신체가 어떠한 상태인지 그리고 거기서 신체에 대해 목적에 따른 움직임을 실현하기 위한 조정을 가한다.

이것과 유사한 지능을 만들어 온 것은 로봇의 개발자들이다. 로봇 개발에는 불가피한 '신체'라는 것이 거기에 있다. 로봇의 뇌 개발도 각 관절의 상태나 균형을 취하면서 신체를 제어한다. 그러므로 로봇 분야에서 보면 지능의 정의는 다음과 같이 될 것이다.

지능의 정의(그 일곱 번째)

환경에 적응시키면서 신체를 목적에 맞게 운동시키는 것

생물은 모두 신체에 의해 환경 세계에 속해 있다. 의식은 뇌에 의해 존재할지 모르지만 우리의 존재 그 자체는 신체에 따라 세계에 깊이 뿌리를 내리고 있다. 물론 정신이 신체와 관계없이 존재한다는 생각도 있지만, 일단 이 정의에서는 신체가 있고 지능이 있다고 생각해 본다. 진화론의 입장에서 보면 원초적인 생물이 신체를 조정하는 기관을 개발시켜 신체가 복잡하게 됨에 따라 그 기관이 커지고 마침내 뇌가 되어 가는 시나리오도 생각할 수 있다. 그러므로 뇌의 근간은 뇌수에 의해 신체와 깊이 연결되어 있고 그것을 둘러싸듯이 최신의 뇌가 있는 것이다. 신체와 뇌는 일체가 되어 환경 세계를 향해 존재하고 있다는 지능 이미지인 것이다. 이것은 마치 지능과 말을 연결하는 '지능의 정의(그 다섯 번째)'와 대척점에 있는 사고 방식이다.

언어에서 비롯되는 지능, 신체에서 비롯되는 지능, 그리고 그 둘은 서로 다른 입장에서 시작했다. 처음에 말했듯이 지능이란 무엇인가를 알지 못하는 이상 가설적이나마 먼저 입장과 정의를 확실히 해 놓고 연구를 진행하는 것이 인공지능 분야의 특징이기도 하다.

지금은 서로 다른 입장이더라도 지능은 하나이므로 긴 시간을 거쳐 마침내 두 방향은 하나가 될 것이다. 아직 먼 미래이지만 서로의 분야를 향해 가까워지고 융합할 때, 또한 새로운 지능의 탐구에 대한 무대가 개척될 것이다.

AI의 역사와 게임 AI의 역사

인공지능의 60년을 돌이켜 본다

앞 절에서도 말했지만 인공지능이라는 학문이 시작된 것은 그리 오래되지 않았다. 수학은 3000년, 물리학은 500년 가까운 역사를 가지고 있지만 인공지능이라는 학문이 시작된 것은 대략 다트머스 회의(Dartmouth Conference, 1956년: 다트머스 대학교에서 개최되었고 인공지능이라는 분야를 확립한 학술회의)라고들 하니, 60년 정도 된다. 시작되기는 했지만 다른 학문과 마찬가지로 학계에서 제대로 된 학문으로 인정되어 세간에 퍼져 나간 것은 최근 30년 정도이다. 디지털 게임에 탑재된 인공지능(이하 게임 AI라 함)은 그보다도 한참 후인 최근 20년에 시민권을 획득했다고 말할 수 있으며, 그나마 체스나 장기 등에만 한정된 일이었고, 더욱이 액션 게임이나 상업적으로 만들어진 게임 AI가 과연 학문으로 되는지 여부는(지금이 가장 재미있는 시기이지만) 학계의 학자와 산업계의 개발자가 이 분야를 하나의 학문 분야로 확립하려고 운동하고 있는 실정이다. 이럴 때에는 옥석을 가리기 힘든 연구이지만 가장 뜨겁게 논의되어 하나의 학문의 기본적인 개념이 나오려 하는 시기이기도 하다.

매년 3월에 샌프란시스코에서 개최되는 게임 산업 컨퍼런스로는 최대의 게임 개발자회의 GDC(Game Developers Conference)나 학술 분야의 경우 가을에 개최되는 AIIDE(AI and Interactive Digital Entertainment)가 산업계 개발자와 학술 연구자 모두 참가하여 서로의 식견을 교환하고 교류를 심화시키면서 느리긴 하지만 이 분야의 발전을 촉진하고 있다.

인공지능은 어떻게 진화해 왔는가 ~인공지능의 시대

이번에는 인공지능의 학문의 역사를 해설하기보다는 각각의 시대에 어떤 문제의식이 있었는지를 필자의 상상력에 한하여 해설하고자 한다.

인공지능의 여명기에서 현대까지

먼저 인공지능의 여명기는 컴퓨터의 여명기이기도 했다. 1940년대 당시 컴퓨터는 전자계산기라고 해서 계산 용도로 사용되고 있었다. 주로 군사용, 과학용의 계산이었으며, 노트형 PC는커녕 데스크톱 PC도 없고 컴퓨터라고 하면 메인프레임이라는 거대한 체육관에서 구동하는 진공관의 집합체였다. 그러므로 대량의 열을 발산하면서 구동하는 장치는 당시의 사람들에게 압도적인 위압감이 있었을 것이다. 그러나 컴퓨터의 성능은 오늘날에 비하면 미미한 수준이었다. 당시로서는 완전히 새로웠던 컴퓨터라는 것이 출현하고 그 거대함은 사람들에게 다양한 상상력을 자극했을 것이다. 그 중에서는 컴퓨터가 지능과 비슷한 무언가라고 연상되었을 것이다. 영화판 『스타트랙』(1979)이나 애니메이션 『바빌 2세』(도에이, 1973년)와 같이 거대한 컴퓨터가 지성체로 묘사되는 경우도 있었다.

[그림 1-4] 에니막(ENIAC), 'Giant Brain(거대한 두뇌)'이라는 별명으로 불린 컴퓨터('미 육군 사진')

마침내 컴퓨터는 메인프레임과 더 소형인 업무용 PC로 나누어져 인간의 작업을 보조하는 장치, 기억을 유지하는 장치로서의 역할을 갖게 된다. 즉, 그것은 인간의 지적 능력을 확대하는 장치로서의 역할을 하는 것인데, 당시에는 그래도 방 한 개를 차지할 정도의 크기여서 연구나 특수한 대형 업무에만 사용하기 위한 것이었다. 그렇게 군사나 특수한 연구에서 민간 기업에 컴퓨터가 도입되면서 새로운 사회의 변화를 촉진하게 된다. IBM 등의 컴퓨터 기업이 기업을 대상으로 제공하게 된 것이다. 드디어 컴퓨터가 사회에 자리를 꿰찬 것이다. 현재 네트워크와 컴퓨터는 사회의 근간 인프라를 이루게 되었지만, 컴퓨터가 인간의 정보 정리라는 지적 작업에 관련되기 시작한 것이 이 시기이다.

한편 대학이나 연구소 등에서는 경제학, 기상학, 물리학의 시뮬레이션에 컴퓨터가 사용되었다. 즉, 컴퓨터는 인간의 지적 작업에 보조 장치 기능을 한 것이다.

컴퓨터와 인공지능은 매우 유사한 개념이지만 이처럼 인간의 지적 능력의 일부를 추출하여 응용해 온 소프트웨어도 때때로 AI 또는 AI 애플리케이션이라고 부르는 경우가 있지만 자율성을 가지고 있지 않기 때문에 엄밀히 말하면 지능 그 자체는 아니다.

컴퓨터는 더욱 소형화되어 1980-90년대를 지나면서 가정환경에 들어오게 되었다. 처음에는 움직일 수 있는 것 자체가 특수 능력이라고 할 만큼 설명서를 읽으면서 어려운 조작을 해야 했다. 그러나 네트워크에 연결되지 않으면 처리 속도도 느리고 개인적인 용도로는 게임이나 문서 작성, 캐드(CAD) 시스템 등 전문 영역의 일에 한정되었다. 이런 정도로는 컴퓨터가 인공지능적인 분위기를 자아낼 수 없다.

인공지능과 컴퓨터가 연결될 예감은 이런 컴퓨터 대중화 시대의 초기에 여러 번 반복해서 표출되었다. 인공지능은 너무 큰 기대를 받고 너무 큰 기대를 부추긴 측면이 있다. 그것은 지능이라는 것에 대한 이해의 폭이 양극단에 걸쳐 있기 때문일 것이다. 즉, 한편으로 기계의 지성이라는 이미지가 있고 다른 한편으로 인간의 지성이라는 이미지가 있어서 그 두 가지 양극단이 극단적으로 갈라져 버린다. 그러나 지성을 연구해 보면 지성이라는 것은 기계와 인간을 간단히 딱 잘라서 구분할 수 없다. 인간의 지성의 어느 부분은 매우 기계적이며 기계의 지성도 인간의 지성을 참고하여 제작된 부분이 매우 많다. 기계지성과 인간지성 간에 완만한 경사로가 있고 그 연속적인 연결을 이해하는 것이 인공지능을 이해하는 것이기도 하다.

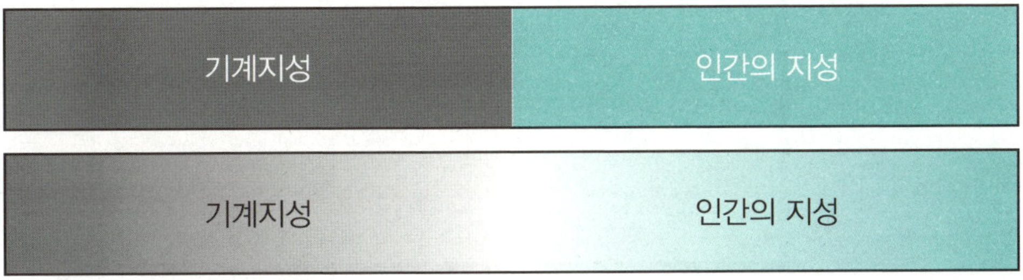

[그림 1-5] 기계지성과 인간의 지성은 명확하게 경계를 가지고 있는(위) 것이 아니며 연속 경계가 모호하다(아래).

인공지능이 극히 단순한 형태밖에 실현되지 않은 것이 현대이다. 그래도 최초에 탄생했을 때와 비교하면 상당히 많이 발전했다. 그러나 인간의 지성에 대해 아직 먼 여행을 하는 도중에 있다. 그 여행은 서서히 조금씩 풍경이 변화하도록 인간의 지성에 가깝게 다가가는 여행이기도 하다. 그 사이에서 어떻게 해도 넘을 수 없는 골짜기나 인간과 기계의 결정적인 차이점을 발견할 수 있을 것이다. 하지만 그곳에 굳이 다리를 놓아가는 것이 인공지능이라는 학문이다. 그것이 하나하나의 기술이며 지식이 되어 간다.

또한 자연계에는 인간 이외에도 다양한 지성이 있고 그러한 지성을 알게 됨으로써 지성의 광대한 지도를 이해할 수 있게 된다. 그렇다면 인공지능의 진보라는 것은 결코 한 개의 축이 아니라 마치 생물이 무수한 방향으로 지능을 진화시켜 나가는 것처럼 인공지능은 인간의 지성을 지향한다는 한 가지 모범적인 축이 있으면서도 무수한 방향으로 진화할 가능성을 가지고 있다는 점을 이해할 수 있을 것이다. 그런 이해가 바탕이 되어 인공지능에 대한 기대도 부드러운 장기적인 시야를 가질 수 있게 된다.

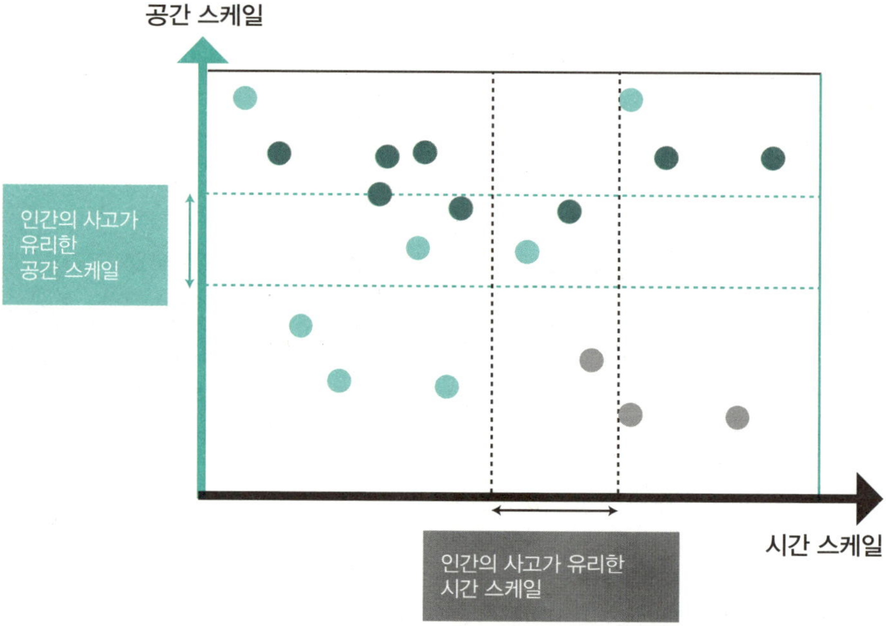

[그림 1-6] 다양한 지능의 분포

진화하는 게임 AI

패미콤 이전의 캐릭터 제어

그런데 인공지능이 이렇게 일반적으로 진화하는 한편으로 게임 AI는 어떻게 진화가 이루어져 왔을까? 여기서 상상력을 최대한 발휘해 생각해서 1978년 경을 상상해 보자. 그때 아직 태어나지 않았던 사람도 영화 등의 기억을 더듬어 상상해 주었으면 한다.

1978년에는 아직 패미콤(가정용 TV 게임기 '패미콤 컴퓨터(닌텐도)'의 약칭)도 없었다. 게임 센터나 커피숍 등에서 인베이더(invader) 게임이 유행하고 있던 무렵이다. 아키하바라 전자상가에서는 PC가 아니라 아날로그 회로의 부품이나 작은 기판 세트가 점차 판매되고 있던 정도의 시기이다. 그 무렵에는 기판 상에서 게임을 만들고 있었다. 적의 데이터가 저장된 ROM이라는 기억장치가 있고 센트럴 유닛에서 호출하여 표시한다는 식으로 회로 자체를 설계하는 형태이다. 어셈블리 언어(각각의 프로세서 계열에 고유의 언어로 직접 로드하여 프로세서를 제어한다. 프로그램을 프로세서의 사양에 따라 기계적으로 고속 실행하는 것은 유리하지만 추상적인 일을 하기에는 상당히 부적절)로 게임을 만들기 위해 컴퓨터의 작은 동작을 하나하나씩 지정할 필요가 있었다. 따라서 꽤 추상적인 처리나 대규모 소프트웨어를 만들 수 없었다. 그러나 당시에는 용량과 계산 능력 모두 현대와 비교하면 작았기 때문에 어셈블러 같은 기계에 가까운 언어로 리소스의 한계까지 성능을 내는 것이 게임 프로그래머의 일이었다. 그 시대에는 인공지능 기술이라 해도 개발 환경, 메모리, 표현력, 계산 능력 등 여러 가지 제한 때문에 지적 기능의 실현보다는 게임 속의 한 가지 역할을 수행하는 것이 고작이었다. 그래서 당시에 AI라고 하면 대략 게임 내에서의 '적'의 역할을 의미했다. 가정용 게임은 '퐁'(아타리, 1972년)이라는 탁구 같은 비교적 단순한 게임밖에 없었다. 당시의 게임은 AI라 해도 단순한 것이었다.

패미콤 시대의 캐릭터 제어

다음으로 패미콤 무렵을 회상해 본다. 1980년대는 뭐니뭐니 해도 '스페이스 인베이더'(타이토, 1978년)나 '글라디우스'(코나미, 1985년)로 대표되는 2D 시뮬레이션 게임이 주역이었다. 세로 스크롤이나 가로 스크롤로 탄환이 날아오고 면을 진행하는 게임이다. 다른 말로 하면 액션 게임이었다. 격투 게임은 많지 않았지만 만들어졌다. 이른바 '하이드라이드'(T&E SOFT, 1984년), '드래곤 퀘스트'(에닉스, 1986년) 및 '파이널 판타지(FINAL FANTASY)'(스퀘어, 1987년)라는 롤 플레잉 게임(이하 RPG)은 1985년 이후 자주 만들어지게 되었다. 패미콤 무렵의 게임은 다양한 스테이지가 있고 스테이지나 많은 장치가 있고 그 안에서 적 캐릭터도 좁은 화면 안에서 움직이고 있었다. 사실 적 캐릭터는 인공지능이라고 부르기보다는 오히려 자유로이 움직이며 돌아가는 스테이지의 장치(기믹: gimmick)라고 부르는 편이 어울릴 법하다. 그러나 역할로서는 지능을 가지고 있으므로 인공지능이라고 부른다.

기술적으로 말하면 이 무렵은 게임 전체를 움직이는 프로그램 안에서 그림 그리기, 캐릭터 제어, 명중 판정 모두가 혼재하고 있어 객체로서의 단순한 제어가 짜여 있었다.

게임 장르별로 좀 더 자세한 부분을 살펴보자. 먼저 **슈팅 게임**이다.

80년대의 슈팅 게임에서 적이란 다른 무엇보다도 움직임에 확실한 패턴이 있었다. 직선으로 나는 것과 곡선을 그리는 것, 속도가 단계적으로 변화하는 것 같은 식이다. 그러한 변화가 캐릭터마다 부여되어 있었다. 그 후에는 플레이어를 향해 탄환을 발사하는 타이밍이 있다. 특히 지상으로 고정되어 있는 포대나 요새의 적이라면 타이밍이 중요했다. 슈팅 게임만 그런 것은 아니지만 80년대의 게임은 기본적으로 매회 플레이할 때마다 거의 같은 타이밍에 같은 현상이 반복되기 때문에 몇 번쯤 플레이하고 나면 기억할 수가 있었다. 그래서 한 게임을 몇 시간 걸려 공략하는 것이 가능했다. 적 캐릭터는 슈팅의 경우 플레이어가 마구 쏘는 탄환과의 충돌 판정이 있으며 충돌한 경우 폭발하는 그래픽으로 치환되었다.

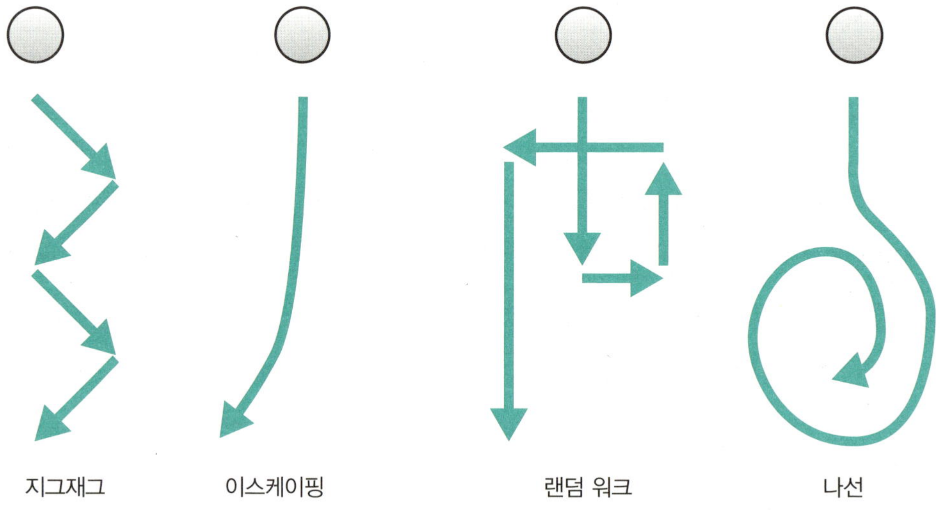

[그림 1-7] 2D 슈팅 게임의 궤도 패턴

다음으로 **액션 게임**이다. '팩맨'(나무코, 1980년)의 몬스터나 '프린스 오브 페르시아(Broderbund, 1989년)'의 적 등 80년대 액션 게임의 적은 기본적으로 스테이지의 한 개소를 왔다 갔다 하거나 패턴을 가지고 움직였다. 이 경우도 플레이어는 움직임을 기억하고 약점을 간파하여 무너뜨리게 되어 있었다. 언뜻 보면 재빠른 움직임도 어떤 각도에서 다가가면 시원스럽게 무너뜨리거나 일정 시간 기다리면 무너뜨리기 쉬운 위치로 이동해 있었다. 여기에도 패턴이라는 것이 있다.

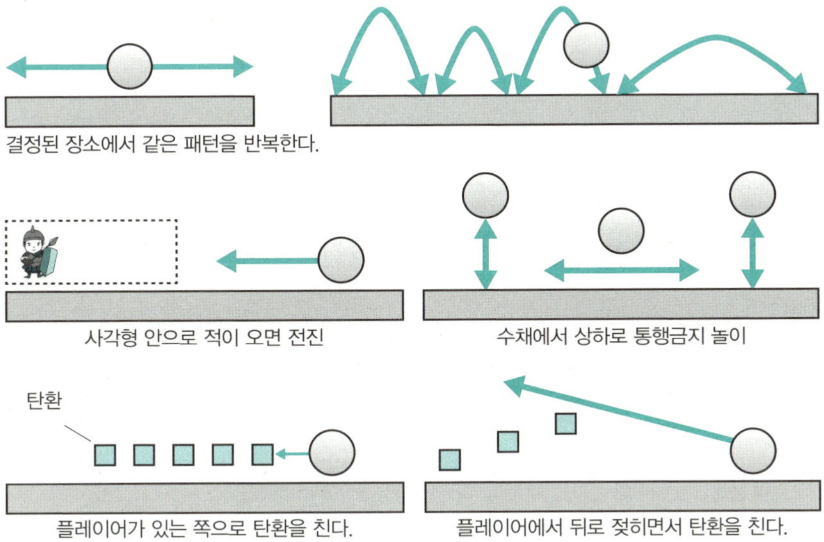

[그림 1-8] 2D 액션 게임의 운동 패턴

RPG는 어떨까? RPG는 대체로 '싸우다', '마법'이라는 명령을 입력하는 패턴 제어 규칙의 싸움이었으므로 상대의 히트 포인트(HP), 매직 포인트(MP) 데이터의 집합 또는 체력을 삭감하는 경우 난수에 의한 변동이 있다. 직접 공격하거나 마법을 사용하거나 회복하는 등과 같은 행동도 기본적으로는 하나하나의 적마다 로직을 써넣는 작업과 복수의 플래그 관리에 의해 이루어졌다.

'플래그'란 1, 0과 같이 두 상태만 취하는 변수를 말한다. 그러나 예를 들어 하나의 그룹 안에서 아군의 턴(turn) 내에 한 번만 회복 마법을 사용해도 좋다는 설정을 해보자. 즉, 아군이 회복 마법을 무한정 사용하는 것을 금지하고자 하는 것이다. 그러면 턴을 개시할 때 '회복 마법을 사용해도 좋은 플래그'를 X라 하고 'X = 1'이라는 상태로 설정해 둔다. 누군가가 사용하면 이 플래그가 0이 되어 아군이 회복 마법을 사용할 수 없도록 한다. 남에게도 누군가가 필살기를 사용하면 다른 아군은 사용하지 않도록 '필살기 플래그'를 처음에 'Y = 1'이라는 상태로 설정해 두고, 사용하면 0이 되도록 하는 방법을 생각할 수 있다. 공격 마법을 두 번 사용해도 좋으면 플래그를 확장하여 'Z = 2'로 해 두고 누군가 공격 마법을 사용할 때마다 1을 빼가면 된다. 'Z = 0'은 공격 마법을 사용할 수 없는 상황이다.

	초기 플래그	플레이어	동료 1	동료 2	동료 3
공격 플래그	2	○ (플래그 = 1)	(플래그 = 0)	○ (플래그 = 1)	(플래그 = 0)
회복 마법	1	(플래그 = 1)	(플래그 = 1)	(플래그 = 1)	(플래그 = 1)
공격 마법	1	(플래그 = 1)	○ (플래그 = 0)	(플래그 = 0)	(플래그 = 0)
필살기	1	(플래그 = 1)	(플래그 = 1)	(플래그 = 1)	○ (플래그 = 0)

[그림 1-9] RPG의 플래그 관리도. 네 가지 선택 가능한 행동과 순번으로 플레이어부터 동료 1, 2, 3이 행동을 선택함으로써 플래그가 변화해 간다. ○은 해당 마법을 사용했음을 나타낸다.

즉, 80년대의 캐릭터 제어는 그 처리 루틴 속에서 '무언가를 깊이 생각한다'는 것과 같았다. 거기에는 최상단에 갖추어진 인공지능은 없고 상당한 고심을 거듭함으로써 통상적인 처리보다 다소 재미있는 내용을 넣는다는 자세였다. 이 상황은 1990년대에 들어와서 슈퍼패미콤(닌텐도)이 나온 상황에서도 별로 변하지 않았다. 캐릭터 제어는 게임을 제작하는 과정의 일부로 정형화된 처리가 이루어지며 개발 언어는 앞서 말한 어셈블리 언어였다.

3D 게임의 시대로

이 상황을 변화시킨 계기는 1994년 이후의 '플레이스테이션'(Sony Interactive

Entertainment Inc.) 등의 게임기 이후에 3D 게임이 나온 사건이다. 2D 게임과 3D 게임의 AI 개발에서 본 가장 큰 특징은 레벨을 조감적으로 볼 수 있다는 점에 있다.

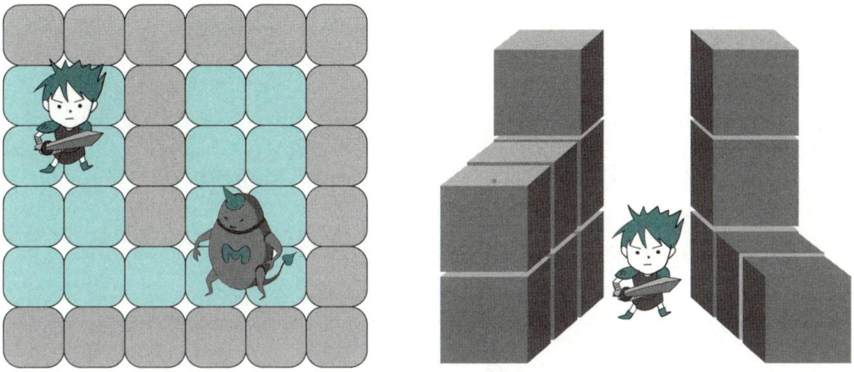

[그림 1-10] 2D 게임(왼쪽)과 3D 게임(오른쪽)의 차이점

즉, 2D 게임이라는 것은 게임 화면(레벨)을 조감적으로 볼 수 있고 캐릭터가 조감 화면상을 돌아다니므로 게임 디자이너는 캐릭터를 움직이도록 처리를 작성해 나가면 된다. 예를 들어 패미콤 시절의 적 캐릭터에 대해서는 '여기부터 여기까지는 지나가고 나서 직진시키고, 끝까지 온 경우 점프하지 않으면 떨어져 버리므로 점프시키고 — 다음은 점프시킨 앞에서 여기부터 여기까지 지나가고 나서 끝까지 가면 이번에는 U턴 시키고 — 끝까지 가면 낙하시켜 원래 위치로 되돌아간다 —'는 식으로 프로그램을 작성했다.

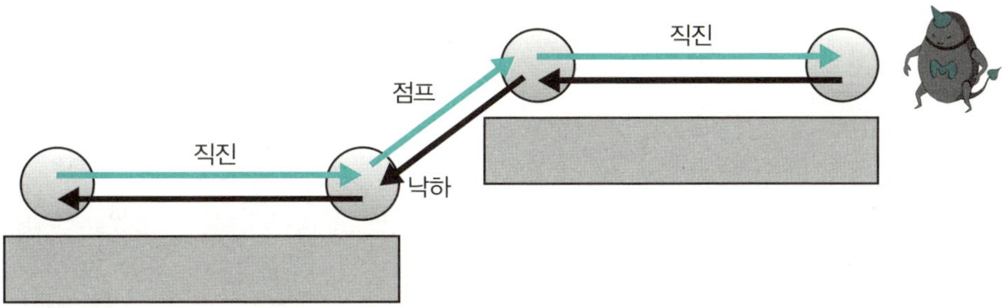

[그림 1-11] 2D 게임에서 작성한 적 캐릭터의 행동 프로그램

이것은 게임 디자이너가 '이러한 풍으로 움직이게 하고 싶다'는 내용을 직접 작성하는 방식이다. 즉, 캐릭터 자신이 판단하여 행동하는 **자율형 AI**와는 다르다. 기본적으로 패미콤이나 슈퍼패미콤 무렵의 게임, 그리고 현재에 이르기까지도 2D 게임의 캐릭터 게임은 전통적으로 이렇게 만들어져 왔다.

그러나 게임의 세계가 3차원으로 공간화하고 사용자는 해당 공간에 있는 한 점의 시점에서 그 세계를 인식할 수 있게 된다. 2차원의 게임은 맵을 조감적으로 보면서 캐릭터를 움직이지만, 3D 게임에서는 카메라라는 플레이어의 시점에서 공간을 본 풍경이 화면에 연출된다. 게임 화면에 깊이가 있는 3D 게임에서는 기본적으로 맵이 조립된 3D 지형이므로 이렇게 조감적으로 보았을 때의 로직 처리를 작성하는 데에는 한계가 있다. 예를 들어 돌기나 낙하 구멍이 있는 3D의 평원 맵에서 이러한 처리를 하려고 하면 무수히 있는 점에 대해 캐릭터 제어를 작성할 필요가 있다.

그리고 1994년 무렵에는 그러한 처리를 위한 두 가지 선택지가 있었다.

❶ 지금까지와 다른 기술을 개발하고 AI가 자율적으로 움직이게 한다.

❷ 지금까지의 방법을 답습하고 AI를 제한 속에서 움직인다.

❶은 결국 1994년부터 2004년 무렵에 걸쳐 FPS(First Person Shooter: 일인칭 시점의 슈팅) 게임을 중심으로 '에이전트 아키텍처(p.40)'라는 기술이 도입되었다. 그러나 이것이 게임 업계 전체에서 행해질 때까지 10년이 더 소비되었다. 따라서 3D 게임이 대두된 시기에는 ❷라는 선택지, 즉 이전과 같이 게임 디자이너가 파악한 상태에서 사용자 지정 제어만 작성했다. 그래서 3D 게임의 초기 게임은 일시적으로 품질이 저하되었다.

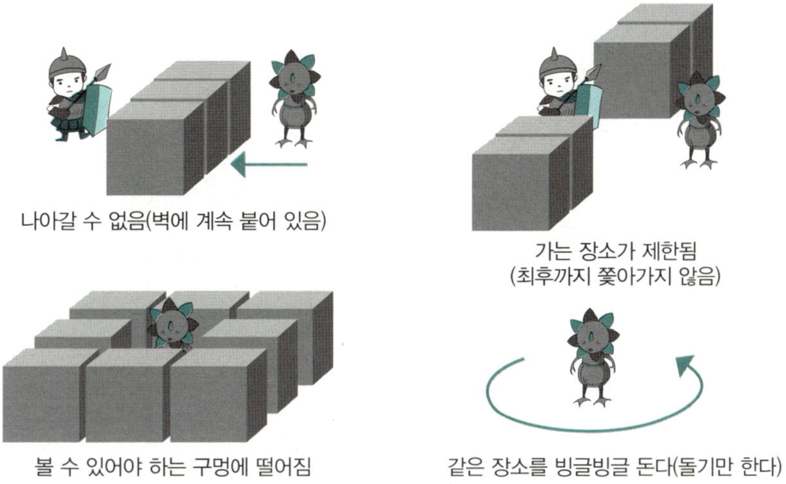

[그림 1-12] 초기 3D 게임에 흔히 있는 것

품질이 저하된 이유는 2D 게임과 같이 완전히 상정된 내용 안에 있는 사물의 상태 속에서 제어를 작성하므로 상정되지 않은 내용이 발생한 경우 대처할 수 없기 때문이었다. 플레이어를 쓰러뜨리는 설정의 적 캐릭터에 대해 '플레이어를 발견하면 직진'이라는 제어를 작성한다면 도중에 걸려서 멎어 버리는 건 당연하며, 그것이 싫은 경우에는 방이나 영역을 구별하여 조망이 좋고 장해물이 없는 장소에서만 전투를 하도록 한다. 그러나 플레이어에게 제압되는 등의 이유로 영역에서 밖으로 나가 버린 경우 안전한 이동을 보증하지 못하게 된다. 그렇기 때문에 구멍에 떨어지는 등의 상황은 피할 도리가 없다. 더 제한된 형태에서는 지정된 경로를 빙글빙글 순환하는 경우도 있다. 이러한 경우 AI는 환경의 일은 전혀 알지 못하므로 환경을 이용하여 플레이어를 몰아붙일 수 없다. 만약 그런 것이 가능하다면 사용자의 불만을 살 것이다.

게임 AI의 분기로

그러면 2000년 전후를 돌이켜 생각해 보기로 한다. 이 무렵에 3D 게임의 AI를 향한 불만에 대해 두 가지 선택지가 있었다.

Ⓧ (위의 내용 이외에) AI를 개선한다.

Ⓨ 게임 디자인에서 개선한다.

크게 보면 해외의 FPS는 Ⓧ를 선택했고 일본의 게임은 Ⓨ를 선택했다. 이는 좋고 나쁨의 문제가 아니라, 말하자면 지금까지의 게임 개발 흐름에서 오는 선택이라 할 수 있다. 즉, 일본은 항상 '만들어 넣는' 것을 과제로 하지만 서양에서는 게임 디자인으로서 다소 거칠더라도 '세계 그 자체를 만드는' 일에 신경을 쓴다. AI에 대한 자세도 마찬가지로, 일본은 어디까지나 게임이라는 문맥에 따르는 지능을 원하는 반면에 서양에서는 인간에게 가까운 현실감이 있는 지능을 원한다. Ⓧ의 대표 예로 『카운터 스트라이크』(Valve Software, 2000년)나 『Halo』(Bungie, 2001년) 시리즈가 있다. 이 두 타이틀은 '내비게이션 메시(navigation mesh)'와 '에이전트 아키텍처'를 도입한 타이틀이며 이것에 의해 **자율형 AI**의 기초를 구축했다.

일본의 게임 AI 선택

일본은 Ⓨ를 따랐다. Ⓨ의 방향은 기본적으로 게임 디자이너가 게임 내의 모든 상정 내용을 예측하여 **스크립트**라는 AI에 대한 명령을 써나감으로써 성립한다. 따라서 게임 디자이너가 개발하기 쉬운 환경을 갖추는 것이 큰 방향이 되었다.

스크립트란 게임 내의 또 하나의 **제어점**이다. 조금 전에 2D 게임의 프로그램에서 점프하는 점을 지정한 바 있다([그림 1-11]). 그러한 제어점을 많은 맵상에 배치하고 이곳은 대기 상태에 있는 점, 이곳은 공격을 개시하는 점, 이곳은 숨는 점 등 생각할 수 있는 한도까지 최대한 많은 점을 배치하고 그것을 캐릭터 제어 스크립트 내에서 사용한다.

또 한 가지는 **플래그 처리**이다. RPG에서 만든 것과 같은 플래그(p.33)를 많이 설정한다. 예를 들어 공격할까 철수할까 하는 플래그, 지금은 숨어야 할까 돌진해야 할까 하는 플래그, 장군을 부를까 말까 하는 플래그…. 이렇게 많은 플래그를 설정하여 조건 판정을 하고 설정(on)인지 해제(off)인지 지정한다. 이 플래그는 많은 경우 몇 개에서 수십 개가 되지만 기본적으로 플래그 조합은 몇 개가 한도일 것이다. 플래그 한 개를 설정할 때마다 경우의 수가 2배로 불어나기 때문에 5개만 설정해도 100가지가 넘는 조합이 생기기 때문이다. 이 정도 경우의 수는 이미 디버그의 한계를 넘어 버린다.

이와 같이 게임 디자이너가 표준으로 삼는 프로그램의 조합 방법은 결과적으로 게임 디자이너를 비롯한 개발 전반의 부하로 작용하지만, '플레이스테이션 2' 정도까지의 스케일이라면 아직도 억제하는 것이 가능하기도 했고, 정한 규칙을 어떻게든 고수함으로써 만들어 넣는 방식의 게임을 달성하는 것이 일본 게임의 방향성이었다.

이러한 방향을 가능하게 하려면 먼저 레벨 디자인을 깊이 생각하여 되도록이면 외길의 경로로 만들어 둘 필요가 있다. 즉, 상황 수를 줄여야 한다.

다음에 생각할 점은 게임 디자인에서 AI에 가하는 부하를 줄이는 것이다. 즉, AI가 넓은 범위를 돌아다니지 않고 결정된 장소나 영역에서 결정된 역할을 수행하며, 플레이어에게 압박감을 준다. 보스라면 전용 스테이지에서 플레이어에 대비하는 준비를 다해 놓고 기다린다. 플레이어의 아군 AI도 기본적으로 어딘가에서 따라온다(벽이나 장해물에 걸려서 멎는 경우 보이지 않게 되면 길을 돌아서 뒤로 따라간다).

이렇게 해서 '플레이스테이션 2'의 시대까지 일본 게임의 만들어 넣기 문화는 높은 성과를 올렸다. 그러나 다음 세대가 되었을 때 바로 이것이 서양과 일본의 게임 디자인을 확실히 나누는 원인이 되었다. '플레이스테이션 3'나 'Xbox360' 이후 서양의 게임 디자인은 기본적으로 경계가 없는 오픈 월드라는 실외 지도를 근간으로 했다. 그것을 위한 AI의 바탕도 어느 정도까지는 가능해져 있었다('어느 정도까지'라고 표현한 이유는 자율형 AI의 경우도 오픈 월드에서는 마무리가 약간 불충분한 AI가 많기 때문이다). 한편 일본은 만들어 넣기가 가능한 폐쇄형(closed) 방향에서 선형 디자인에 집착했다.

[그림 1-13] 3D 게임의 여명기에 레벨 디자인을 정교하게 완성함으로써 간단한 지능으로 제어할 수 있는 시스템을 만들어냈다.

서양의 게임 AI가 지향한 대상은

그럼 서양이 20년을 소비하여 구축해 온 자율형 AI가 어떤 것인지를 여기서 간단히 설명해 보자.

인공지능의 자율 모델이란 앞에서 설명한 조종 인형 같은 제어가 아니라 '자기 자신이 환경의 정보를 획득하여 자기 자신이 의사 결정을 하고 스스로 행동을 형성해 가는' 자율형 AI이다. 그렇게 하기 위한 기초는 두 가지가 있다.

하나는 '내비게이션 메시'나 '웨이포인트(waypoint)'를 기초로 하는 **'환경 인식'**이며, 다른 하나는 환경과 지능을 잇는 설계인 **'에이전트 아키텍처'**이다. 이 두 가지를 직관적으로 해설해 보자.

먼저 환경 인식 기술은 게임 스테이지가 가진 정보를 AI가 인식할 수 있는 정보로 변환하는 것을 의미한다. 다소 이해하기 어려울지 모르지만 게임 내의 물체나 지형의 그리기, 충돌 모델은 기본적으로 사용자에게 그것을 표시해 주기 위해, 그리고 게임을 동작시키기 위해 존재한다. 즉, AI가 게임 내부에서 무언가를 인식하기 위해 존재하는 것이 아니다. 예를 들어 게임 내에 공이 있으면 플레이어가 이것을 공이라고 인식할 수 있다. 그러나 인공지능이 같은 대상을 공이라고 인식하려면 이 개체에 공이라는 태그를 붙일 필요가 있다. 그러지 않으면 이 개체는 다각형(polygon)의 집합체에 지나지 않는다. 마찬가지로 플레이어는 게임에 들어가면 한순간에 어느 장소를 걸어서 이동할 수 있는지 이해할 수 있다. 그러나 AI로서는 그것도 결코 자명하지 않다. 어느 장소를 걸을 수 있고 어느 장소가 늪이나 언덕이어서 걸을 수 없는지 가르칠 필요가 있다. 이처럼 '걸을 수 있는 장소'를 나타낸 데이터를 '**내비게이션 데이터**'라 한다.

그런데 AI가 환경을 인식하려면 이렇게 게임의 스테이지에 대한 데이터를 AI용으로 가공해 두어야 한다. 이러한 데이터를 전반적으로 '**지식 표현**'이라 한다. 지식 표현은 모든 인공지능의 기초에 있는 것으로서 게임뿐만 아니라 현재 인공지능은 자기 자신이 지식 표현을 발견하는 능력이 없다.

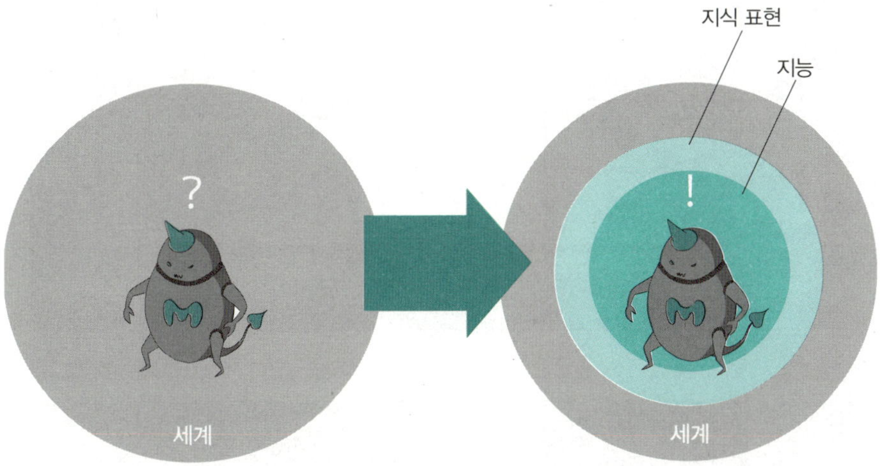

[그림 1-14] 인공지능이 세계를 인식하려면 지식 표현을 준비해 두어야 한다.

그리고 또 한 가지인 에이전트 아키텍처는 세계와 지능의 연결을 정식화하는 것이다. 기본적인 사고 방식은 지능과 세계를 먼저 독립된 것으로 생각하는 것이다. 여러 가지 이론의 여지가 있다고 생각하지만 어떤 면에서 보면 이는 직관적이다. 또 그 지능과 세계 사이에 정보를 취득하기 위한 센서군이 있으며, 반대로 세계에 영향을 미치는 이펙터(effector: 효과기) — 예를 들면 신체나 도구를 가진 — 라는 구조가 있다. 이 구조는 본래 로봇의 기본 아키텍처이지만 에이전트의 연구를 통해 인공지능에 도입되었다. 그리고 게임의 경우 센서 부분도 앞의 지식 표현 또는 말 그 자체도 입력으로 취급함으로써 확장되고 있다. 마찬가지로 이펙터 부분도 다양하다.

더욱 중요한 것은 이 세계, 센서, 지능, 이펙터, 그리고 세계라는 순환을 둘러싼 정보의 흐름이 있다는 점이다. 게임의 인공지능에서는 이 정보의 순환이 지능을 구동하는 흐름으로 되어 있다. 이렇게 스스로 정보를 취득하고 행동하는 출력(output)으로 세계와 연결하고 결과의 변화를 다시 스스로 취득한다는 것이 캐릭터를 자율 지능으로 만드는 기본 원리이다.

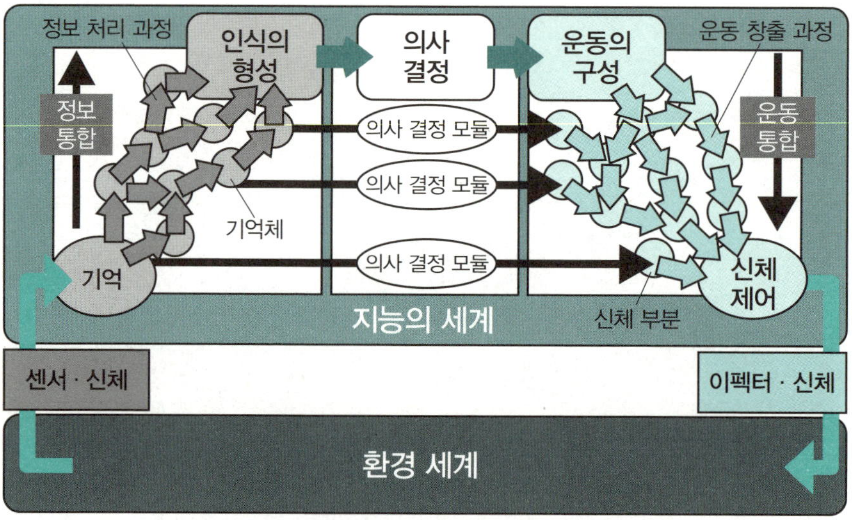

[그림 1-15] 환경 세계와 지능 세계의 상관도

정리

이렇게 쓰다 보니 '일본은 게임 디자인에서 AI의 역할을 축소하는 동안 만들어 넣고 있었다', '서양은 투박하지만 솔직하게 AI를 만들려고 했다'는 인상을 가질

지도 모르겠다. 확실히 서양의 AI는 큰 기둥, 큰 게임 AI의 기초를 만들었다. 언뜻 생각하면 그에 비해 일본은 그러한 기술적 발전에 거의 기여하지 못한 것처럼 보인다. 그러나 일본 게임 AI의 만들어 넣기 문화에도 성과가 있으며, 그 방대한 노하우가 각 기업에 축적되어 있다. 다만 외부에 발표하는 부분은 적으므로 그처럼 귀중한 노하우도 공유되는 일이 드물고 각 기업에서 사라져 가고 있다. 서양은 그 한편으로 GDC를 시작하고 기술을 계속 공유하고 전체로서 큰 기술의 흐름을 만들어 그런 분위기 속에서 게임 AI라는 분야를 탄생시켰다. 앞에서 말한 두 가지 방향성 중에서 어느 하나가 정답인 것은 아니며, 요컨대 그 후 업계 전체로서의 지식 관리에서 큰 차가 생겼다고 할 수 있다.

따라서 앞으로 일본도 그러한 작은 노하우를 공유하여 큰 흐름으로 이끌어 감으로써 지금까지 축적된 것에서 큰 체계를 만들 수 있을 것이다.

디지털 게임의 두 가지 진화

대형화와 절차화

그런데 디지털 게임에는 두 가지 진화의 방향이 있다. 그것은 '**대형화**'와 '**절차화**'이다.

먼저 대형화는 게임기가 가진 계산 능력과 메모리, 미디어 용량의 증대에 따라 게임을 점점 큰 것으로 만들어 가는 방향이다. 광대한 스테이지, 많은 적, 장엄한 음악 등 하나하나의 요소를 크게 만들고 조합한다. 이것은 단적으로 말하면 게임 데이터가 점점 거대화하는 방향이다. 그것에 따라 사용자를 압도할 것 같은 스케일의 세계를 제시할 수 있다.

현재의 '오픈 월드형'이라는 게임은 경계가 없고 연속된 맵이 사방 수 km에서 수십 km로 넓혀져 있다. 그래서 사용자는 기본적으로 결정된 사항이 아니라 어디에 가든 무엇을 하든 좋다는 자세가 '오픈 월드형'이라는 게임이며, 서양에서 가장 인기 있는 유형이 되었다. 당연히 AI에도 더 높은 자율성이 요구된다. 일본에서는 이 유형이 그렇게까지 주류의 디자인인 것은 아니다.

또 한 가지가 게임의 절차화이다. 절차적이라는 말은 '계산에 의해'라는 의미이다. 더 구체적으로 말하면 '데이터였던 것을 계산에 의해 치환'하는 것을 나타낸다.

예를 들어 게임 속의 수목은 다각형으로 만들어진 데이터이다. 그러나 식물 생성 알고리즘을 사용함으로써 이것을 연산에 의해 생성할 수 있다. 또한 게임 내의 다양한 지형도 지형 생성 알고리즘을 사용하면 만들 수 있다. 품질은 디자이너가 만든 쪽이 물론 더 높지만 배경이나 주 경로 이외의 지형, 보너스 스테이지 등에서는 중요하게 이용할 수 있다.

또한 '**준절차적**'이라는 기법도 있다. 이것은 '어느 정도 모범이 되는 데이터에서 계산에 의해 생성한다'는 의미인데, 예를 들어 위성에서 촬영한 지형 데이터를 계산에 의해 변형시켜 지형 데이터로 사용한다.

게임의 대형화는 데이터를 증가시키며 절차는 데이터 자체가 작지만 계산 리소스를 소비한다. 데이터 증가는 게임을 점점 더 '경직된' 것으로 만든다. 왜냐하면 한번 만든 데이터는 겹쳐 쌓이고 변경이 불가능하거나 변경에 비용이 들게 되어 게임을 고정화해 가기 때문이다. 한편 게임의 절차화는 게임을 변화 가능한 유연한 것으로 만들어 간다. 어쨌든 데이터를 자동적으로 생성하므로 변경이 쉽다. 그러나 절차는 알고리즘이 만들어 내는 패턴의 한계에 의해 직접 만든 데이터보다 다양성, 의외성 면에서 질적으로 다소 떨어지는 부분도 있으며 계산 리소스를 소비하므로 적용에 한계가 있다.

대형화와 절차화를 동시에 진행하면서 콘텐츠의 경직성과 유연성을 동시에 획득하는 것이 앞으로 게임의 미래라 하겠다.

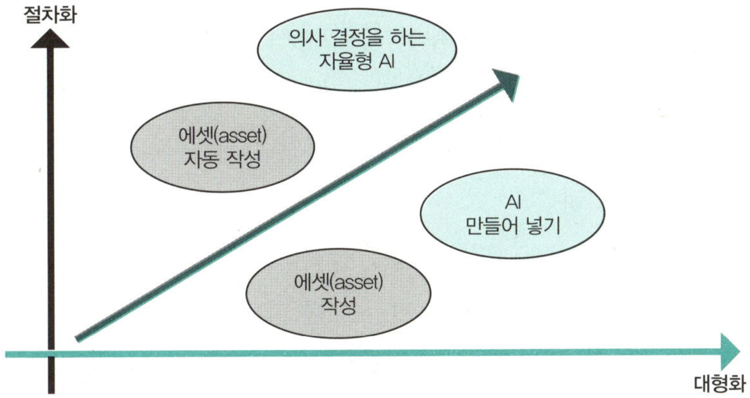

[그림 1-16] 대형화와 절차화의 상관도

캐릭터의 인공지능의 자율화

게임이 대형화하고 데이터가 쌓여서 경직되어 가면 개발 후반부에서는 자신이 만든 것에 얽매인다는 모순된 상황에 빠진다. 한편 게임이 유연하기만 하다면 결국 변화의 알고리즘에 속박되는 상황이 된다. 어느 정도의 데이터가 있고 해당 데이터를 어느 정도 변화시키는 알고리즘이 있는 것이 이상적인 균형이다.

게임에 대한 캐릭터의 인공지능도 일찍이 이 모순을 겪었다. 스테이지마다 특화된 캐릭터의 사고를 프로그램이나 스크립트라는 간이 언어로 작성해 놓으면 결국 수만 행이나 되는 스크립트가 생기게 된다. 스크립트는 속도가 보통 코드보다 느린 경우가 많고, 또한 작성한 본인 이외에는 이해하기 어려우므로 유지보수가 어렵고, 코드상에 작성되어 있으므로 코드의 변경을 저해하게 되는 단점도 있다. 결국 스크립트는 각각의 경우에 대한 AI의 활동을 작성하는 것으로서 게임의 크기가 커질수록 그에 비례하여 스크립트의 크기도 증가하게 된다.

그래서 '캐릭터의 사고의 절차화'가 촉진된다. AI의 한 가지 구조로 모든 것의 스테이지에 공통인 사고를 작성할 수 있으면 그것이 가장 이상적인 것이다. 즉, 각각의 스테이지나 상황에 따른 사고를 개발자가 작성하지 않고 캐릭터 자신이 생각하여 행동한다는 180도 정반대인 사고 방식의 전환이기도 하다. 각각의 스테이지에서 만들어 넣는 AI보다는 더 범용적으로 의사 결정을 할 수 있는 인공지능이 필요하게 된다. 지금까지 조작하기만 해 왔던 캐릭터가 홀로서기를 하는 '자율화'로의 변화이기도 하다.

캐릭터를 자율화하려면 스스로 세계를 감지하고, 사고하고, 행동하는 것이 가능하도록 해야 한다. 즉, 이 세 가지 기관을 작성하고 세계와의 관계 속에서 스스로의 행동을 만드는 능력을 부여하는 것이다. 이것이 캐릭터의 인공지능이라는 분야의 본질이다. 이 기술에 대해서는 2장부터 자세히 살펴보기로 한다. 그에 앞서 다음과 같은 한 가지 실례를 가지고 이 자율화의 변화를 해설한다.

인공지능을 매우 실천적으로 파악하는 경우 아래와 같은 한 가지 사고 방식이 있다.

캐릭터에 지능을 부여

하나의 인공지능을 매우 실용적으로 적용하면 이런 사고 방식이 있다.

지능의 정의(그 여덟 번째*)

인공지능이란 '지능인 우리 인간에서 캐릭터로 지능을 부여하는 것이다'

라는 정의이다. 캐릭터에 지능을 부여하는 것은 당연하다고 생각할지 모른다. 그러나 게임에 대한 인공지능의 출발점은 그렇지 않았었다. '캐릭터가 지능을 가진다'는 것과 대립 관계에 있는 것은 '캐릭터가 움직이게 한다'는 것이다. 이 점에 대해서 자세히 설명한다.

패미콤이나 슈퍼패미콤 무렵에 게임을 만드는 방법은 앞에서 설명한 대로 게임 디자이너가 맵을 조감해서 '이 캐릭터는 여기서 이러한 풍으로 캐릭터를 움직이고 싶다'는 내용을 스크립트에 의해 이론이나 명령으로 작성하여 프로그램에 의뢰함으로써 캐릭터를 움직이고 있었다. 즉, 이곳은 이러한 맵이므로 플레이어가 이곳에서 오면 오른쪽으로, 반대쪽에서 오면 왼쪽으로 나아가라는 규칙을 작성하는 것이다.

이러한 AI를 '**스크립티드 AI**(Scripted AI, 스크립트로 움직일 수 있는 경우가 많으므로)' 또는 '**타율형 AI**'라 한다. 말하자면 조종 인형과 같이 움직이게 한다.

*편집자 주　025쪽에 지능의 정의(그 일곱 번째)가 있으므로 원서와 달리 지능의 정의를 여덟 번째로 수정하였다.

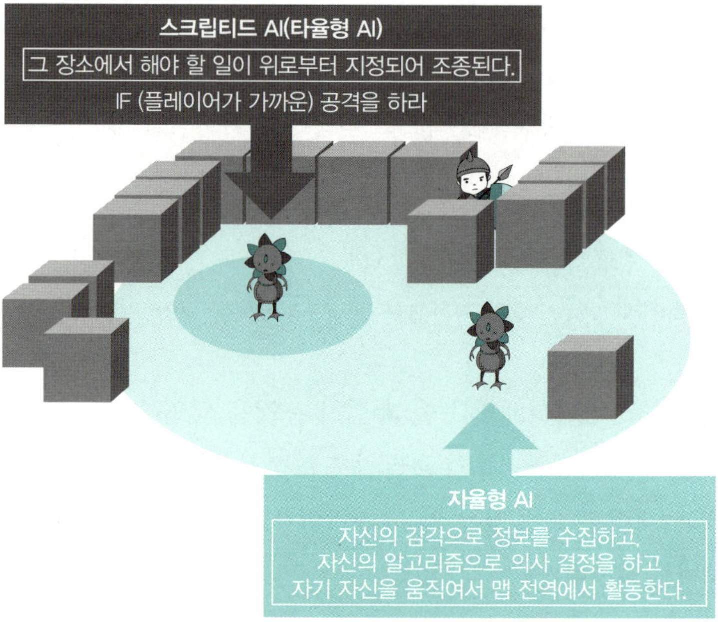

[그림 1-17] 스크립티드 AI(타율형 AI)와 자율형 AI의 차이점

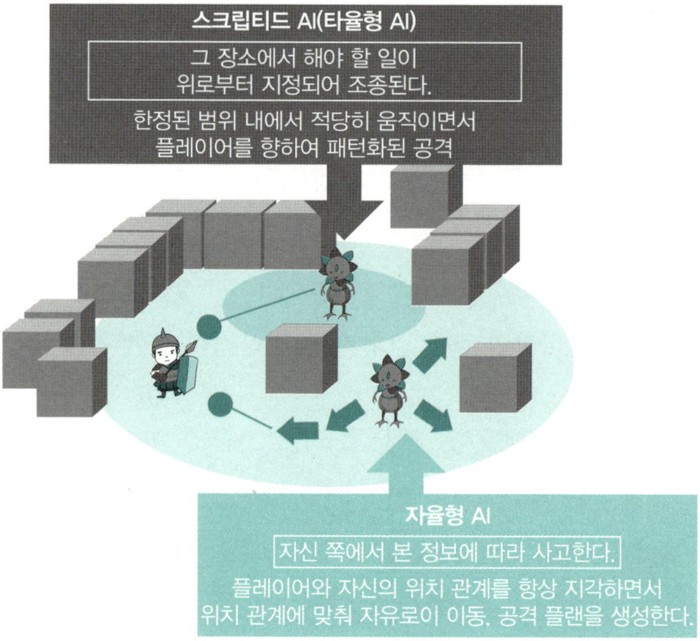

[그림 1-18] 공격하는 캐릭터에 대한 스크립티드 AI(타율형 AI)와 자율형 AI의 차이점

예를 들어 산 속에 호수가 있고 플레이어가 공격할 수 있다. 캐릭터는 이것에 응전해야 한다.

스크립티드 AI의 경우,

'만약 왼쪽에서 오면 왼쪽으로 간다'
'만약 오른쪽에서 오면 오른쪽으로 간다'

는 규칙을 작성한다. 왼쪽에서 오면 또는 오른쪽에서 오면 등의 조건은 트리거 박스를 오른쪽과 왼쪽에 두고 이 박스에 적을 넣으면 AI에게 통지되어 오른쪽인지 왼쪽인지를 판단한다.

[그림 1-19] 스크립티드 AI(타율형)와 트리거 박스의 관계

이러한 장치에 의해 캐릭터는 움직이면서 전투 상태가 된다.

그러나 이것으로 '지능'을 만든 것이 될까? 캐릭터는 무언가를 이해하고 있는 것일까? 이러면 캐릭터와 맵을 맞춘 시계 장치와 같다. 이때 캐릭터는 이 세계에 대해 이해하지 못한다. 모든 것은 게임 디자이너가 이해하고 있으며, 게임 세계의 해석과 판단이 모두 게임 디자이너의 뇌 속에 있는 것이다. 즉, 캐릭터는 게임 디자이너의 조종 인형이며 스크립트는 지시를 작성한 규칙이다. 스스로 알고 스스로 생각하는 것이 아니다. 이것을 나쁘게 말하는 것이 아니라, 그 나름의 작은 게임이자 조감형인 게임이라면 문제가 없겠지만 스케일이 큰 게임은 곳곳에서 심하게 변화하는 주위의 복잡한 상황에 대응할 수 없게 된다. 또 한 가지는 캐릭터가 세계를 안쪽에서 보고 한정된 정보를 얻고 있다는 것이 중요하다. 즉, 본래 보지 않고 있던 정보를 바탕으로 행동하거나 본래 알지 못하는 것을 바탕으로 판단하는 것과 같이 AI에 대해 위화감이 생기는 게임은 피해야 한다.

앞에서 지금은 게임 디자이너의 머릿속에 '지식'과 '사고'가 있다고 했다. 스크립트는 그러한 지식과 사고를 투영한 것이다. 그렇다면 캐릭터의 지능이 생각하는 것이 아닌가 라고 말할지 모르지만, 이 역시 캐릭터 자신이 세계의 정보를 명시적으로 가지고 있지 않기 때문에 무언가를 알고 있다고 할 수 없다.

그래서 먼저 '캐릭터에게 세계의 지식을 부여하고 싶다, 그러려면 어떻게 하면 좋을까?' 하는 질문이 현대 게임의 자율형 AI의 출발점이다. 이것이 전부라고 해도 좋을 만큼 중요한 사항이다.

다소 장황하지만 먼저 '캐릭터에게 지식을 부여하고 싶다', 더 구체적으로 말하면 '주위 환경을 인식하게 하고 싶다. 주위의 지식을 이해하게 하고 싶다'는 것이다. 그럼 환경의 지식은 무엇일까? 인간이라면 지형이 이런 식으로 연결되어 있다든지, 이곳은 지나갈 수 있다든지, 이곳은 호수이고, 이쪽은 산이라는 것을 순간에 알 수 있는 상황이 환경의 지식이다.

인간의 이러한 상황 파악 능력이야말로 초월한 능력이며 인공지능으로서는 가장 어려운 일이다. 그래서 먼저 '지나갈 수 있는 장소가 이렇게 연결되어 있다'는 것을 캐릭터에게 가르치기 위한 데이터를 만들 필요가 있다. 인공지능은 무한의 데이터를 취급할 수 없으므로 점들을 정해 놓고 어디가 지나갈 수 있는 장소인지를 나타낸다(점의 집합, 그리고 그러한 점을 이은 연결 데이터). 이러한 점과 연결 데이터를 부여해 주면 캐릭터는 그래프를 따라 어디서 어디까지가 이어져 있는지, 그리고 어느 정도의 거리인지를 이해할 수 있게 된다.

이러한 데이터를 '**웨이포인트 데이터**(waypoint data)'라 한다. 즉, '웨이포인트 데이터'를 부여하고 이 데이터 위에서 사고함으로써 인간이 가진 장소에 대한 사고를 어느 정도 흉내낼 수 있게 된다. 게임 내에서 웨이포인트 데이터는 포인트가 연결되어 '웨이포인트 그래프'로 취급된다.

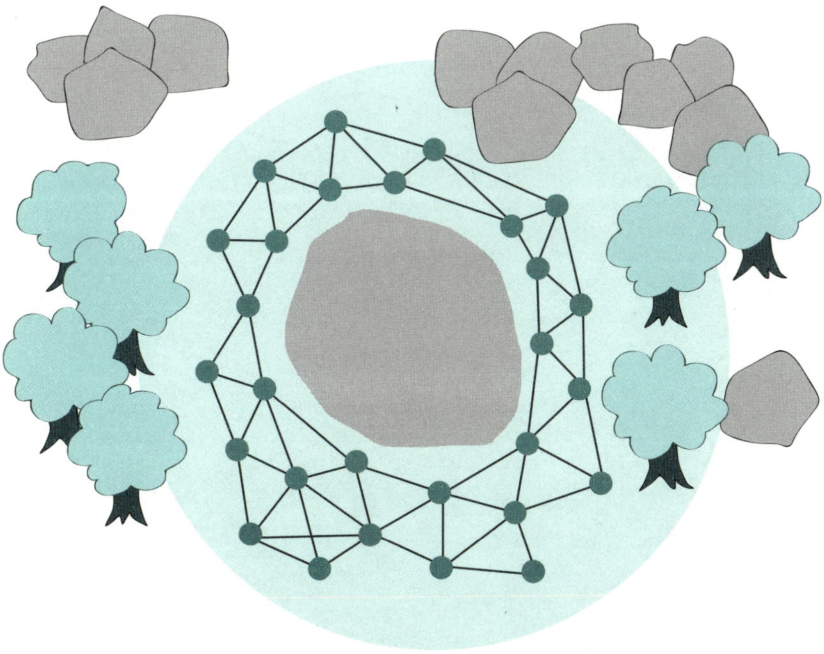

[그림 1-20] 웨이포인트 그래프에 의해 맵을 덮어서 인공지능이 이동 범위를 인식할 수 있다.

그리고 이점은 그것만이 아니다. 규칙으로 작성하는 방법은 왼쪽이냐 오른쪽이냐 하는 식의 조잡한 방법이었다. 그러나 웨이포인트 데이터가 있으면 이제 이 데이터를 통해 플레이어가 있는 장소에 대해 우회전 경로나, 또는 좌회전 경로 중 어느 쪽이 가까운지 등을 알 수 있다. 단순한 이론을 뛰어넘은 정밀한 행동 결정이 가능하게 된다.

이와 같이 캐릭터에게 부여되는 데이터를 '**지식 표현**'이라 한다. 여기서는 웨이포인트가 지식 표현(세계 표현)이다. 인간이 가진 지식을 캐릭터에 대해 하나의 형태로 표현하여 부여하는 것이다. 그리고 캐릭터의 현명함은 '사고'만이 아니다. '지식×사고'가 캐릭터의 현명함이다. 웨이포인트 데이터가 없으면 지형에 관한 사고가 불가능하다. 사고만으로 충실해도 길고 긴 로직을 작성해 간다 해도 결국 중요한 사고는 할 수 없을 것이다. 이것이 지식 표현의 위력이다.

함께 생각해 봐요

지능이란 표현이다.

이 명제에 대해 생각해 보자. 뜬금없을지 모르지만 인공지능을 관통하는 사고 방식으로 '지능이란 표현이다'라는 명제를 들 수 있다. 인공지능이라는 학문의 특징으로서 지능 그 자체가 무엇인가 하는 질문은 결정적인 답이 없는 상태에서 그러면서도 그 질문에 답하는 것 자체가 인공지능이라는 학문의 목표이기도 하다. 각각의 연구나 입장에서 우선 답을 설정해 보고 연구를 진행해 나가면서 더 깊은 답을 찾는다. 따라서 수학처럼 이것이 지능이다라고 딱 잘라 말할 수는 없다.

지능을 우선 이러한 모델이라고 생각한 다음, 이번에는 지능을 이런 측면에서 정의해 두고 시뮬레이션해 보자고 하는 식이다.

그러므로 우선 인공지능의 출발점은

지능을 표현해 보자.

라는 것이 된다.

우선 아래와 같은 단계를 밟아서 생각해 보자.

❶ 지능이란 무엇인가? 라는 질문에 대해 생각해 보자.

어느 정도 이런 것인가? 하는 것이 감이 잡히면 이번에는 거기까지만 해 두자.

❷ ❶에 기초하여 지능을 표현하는 것을 생각해 보자.

자기 나름의 답, 지능은 이런 것이라고 실제로 모델화하여 표현해 보자.

예를 들어 지능이란 시계 장치의 시계와 같은 것이라고 생각하는 사람이 있다면 실제로 어떤 시계 장치인가를 모델화해 보자.

❸ 실제로 만들어 움직여 보자.

❷에서 생각한 지능의 표현, 그것은 명확한 그림이 아니고 움직이는 것이다. 그것을 프로그램으로 작성하거나 실제 물리 모형을 만들거나 전기 회로 등으로 만들어 움직여 보자.

자신이 상상한 지능이 되도록 이런 저런 방법으로 노력해 보자. 그러나 어느 정도 노력하면 ❶로 되돌아가서 다시 한 번 더 깊이 만들도록 분발해 보자.

어떤 인공지능이든 이 ❶~❸을 반복하게 된다.

여기에는 인공지능의 최대 특징인 '지능이란 무엇인가를 생각한다'는 철학적 측면, '인공지능을 실제로 만들어 본다'는 공학적(엔지니어링) 측면, 그리고 만든 것에서 배운다는 과학적 측면(사이언스)이 포함된다.

인공지능은 이와 같이 철학, 공학, 과학이 교차하는 중심에 있다. 그리고 그 근본에는 우선 지능을 표현해 본다는 자세가 있다. 지금은 그 표현이 실제 지능을 표현하고 있을지 여부에 대한 생각은 일단 접어 두고 표현을 반복하여 개선함으로써 진짜에 다가가서 도착하는 것을 생각해 보자. 반드시 한 가지 일을 배우면 자기 나름대로 지능을 표현해 보자. 지능을 표현하려고 하다 보면 인공지능이라는 학문은 길을 보여 줄 것이다.

다음 장부터는 그러한 지능의 다양한 표현에 대해 설명할 것이다.

2장

지성을 표현하는 기법

~게임 AI의 기초 개념

게임에 대한 인공지능의 기초를 만들기 위해 실로 40년이라는 세월이 걸렸다. 1970년대에 디지털 게임이 출현하고 그 화면 속에서 캐릭터가 움직이는 것을 보았을 때 거기에는 놀라움과 함께 디지털 게임의 가능성, 그리고 인공지능을 가까이서 직접 확인하는 경이로움이 있었다.

그러나 당시의 캐릭터는 게임 스테이지의 장치 중 하나라고 할 수 있을 만큼 단순했으며 프로그램으로 움직여지는 패턴 같은 것이었다.

그러던 중에 1980년대에는 캐릭터를 인공지능화한다는 움직임보다는 실제로 디지털 게임 자체가 다양한 장르를 창조적으로 개척하는 동시에, 한편으로 그렇게 개척된 분야가 하드웨어의 진화와 맞물려 확대되는 상황을 맞이하였다.

그러한 상황이 끝났다 싶었을 즈음 이후에는 1990년대에 3D 기술을 통해 게임이 3D화하고 또 2000년대 이후에는 미려한 그래픽 시대에 들어서게 되었다.

그 사이에 인공지능은 최초의 단계에서 조금씩 진화했지만, 게임의 일부로 움직이기만 하면 충분하다고 생각되어 왔다.

이윽고 시대가 바뀌어 게임 자체가 현실감을 증가시킬수록 게임 내에서 확실히 살아 숨쉬는 자율적인 인공지능, 지금까지와 같이 움직여지는 AI가 아니라 스스로 주체적으로 인식하고 판단하고 행동하는 인공지능이 요구되기 시작하였다.

그러나 그 기초기술은 시행착오를 거듭하다가 금세기에 들어 마침내 대략적인 형태를 발견했다고 할 수 있으니, 그야말로 아주 최근의 일이다.

2장에서는 그 개요를 설명할 것이다.

디지털 게임에 대한 인공지능

게임의 재미를 떠받치는 기술

디지털 게임은 주로 디지털 공간 속에서 무대를 만들고 이야기를 만들고 플레이어가 즐길 수 있게 해 주는 세계이다. 거기서는 컴퓨터 그래픽스가 표현을, 물리 시뮬레이션이 시뮬레이션 기술을, 그리고 끝으로 인공지능이 캐릭터의 제어를 수행한다.

여기서 인공지능이 해야 하는 역할은 무엇일까? 그것은 이른바 사회에 대한 인공지능의 서비스와는 다르다. 왜냐하면 게임이란 엔터테인먼트이기 때문이다. 게임에 대한 인공지능은 엔터테인먼트 AI라는 한 분야이기도 하다.

게임에 대한 인공지능은 물론 게임을 재미있게 만들기 위한 것이지만 이 '게임의 재미'라는 것이 단순하지 않고 상당히 심오한 문제이다. 디지털 게임이 탄생한 지 40년이 지난 지금까지 게임 개발자는 이 '게임의 재미'란 무엇인가, 어떻게 해서 '게임을 재미있게' 만들면 좋을까 하는 문제를 계속 고심해 왔다.

그 중에서도 인공지능은 다른 어느 기술보다도 게임의 재미와 깊은 관계를 가진다. 게임을 플레이하고 있는 시간을 생각해 보면 대부분의 시간을 적 캐릭터와 전투하거나 동료 캐릭터와 여행하는 시간임을 알아차릴 것이다.

장기나 바둑의 AI는 대전 상대를 대신하게 되는 AI이다. 대전 상대가 없을 때 인공지능이 대국자의 대역을 하는 것이다. 기사는 게임판의 외부에 있으며, AI는 그 게임의 외측에 있는 플레이어의 대역을 하는 것이다. 그러나 많은 디지털 게임은 액션 게임이나 전략 게임, RPG 등이다. 이러한 게임에 대해 AI가 구동하는 캐릭터는 게임의 구성 요소로서의 캐릭터이다. 즉, 게임을 안쪽에서 떠받치는 인공지능인 것이다. 이러한 차이점이 지적되는 기회는 적지만 매우 중요하므로 꼭 기억해 두자.

게임 캐릭터에 필요한 요소

디지털 게임을 내측에서 떠받치는 인공지능(여기서는 캐릭터의 두뇌)을 생각해 보자. 게임의 캐릭터에 필요한 것은 적에 대한 것과 아군에 대한 것 두 가지이다.

그것은

❶ 현실감(지능의 시뮬레이션)

❷ 연기

이다. 디지털 게임은 엔터테인먼트, 즉 무대인 동시에 시뮬레이션이기도 하다. 지금까지 접해 왔듯이 일찍이 1980~90년대 중반까지의 게임은 맵도 하늘에서 본 조감적인 것이 많으며, 게임을 조감적으로 보고 조종 인형의 실을 조작하듯이 프로그램을 작성하여 캐릭터를 움직이는 방식이었다.

'어떤 캐릭터가 플레이어와 직선의 관계가 되면 활시위를 당기는' 프로그램을 작성한다. 이 프로그램은 캐릭터와 플레이어가 직선이 되었다는 판정을 반복해서 수행하므로 그 순간에 활시위를 당긴다는 명령을 작동시킨다. 즉, 캐릭터의 시점이 아니라 게임을 조감적으로 본 게임 디자이너의 시점이다. 자신으로부터 3m 이내의 적을 해치우는 경우에도 조감적인 시점에서 본 프로그램에서는 어떤 캐릭터의 3m 이내를 항상 판정해 두고 플레이어가 그곳에 오면 공격 명령을 발동하는 형태이다. 즉, 캐릭터에게는 고유의 기억도 인식도 없고 조감적인 시점에서 본 행동이 입력된다. 90년대 중반부터 ― 즉, 게임이 3D로 된 시점부터 그러한 조감적 시점이 불가능하게 되어(우리가 4차원 생물이면 가능하겠지만) 캐릭터 하나하나가 자기 주위의 상황을 인식하고 기억하고 판단한다. 조종 인형이 아니라 캐릭터를 하나의 지성으로서 창출한다는 패러다임 전환이 있었다. 현재에 이르는 게임 AI에 대한 **'자율형 AI'**(1장 p.36)의 발단이다.

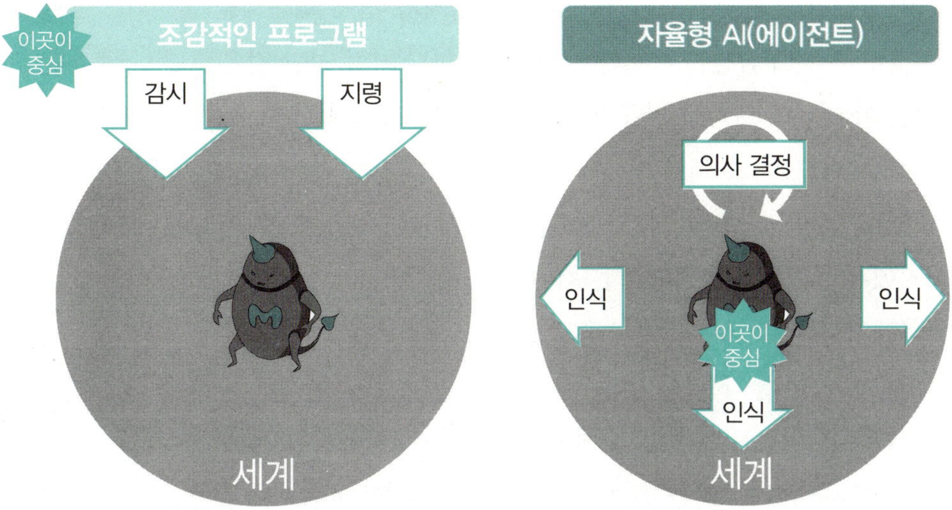

[그림 2-1] 조감적인 프로그램에서 자율형 AI로 전환

더 인간답게 — 자율형 AI

자율형 AI는 아마도 누구나 AI라고 듣고 상상하는 인공지능일 것이다. 스스로 정보를 수집하고 자신의 행동을 스스로 결정한다 — 이미지가 쉽게 떠오르는가? 이전과 같은 조종 인형의 AI는 게임의 규모가 작기에 가능했지만 게임의 스케일과 복잡도가 증가하고 하나의 캐릭터가 처리해야 하는 정보량과 판단에 필요한 계산의 양이 상승함에 따라 각각의 캐릭터가 자기 자신의 행동을 스스로 처리하게 되었다. 이러한 사고 방식을 '자율형 AI' 또는 **'자율형 에이전트'**(역할을 가진 소형의 자율형 AI)라 한다.

그런데 이러한 자율 지향 — 에이전트 지향의 AI를 만드는 방법은 실제 지능을 만든다는 방향이기도 하다. 즉, 게임의 스테이지상에서 마치 진짜 지능인 것처럼 시뮬레이션한다. '어떤 지점부터 어떤 지점은 자연스럽게 이동한다', '물웅덩이는 피한다', '적이 이동하는 장소는 피해서 지나간다', '적이 가운데에 있으면 문을 열지 않고 귀를 기울인다', '스태미너가 다 떨어지기 전에 회복제를 마신다', '적이 볼 수 없는 장소로 숨는다', '계획적으로 행동한다'처럼 사람 같은 AI를 구축하는 것이다. 이 때문에 다양한 인공지능이 투입되며, 그 결과로서 게임의 AI라는 분야가 발전되었다.

그러나 게임의 캐릭터에는 중요한 역할이 한 가지 더 있다. 그것은 '게임 스테이지에서 연기를 하는' 것이다. 적이라면 게임을 시작할 때 "으르렁"하고 손을 쳐든다든지, 플레이어를 보면 "발견했다!"고 소리를 질러댄다든지, 아군이 적에게 살해되면 슬피 운다든지, "이곳은 나한테 맡겨!"라고 아군의 배후를 지킨다든지, 플레이어가 엉뚱한 방향으로 가려고 하면 "여긴 틀리지" 하고 올바른 방향으로 유도하든지 한다. 이러한 연기는 긴 연극일 경우 '컷 신'이라는 동영상으로 만들어져 버리는 경우도 있지만 조금 짧은 보통의 캐릭터를 시나리오대로 움직임으로써 연기를 시키기도 한다. 또한 실제로 액션에 짧게 삽입하는 경우에는 의사 결정의 루틴 내에 '이 경우는 이러한 연기를 한다'는 명령을 훈련시켜 둔다.

이처럼 캐릭터 AI는 '지능의 시뮬레이션'과 '연기를 한다'는 상반된 두 가지 역할을 가지고 있다. 이것은 엔터테인먼트 특유의 요구이지만, 시대가 흐름에 따라 서로의 품질도 높아졌고 필연적으로 시뮬레이션과 연기 사이에도 부드럽게 접속되었다는 요구가 높아지고 있다.

그렇기 때문에 다음과 같은 요구는 '시뮬레이션'과 '연기'의 쌍방을 조정해서 맞추라는 요구인 셈이다.

- 전투가 종료할 때 서 있는 위치와 컷 신이 시작될 때 서 있는 위치를 맞추고 싶다.
- 컷 신이 종료할 때 서 있는 위치와 종료할 때 서 있는 위치를 맞추고 싶다.
- 캐릭터를 제어하는 의사 결정 시스템에 간단한 연기를 삽입하는 기회를 부여한다.
- 캐릭터의 액션과 병행하여 연기할 수 있도록 한다(머리를 긁는 등).

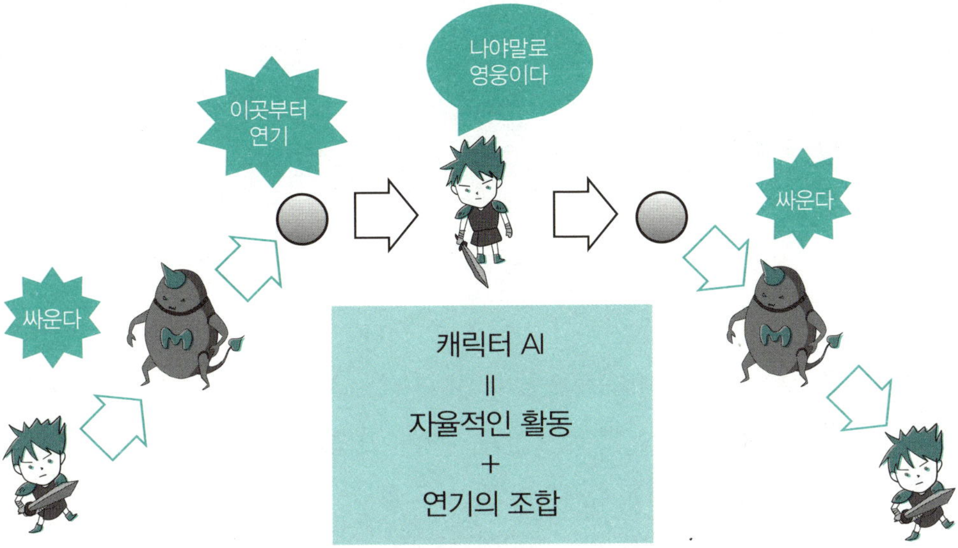

[그림 2-2] 지능의 시뮬레이션과 연기를 양립시킨다.

게임 개발에서는 그래서 AI를 만드는 사람과 컷 신을 만드는 사람, 이벤트를 만드는 사람이 연대해 캐릭터 제어 시스템 전체를 만들어 갈 필요가 있다. 컷 신의 사용 방법, 명칭조차도 각 게임 개발이나 각 게임 타이틀에서 서로 다르며 그러한 점에서 게임을 바라보면 개발자가 고심한 흔적이 보여서 재미있을지도 모르겠다.

현실감(리얼리티)을 추구한다
섬뜩함의 계곡(The uncanny valley)을 넘어서

디지털 게임에서 2000년 이후의 키워드 중 하나는 현실감(리얼리티)에 있다. 리얼리티가 중요한 이유는 사람을 게임에 몰입시키는 힘을 가지고 있기 때문이다. 게임 화면 속에 실물과 다름없이 보이는 산이나 평원, 호수가 나오면 사람은 그곳을 자신이 사는 공간이라고 착각하여 점점 그 속으로 몰입해 들어간다. 그러므로 그래픽스의 리얼리티가 당시 하드웨어의 한계까지 끌어올려지면 일단 집어넣게 되었던 것이다.

2005년경까지는 그래픽스가 모든 것에 우선하여 우세하게 도입된 기간이며 'AI를 넣고 싶다'고 해도 텍스처 1개, 모델 1개 정도의 정밀도가 우선되었다.

그 다음에 온 것이 캐릭터의 리얼리티이다. 캐릭터가 사람 같은 신체와 용모를 가지고 있고 인간처럼 움직이고 인간 못지않게 표정을 변화시키는 수준의 진화였다. 이것은 난도가 상당히 높았지만 캐릭터의 겉보기나 동작이 현실 같은 정밀도를 가진 기술이 도입되었다. 화면 속에는 많은 3D 모델이나 텍스처나 음영이 달리고 있지만 캐릭터, 특히 플레이어 캐릭터나 자주 나오는 NPC(Non-Player Character, 플레이어 이외의 캐릭터)에 관해서는 방대한 리소스가 편중되어 사용되고 있다.

그래서 2010년 전후에 이른바 **'섬뜩함의 계곡을 넘는'** 것에 어느 정도 성공했다('섬뜩함의 계곡'이란 로봇이나 가상 캐릭터가 인간에 가까워질수록 섬뜩해 보이는 현상을 말한다. 예를 들어 8비트 픽셀의 캐릭터가 앞으로 나가지 않고 계속 벽에 충돌해도 '뭐, 그런가 보다'라고 생각하지만 모공까지 표현되는 현대 게임의 현실 같은 캐릭터에서 그런 상황이 발생하면 매우 기분 나쁜 것처럼 비쳐진다). 이것은 인간이 인간에 가까워질수록 인간다운 행동을 무의식적으로 추구하는 성질에서 오는 것이다. 그리고 남겨진 것이 지능으로서의 리얼리티가 된다.

그럼 지능의 리얼리티란 무엇인가?

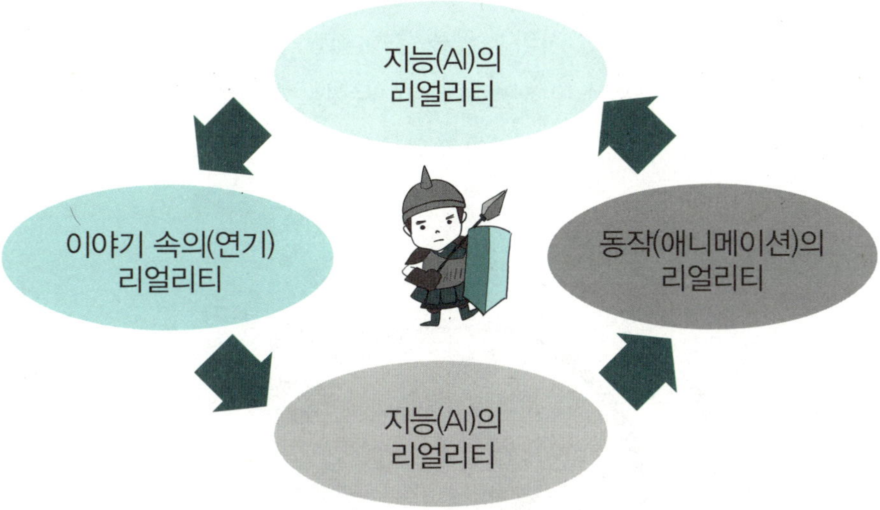

[그림 2-3] 게임 캐릭터의 현실감의 순환

게임 캐릭터의 현실감

게임 캐릭터에 대한 현실감(리얼리티)은 캐릭터가 그 세계 속에서 깔끔하게 살아 있는 느낌이 드는 것이다. 먼저, '게임에서 이것은 없다!'고 말하는 것과 반대의 예를 소개한다.

일찍이 적 캐릭터는 적(= 플레이어)을 보면 직진해서 공격하는 것 같은 간단한 프로그램에서 움직였다. 당연히 그 사이에 장애물이 있으면 걸려 넘어져서 움직일 수 없게 된다. 패미콤이나 슈퍼패미콤 시대에는 귀엽게 봐 줄 수 있었지만 현실 같은 3D 캐릭터가 벽에 걸려 넘어져 움직일 수 없게 되면 당연히 아쉽다는 느낌이 들고 사용자의 흥미를 떨어뜨려 버린다. 이래 가지고는 '리얼리티'가 없는 것이다.

그래서 '**패스 검색**'이라는 기술을 사용하면 캐릭터에 그 장소에서 목표 장소까지 최단거리를 부여할 수 있다. 어떤 지형에서도 이성적으로 움직이는 것처럼 되므로 플레이어가 볼 때 '리얼리티'가 있는 것처럼 보인다. 그런데 도중에 적이 있다고 해 보자. 인간이라면 당연히 우회해서 들키지 않도록 멀리 돌아가겠지만, 최단 패스 검색만 탑재하고 있다면 적의 눈앞을 통해 최단거리로 목적지에 가는 것처럼 되어 버린다. 이것은 너무나 부자연스러우며 무엇보다도 일단 '리얼리티'가 부족하다. 그 부자연스러움을 없애려면 적의 주위는 위험하다는 것을 캐릭터에게 일일이 가르칠 필요가 있다.

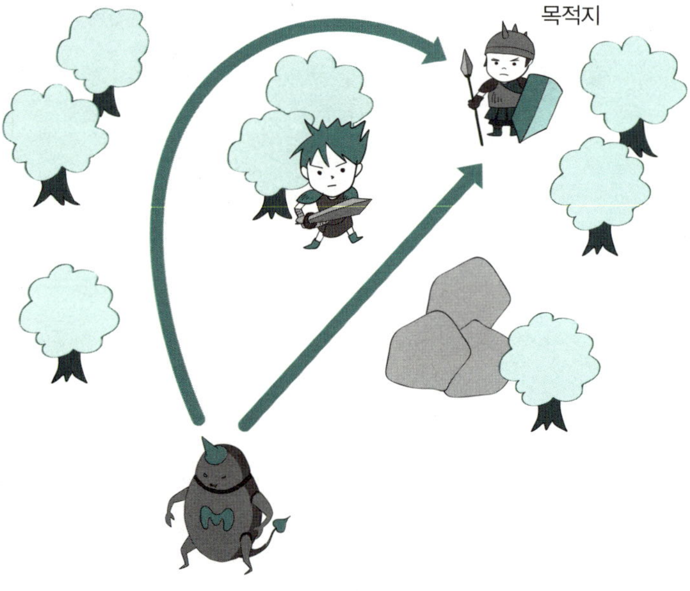

[그림 2-4] 리얼리티를 추구하면 플레이어에게 발견되지 않도록 우회할 필요가 있다.

이와 같이 캐릭터를 만들다 보면 무심코 그러한 일을 하게 되고 만다. 마법 효과가 없는 적에게 마법을 건다든지, MP가 끊어졌는 데도 마법을 계속 외친다든지, HP가 가득 찼는 데도 회복제를 마신다든지, 야간인 데도 헤매지 않고 어둠 속을 걷는다든지, 수 km 앞의 먼 곳에서 마법탄을 적중시킨다든지, 인간다움에서 이탈하자마자 사용자의 눈에 발견되어 버린다든지 하게 된다.

더 세밀한 측면에서는 폭설이 쏟아지는 무대인데 반소매 옷을 입고 있다든지, 사막인데 두꺼운 옷을 입고 있다든지, 수십 미터 추락했는데도 상처가 없다든지 하는 식의 모순이 있는데, 물론 게임의 약속으로 허용한 모순도 많이 있긴 하지만 상식적으로 사용자가 납득할 수 있는 행동을 늘려가는 것이 이상적인 리얼리티이다. 빈사 상태이면 회복제를 복용하고, 수분이 포함된 속성(이하 '수속성'이라 함)을 가진 마법이 유효한 적 상대에게는 수속성으로 공격하고, 잘 아는 장소에서는 사물에 닿지 않은 채 이동할 수 있고, 문 앞에서는 조심스럽게 잠깐 서 있는(사실 보폭을 맞춰 멈추는 것은 대단히 어렵다) 식으로 말이다. 모든 현실 세계와 인간 사회에서는 당연하더라도 게임에서는 그처럼 당연한 것을 하나씩 늘려갈 필요가 있다.

그렇다면 인간은 이런 모든 일들을 왜 자연스럽게 할 수 있는 것일까? 그것은 지능이 있기 때문이다. 지능이라 해도 생각 없이 행동하는 무의식 부분이 작동하는 것이다. 오히려 이처럼 자연스러운 행동을 무의식으로 할 수 있는 지능이 뇌속의 큰 영역을 차지하고 있다. 사실은 이 '당연한 것'이 '당연히 이루어지고 있는' 비결은 '당연하지 않은' 모순을 이해하는 것이 지능이기 때문이기도 하다.

지능을 이해한다

당연한 것일수록 어떻게 하면 그것을 실현하는지 이해하기 어렵다. — 이 화두는 지능을 이야기하는 데 있어서 매우 중요하다.

뇌에서 소뇌라는 중심 부분은 뇌수와 연결되어 있어 인체의 여러 기관을 관리한다. 이런 일은 일상에서는 거의 무의식으로 이루어지거나 의식하려고 하지 않는다. 또한 누구나 주방이나 사무실, 교실이나 백화점 또는 편의점에서 예를 들면 그것이 처음 가는 장소인데도 충돌하지 않고 목적지까지 갈 수 있다. 걷는 장소는 여기이고 이 공간과 이 공간은 연결되어 있다는 식의 공간 파악 능력도 인간의 지능이 가지고 있는 능력이다. — 당연한 것에서 더 고도의 사고 기능까지 늘려감으로써 리얼리티가 있는 지성이라는 것이 완성되어 간다(이러한 사항을 이 책에서 대부분 해설해 간다).

그런데 무언가가 당연하다고 느끼는 이유는 모든 사람이 일상생활에서나 플레이어로서 거의 무의식으로 이러한 것들이 자연스럽게 이루어지기 때문이다. 게임 AI를 만든다는 것은 이러한 무의식으로 이루어지는 것을 명시적으로 프로그램에서 실현해 내는 것이다. 마치 로봇을 만들 때 우리가 보통 의식하는 것이 아닌 신체의 근육의 움직임을 추리하면서 모방하듯이 무의식에 대한 정신이나 뇌의 움직임을 시뮬레이션함으로써 게임의 세계에서 살아 있는 지능을 실현하는 것이다.

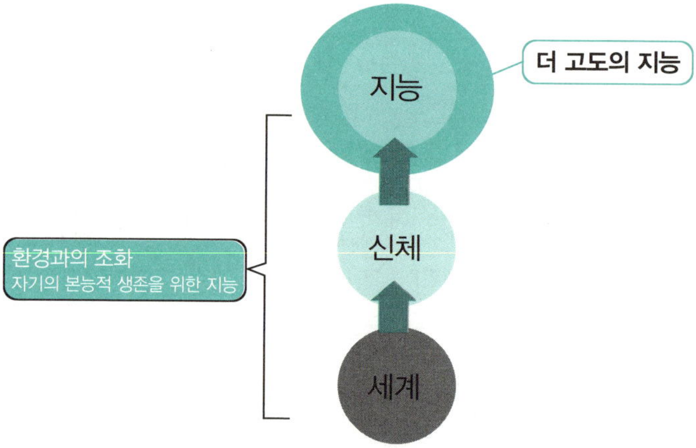

[그림 2-5] 세계, 신체, 지능, 더 고도의 지성의 관계

한편 이 절의 모두에서 해설했듯이 연기라는 것은 문자 그대로 캐릭터가 연기하는 것이다. 게임 디자이너의 연출에 따라 영화의 등장인물처럼 연기를 시킨다. 예를 들어 플레이어를 발견하면 '카오-' 하면서 포효하는 연기를 시킨다(여기서 포효하지 않으면 플레이어한테는 발견되지 않겠지만 게임에서는 플레이어가 발견하지 못한 상태에서 공격을 받는 것은 그리 좋다고 볼 수 없다. 보이지도 않는 상대로부터 공격을 받고 게임이 끝난다면 플레이어는 화를 낼 것이다. 따라서 우선 플레이어의 주의를 끌면 몬스터의 노한 감정을 표현하게 하는 것이 연출상 매우 효과적이다). 또는 전투 불능 상태가 된 아군의 옆으로 가서 슬퍼하는 동작을 한다든지(『Halo』 시리즈에서는 이러한 동작이 많이 포함되어 있다), 같은 편

AI라면 "내가 상대할게!"라고 말하며 적의 공격을 막는 방패 역할을 한다든지, 필살기의 이름을 일일이 외쳐 준다든지, 게임 분위기를 상승시키는 연기를 포함시킨다.

그렇다면 지능이 동작함에 따른 리얼리티와 연기가 주는 리얼리티 중 어느 것이 중요할까? — 한 마디로 양면성이 있다고 할 수 있다. 지능의 동작에 의한 리얼리티는 게임의 근간을 떠받치는 것이다. 말하자면 밑바닥부터 서서히 용솟음치는 것 같은 리얼리티로서 게임 플레이어에게 리얼리티를 준다. 한편 캐릭터의 연기란 상황을 한정한 의도적인 개입이며 게임 디자인의 일환으로 이를테면 게임의 인상을 연출자가 지휘하듯이 위에서 통제하는 것이다. 감정을 가지고 있지 않은 캐릭터이지만 마치 감정을 가지고 있는 것처럼 보이게 하거나 슬퍼하게 하는 식으로 게임에 콘텍스트(흐름)를 주는 것이다.

또한 그것은 해외와 일본에서 또 다른 측면이 있다. 무척 어설픈 이론 같지만 해외에서는 리얼리티를 어쨌든 중시한다. 특히 서양권에서는 현실이라는 것에 대한 감각이 일본보다 매우 강하며, 현실이 디지털상에서 재현되는 것에 큰 감동을 받는 것 같다. 이러한 경향이 최근에는 앞에서 설명한 오픈월드의 게임 디자인을 좋아하는 방향으로 흘러가고 있다. 다만 해외에서 일하는 개발자의 얘기를 들어보면 이처럼 보이는 '현실'이 중요하다기보다는 필요하다고 말하는 것이 좋을지 모른다. 가령 무거운 짐을 가지고 있다면 근육이 팽팽해지면 잘 어울리고, 10m 점프가 가능하다면 그런 설정이 있으면 좋으며, 갑자기 초현실적인 동작을 보이려고 하면 '정지해 버리는'(disconnected라고 표현한다) 식이다.

한편 일본은 오히려 게임이라는 것이 현실에 없는 장소로 간다는 생각이 있다. 그것이 일본의 게임 디자인에 다양한 자유도를 주는 이유이다. 그렇기 때문에 현실성에 대한 요구가 높지 않고 연출적인 AI가 많아진 것인데, 최근에는 게임 그래픽스의 실사적인 표현이 향상됨에 따라 AI에도 역시 최소한의 현실성이 요구되고 있다. 또한 해외의 게임에서도 게임의 내용을 규명하기 위해 연출성이 크게 요구되는 듯하다. 생활하고 연기하는 게임 속의 캐릭터도 상당히 힘든 과제이다.

세 가지 게임 AI로 사용자 체험을 만든다

게임 디자인의 결정

게임 AI에는 세 종류의 AI가 있다. 'AI라면 결국 캐릭터인 것 아닌가?' 라고 생각할지 모르는데, 고전적으로는 그 말이 맞지만 게임이 진화함에 따라 인공지능 기술이 게임의 다양한 장소에 도입되게 되었다. 여기서 세 가지란 다음과 같다.

캐릭터 AI
내비게이션 AI
메타 AI

이들에 대해 간략히 설명한다.

먼저 '**캐릭터 AI**'는 게임에 나오는 적이나 아군 및 NPC(거리에서 이야기하는 사람 등과 같이 플레이어 이외의 캐릭터)의 두뇌로 만드는 AI이다. 적이라면 플레이어를 어떻게 해서 제압할지, 즉 이 세계에서 어떻게 살아남을지 스스로 판단하는 AI이다. 이 AI는 게임이라는 환경에 내던져져 스스로 판단해 행동해야 하는 것이지만 모든 일을 스스로 해야 하는 것까지는 아니고 역할이 있어서 그것을 수행하면 된다. 예를 들어 플레이어를 한 방 때린다는 미션을 수행하도록 그늘에 배치하고 '가까워지면 공격하라'는 조건을 걸어 둔다. 그런데 최근에는 장소에 구속되는 단순한 캐릭터가 별로 없고 더 고도의 의사 결정 기능을 탑재하고 있다. 이 주제는 다음 장에서 설명하기로 한다.

두 번째는 '**내비게이션 AI**'라는 것이다. 가장 중요한 기능은 게임 스테이지상의 어떤 점에서 다른 점으로 가는 경로를 탐색하는 것이다. '2점 간? 이동?' 당연하다고 생각할지 모르지만 게임 속에서는 이 문제가 꽤 어려운 과제이다.

예를 들어 위험한 산길에서 많은 바위가 굴러 떨어지고 있는데 바위 사이를 뚫고 나가서 목표까지의 경로를 발견해야 하는 경우를 생각해 보자. 사람이라면 목표 방향을 발견하면 이곳으로 가야겠네 하는 감각에 의지하여 도착할 것이다.

그러나 AI의 경우는 '이곳으로 가야겠네' 하고 생각하기 어렵고 정확히 경로를 계산할 필요가 있다. 그 밖에도 내비게이션은 통과하는 장소, 통과하지 않는 장소, 경로, 목적에 맞는 장소, 예를 들어 높게 조망해야 좋은 장소나 그늘에 숨을 장소를 가르쳐 주어야 한다. 눈에 띄지 않는 AI이지만 게임의 지형적인 사고를 단번에 파악하게 해줄 수 있는 전문가인 것이다. 이 AI에서 다양한 정보를 교육한 덕분에 캐릭터 AI는 그 지향이나 지형 변화에 맞는 행동을 할 수 있게 된다.

그리고 마지막의 '**메타 AI**'는 게임 전체를 감독하는 AI이다. 게임 전체의 상황을 조망하면서 게임의 전개를 결정하고 플레이어의 스킬에 따라 난이도를 조정한다. 'AI 디렉터'라고 부르는 경우도 있다. 예를 들어 플레이어 주위의 몬스터 밀도를

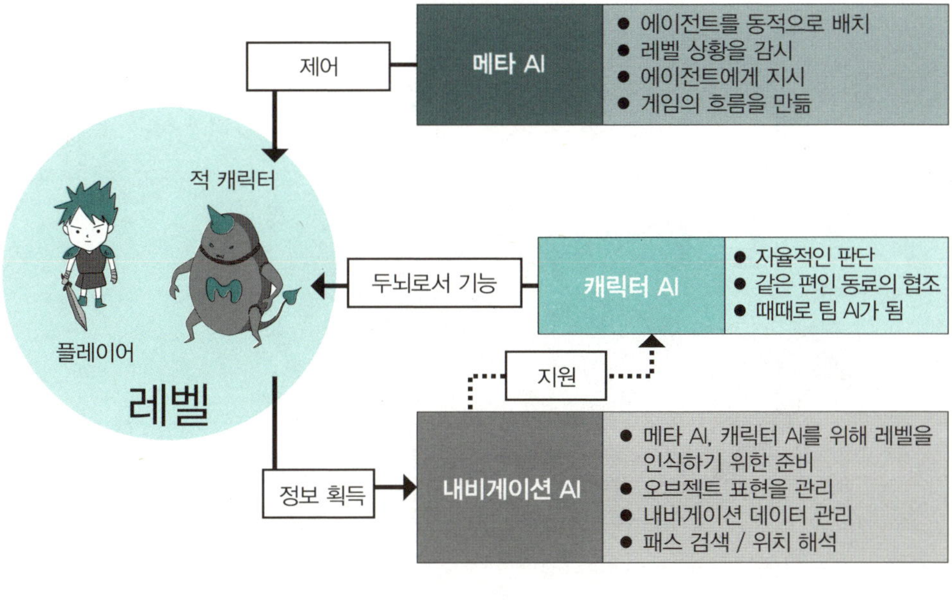

[그림 2-6] 세 가지 AI가 연대하여 사용자의 체험을 만듦

줄곧 관찰하고 있다고 해보자. 게임에는 완급이 중요하다. 계속 긴장해서 피곤해지거나 맥이 풀린 상태로 따분해진다. 게임에서 중요한 것은 '긴장과 긴장 완화의 리듬'이다. 그러므로 메타 AI는 몬스터의 밀도를 높이거나 낮춘다. 어떤 때에는 몬스터를 거칠게 돌진시키고 어느 밀도를 초과하면 이번에는 '스르륵' 끌어들여 원위치까지 돌려놓는다. 그러면 플레이어는 한숨을 돌리므로 조금 시간 여유를 두고 나서 또 다시 몬스터를 돌입시킨다. 또는 밀도가 많을 때에는 플레이어의 같은 편에게 둘러싸이게 한다. 즉, 조작하는 대상은 적뿐만이 아니라 아군도 해당하며 실제 영화감독처럼 주인공 이외의 캐릭터 전체를 조작하여 게임을 재미있게 만들어 간다.

그리고 한 게임 속에서는 이 세 가지가 연대하여 움직여 간다. 그 최종적인 목표는 목표하는 **사용자 체험을 만든다**는 것이다. 재미있을지 여부는 상당히 복잡한 의미가 있고 게임은 체험을 만드는 엔터테인먼트이므로, 실현하고자 하는 사용자 체험은 게임 디자이너의 수만큼이나 다양하다 하겠다.

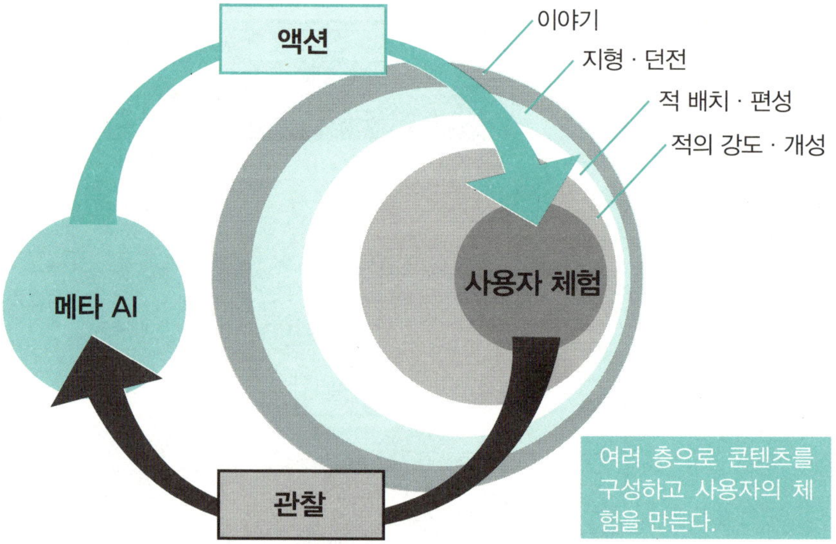

[그림 2-7] 콘텐츠를 조합하여 사용자 체험을 만든다.

살아 있다는 것
'~다움'을 만든다

캐릭터가 게임 세계 속에서 살아 있는, 또는 게임 밖으로 튀어나와서 스마트폰의 디스플레이에서 생생하게 이야기를 해주는, 그런 꿈을 품고 게임 개발자는 일하고 있다. 그런 이상은 최종 목표이고 당장 하루 이틀에는 불가능하다. 따라서 중간적인 목표로 '생물다움'이란 무엇일까 하는 생각을 하면서 게임을 만든다.

더 인간답게 행동하는 캐릭터

전투를 하지 않을 때 캐릭터가 멀뚱히 서 있다면 이상할 것이다. 그렇다면 인간은 무엇을 할지 생각해 본다. 먼저 호흡을 하고 있으므로 조금 흔들리고 있을 것이다. RPG에서는 이렇게 흔들리고 있는 것을 다소 과장되게 표현할 수 있다. 『라구나로쿠 온라인』(강호, 2002년)이라는 게임에서는 이 표현을 위해 캐릭터를 과장되게 상하로 운동시키고 있다. 그렇게 함으로써 항상 약동감을 동반하게 된다.

또한 캐릭터 셋이 모이면 수다를 떨기 마련이다. RPG에서는 캐릭터가 캐릭터와 아주 가까운 거리로 걸어가는 경우가 있지만 이것은 현실에서는 좀처럼 있기 어려운 상황인데, 그 이유는 인간이 무의식 중에 '**사회적 공간**'이라는 것을 만들어내고 있기 때문이다.

사회적 공간

지금부터는 심리학 분야를 인용해서 이 사회적 공간에 대해 해설해 본다.

사람이 수다를 떨 때에는 한복판에 공간을 두고 이것을 둘러싸듯이 이야기한다. 이 한복판의 공간을 '**O-스페이스**(O-space)'라고 하는데, 다른 사람이 이 O-스페이스에 끼어드는 일은 거의 없다. 좀 더 자세히 말하면 이 세 사람이 만드는 어떤 반경의 영역(이것을 '**P-스페이스**(P-space)'라 한다)이 있고 R-스페이스 밖에 사람이 지나간다면 세 사람은 주의를 기울이지 않는다. 하지만 이 R-스페이스를 조금이라도 침범하려고 하면 세 사람 중 누군가가 그 사실을 발견하게 된다. 아마 이런 감각은 대부분의 현실에서 무의식 중에 이루어질 것이다. 수만 년이라는 진화를 거치면서 사람이나 동물은 개인을, 집단을 지키기 위한 본능을 발달시켜 왔기에 문명사회가 된 지금도 그것은 거리 속에서 기능하고 있는 것이다. 만원 전철의 스트레스도 물리적일 뿐만 아니라 이러한 영역이 침범을 당하기 때문에 생기는 것이다.

이러한 공간을 '**사회적 공간**(social space)', 거리를 '**사회적 거리**(social distance)', 그리고 이들에 기초한 행동을 '**사회적 행동**(social behavior)'이라 한다.

[그림 2-8] 개인과 집단의 '다움' *1

많은 군중에 대한 시뮬레이션에서는 이러한 사회적 거리, 사회적 공간, 사회적 행동이라는 지식이 탑재되는 경우가 많으며(자세한 내용은 8장 p.321 참조), 게임에서도 사람이 많아지면 전체로서 부자연스러워 보이는 원인 중 하나가 된다. 캐릭터는

*1 [참고] Claudio Pedica, 『Spontaneous Avatar Behavior for Social Territoriality』(사회적 경계에 대한 자발적 행동의 한 면) Reykjavik University(레이캬비크 대학교), 2009년 봄
http://populus.cs.ru.is/content/publications

입자로서가 아니라 살아 있는 존재로서 세계에 있는 것이므로, 당연히 사회적 거리, 사회적 공간, 사회적 행동을 전제로 서 있는 위치, 이동 방법을 실현해야 한다.

사회적 거리를 지키지 않는 행인의 캐릭터들이 이동하는 경우, 움직이면 움직일수록 위화감이 있는 거리가 되어 버린다. 행인의 캐릭터는 이야기하고 있는 사람의 중심이나 다른 캐릭터에서 일정 거리를 유지하고 이동해야 하는 것이다. 이것은 특히 RPG의 거리에서 중요한 지식이지만, 전투 중에도 같은 사례를 생각할 수 있다.

적 병사의 눈앞을 가로지르듯이 이동하는 것은 아무래도 어리석어 보이고 적의 바로 뒤를 통과하는 것도 마찬가지로 위기일발로 보인다. 캐릭터 간의 사회적 관계를 표현한다 해도 사회적 공간이라는 사고 방식은 중요한 것이다.

아지 이론

이번에는 비슷한 이야기로 숲의 경계 이야기를 해 보자.

곰이나 하이에나 같은 동물은 자신의 경계를 가지고 있다. 이것은 자신과 새끼를 지키기 위한 영역이며 나무에 자신의 오줌을 지려서 자신의 영역 표시를 만든다. 이 영역 안에 다른 개체가 침입하면 분노를 표출한다. 이것은 게임에서도 흔히 사용하는 수법이며 이 몬스터의 영역을 지정해 두고 플레이어가 침입하면 습격하는 패턴이다. 분노한다는 감정은 사실 그런 영역이 침범 당했을 때 일어난다는 이론이 있다.

[그림 2-9] 게임에서 적 캐릭터의 경계와 분노

영역이란 장소나 영역에 존재하는 시스템이라는 생각을 '**아지 이론**'*2이라 한다. 결과론이지만 단순한 장소에 연결시킨 A라는 개념이 아지 이론과 가까운 생각으로 탑재되곤 한다. 이런 상황은 인간이라 해도 아무래도 이해하기 어렵지 않을까? 예를 들어 자신의 방에 들어온 개체가 친한 사람일 수도 있지만, 만약 모르는 사람이 들어오면 공포나 분노를 느낄 것이다. 장소라는 것은 언제나 사회적 의미를 가지고 있는 것이다.

역할과 역할에 따른 행동

사회적인 요청에 따라, 또는 팀이 모였을 때에는 스포츠와 같이 각각 역할을 가지고 있게 된다.

예를 들어 사냥감을 쫓는다면 모는 역할과 쏘는 역할, 함정을 파는 역할 등이 있다. 팀을 연대시키는 가장 단순한 역할로서, 특히 미리 결정된 역할을 수행할 경우에 연대 방법 자체가 정의되어 있다고 할 수 있다.

일반적으로 온라인 RPG(자신의 분신인 플레이어가 온라인상에서 다른 사람이 움직이는 플레이어와 몇 명에서 수십 명의 파티를 만들어 플레이어하는 롤 플레잉 게임)에서는 힐러, 탱크라는 역할(롤)이 있다. 힐러란 힐(heal, 회복)을 한다는 의미이며 손상을 입은 아군의 HP를 회복제나 마법 등으로 수시로 회복시키는 플레이어를 가리킨다. 많은 경우 공격력이 약한 마법사 등이 그 역할을 한다. 탱크는 앞에 나서서 적의 공격을 모아 중지시키는 역할이다. 가능하면 많은 적으로부터 공격을 받기 위해 상대로부터 혐오치(싫어하는 정도)를 높이도록 골고루 적을 공격한다든지 하는 것이 중요하다. 이렇게 해서 다른 플레이어들을 적의 공격으로부터 지킬 수 있다. 탱크는 체력이 크고 방어력이 강한 플레이어가 그 역할을 담당하는 경우가 많다.

*2 [참고]『감정 – 사람을 움직이게 하는 적응 프로그램』 토다 마사나오(戸田正直) 저(동경대학출판회, 2007년)

[그림 2-10] 역할(롤)을 가진 캐릭터들

또한 롤은 인공지능에 대해서도 중요한 사항이다. AI가 특정 롤을 가진다는 것은 AI가 풀어야 할 문제가 한정되어(프레임(3장 p.103)이 한정되어) 있고 한정된 범위만큼 풀기 쉬워진다.

일반적으로 인간은 동적으로 자신의 역할을 인식하고 그때부터 행동을 시작한다. 예를 들어 농구에서는 누가 드리블로 치고 들어가고 누가 슛을 한다는 역할이 매 경기마다 다르다. 플레이어들은 반복된 연습을 통해 그러한 역할을 동적으로 결정해 가는 패턴을 학습한다. 즉, '역할을 인식한다', '역할에 따른 행동을 한다'는 판단의 레이어(layer)는 전혀 다른 레이어로 기능하고 있다. 그렇게 각각 독립되어 움직이고 있기 때문에 상황에 따른 역할 변화를 신속하게 파악하고 행동을 변화시킬 수 있다.

게임의 경우 캐릭터가 자신의 역할을 스스로 변화시키는 경우는 거의 없다. 게임 디자이너의 의도가 명확히 지정된 경우가 많기 때문이다. 이번에는 적, 이번에는 같은 편의 힐러, 보스 캐릭터 같은 식이다. 그래서 동적인 역할 변경은 게임 디자인에 크게 영향을 미치기 때문에 개별 캐릭터에는 없고, 동적으로 수행해야 하는 경우 메타 AI(p.69)가 캐릭터의 역할을 변경하는 경우가 많다.

예를 들어 『크로마하운즈』(세가, 프롬 소프트웨어, 2006년)에서는 처음에 큰 전략 목표를 할당한 다음, 게임의 종반에 팀 AI에서 적진과 가까운 로봇 3체에게 '적 기지를 공격한다'는 전략 목표를 할당한다. 이와 같이 상위 입장에서 팀 전체를 조정하는 AI를 '**퍼실리테이터**(facilitator: 촉진자)'라 한다. 팀 AI는 게임 전체의 흐름을 조합하는 퍼실리테이터의 역할을 하는 것이다.

메타 사고 방식과 메타 지식

사고 방식을 조립한다

누구나 인공지능을 처음 만들 때에는 하나의 큰 연속된 총체로 만들고 만다. 그러나 다양한 경험을 쌓고 나면 지능은 사실 독립된 지적 기능의 집합체가 아닐까 하는 아이디어가 떠오른다. 단순한 지적 기능의 부품을 조립하여 지능 전체를 만든다는 접근 방식을 '**모듈러 디자인**(modular design)'(3장 p.98)이라 한다. 모듈러란 부품이라는 의미를 가지고 있으며, 생물의 지능의 진화를 보아도 역시 세분화와 통합을 반복한다.

어떤 지능 모듈이 독립적이라 함은 그 지능이 독립적으로 구동함과 동시에 그것을 제어하는 상위층이 생긴다는 의미이기도 하다. 지능은 그렇게 해서 기능이 독립됨과 동시에 그것을 유발하는 별도의 상위 모듈이 생긴다. 이것을 '**아비터**(arbiter: 중재자)'라 한다.

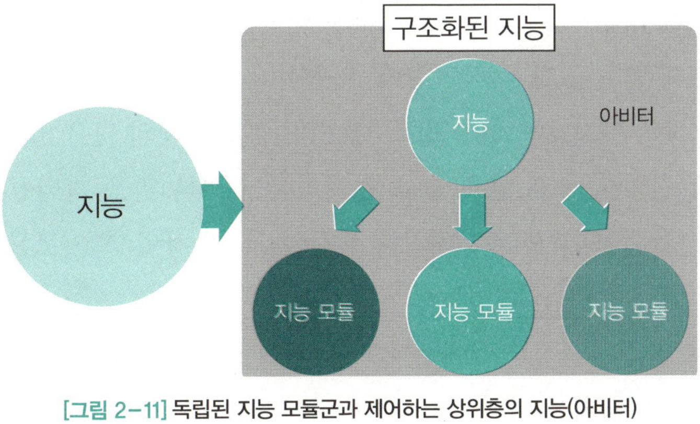

[그림 2-11] 독립된 지능 모듈군과 제어하는 상위층의 지능(아비터)

예전에는 혼연일체된 시스템이 기능마다 분화하고, 다시 이들을 통제하는 구조가 생긴다는 분열과 통합이 자연스럽게 발생했다. 이것이 지능의 불가사의한 면이기도 하다. 또한 이것은 사회에서도 공유되어 볼 수 있는 현상이다. 어떤 문제에 구체적으로 대처하는 사람과 그것을 위에서 메타적으로 제어하는 사람이 그것이다.

여기서 에이전트 아키텍처로 되돌아가 보자(1장 p.40). 지능의 모듈을 구동하기만 하던 것을, 지능을 제어하는 모듈 자체도 구동한다는 것이다.

그런데 여기서 선문답 같은 이야기를 해 본다.

먼저 '무엇을 생각한다'는 상태가 있다. 다음에 '무엇을 어떻게 생각한다'는 상태가 있다. 그래서 인간은 '무엇을 어떻게 생각할까' 하는 것을 스스로 선택할 수 있다. 즉, 어떤 문제를 이런 입장에서 생각해 볼까, 이 문제와 분리해서 생각해 볼까 하는 식으로 사고와 대상을 튜닝해서(정밀 조정해서) 생각한다. 이러한 경향은 성인이 될수록 더욱 현저해지며 사고하는 행위 자체를 객관적으로 보고 제어할 수 있게 된다. 문제가 복잡해질수록 이처럼 다양한 설정의 사고를 반복하는 경험을 함으로써 사물의 전체상을 다면적으로 파악할 수 있게 된다. 이것이 '"무엇을 어떻게 생각할까" 하는 것을 생각한다'는 개념이다.

그리고 또 한 가지, '**메타 지식**'이라는 말이 있다. 보통 지식이라 하면 '무언가에 대한 지식'을 말한다. '사과는 빨갛다'라든지 '여름엔 덥다'라든지 '눈은 수증기로 되어 있다'든지 하는 것이 지식이다. 이에 비해 '메타 지식'이란 '『무언가를 알고 있는가』에 대해 알고 있다'에 해당한다. 자신은 '사과의 색을 알고 있다'라든지 '바다의 푸른 정도가 어느 정도인지 알고 있다'라든지 '이 엿의 맛을 알고 있다'라든지 '비가 내리기 전의 구름 모양을 알고 있다'라든지 하는 말을 가리킨다. 구체적인 내용을 알고 있는, 또는 생각해 내거나 생각했다든지 하면 그 정보를 알고 있다는 사실을 알고 있는 것이다.

구체적으로 행동을 형성할 때에는 '지식 = 알고 있다는 사실의 내용'이 중요하다. '이 현수교는 무너지기 쉽다'에서 '천천히 걸어라'는 생각이 들게 하고, '이 언덕을 넘으면 적이 있다'에서 '우회해서 걸어라'는 생각이 들게 하고, '아이스크림은 곧 녹는다'에서 '곧 먹어야 한다'는 생각이 들게 하는 식이다.

그러나 한편으로 의사 결정을 할 때에는 지식과 같은 정도의 '메타 지식'이 중요하다. 앞에서 든 예에서 자신이 '그 현수교의 상태'를 알고 있는지 여부에 대한 지식에 관한 지식이다. 만약 알고 있지 않다는 사실을 알고 있으면 '현수교의 상태를 조사한다'는 행동으로 옮겨갈 수 있다. 또는 던전 속에서 '마법의 검을 획득하고(get) 싶다'고 할 때 '마법의 검'이 있는 장소를 알고 있는지 알고 있지 않은지에 대한 정보는 매우 중요하다. 알고 있지 않으면 그 장소를 거리의 사람들에게 물어보거나 또는 '자기 자신이 탐색하는' 행위가 필요하게 되며, 행동의 분기에 큰 역할을 하게 된다. 그리고 그러한 알고 있지 않은 정보를 어떻게 하면 알 수 있을까 하는 메타 지식도 중요하게 된다.

일상생활에서도 구체적인 지식은 필요에 따라 취득하거나 지식 자체가 변화하기도 하므로 임기응변으로 취득할 필요가 있다. 그러한 경우 어떤 장소에 가면 알게 될지, 저 사이트를 보면 알게 될지, 저 사람에게 물어보면 알게 될지, 그러한 사항을 알고 있는 것이 중요하게 된다. 사람의 행동 어느 부분도 이러한 지식을 취득하는 정보로부터 성립된다. 아침에 일어나 하늘을 바라보는 것 같은 태연한 행동 속에는 '하늘은 매시간 변화하고 지금 막 일어난 자신은 현재의 하늘을 알고 있지 않은 경우 하늘의 모양을 보면 대부분을 알게 된다. 하지만 오후 이후에는 일기예보를 보아야만 알 수 있다'는 전제에 기초하여 행동하고 있는 것이다.

게임에서 사용하는 메타 정보

RPG에서는 메타 정보가 복잡하게 조합되어 있다. '다리를 건너는 방법은 현자 요키밖에 모른다', '이 던전의 지도는 바다를 건넌 거리에 있는 롤러라는 여성이 가지고 있다', '당신은 먼저 이 나무에 오르는 방법을, 산너머 사당에 있는 제단에 그려진 모양에서 해명해야 한다. 그러나 산을 넘는 방법은 이 거리의 장로밖에 모른다'는 식의 복잡하게 조합된 메타 정보를 풀어서 세계의 수수께끼로 좁혀 간다. RPG는 '퀘스트'(미션)와 '정보 수집'의 두 가지 측면을 가지고 있는 것이다.

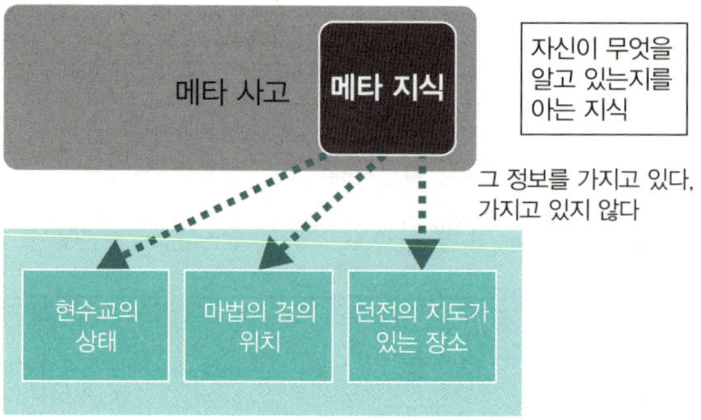

[그림 2-12] RPG에서 메타 정보의 조합

또한 액션 게임에서도 '지금 적의 위치를 알고 있지 않으므로' '적이 보일 때까지 언덕을 오른다' '우선 이 길이면 곧 철거해도 몰아넣어지는 일은 없다. 그러므로 우여곡절 끝에 이 길에 도달하면 적의 그림자가 보일 것이다'라는 의사 결정이 가능해진다. 그리고 **메타 사고**와 메타 지식은 서로 연대한다. '나는 지금 이 지식을 알고 있지 않으므로 우선 이 지식이 없다는 전제로 생각하자' 또는 '이 지식에 대해 알고 있지 않지만 이러한 가정을 바탕으로 생각하자' 등과 같은 식인데, 그러고 보니 추리소설 같아 보인다. 사실 추리소설도 또한 메타 사고와 메타 지식이 연대한 결과이다.

'내일 상품이 예정대로 입하되는지를 알고 있지 않지만 예정대로 입하된다 치고 상점의 레이아웃을 생각해 보자', RPG에서 '이 탑에 갈 때까지 적이 이 아이템을 드롭(떨어뜨리다)해 준다는 것을 알고 있지 않지만 드롭해 준다면 회복약을 합성할 수 있으므로 우선 드롭해 준다고 치고 경로를 생각해 보자'라든지 자신이 무엇을 알고 있는지 여부, 그리고 그 정보를 어떻게 알게 되는지를 계산하면서 사고를 조립해 간다.

이와 같이 메타 사고와 메타 지식은 각 전문적인 사고를 제어하여 잘 활용하는 상위 레이어를 형성하며 의사 결정이나 행동의 디자인에도 영향을 미친다. 이 메타 구조야말로 인간이 지능을 가지고 있으면서도 더 행동적인 지능을 획득했다는 증거이기도 하다. 동시에 그 구조는 부질없는 걱정이나 공허한 사고에 에너지를 낭비하는 결과가 되어 버리는 원인이기도 하다.

블랙보드에서 정보를 파악한다

칠판을 영어로 '**블랙보드**(blackboard)'라 한다. '블랙보드'를 개념적으로 정의하면 '누구나 보고 써넣거나 지울 수 있는' 물건이다. 인공지능에서도 이 '블랙보드'가 중요한 역할을 한다.

인공지능에서 블랙보드는 매우 고전적인 개념이다. PC의 처리속도가 지금보다 훨씬 더 느렸던 시절, PC들이 협력하여 하나의 과학적인 문제를 풀기 위해 사용된 구조이다.

특징 만의 상태를 파악하고 싶다고 해 보자. 장치가 만 내의 여러 장소에 7개소 놓여 있다고 하자. 7개의 관측 장치에서 한 장소로 정보를 모으면 거기서 무엇이 이루어지고 있는지를 파악한다. 이때 역할을 하는 것이 '**계층화 블랙보드**'라는 사고방식이며, 블랙보드를 몇 개의 층으로 나누어 정보를 처리한다.

먼저 맨 아래 층에서는 순번에 따라 관측 장치에서 오는 보고를 써넣는다. '물의 흐름 방향과 강도', '바람의 흐름 방향과 강도'가 전송되어 온다. 그러면 이 7가지 보고와 위치로부터 다음 상위층에서는 이 만의 조류와 바람의 흐름을 모아서 전체 상황을 알 수 있다. 또한 위층에서는 풍향의 변화와 조류의 변화를 기억하고 있으므로 바람의 흐름 변화와 조류 변화의 관계를 해석에 의해 알 수 있다.

이와 같이 블랙보드를 계층화하고 아래층부터 위층을 향해 정보를 추상화하고 고도의 정보를 획득하는 구조를 '계층화 블랙보드'라 한다.

이 각층의 사이에서 정보를 처리하는 모듈을 '**지식 소스**(KS: Knowledge Source)'라 한다.

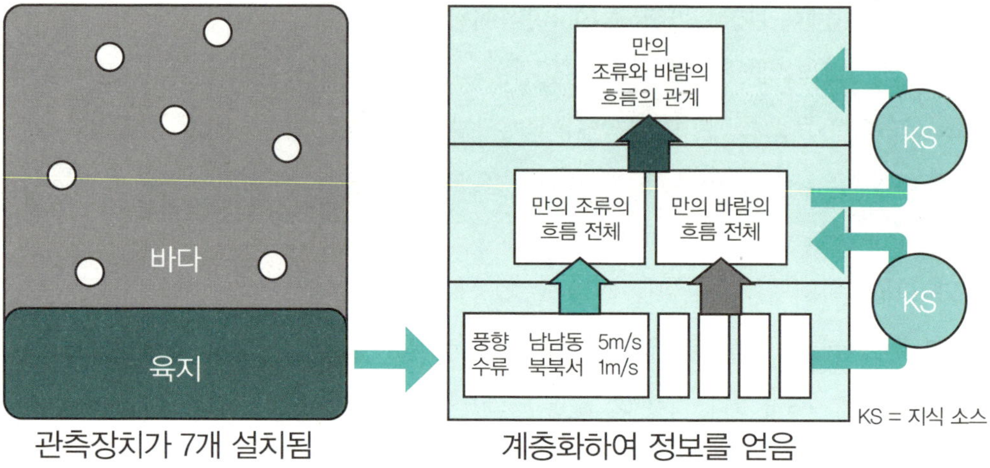

[그림 2-13] 계층화 블랙보드의 구조 *3

그런데 이것을 게임에 응용하게 된다면 많은 캐릭터로부터 정보를 수용하고 전체의 상황을 파악하는 것 같은 경우에 사용한다. 맵에 7체의 캐릭터를 배치하고 적 캐릭터의 목격 정보를 써넣어 간다. '몇 시 몇 분에 여기서 플레이어를 보았다', '발자국 소리가 들렸다'는 정보이다. 그러면 블랙보드를 통해 점점 적의 위치 정보를 알아가게 된다. 다음 상위층에서는 거기서부터 어디로 얼마만큼의 적이 고정되어 있는지를 알게 된다. 다음 상위층에서는 전투 국면 전체에서 어느 곳이 안전하고 어느 곳이 위험한 지역인지를 파악한다.

*3 [참고] H. Penny Nii, 『The Blackboard Model of Problem Solving and the Evolution of Blackboard Architectures』(문제 해결의 블랙보드 모델 및 블랙보드 아키텍처의 진화), 『Blackboard Application Systems, Blackboard Systems and a knowledge Engineering Perspective』(블랙보드 애플리케이션 시스템, 블랙보드 시스템 및 지식 엔지니어링에 대한 시각) AAAI
http://www.aaai.org/ojs/index.php/aimagazine/article/view/537
http://www.aaai.org/ojs/index.php/aimagazine/article/view/550

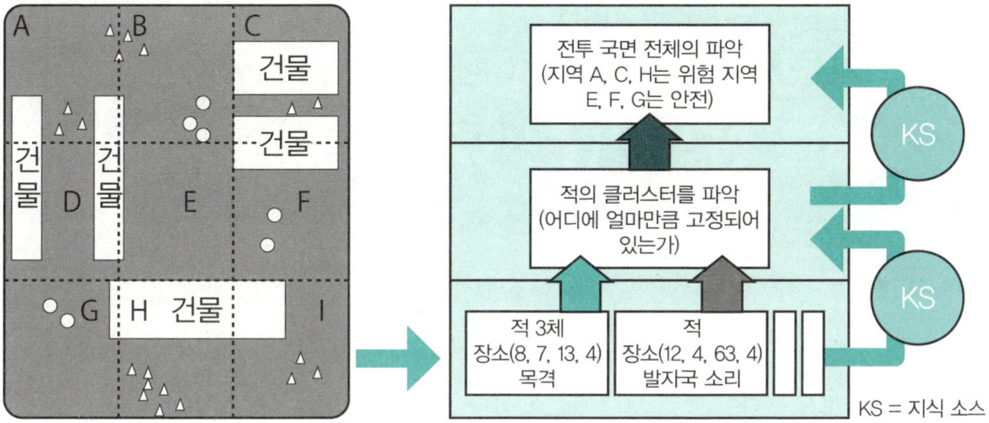

[그림 2-14] 게임에 블랙보드를 응용하고, 맵 내의 상황을 파악한다.

이와 같이 블랙보드는 지식의 축적과 그 처리가 강하게 결부된 형식이며 전용 처리를 효율적이면서도 고속으로 처리할 수 있다는 이점이 있다. 한편으로 특화된 사고를 만들어 버리기 때문에 일단 만들고 나면 좀처럼 융통성을 발휘할 수 없다.

다음 항에서는 더 일반적인 사고를 만들기 위해 블랙보드를 어떻게 발전시켜 가는지를 살펴본다.

블랙보드 아키텍처로 세계를 인식한다

'블랙보드 아키텍처'는 세 가지 시뮬레이션에서 만들어진다. 먼저 앞 절에서 소개한 '블랙보드', 다음으로 '지식 소스'이다. '지식 소스'는 전문적인 지적 영역을 가지고 있으며 자신의 기억과 지적 기능에 따라 블랙보드에서 읽어 들인 정보에서 더 새롭게 해석한 정보를 써넣는다. 또한 이 '지식 소스'군에 동작을 활성화하거나 반대로 중지시키는 '아비터(중재자)'(p.77)의 존재가 있다. 이 3자에 의한 연대 시스템이 '**블랙보드 아키텍처**'라는 것이다. 실제로 80년대부터 블랙보드는 이와 같은 아키텍처를 가지고 다양한 문제를 해결해 왔다. 아비터는 때때로 '**스케줄러**'라고도 부른다.

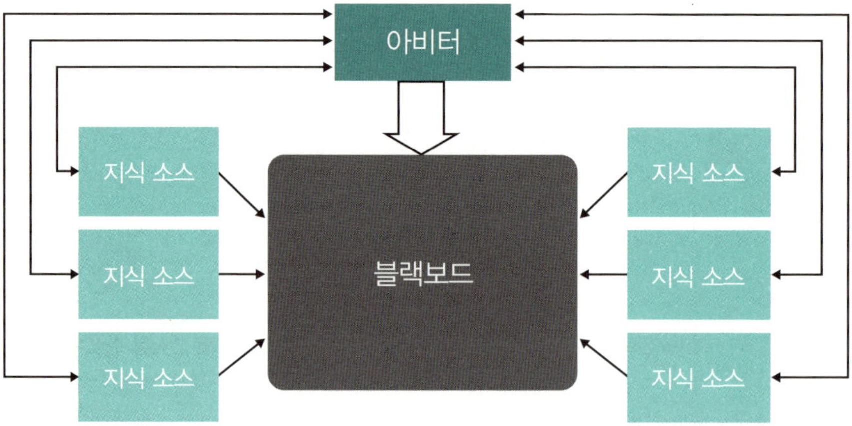

[그림 2-15] 블랙보드 아키텍처는 3개 모듈로 되어 있다.

여기서는 지능을 만든 상태에서 중요하면서도 기본적인 사고 방식이 포함되어 있다. 중앙에 기억장치가 있고 각각의 지능을 구성하는 기능을 가진 모듈이 아비터의 지령에 의해 움직이며 협조함으로써 문제를 해결한다는 사고 방식이다. 느껴지는 인상으로 볼 때 블랙보드는 기억, 지식 소스는 지적인 능력(즉, 계산하거나, 계획을 세우거나, 전혀 다른 사물을 결부시키거나, 행동을 판단하는 등), 그리고 아비터는 우리가 의식이라고 말한 어디쯤이 될까? 아비터는 각 모듈의 능력을 잘 알고 있으며, 지식 소스를 구사하면서 블랙보드 위에 있는 지울 수 없는 정보를 해결하는 것이다.

그런데 이 그림의 쓰는 방식을 조금만 변경시켜 보자. 왼쪽에 아비터와 지식 소스가 오고 오른쪽에 블랙보드가 오도록 쓴다. 의미가 더 잘 이해되는가? 지식 소스는 아비터에서 허가나 지령을 받으면서 블랙보드에 쓴 문제를 분할하거나 고쳐서 기술하거나 변환하면서 해결한다고 하자. 그것은 예를 들어 어려운 계산 문제이거나 적은 인원수로 넓은 성을 감시하게 하기에 최적인 배치, 그리고 앞서 말한 음성 해석 등 다양한 해결 방법이 될 것이다.

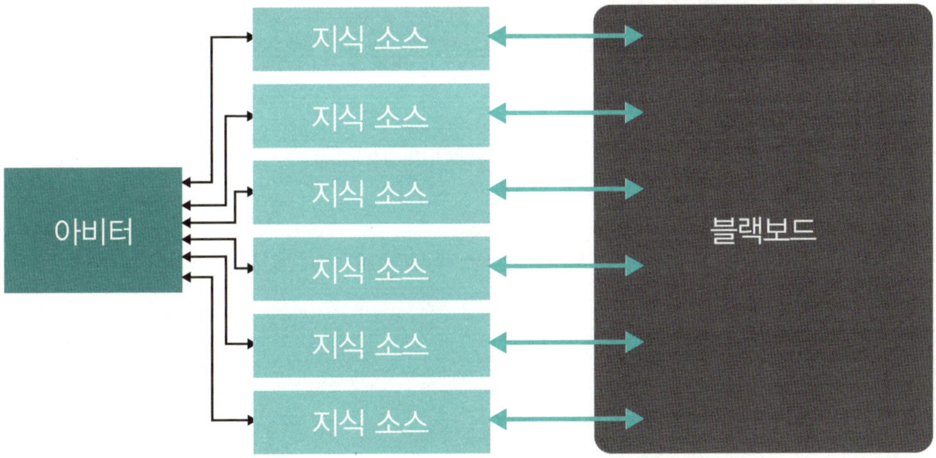

[그림 2-16] 블랙보드 아키텍처를 사용한 지식 소스의 협조

원래 블랙보드 아키텍처는 정적인 데이터를 블랙보드상에 써넣고 그것을 반추하도록 문제를 세분하고, 해석하고, 해결로 유도해 가는 것이었다. 이것을 더 유동적으로 만들어 정보가 점점 외부에서 들어오도록 한 것이 블랙보드 아키텍처를

에이전트 아키텍처에 응용한 사례이다. 그리고 이 응용은 이미 게임 캐릭터의 AI를 위한 기초가 되었다. 지식 소스에도 이름을 붙이고 전문성을 더 확실하게 만든다. 이렇게 해서 에이전트 아키텍처의 기본형이 생기는 것을 알 수 있다. 또한 블랙보드도 계층화해 두면 더 추상적인 사고가 가능하게 된다.

그럼 하나의 예로 블랙보드 아키텍처를 따라 에이전트 아키텍처 중 한 형태를 제시해 보겠다.

먼저 세계에서 신체와 센서를 통해 정보가 '환경 인식'이 가능하게 되어 블랙보드에 써넣어진다. 이 '환경 인식' 블랙보드는 '세계의 상태(World State)'를 기술하는 장소이다. '센서'에서 수집한 상태로 지금 자신이 어디에 있고 적에게 어떤 형태로 둘러싸여 있는가 하는 상황을 인식한다. 일단 써넣은 세계의 정보를 정리하기 위해 '환경 해석' 모듈이 있다. 또한 경로 탐색을 위해서는 전문화된 '패스 검색' 모듈을 준비해 둔다. 패스 검색의 결과는 '기억' 영역에 저장해 둔다. 그런 다음 '의사 결정' 모듈이 '환경 인식' 영역에서 전체 정보를 읽고 행동을 결정한 것을 '기억' 영역에 써넣는다. '운동 생성' 모듈은 이 의사 결정 결과와 패스 검색의 데이터 등으로부터 자신의 운동을 생성하고 이것을 '신체' 상태에 써넣는다. 그리고 끝으로 신체 데이터 자체에 간섭한다.

이 사이클은 지능이 정보를 통해 둘러싸여 있는 활동이며 지능의 기본 운동을 담당한다.

이와 같은 일은 2000년경에 MIT 미디어랩의 'Synthetic Creature Group(합성 생성물 그룹)'에서 'C4 아키텍처[*4]'로 제안되었으며 그 후 게임 산업에 널리 활용되게 되었다. 그런데 지금도 블랙보드 아키텍처는 에이전트 아키텍처의 원리로 사용되고 있다.

---

*4 [참고] 『CreatureSmarts: The Art and Architecture of a Virtual Brian(가상 브라이언의 미학과 아키텍처)』, R. Burke, D. Isla, M. Downie, Y. Ivanov, B. Blumberg, In Proceedings of the Game Developers Conference(게임 개발자 회의 의사록), pp. 147–166, San Jose, CA 2001
http://characters.media.mit.edu/publications.html

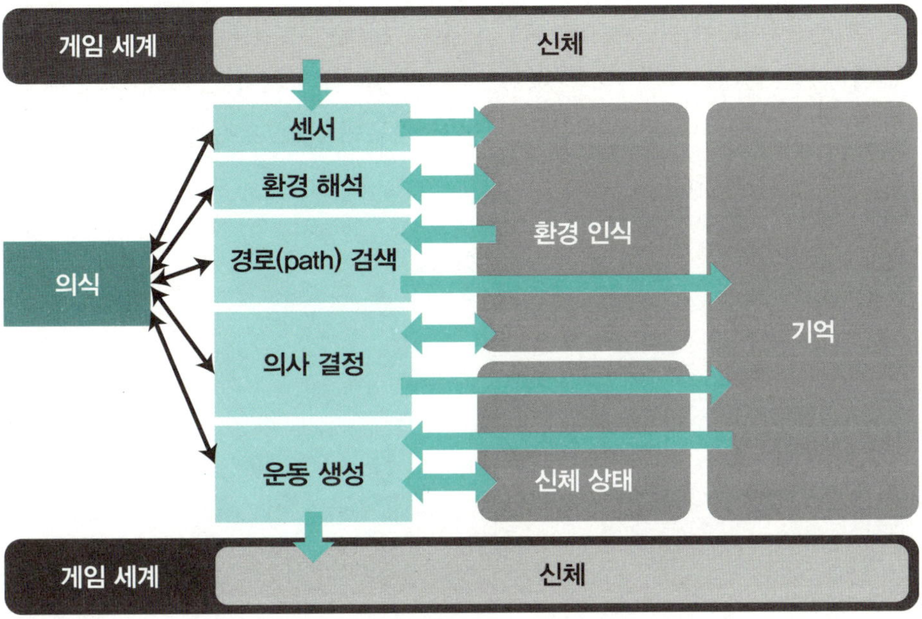

[그림 2-17] 블랙보드 아키텍처를 사용한 게임 세계에 대한 환경 인식

여기서 이 장의 마무리를 간략하게 해 보자.

이 장에서는 일관되게 지능의 구조로 파악하는 일을 해 왔다. 지능은 원래 파악하기 어려운 것이다. 지능 전체를 파악하는 것은 어렵지만 지능의 개괄적인 형태를 구조와 운동에서 파악하는 것이 가능하다. 물론 이것은 회화에서 말하는 소묘(디자인)와 같은 것이며 여기서 점점 정밀화하기 전의 단계이다. 이 장에서는 그 개괄적인 형태를 소개했다.

그런데 조금 신중할 필요가 있다. 소개한 하나하나가 어떤 측면에서 본 지능 모델이며 지능 그 자체를 묘사하기에는 부족하다. 어떤 의미에서 그것은 지적 기능을 실현하고자 하는 요구에서 온 것이며 과학적 지식은 아닌 점도 있다. 이 우주를 자연과학이 한 걸음 한 걸음 모델화해 온 것과 내면에 있는 지능을 모델화하여 연구하는 것은 조금 다르다. 우리는 의사가 있다거나 기억이 있다거나 판단이 있다거나 그런 말을 사용할 경우에는 그것이 대체 무엇을 가리키는지 명확히 하지 않은 채 모델화를 해 버린다. 지능이 자연과학과 같이 기계 장치의 이미지로 해명될 수 있는 근거는 아무 것도 없다. 우리가 할 수 있는 일은 어떤 모델을 제시하고 지적 능력의 유사점을 만들어 보면서 지능의 본래 모습을 향해 한 걸음 한 걸음 내딛어 갈 뿐이다.

함께 생각해 봐요

우리는 매일 밥을 먹고 운동하고 배설하고 취침하고 있다. 이것은 인간에게만 한정되지 않고 동물의 사이클이기도 하다.

하지만 만약 먹고 운동해서 에너지를 소비하기만 한다면, 계속 먹으면 자는 시간도 더 적어질 수 있을지 모른다.

그러나 자는 일 속에는 정보를 소화하고 정신을 안정적인 상태로 되돌리는 작용이 있다. 동물은 모두 자는 동안 일어나고 있는 사이에, 그리고 흡수한 정보를 정리하고 있는 것이다.

앞에서 말한 말을 좀 더 정확하게 말해 보면 조금 길어질지 모르지만 '우리는 매일 밥을 먹고 정보를 흡수하고 운동하여 배설하고 취침하여 신체를 쉬게 하면서 머릿속에서 자연스럽게 정보를 정리'하고 있다. 꿈을 꾸는 것도 그러한 수면 중의 정보 정리가 때때로 의식이 밝은 쪽으로 흘러나오기 때문이다.

그런데 밥을 먹었을 때 입과 목구멍을 통해 위에서 소화되고 신체를 통해 가는 경로는 아마도 알고 있을 것이다. 그리고 그 일부는 신체 안에서 에너지나 지방의 형태로 축적된다. 음식물은 입 속에서 침을 포함하여 씹어지고 목구멍을 통해 위로 운반되며 위 속에서 소화 효소를 통해 다시 분해되고 장 속에서 흡수되어 필요한 장소에 운반되어 간다. 거기에는 아주 복잡한 프로세스가 있다.

그럼 이와 마찬가지로 흡수한 정보는 어느 곳을 어떻게 통과하여 어디로 빠져나가는 것일까? 또는 어디서 저장되는 것일까?

정보는 눈에 보이지 않으므로 그런 것은 축적되지 않는다고 생각할지도 모른다. 어쨌든 물질이 아니니까. 그러나 어제 무엇을 하고 있었는지, 자신의 일, 타인의 일, 세계의 일, 실제로 다양한 일을 기억하고 있다. 즉, 정보는 신체 어딘가에서 아마도 뇌 속에서 물질로 기억되어 있을 것이다. 실제로 뇌에 대해서는 다양한 일이 알려져 오고 있으며 기억이나 사고가 어느 부분에 축적되는지도 해명되어 가고 있다.

뇌의 구조에 대해서는 이 책에서 다루지 않았지만 정보는 어떠한 형태로 흡수되어 소화되고 축적되어 가는 것일까? 애당초 오감에서 얻은 '자극'은 어디서 '정보'로 변환되는 것일까?

우리는 음식물의 소화에 대해서는 꽤 알고 있지만 정보의 소화에 대해서는 그다지 알지 못한다. 여러분은 어떻게 생각하는가? 우리가 모든 순간에 행하고 있는 눈으로 보는 일, 귀로 듣는 일, 피부로 닿는 일, 혀로 느끼는 일, 코로 냄새 맡는 일, 그러한 자극에서 얻은 자극을 정보로 기억해 가는 프로세스가 어떤 것인지 생각해 본 적이 있는가?

생각하고 또 생각해도 좀처럼 생각나지 않는 문제이다. 인공지능이라는 학문 자체도 그러한 것은 잘 알고 있지 않았다. 그러나 이 문제에 관해서는 실제로 다양한 학문이 연구되어 왔다. 심리학, 인지과학, 생물학, 정신의학, 언어학, 동물학, 그리고 뇌과학. 많은 실험에서 힌트가 되는 식견이 모아지고 있다. 인공지능은 그러한 식견을 빌려서 먼저 모델을 만들어 시험해 온 것이다.

다음 장에서는 그러한 정보가 소화되는 경로에 대해 생각해 본다.

3장

인공지능의 기반을 이루고 있는 것

~AI의 근본 개념

지능에는 두 가지 측면이 있다.

즉, **물질적 측면**과 **개념적 측면**이 있다.

인공지능은 개념이나 기능인 동시에 실체이다. 뇌가 물리적 실체이고 신체도 또한 물리적 실체이며 실체로서의 지능은 이 세계에 속해 있다. 즉, 신체와 운동에 의해 환경 속에 속해 있다.

한편 기능에서 보면 추상적인 정보를 다루는 개념으로서의 인공지능이 어떤 모습인지 파악할 수 있다.

그리고 인공지능이 지능으로서 가져야 하는 성질이라는 것이 있다. 그것은 개념인 동시에 인공지능이 실체로서 가져야 하는 성질이다. 지능은 뇌만을 보는 것이라면 생리학적으로는 정신소자(뉴런)의 집합체이지만 그러한 소자의 집합체는 이미 소자 하나하나의 성질을 넘어선 고차원의 성질을 지니고 있다.

사람은 그러한 고차원의 성질을 '**반사와 자율**', '**프레임**', '**의지**'라는 개념에 의해 파악하는 것이다.

이들의 개념은 결코 철학적 사색의 끝에 도착하는 개념이 아니다.

오히려 적극적으로 지능을 만들고 실험하는 중에 '넘어설 수 없는 무언가가 있다', '이렇게 만들어 버리면 이렇게 되어 버린다'는 일반적인 성질이 유도된 것이다. 그러므로 인공지능을 만드는 하나하나의 개념 속에 있는 역사나 실험에 대해 이해하면 인공지능이 더 가깝게 이해하기 쉽게 될 것이다.

이 장에서는 인공지능을 떠받치는 기본 개념을 살펴보기로 한다.

반사에서 자율로

감각과 신체를 이어주는 정보의 경로

인간은 '자신이 하나의 환경에서 자율로 자리 잡은 존재다'라고 느낄 수 있다. 그러나 한편으로 생물은 환경의 일부이기도 하다. 식물은 대지에 뿌리를 내리고 환경을 만들고 나비와 벌레는 식물들이 만드는 생태계의 일부로 기능하고 있다. 물고기는 바다나 물의 어떤 장소에서만 살 수 있고 동물은 각각의 환경에 맞는 신체를 가지고 있다. 지구상에서 1,000km 멀리 떨어진 곳에서는 생물과 환경이 일체로 된 시스템처럼 보일 것이다. 이것을 '생태'라 한다.

생물에는 '**반사성**'과 '**자율성**'이라는 두 가지 측면이 있다. 호랑이가 초원에서 뛰쳐나왔다면 잽싸게 피한다든지, 쓴 것을 삼켰다면 순간적으로 토해낸다든지 하는 동작 레벨이 기본적인 반사성이다. 더 나아가 생물이 가지고 있는 환경에 대한 일정한 행동으로 확장된다. 비가 내리면 물에 잠기고, 빨간 열매를 보면 따가지고 가고, 까마귀나 비버처럼 작은 가지를 보면 둥지에 모으는 등의 습성에 기초한 반사적 행동이 된다. 그러한 반사가 끝없이 겹쳐 쌓인 끝에 인간과 같은 지성이 탄생한다는 견해도 있다. 동물의 많은 행동은 반사적인 행동 또는 그것이 변형된 것이라고 파악할 수 있다.

[그림 3-1] 감각과 신체를 잇는 자율성과 반사성

한편 동물은 자신의 행동을 선택하는 자유 의지를 가지고 있다. 모든 반사에서 해방되어 자신의 행동을 스스로 사고하여 판단할 수 있는 능력이다(자유 의지는 과연 어디까지 정말로 자유일까 하는 역사적, 철학적 질문은 여기서는 생각하지 않기로 한다). 이 능력은 본래 결정하는 행동을 일단 보류하고 시간을 들여서 결정하는 진화 과정에 서서히 획득된 능력이라고 생각할 수 있다. 단기적인 시간으로는 촉박하지 않더라도 장기적으로 중요한 전략적, 전술적 의사 결정의 경우(예를 들어 둥지 구멍을 어디로 이동할까 등)에는 이러한 숙고가 필요하다.

그러나 고등 동물도 막다른 곳까지 추적당하면 점점 행동이 반사적으로 되어 간다. 생각하는 것보다도 반사적으로 행동하지 않으면 살아남을 수 없는 상황에서는 추상적인 사고를 일단 뒤로 밀어 두고 눈앞의 상황에 집중한다. 사자가 눈앞에 있는 상황에서 올해의 예산 계획이나 소수의 분포에 대해 생각하기는 아무래도 어렵다. 거기서는 감각을 주위로 넓혀 가며 순간의 변화에 대응할 수 있도록 한다.

이와 같이 인간이나 동물은 자율성과 반사성이라는 두 가지 상반되는 성질을 가지고 있다. 이 성질은 지능을 만드는 데 있어서 가장 중요한 개념이며, 두 가지를 모두 탑재하면서 잘 조화시켜 갈 필요가 있다.

그럼 이 두 가지는 어떤 관계에 놓여 있는 것일까?

진화론의 입장에서 생각하면 먼저 생물의 원형은 반사적 기능을 겹쳐 쌓는 곳부터 시작되었다고 한다. 척수반사라는 말이 있듯이 원초적인 미생물은 어느 정도 반사적인 기능의 조합과 집약의 존재이다. 그러나 신체의 내장이나 심장은 자율성을 가지고 구동하고 있고 그것이 체내의 구조를 유지시키고 있다. 동물의 원초에서 반사성과 자율성 모두 신체 속에 이미 두 가지가 모두 존재한다. 지성도 마찬가지이다. 동물은 지능 속에 복수의 자율적 기능을 가지고 있으며 그 조합에 의해 세계를 살아가고 있다. 마치 내장이 연대하는 것처럼 지능의 각 부분도 연대하며 전체를 완성하고 있다. 동물의 신체의 성질과 지성의 성질은 많이 닮아 있다. 동물은 신체에 의해 이 세계에서 살아 숨쉬고 있으며 신체와 연결된 지능도 또한 지능에 의해 세계를 살아간다. 원초적인 생물은 반사적인 활동이 차지하는 부분이 많고 그렇게 해서 환경에서 살아남는다. 한편 동물이나 인간이 됨에 따라 점점 자율성을 획득하는 것이다.

반사에서 자율에 입각한 게임 AI 탑재

'반사에서 자율로'라는 방향성은 실제로 인공지능을 만들 때에도 기본이 되는 지침이다. 게임의 인공지능을 만들 때에도 먼저 어떤 반사적인 성질을 그 지성이 가져야 하는지를 생각한다. 그리고 그 하나하나를 탑재해 간다. 그것은 환경과 지능을 잇는 작업이기도 하다.

예를 들어 다음과 같은 상황을 생각해 보자.

- 적의 마법탄이 날아오면 잽싸게 피한다.
- 함정에 빠질 것 같으면 점프한다.
- 반경 3m 이내에 적이 들어오면 직진하여 공격한다.
- 자신의 체력이 1할로 떨어지면 회복제를 마신다.
- 아군의 체력이 2할로 떨어지면 회복제를 건다.

이와 같이 반사의 층을 만든다. 이런 반사의 층은 무엇보다도 캐릭터를 그 (게임) 환경에 친숙하게 만드는 역할을 가지고 있다. 뒤에서 설명하겠지만 이 '규칙 기반(rule based)'(4장 p.134 • 규칙에 의해 의사 결정을 한다)의 방법만 있으면 규칙을 아무리 쌓아올려도 캐릭터를 게임에 완전히 몰입시킬 수 없다. 규칙을 아무리 많이 겹치더라도 반드시 현명한 판단이 가능하도록 해야 한다. 4장에서 설명하겠지만, 의사 결정에는 이 방법 외에도 여섯 가지의 방법이 있다.

그런데 약한 적, 큰 역할을 갖고 있지 않은 다수의 적(일반적으로 송사리, 몹(mob) 등으로 부름)이라면 사실 이 반사만으로도 상관없다. 또한 아주 초기의 패미콤 세대의 게임에서 적은 대체로 규칙에 기초한 패턴을 가지고 있었으며 플레이어의 행동에 대해 반사적으로 행동을 변화시키는 AI가 대부분이었다. 『로크맨』(카푸콘, 1987년)이나 『젤다의 전설』(닌텐도, 1986년)로 대표되는 액션 게임은 그 전형이다.

- 플레이어가 가까워지면 마법을 쏜다.

- 플레이어가 가까워지면 달아난다.
- 플레이어가 공격해 오면 방패로 막는다.
- 문이 열리면 직진한다.

이와 같은 규칙의 형태로 반사적 행동을 작성할 수 있는 것이 많았다. 패미콤에서 플레이스테이션에 이르는 대다수 게임 캐릭터의 인공지능은 반사적인 지능이었다. 플레이어가 오면 돌진해 주고, 플레이어가 어떤 장소에 도착하면 장치가 발동하여 바위를 굴려 주고, 마법을 걸면 마법을 반사해 주는 식으로 플레이어를 중심으로 한 반사 시스템이 게임의 인공지능이었다고 할 수 있다. 따라서 규칙 기반의 AI와 반사형의 AI(7장 p.266)는 궁합이 매우 좋은 것이다. 현재도 이러한 탑재는 AI의 많은 부분을 차지하고 있다.

그러나 여기서 끝나는 것이 아니다. 더 지성적으로 만들기 위해 반사의 층 위에 반사를 초월한 자율적인 지능의 층을 만들 필요가 잇다. 자율성은 현재의 상황을 알고 그 상황에서 자신의 사고에 따라 행동을 완성하는 지성이다. 순간의 반사 행동뿐만 아니라 미래를 향한 일련의 행동 시스템을 만들어내는 지능이다. 이 지적 기능을 '**플래닝**(planning)'이라 한다. '계획을 세운다'는 의미이다. 자율성은 어떤 의미에서 보면 지금까지의 순간 및 순간에 결부되어 있던 지성을 과거에서 미래로 큰 시간폭 중에서 활동하는 지성으로 발전시키는 것이다. 따라서 자율성에는 그것에 부수된 많은 지적인 기능이 필요하게 된다. 기억, 의사 결정, 신체 제어 등이 그런 기능이다.

실제로 2000년경에 3D 게임의 스테이지와 캐릭터의 겉모습은 점점 현실과 구별할 수 없을 만큼 사실적으로 됨에 따라 캐릭터가 가지고 있는 지능에 관해서도 현실성(리얼리티)이 필요하게 되었다(2장 p.62). 더 엄밀하게 말하면 '**현실 정합성**(reality matching)'이라고 해야 할 것이다. 그것은 AI의 행동이 동물답지 않을 때 게임이니까 하는 변명이 점점 설득력을 잃게 된다는 것을 의미한다. 캐릭터의 인공지능이 마치 인간의 지능인 것처럼 움직이듯이, 인공지능도 캐릭터를 움직여야 하는 시대가 도래한 것이다. 그래서 복잡한 환경에서 상황이 시시각각 변할 때 캐릭터 자신이 의사 결정을 하는 게임 속의 캐릭터의 자율성이 중요시되게 되었다. 사용자는 정밀하게 모델링된 캐릭터의 몸통에 거기에 있어야 하는 인간적인 지성(상황 판단, 의사 결정)을 요구하게 되며, 또한 게임 디자인의 발전도 캐릭터의 인공지능에 대해 달성해야 하는 고도의 역할(사용자의 의도를 읽어서 행동, 미션을 함께 수행)을 요구하기 시작하고 있다. 이러한 배경을 바탕으로 2000년경에 게임 산업에서 인공지능은 그때까지에 비해 비약적인 진전을 이루게 된다.

그런데 자율적인 층과 반사적인 층은 대립하고 충돌한다. '너무 공복이라 눈앞의 과일을 먹으려고 한다'는 것은 생리에 의한 반사성의 지능이지만, '지금은 취업 중이라 작업에 집중해야 한다'는 것은 자율적인 의사이다. 그러나 이럭저럭 하는 동안에 '공복을 못 이기겠다는 생각이 들어 과일을 먹고 있었다'는 경우는 없는 것일까? 인간의 속에서는 언제나 본능과 이성이 대립하여 지능이 움직인다. 그 갈등이야말로 지성에 반사성과 자율성이 대립하여 다투면서 존재한다는 증거이며, 상황에 따라 어느 한 쪽이 우세해지게 된다.

그러나 일반적으로 대립하는 기능을 자신의 지능 속에서 가지고 있으면 에너지를 상시적으로 낭비하게 된다. 바꾸어 말하면 그만큼 포텐셜(잠재력)이 높고 유연성이 있게 된다. 그러한 대립을 인간은 오랜 세월 동안 내측에 가지고 있다. 개인이면서도 사회의 일원이기도 하고 반사적으로 행동하면서 장기적인 것을 생각할 필요가 있는 인간은 진화의 끝에서 그러한 대립을 오랜 세월 동안 끌어안게 된 상태여서 현명하면서도 복잡하기 때문에 지능을 이해하기가 어렵다.

인간의 지능 속에는 다양한 대립이 있다. 대립을 갖고 있기 때문에 상반된 두 가지 속성을 자신의 속에 가지고 있으며 높은 자유도를 가진 지성을 획득하고 있다. 인간은 본능과 자율을 경우에 따라 나누어 사용한다. 이 책에서도 다양한 구체적 대립을 해설해 간다.

모듈형 디자인을 만든다

중앙집중 구조 · 다층 구조 · 계층 구조, 하위 가정(subsumption) 구조

인공지능을 구축할 때에는 기능을 가진 부품 '**지능 모듈**'을 모아서 구성한다. 2장에서 설명했지만, 모듈이란 구성 요소이며 독립된 모듈을 조합하여 구축하는 것을 '**모듈러 디자인**'이라 한다. 어떤 모듈은 기억만 하고 어떤 모듈은 시각 정보를 해석하기만 하며, 또 어떤 모듈은 신체를 제어하기만 하는 한 가지 기능에 특화된 모듈을 모아서 전체의 지능을 구성한다. 그러나 그 구성 수단에는 다양한 방법이 있다.

'**중앙집중 구조**'는 모든 모듈을 중앙의 한 곳에 모아 놓는 방식이다. 지금의 동경과 같다고 하겠다. 문제를 중앙에서 내포하므로 모든 것에 대한 하나의 해답을 제시할 수 있지만, 어느 정도 정보량을 초과하면 부하가 높아지게 된다.

[그림 3-2] 중앙집중 구조의 모듈

또한 서로 다른 종류나 레벨의 문제(복수의 시간 스케일, 복수의 공간 스케일)를 동시에 끌어안는 것은 인공지능을 만드는 방법으로 그다지 사리에 맞지 않다. 인공지능에서는 시간 스케일 및 공간 스케일이 서로 다른 문제를 별도의 문제로 취급해야 한다. 이것을 '**프레임**(p.103)'이라 한다. 중앙집중 구조는 멀티프레임의 인공지능이 되어 버리는 경우가 많으며 결국은 서로 다른 지능의 잡탕이 되는 경향이 있다.

'**다층 구조**(multi-layer)'는 게임 AI의 기본적인 사고 방식에서 지성을 몇 개의 층으로 나누어 구축하는 것이다. 언어를 처리하는 층, 행동을 만드는 층 등 복수의 층을 병렬로 만들어 놓고 평행 동작을 시킨다. 출력(output)을 통합함으로써 전체이자 고차적인 기능을 만든다. 중앙집중 구조는 고전적인 AI를 만드는 방법이며 한 곳에 정보를 모음으로써 모든 정보 중에서 최적의 행동을 찾아내는 방법이다. 다층 구조는 정보를 분산하여 처리하지만 층간의 조정 기능이 없고 입력에서 정보의 할당이나 각 층의 정보를 통합할 필요가 있다.

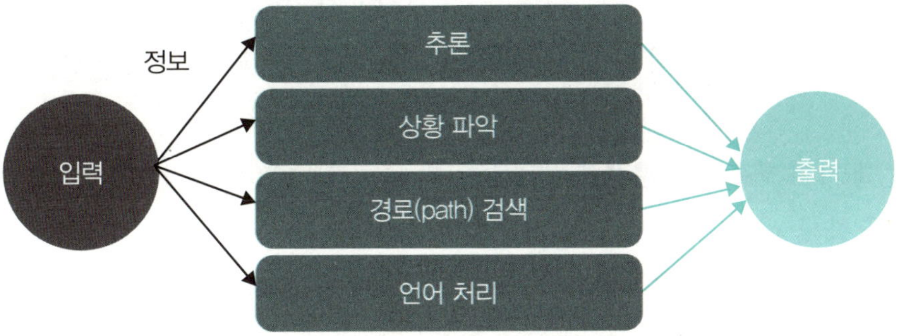

[그림 3-3] **다층 구조의 모듈**

즉, 여기에는 두 가지 큰 사고 방식이 있다. 중앙에서 일괄하여 정보를 처리한다는 중앙집권의 사고 방식과 정보를 분산시켜 각각 처리하는 분산처리의 사고 방식이다. 이것을 기본으로 하고 더 깊은 구조의 분류로 진행해 보자. 먼저 '**계층 구조**'가 있는데, 이것은 다층 구조에 상위 및 하위가 포함되는 개념이다.

특히 인공지능에서는 현실 세계를 접하고 있는 '상황 인식', '행동 생성' 등 구체적인 것을 하위, 더 추상적인 사고를 상위, 최종적인 의사 결정을 최상위라고 부른다. 계층 구조는 상위와 하위의 관계를 만들어 어느 상위 모듈(부분)이 어느 하위 모듈을 이용하는가 하는 관계성을 명확히 한다.

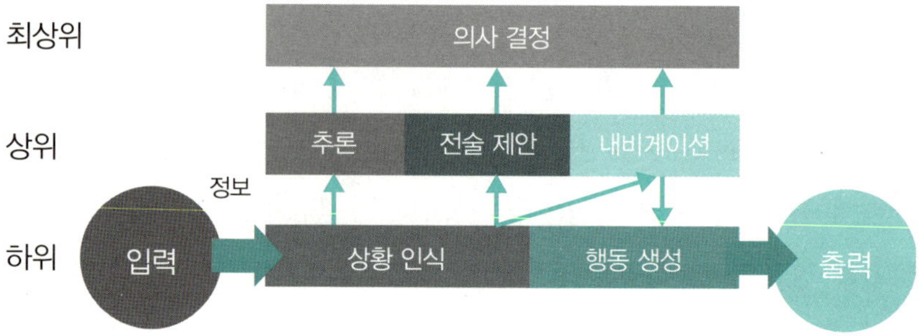

[그림 3-4] 계층 구조의 모듈

지능을 진화론으로 생각해 보자

다음으로 지능이 가진 '자율성'과 '계층성'을 함께 갖게 만들려면 어떻게 하면 좋을까?

그 한 가지 힌트가 '**계층성**'과 '**다층성**'인데, 이것만으로는 부족하며 계층성과 다층성을 함께 가진 구조가 필요하다.

여기서 만약 진화론을 믿는다면 생물이 어떻게 진화해 왔는지 생각해 보자.

먼저 생물은 단세포의 단순한 신체에서 출발한다. 거기서는 간단한 척수반사와 같은 반사계를 위주로 외부에 대한 반응을 수행해 왔다. 진화하면 신체는 더 복잡해지고 단지 반응한다기보다는 다양한 반사계가 곁들여져 서로가 서로를 견제하게 된다. 이렇게 하면 어느 반사를 우선하고 어느 반사를 뒤에 둘까 하는 관리(management) 역할이 필요하다. 관리 역할은 이를테면 반사계의 상위에 있으면서 반사계를 관리한다. 어떤 반사에는 출력을 '금지'하고 입력을 '제어'하여 반사를 약화시킬 수도 있다. 또한 그 상위는 단지 반사를 관리할 뿐만 아니라 기능을 발휘하도록 설계된다.

가장 하위의 반사 레벨을 레벨 제로라고 부르기로 하자. 이 반사계의 역할은 '소리가 나는 쪽으로 나아간다', '사물에 다다르면 멈춘다'는 것이라고 하자. 다음으로 그 상위에 '사물을 피한다'는 기능을 실현하기 위한 모듈이 있다. 보통은 아무 일도 하지 않지만 센서로 진행 방향에 사물이 있다는 것을 알았을 때 조금만 우회하도록 자신을 회전시킨다(레벨 1). 그러나 이 시스템만 있다면 막다른 골목이나 장애물이 많이 있는 경우 우회를 단지 반복할 뿐이어서 결국은 통과할 수 없게 되어 버린다. 이런 상황이 있는 경우 레벨 2로써 방의 상황을 바라보는 카메라 등에서 주위의 상태를 파악하고 더 조감적인 시점에서 패스를 계산하여 최초부터 멀리 돌아가지 않아도 목적한 소리가 나는 쪽에 도착하게 된다. 이때 레벨 제로는 '금지'되며 레벨 1도 '제어'된다. 레벨 제로는 소리가 나는 쪽으로 가 버리면 경로를 따르는 움직임이 불가능해져 버리기 때문이다. 또한 그렇다고 해도 경로상에 무언가 물체가 있는 경우 피할 필요가 있으므로, 레벨 1은 경로를 따라가면서 활동하게 만든다.

이와 같이 상위 레벨이 하위 레벨을 제어하는 권한을 가진 구조를 '**하위 가정(subsumption) 구조**'라 한다. 'subsume = 내포하다'이므로 '포함 구조'라는 의미가 된다. 구식 번역어에 해당하는 경우가 많아서 '포섭 구조'라는 번역어가 사용되었지만 포섭이라는 말은 요즘 잘 사용되지 않는다.

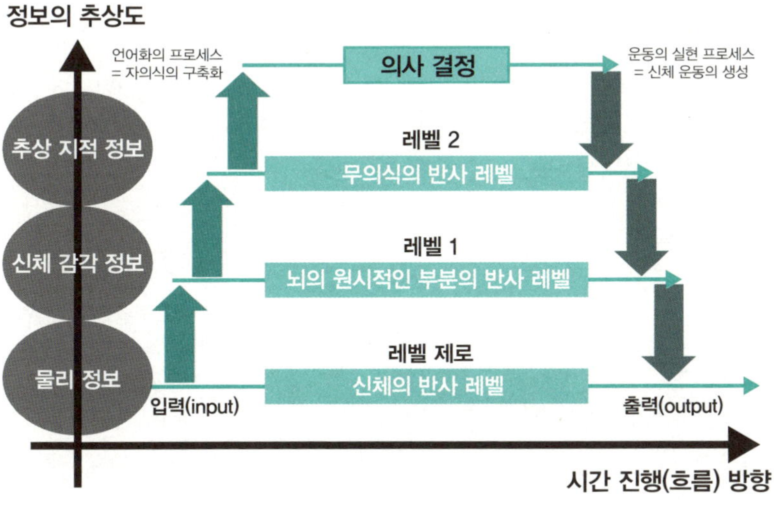

[그림 3-5] 하위 가정(subsumption) 구조

이와 같은 하위 가정 구조가 지능을 만드는 데 적합한 이유는 각각의 층에서 다루는 문제가 서로 달라지기 때문이다. 앞에서 든 예로 말하자면 레벨 제로는 단순 반사하는 층이고 단시간 국소적인 움직임을 담당한다. 다음에 레벨 1은 지근거리의 중간적인 시간, 즉 중간적인 거리를 담당한다. 끝으로 레벨 2는 장거리, 장시간을 담당한다. 그리고 이 복수의 레벨을 동시에 움직이거나 중지시키거나 제어함으로써 복잡한 환경 속에서 운동할 수 있게 된다. 또한 그러기 위해 각 레벨이 센서에서 얻은 정보를 해석하고 이용하는 능력을 독자적으로 가진다. 로봇의 경우라면 각 레벨마다 새로운 센서를 설정하는 경우도 있다.

하위 가정 구조는 원래 로봇학에서 개발된 기술이며 현재는 인공지능의 기본적인 설계 사고 방식 중 하나가 되었지만, 게임에도 더 단순한 형태로 도입되었다. 하위 가정 구조는 제어의 기술인 동시에 동물이 세계를 계층적으로 인식하는 것을 나타내는 구조이기도 하다.

인공지능의 중심 과제 '프레임'

문제를 설정하는 능력

인공지능은 게임 속에서도 현실 앞에서도 다양한 국면에 서 있다.

웬만한 성인이라면 자신이 처해 있는 입장과 국면을 이해할 수 있다. 그러한 상황을 좀처럼 이해하기 어려운 경우도 있지만 사실과 인식을 모아서 서서히 알아갈 수 있다. 그것은 인간의 훌륭한 능력이다. 아이들도 처음에는 어려워도 성장함에 따라 더 어려운 국면과 더 큰 국면을 인식하는 능력이 몸에 밴다. 이 '국면을 이해한다'는 것은 바꾸어 말하면 '문제를 설정한다'는 것이기도 하다. 주어진 상황에서 중요한 요소를 파악하고 그 요소 간의 관계를 알고 목표를 발견한다는, 즉 문제를 설정하는 능력을 인공지능에서는 '**프레임**'이라 한다. 좀 더 전문적으로 말하면 프레임이란 해당 국면의 정보적 표현이다. 프레임은 인공지능에서 가장 기본적이고 중요한 개념이다.

[그림 3-6] 인공지능이 세계를 파악하는 틀인 '프레임'

여기서 축구 게임의 AI를 만드는 경우를 생각해 보자. 먼저 해야 할 일은 축구라는 프레임을 어떻게 표현할까 하는 사항일 것이다. 그것이 프레임이다.

- 선수 수는 상대팀과 우리팀에 각각 11명
- 11명에게 각각 역할이 있고 포지션이 있다.
- 경기 시간은 전후반 각 45분
- 목적은 점수를 얻는 것

이러한 프레임을 바탕으로 점차 생각해야 할 설정을 추가해 간다. 그리고 설정한 범위 내에서 프로그램이 사고(思考)를 진행해 갈 수 있다.

사전에 각 선수의 자신 있는 특기와 달리는 속도가 데이터로 준비되고 인출해서 사용하도록 프로그램을 짜면 인공지능은 그 정보를 가미할 수 있다. 오늘 날씨와 잔디의 상태까지 고려하도록 설정하면 인공기능은 그러한 정보도 가미한다. 관객 수와 모티베이션이라는 설정을 더하여 사고하게 만들면 인공지능은 해당 설정을 추가로 고려한다. 현재의 리그 성적이나 상대팀과의 현재까지 상대 전적 데이터를 준비하여 사고하도록 조립하면 인공지능은 이들을 추가로 고려한다. 그럴 때마다 프레임이 확장되고 사고는 정밀하게 되어 간다.

그러나 이미 알아차렸겠지만 인공지능을 위해 프레임을 확장하는 것은 인간이며, 인공지능이 스스로 그러한 변수를 획득하거나 자기 자신이 '잔디의 상태까지 생각한다', '지금까지 전적을 세탁한다'는 일은 없다. 문제를 설정하는 것은 언제나 인간이며 인간이 문제를 설정하고 인공지능이 그것을 푼다는 체제가 변하지는 않는다. 프레임에서 상정되어 있는 사항을 인공지능은 파악하는 일밖에 할 수 없다.

프레임은 인공지능이 세계를 보는 관점을 제한한다. 그러나 그 한정된 프레임이 있기 때문에 세계라는 무한에서 유한의 정보를 추출할 수가 있는 것이다. 이것은 인간도 마찬가지여서, 어떤 자의적인 프레임에 의해 세계를 파악한다. 단, 그 프레임을 자유자재로 신축시켜 유연하게 문제를 파악하는 방법을 실시간으로 변화시키는 것이 인간의 지적 능력의 현저한 특징이자 훌륭한 점이다. 인공지능에는 이 능력이 없으며, 이것을 '**프레임 문제**'라 한다.

인공지능은 주어진 프레임에서 능력을 발휘한다

앞에서 프레임 설정은 문제 설정 능력이라고 했다. 그렇다면 지금의 어떤 인공지능에도 스스로 문제를 설정하는 능력이 없다. 장기나 체스와 같이 반면의 상태와 규칙이 있고 목적이 설정된 AI는 인간을 개입시켜 게임에서 프레임을 부여하고 있다. 장기판 위에서는 아무 문제도 없지만, 장기판 밖으로 한걸음 벗어나면 장기의 AI는 아무 것도 할 수 없다. 레이싱 게임의 자동차 AI의 경우도 마찬가지이다. 어떤 레인 위에서 최고의 코너를 잡도록 문제와 목표를 설정하고 여러 가지 기능으로 최고의 코스 잡기를 풀어 가도록 만든다. 이러한 레이싱 게임이라는 프레임 속에서는 이 AI가 가장 강할지 모르지만 레인에서 한걸음 벗어나면 아무 것도 할 수 없다. 검색 엔진의 AI나 커피 내리기 로봇의 AI 모두 인간이 문제를 설정한 상태에서 그 상황에 맞게 해결하는 능력을 부여받는다. 그리고 현재의 AI 수준에서는 주어진 상황에서 스스로 프레임을 만들어내는 것은 불가능하다.

한편 AI 기술과 프레임은 전혀 다른 종류의 문제이다. 프레임이 설정됨으로써 AI는 경우에 따라 인간 이상의 능력을 발휘한다. 회사의 예산을 어떤 조건 속에서 짜는 문제가 있다고 하자. 초기 비용은 이 예산으로, 납기는 이 기간으로, 복수의 일에 대한 설정은 이익을 최대화하도록 순번을 결정할 수 있을 것이다. 그러나 이러한 문제를 설정하는 것은 인간이다. 프레임을 설정하는 힘을 가진 인간에 비해 AI는 전혀 가지고 있지 않다. 따라서 문제를 설정한 상태에서 전혀 다른 차원의 문제가 나타나는 문제에 대해서는 인공지능이 거의 아무 힘도 갖고 있지 않다.

고전역학의 시뮬레이션을 가장 잘 하는 것은 인공지능일 것이다. 그러나 아무리 시뮬레이션을 잘한다 해도 고전역학에서 상대성 이론을 창출하는 프레임을 비연속으로 비약시키는 힘은 인공지능에 없으며, 양자역학을 창출할 수 없다.

그것이 가능한 것은 인간의 가장 우월한 창조적 능력이라고 알고 있다.

또한 직장이나 일상생활이나 학교에서 문제가 있다고 하자. 지금까지의 자신의 프레임을 파괴하지 않으면서도 완전히 별개인 파악 방법을 선택함으로써 문제를 타개해 나갈 필요가 있을 것이다. 이러한 경우 인간의 가장 유연한 능력이 인공지능에는 없다. 몇 가지 접근 방식을 선택할 수는 있지만 그 몇 가지는 바로 인간이 부여한 것이다.

새로운 수단을 창조하는 상상한다는 능력은 인류 약진의 기본적인 힘이기도 하다. 그러므로 인간은 진보한다. 인간은 어떻게 해서 세계의 상황에서 유연하게 문제를 추출할 수 있거나, 문제를 생성할 수 있거나, 구별된다고 알고 있으면 문제를 수정하거나 확장할 수 있거나, 그리고 문제를 해결할 수 있는 것일까. 사실 이것이 인간의 지능의 근원적인 힘이다.

프로그램이 하는 일은 문제를 파악하고 파악한 형태를 프로그램에 탑재하여 문제를 해결하는 것이다. 이 과정은 프레임을 만들어내는 과정 그 자체이다. 인공지능이 프로그램된 문제를 대상으로 하는 한, 프로그래머에 의해 부여된 프레임 속에서 생각해 가게 된다. 프로그램이 우연히 프레임을 넘어서 버리는 것은 아니다.

단, 컴퓨터상에서 프로그램이 동작할 때 생각하지도 못한 현상이 발생할 수가 있다. 인간이라면 그 우연성에 의지하여 새로운 프레임을 획득하는 것도 가능하지만, 컴퓨터의 경우 거기서 완전히 새로운 프레임을 찾아내기는 곤란하다. 부여된 파악 방법 및 부여된 처리 수단으로 다소의 유연성을 가지고 변화하면서 프레임 속에서 사고를 계속하는 것이 현재의 인공지능이다.

딥 러닝과 뉴럴 네트워크에 대한 프레임

그럼 딥 러닝(Deep Learning) 등으로 주목을 받고 있는 뉴럴 네트워크(신경망)는 어떨까? 뉴럴 네트워크는 프로그래밍이라기보다 뇌의 뉴런 모델을 조합한 수치 시뮬레이션이다. 학습에 의해 자유로이 소자 간의 결합률을 변화시킨다.

뉴럴 네트워크(자세한 내용은 6장 p.236)는 기호적인 문제로 환원할 수 없는 문제를 다룬다. 즉, 방대한 수치 데이터나 파형 데이터, 화상 데이터, 영상 데이터, 음성 데이터 등을 다루는 것이 특징이다. 필적은 사람에 따라 다르지만 뉴럴 네트워크는 일단 알파벳의 형태를 학습하면 어느 정도 차이가 있는 필적이라 하더라도 알파벳으로 식별할 수 있다. 이 정해율을 인식률이라 한다. 물론 뉴럴 네트워크 이외의 수법도 있으므로 이 인식률이 어느 정도 높은지가 해당 접근 방식의 우수성을 나타내게 된다.

또한 화상의 내용을 인식한다. 예를 들어 고양이의 화상을 많이 학습하여 이것이 고양이의 화상이라고 판단할 수 있게 된다. 뉴럴 네트워크의 발전형인 **딥 러닝**은 이 인식률을 비약적으로 향상시켰다. 다양한 알고리즘 중에서도 화상 인식률의 상위는 딥 러닝이 차지하고 있다.

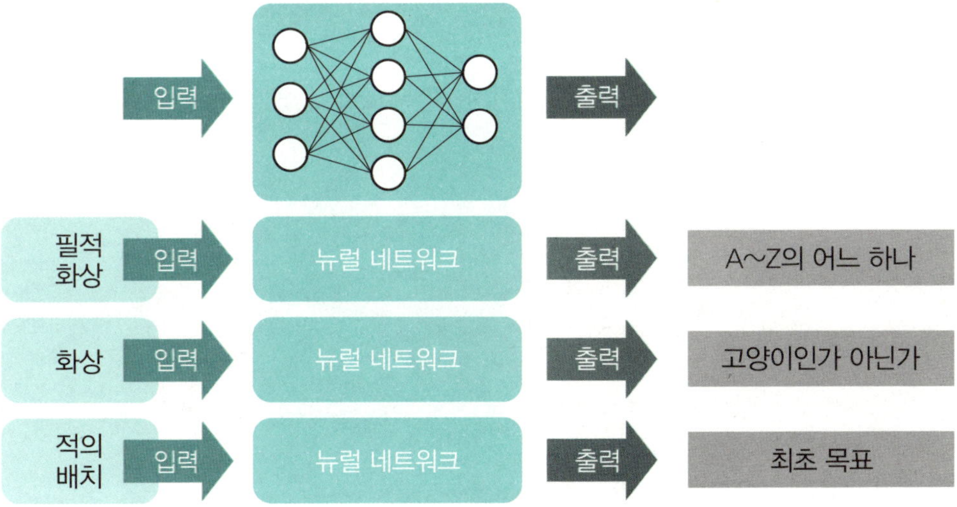

[그림 3-7] 뉴럴 네트워크에서의 판별 예

디지털 게임에도 응용이 있다. 디지털 게임은 캐릭터가 다양한 입장에 서 있게 된다. 적에게 둘러싸였다는 상황을 생각해도 전방에 3인, 후방에 4인 등 다양한 패턴이 있다. 그때 어느 적을 최초로 공격할 것인가 하는 문제를 '타기팅(Targeting)의 문제'라 한다. 적 10체의 좌표를 입력하고 어느 적을 최초로 공격할 것인가 하는 문제는 뉴럴 네트워크에 맡겨서 『Supreme Commander 2』(GawPoweredGames, 2010년)에서는 개발 중에 개발자의 플레이와 뉴럴 네트워크를 학습시켜 게임 안에서 공격할 적을 정확하게 선택하도록 한다.*5

여기서 거론한 문제는 언뜻 보면 문제를 파악하는 프레임이 없는 것처럼 보이지만 입력의 변수와 출력, 목적, 그리고 중간 뉴런 수나 뉴럴 네트워크의 토폴로지(Topology, 노드의 연결 방법)가 결정되어 있는 단계이며 이미 프레임이 상정되어 있다. 다소 변동이 있을지 모르지만 근본 프레임은 흔들리지 않는다고 필자는 생각한다. 확실히 지금까지의 뉴럴 네트워크는 인간이 대상의 어디에 착안하는가 하는 특징을 부여한 곳에서 자기 자신이 학습하는 스테이지로 프레임을 확장하고 있는 것처럼 보인다. 그러나 그것도 비교상의 일이고 딥 러닝을 가진 뉴럴 네트워크는 역시 프레임이 확장하고 있는 것처럼 보인다.

이 논의는 다소 시간이 필요하다. 그러나 현재로서는 딥 러닝에 한정되지 않고 인공지능에 대한 학습은 인간이 준비한 틀이나 모형 속에서 먼저 유효하게 작용한다.

*5 [참고] Michael Robbins, 『Using Neural Networks to Control Agent Threat Response』(뉴럴 네트워크를 사용한 에이전트 위협 반응 통제) (GAME AI PRO, 30장)
http://www.gameaipro.com/GameAIPro/GameAIPro_Chapter30_Using_Neural_Networks_to_Control_Agent_Threat_Response.pdf

인공지능은 콘텍스트를 이해할 수 있는가?

사물의 흐름을 이해하는 것

인간은 아주 잘 하고 컴퓨터에는 아직 새로운 것이 있다. 그것은 인공지능의 분야와 상관없이 거의 모든 분야에 통한다. 그것은 '**콘텍스트**(문맥)'이다. 여기서 말하는 콘텍스트는 다양한 의미를 포함하고 있다.

예를 들어 회화의 콘텍스트라는 것은 회화의 흐름이다. 장기나 체스, 바둑 등과 같은 게임에는 '흐름'이 있다. 이러한 '흐름'은 보통 누구나 자연스럽다고 인식하고 있는 것이지만, 막상 그것을 설명하려고 하면 좀처럼 쉽지 않다. 생활에도 인생에도 흐름이 있기 마련이다. 하지만 그것을 언어로 표현하기는 곤란하며 또한 프로그램과 데이터로 표현하는 것도 곤란하다. 인공지능의 경우 이러한 콘텍스트를 파악하기가 어렵다.

여기서 회화를 하는 AI를 생각해 보자. "미안하다"는 말에 대해 "신경쓰지 마세요!"라는 대답을 하는 프로그램을 작성해 둔다고 하자. 이것뿐이라면 '나의 발언에는 신경쓰지 마세요'라고 분노한 경우에도 "신경쓰지 마세요!"라고 대답해 버린다. 이것은 인간으로서는 거의 있을 수 없다. 인간에게는 회화의 흐름에 대한 이해가 있으므로 단어를 골라서 대답할 필요가 없다. 오히려 회화의 흐름에 맞지 않은 발언을 들은 경우에는 되물을 수가 종종 있을 것이다. 회화의 인공지능은 대부분 직전의 상대의 말 또는 몇 가지 회화에 대한 이력에서 자신의 다음 말투를 결정하고 있다.

장기의 AI를 생각해 보자. 현재의 장기 AI에서는 한 수를 생각할 때 과거도 미래도 거의 관계가 없다. 장기의 AI는 현재의 반면을 보고 예상을 하면서 최선의 수를 찾는다. 그러나 인간의 경우는 다르다. 그때까지 두어 온 수의 흐름, 즉 수의 얼굴이 있으며 그 흐름 속에서 최선의 수를 찾아낸다. 갑자기 별도 문맥의 최선의 수를 찾는 것은 어렵다.

또한 액션 게임이나 RPG의 전투를 생각해 보자. 인간의 플레이어라면 전투의 흐름을 어느 정도 감지하면서 전투하고 있는 것이다. '맨 먼저 가장 강한 적을 쓰러뜨린다' 전략의 흐름이나 '원격 마법을 사용하는 적부터 쓰러뜨리지만 일격으로 쓰러뜨릴 수 있으면 먼저 그 적부터 쓰러뜨린다'는 등과 같은 방침이라고 할 만큼 명확하지 않더라도 자신이 실현하려고 하는 전투의 흐름이 있다. 유감스럽게도 인공지능은 그처럼 명확하지 않은 '흐름'을 이해할 수 없으므로 같은 편 AI의 행동을 답답하게 생각하는 경우도 있을 것이다. 숨어 있는 데도 갑자기 뛰쳐나와서 위치를 폭로하는 것 같은 행동을 한다든지, 보존하고 있던 아이템을 전투의 초기에 사용한다든지 하는 등이다.

이야기도 마찬가지이다. 이야기를 이해한다는 것은 그 흐름을 이해하는 것이기도 하다. 인공지능은 말 한 마디 한 마디를 추출할 수 있더라도 거기서 의도하는 흐름을 이해하는 것은 불가능하다. 게임의 이야기 속에서도 인공지능은 부여된 연기 계획에 따라 연기를 하고 있는 것에 불과하기 때문이다.

인간이란 자기 인생의 콘텍스트를 자신이 만들어내고 있다. 자신은 이러한 형태로 태어나 자라고 지금 이러한 것을 지향한다는 단계가 있다. 때로는 실패하는 경우도 있는데, 그러한 시기는 인간이 매우 불안한 것이다. 그리고 입장과 목표를 바꾸는 것은 새로운 콘텍스트를 다시 획득하는 것이다. 인간에게는 인생이란 콘텍스트가 필요하다. 그러나 인공지능이 그것을 이해하기는 어렵다.

그렇다고 해도 인공지능은 기억을 축적할 수 있다. 그러나 축적한 기억에서 자신의 스토리를 자신이 만든다는 문맥을 찾아내는 것은 현재로서는 아직 달성되지 않았다. 미래에 그러한 것이 가능하다면 인공지능은 자신의 출생부터 성장, 목표에 이르기까지 말하고 그 문맥 위에서 새롭게 세계를 이해할 것이다.

	인간이 가진 콘텍스트	인공지능의 콘텍스트의 대체
회화	회화의 흐름	1~몇 개 앞의 회화 이력
게임	반면의 흐름 전투의 흐름	그 순간의 상황
이야기	스토리	부여된 연기 플랜

[그림 3-8] 인간이 가진 콘텍스트(흐름)와 콘텍스트를 갖고 있지 않은 인공지능이 이용하는 대체

창조와 선택

인공지능이 가진 두 가지 측면

우리네 생물은 누구나 미래를 향하여 자신의 미래를 창조할 자유를 가지고 있다. 그러나 자유이면 모두 좋은 것이 아니라 자칫하면 때때로 도대체 어디를 향하면 좋을까 난처하게 되어 버릴 수 있다. 그러나 여러 가지 현실이 닥쳐와서 이리 갔다 저리 갔다 하며 당시에는 그런 선택지밖에 없다고 자탄하면서 나아가고 있다 보면 역시 황야의 한복판에서 어찌할 바를 모르겠다고 느끼는 그런 경험을 해 본 분도 있을지 모르겠다.

고도의 지능이 되어야 할수록 환경에서의 반사로부터 자유로워진다. 환경에서의 반사로부터 자유로워지는 동시에 무한히 자유로이 포기하게 됨으로써 생물은 자신의 제한 속에서 자신의 생을 만들어 가게 된다. 여기서는 지능이 가진 자유에 대해 생각해 보자.

장기나 바둑, 체스의 AI에서는 다음에 어떤 수를 선택할지를 결정한다. 즉, AI의 의사 결정이란 결국 '선택'이라고 생각한다.

장기란 세계에는 세 가지 특징이 있다.

1. 장기판이 유한한 정보로 완전하게 기술될 수 있다(유한 완전 정보 게임).
2. 한 번씩 번갈아 하는 게임이다.
3. 게임 상태가 멋대로 변화시킬 수 없다.

즉, 공간적으로도 시간 방향으로도 명확하게 구별되어 있다. 그러므로 지능의 연구 과제로 삼을 때 대표적 모형으로 적합하다. 그리고 이렇게 여러 가지 사항을 한정했다고 해도 첫수부터 세어 보면 10^{220} 개의 수가 있지만 그 때까지 실행해 온 '과거'로부터 미래를 향해 한 수를 선택하는 것이다.

	액션 게임	장기
회화	개발 당시에는 게임이 없다. (게임과 함께 AI를 만든다 = AI는 게임의 일부)	이미 있다. (AI는 게임의 밖에 있다. 장기 안에는 AI가 포함되어 있지 않다.)
스테이지(공간)	3차원 지형, 연속	(장기나 바둑) 판의 목(目) · 이산적
시간	연속 시간(리얼타임)	차례(turn)
등장인물	캐릭터/몬스터	말
AI	캐릭터의 브레인 / 게임 전체가 조작하는 AI(메타 AI)	장기의 대국자인 AI
게임 표현	?	게임 트리
상황	연속적 변화	이산적 변화
목적	즐긴다. 스테이지를 성립시킨다.	승리
게임의 연결	일정 시간, 일정 구간으로 구분된다. 무작위 요소(1~5초 간의 판단)	엄밀히 말해서 모든 수가 연결되어 있지 않다(트리 검색이 유효함)
무엇을 만들까?	사용자의 주관적 체험(UX) AI 자체가 목적이 아니다.	현명한 AI, 재미있는 AI

[그림 3-9] 액션 게임과 보드 게임(장기)의 인공지능의 차이점

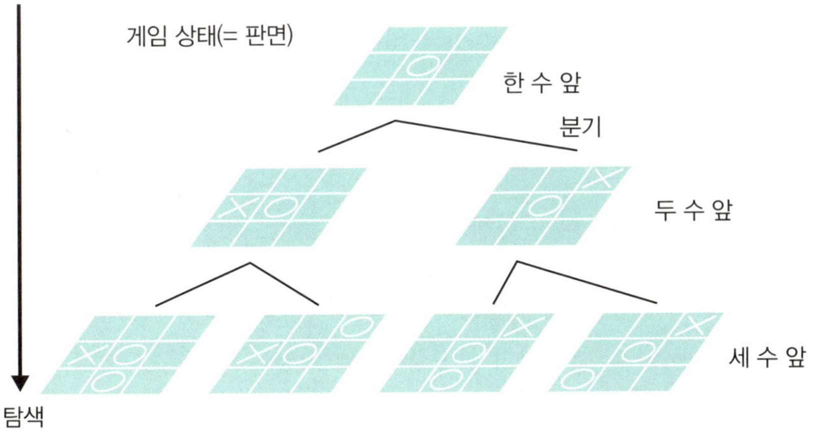

[그림 3-10] 바둑이나 장기 등 보드 게임의 AI에 사용되는 게임의 상태 트리

이것은 현실에서도 저 부동산을 지금 팔아야 할지 여부 또는 별도 부동산을 구입해야 할지의 선택이나 오늘은 외식으로 무엇을 먹을까 하는 선택, 먼저 세탁을

할까 목욕탕 청소를 할까 하는 선택 등 '선택'의 추상은 지능을 구현하는 하나의 명확한 방법이다. 즉, 먼저 이 세계에서 인간이나 생물이 가지고 있는 창조의 가능성과 제한에서 미래의 가능성을 묘사해 낸 상태에서 한정된 선택지를 '평가하고 선택한다'는 것이 지능의 의사 결정이다.

황야에서는 자동차가 어디로 향해도 좋지만 도로상이라면 앞이나 뒤로밖에 갈 수 없다. 앞과 뒤 중에 하나를 선택하면 좋다. 그러나 지능에는 또 하나 미래로 나아가는 방법이 있다. 그것은 '창조한다'는 관점이다. '걷는다'는 선택을 한 후 신체의 운동은 무언가를 완전히 선택하고 있다기보다는 한 순간 한 순간 행동을 만들어내고 있다. 바위가 보이면 우회하고 옆에서 개가 뛰쳐나오면 점프해서 피하지만, 또 원래 길로 돌아간다. 뒤에서 사자가 쫓아오면 필사적으로 달아나고, 시내를 건너고, 통나무를 건너뛰고, 낙석을 넘고, 나무를 타넘고, 언덕을 올라가고, 폭포에 뛰어든다. 이러한 행위 하나하나는 환경과의 상호작용 속에서 한 순간 한 순간 만들어져 간다. 사람의 의사와 환경의 제약과 무엇보다도 상황의 요구가 한 순간 한 순간 동물의 행동을 만들어내 가는 것이다. 이러한 '행위의 창조'의 배경은 현실 세계가 세 가지 특징을 가지고 있는 것에 기인한다.

❶ 현실의 세계와 신체가 무한의 정보와 가능성을 가지고 있다.
❷ 연속적인 시간 속에서 운동하고 있다.
❸ 게임 상태가 자의적으로 변화한다.

이 자유도에서 더 복잡한 경우에는 행위를 선택지로 정착시킬 수 없다. '걸을까' 아니면 '달릴까' 하는 선택지라 해도 사실은 그것을 발동하는 타이밍에는 무한의 자유도가 있고 '걷는다'는 속에서도 무한의 자유도가 있다. 그러므로 무언가를 선택하는 태도로는 현실을 살아가기 어렵고 흰 캔버스에 그림을 그리도록 하는 행동을 상상할 수 있다는 것이 높은 지성으로서의 행동의 근간을 이루고 있다.

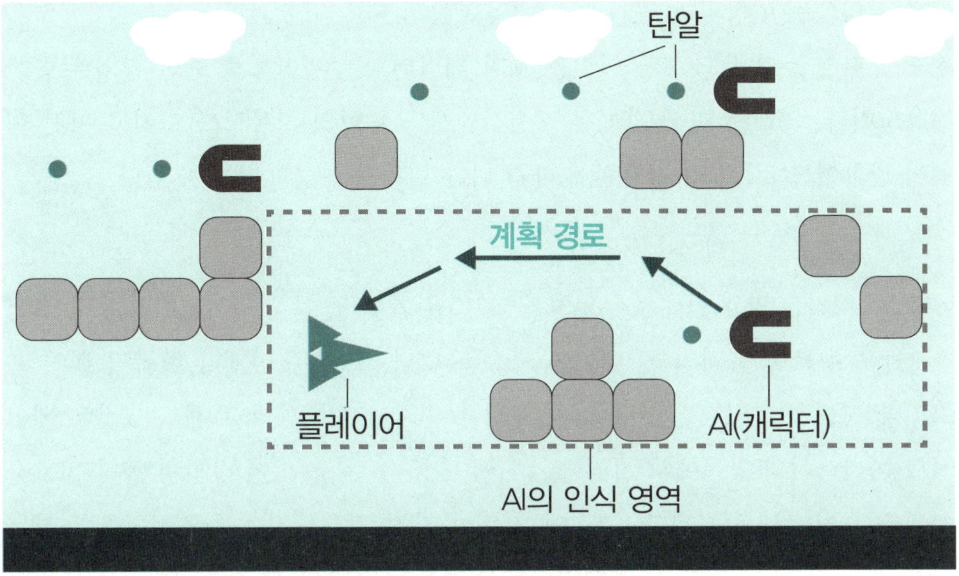

[그림 3-11] 액션 게임의 한 예. AI는 자유로운 공간에서 연속 시간 속에서 동작한다.

즉, 선택지의 판단에 동반하는 논리력은 한정된 사물 속에서 가장 좋은 것을 찾아내는 능력이지만 상상력(어느 정도의)은 무한 자유도에서 행위를 그리는 능력이다. 세계를 모델화하고 논리적으로 선택하고 자유롭게 행동을 상상하는 능력은 상반되지만, 이 경합하는 두 가지 능력이 지능의 큰 주축을 이루고 있다. '자유'와 '제한'을 비교하여 일률적으로 '자유'가 좋다고 할 수는 없다. 미래를 만드는 것은 다른 수억, 수조라는 가능성을 포함하여 집약하는 것이므로 제한을 거는 것도 미래를 만드는 수단인 것이다.

그런데 디지털 게임 속에서 액션 게임도 또한 무한의 자유도를 가지고 있다.

❶ 게임 스테이지가 무한(엄청나게 큰 경우의 수)의 정보이므로 완전하게 기억할 수 없다(유한 불완전 정보 게임).

❷ 연속 시간의 게임이다.

디지털 게임은 장기나 바둑의 보드 게임과 다르며 화소나 시간은 CPU(중앙 처리

장치) 클럭으로 한정되어 있기 때문에 유한한 상태이지만 인간이 분류할 수 없을 정도로 다양한 세밀도이다. 이것은 게임 캐릭터의 주관상으로 보면 거의 무한한 자유도이다. 그래서 이 공간에서도 시간에서도 무한의 자유도를 가지고 어떤 행위를 만들어 갈지, 그리고 그렇게 하기 위한 행위를 상상할 필요가 있다.

그럼 창조적인 AI란 어떤 것일까?

창조적이라는 말의 반대는 무엇일까? 그것은 기계적, 특히 반사적이라는 말이다.

사물은 누르면 움직인다. 여기에 자유는 없다. 그것은 언제나 반복될 뿐이다. 그러나 지능은 그렇지 않고 오감에 따라 무언가를 입력했다고 해도 그것은 에이전트 아키텍처의 항목에서 설명한 것처럼(1장 p.41) 지능 속에서 빙빙 돌며 정보를 처리하고 거기서 출력된다. 그것이 지능이 가진 자유도이며 창조적이라고 하는 실체이다. 좀 더 자세히 말하면 입력을 어떻게 해석하고 사고하고 행위를 조립할까 하는 세 가지의 큰 자유도가 있다. 이 중에서 '행위'에 관하여 바둑이나 장기는 '말을 움직인다'는 행위로 고정되어 있다. 물론 반면을 어떻게 파악하고 어떻게 의사 결정해도 좋지만 마지막에는 한정된 행위로부터 선택한다는 AI를 만들게 된다.

더욱 극단적으로 말하면 가위바위보를 하는 AI를 만들더라도 마지막에는 가위, 바위, 보를 선택하는 AI가 되고 만다.

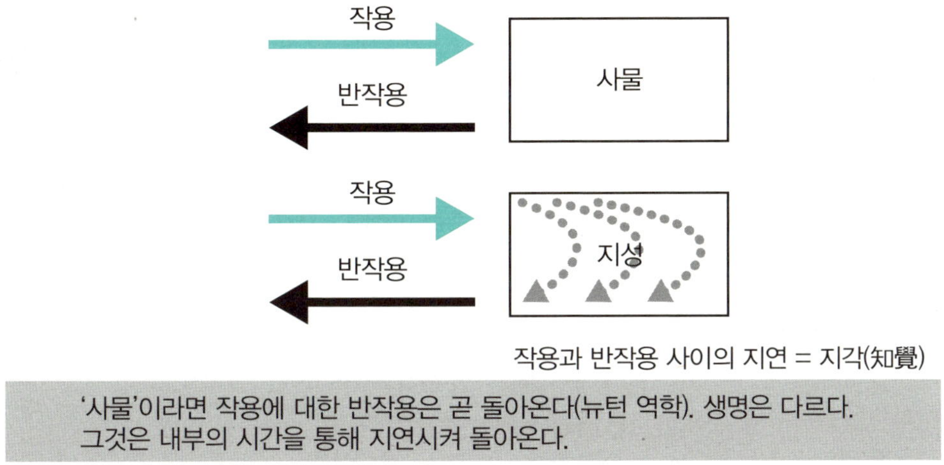
작용
반작용
사물
작용
반작용
지성
작용과 반작용 사이의 지연 = 지각(知覺)
'사물'이라면 작용에 대한 반작용은 곧 돌아온다(뉴턴 역학). 생명은 다르다.
그것은 내부의 시간을 통해 지연시켜 돌아온다.

[그림 3-12] 사물은 작용에 대해 순간적으로 반작용이 있다. 그러나 지성은 작용을 해도 시간을 지연시켜 세계에 작용을 돌려준다.

바꾸어 말하면 행위(= 출력)가 사고를 상정하게 된다. 이것은 지능의 매우 중요한 요체이다. 예를 들어 어떻게 생각해도 가능한 행위가 한정되어 버리면 인간은 아무래도 무기력해져 버린다. 그렇다고 해도 폭우 때문에 밖에 나가지 못했다거나 정전으로 전기를 사용할 수 없게 되었다거나 발이 아파 걸어 다닐 수 없게 되어도 일시적으로는 무기력하게 되어 버리지만 그 속에서도 인간은 보드 게임을 추출하거나 스스로 시를 쓰기 시작하거나 무언가 새로 만드는 것을 생각해 내서 또 다시 활력을 되찾아 간다.

행위는 충분한 자유도가 있고 행위를 창조해 갈 수 있는 것이 창조적인 것이다. 즉, 거기에는 신체 또는 신체와 세계 간 관계성의 자유도가 본질이 된다.

인간은 하늘을 날아다닐 수 없다. 그것은 이 지상에서 중력으로부터 받고 있는 속박이다. 동시에 중력은 지면 위를 걸어 다니는 자유를 부여하고 있다. 인간은 이 지상에서 어떤 행위를 조립할 수 있는지를 잘 알고 있다. 상상력은 매일을 살아가는 속에서 이런 일도 생기고 저런 일도 생긴다는 가능성을 발견한다. 자신의 신체를 사용하여 언제나 세계와 자신 사이에 새로운 국면을 개척해 가는 것이 창조적인 것이다.

예를 들어 액션 게임의 AI를 만드는 경우에는 캐릭터의 신체가 가진 가능성을 사용하여 매 순간 행위를 만들어 가게 된다. 구체적으로 이 가능성에는 '지능에 의한 의사 결정', '신체의 상태', '구체적인 애니메이션의 재생'이라는 세 단계가 있다.

'공격한다'는 의사 결정이 내려져서 신체의 상태는 '발로 찬다(kick)' 상태를 지정받고 애니메이션이 재생된다. 그러나 상대도 변화하므로 이 상태에서 다음에 어떻게 변화할지, 변화할 수 있는지를 인식하면서 행위의 연속 및 변화를 결정해 간다. 이와 같이 액션 게임에서 캐릭터의 지능의 자유도는 매 순간 행위를 창조하고 동시에 변화하는 자유도이다.

이번에는 전차를 움직이는 시뮬레이션 게임을 생각해 보자. 전차는 적의 기지를 향해 전진하고 있다. 경로에 따라 나아가야 한다. 전차에는 포대가 있고 이 게임에서는 자유롭게 움직인다고 하자. 그러면 적이 온 경우에는 멈추어서 이 포대로 공격한다. 또한 전투 국면이 불리해지면 물러난다. 이럴 때 지능을 계층적으로 만든다.

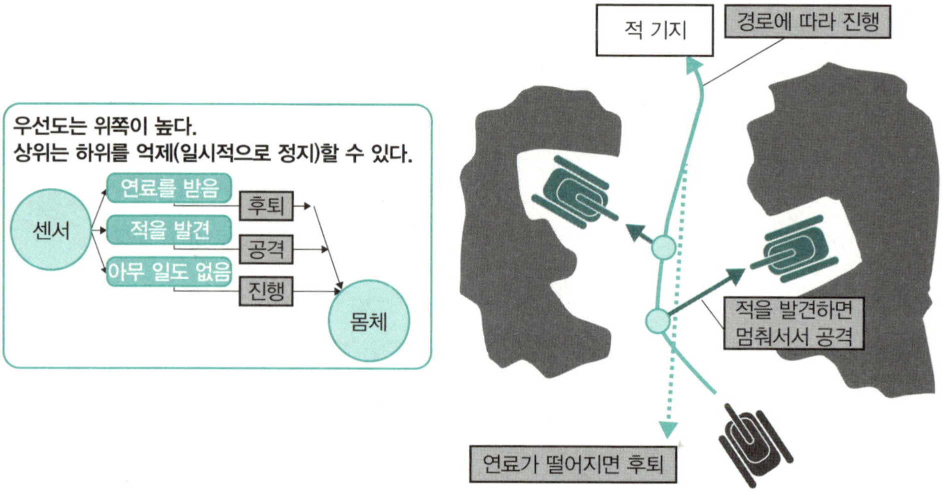

[그림 3-13] 전차 게임에서 적 캐릭터의 하위 가정(subsumption) 구조

제1층은 '경로에 따라 나아간다', 제2층은 '적을 발견하면 멈춰서서 공격한다', 제3층은 '체력 게이지가 절반이 되면 물러남' 등과 같이 아무 것도 없으면 제1층에 따라 전진, 적이 공격하고 있으면 제1층의 처리를 멈추고 적을 공격, 제3층은 전투 국면이 불리하다고 판단되면 공격도 전진도 하지 않고 후퇴한다. 이것은 완전한 하위 가정(subsumption, p.101)이라는 형태가 아니지만 원리적으로는 하위 가정의 사고 방식에 따른 제어 방법이다.

행동하는 데에는 언제나 세 가지 측면이 있다.

준비, 선택, 창조가 그것이다.

준비한 행동 중에서 선택하는 것도 있으면(싸운다, 달아난다, 마법 중에서 선택), 선택한 행동 속에서 상황에 따른 행동의 창조 및 변형을 하는 것도 있으면(적에게 검으로 싸우는 도중에 날아온 단검을 피하는 등), 창조한 행동 중에 선택하는 것도 있으면(적을 친다고 결정하고 나서 최초로 싸우는 적을 선택), 준비한 행동을 조합하여 창조하는(점프하고, 버튼을 가르치고, 해치를 열고, 보물 상자를 취함) 것도 있다. 인간의 경우도 '우선 시작해 보자' 하는 것이 있지 않은가. 행동을 전개하면서 행동을 변화시키는 것은 일을 해결하는 한 가지의 큰 수단이다. 특히 변화가 심한 세계에서는 보드 게임과 같이 미리 모든 것을 읽어낼 수는 없다. 거기서는 언제나 환경과 수단을 맞춰가면서 자신의 행동을 변화 및 창조해 가는 것이 중요하다.

대부분의 경우 의식하는 일이 적지만 생물은 어느 것이나 각 순간에 세계와 협조하면서 행동을 만들어낸다. 행동의 선택지가 두 개나 세 개라는 식으로 명확히 몇 개로 표현할 수 있는 국면은 적으며 흘러가는 시간 속에서 모든 순간에 행동을 만들어내고 있다. 창출한 행동은 어쩌다가 가장 좋은 행동이 아닐지도 모른다. 그러나 멈추어 있게 하고, 행동하게 하고, 행동을 만들어내고 있다는 사실에 변화는 없으며 거기서 만들어내야 하는 것이다. 그리고 만들어내는 것이 전제인 속에서 그 행동을 더 잘 하는 것이 생물이 가진 행동의 원리이기도 하다.

액션 게임의 인공지능도 마찬가지이다. 노레벨 게임이나 전략 게임(strategy

game)에서는 시간과 세계는 멈추고 선택지를 기다려 주며 명확한 선택에 의해 세계가 분기하도록 만들어져 있다. 그러나 액션 게임은 각 순간에 행동을 생성하고 동시에 세계도 변화한다. 계속 변화하는 세계와 똑같이 계속 변화하는 행동이 혼합되어 새로운 순간이 다음의 새로운 순간을 만들어 간다. 여기서 지능은 일련의 흐름을 인식하면서 신체를 통해 행동을 연속, 변화, 중지, 개선할지 계속 감시 및 간섭해 간다. 이것은 선택이라는 것보다는 유동적인 창조적 행위이다.

그러므로 액션 게임의 인공지능에 우선 필요한 것은 이러한 행동의 생성 능력이다. 행동의 가능성을 모두 탐색할 수는 없다. 한정된 인식, 한정된 시간, 한정된 지적 능력, 한정된 행동 능력을 가지고 무한히 변화하는 세계에 적응해 가는 것, 완전하지 않아도 세계에서 (작게) 이기는 것, 세계를 변화시켜 가는 것이 필요하게 된다. 그렇기 때문에 감각은 회전하고 행동에 수정을 거듭하는 것이다. 먼저 만들어내고 그것을 더 좋은 것으로 변화시켜 가는 인간은 반성의 생물이며 동시에 창조적 생물이기도 하다.

게임에 있어서 지능을 감지한다

지능 감수성과 지능 방정식

생물에는 지능을 감지하는 힘이 있다. 자신이 지향하고 있는 것이 어떤 지성인지는 생물의 생존에 있어서 대단이 중요하기 때문이다. 정글에서 살아남으려면 다른 생물의 낌새나 운동을 민감하게 감지해 낼 필요가 있다. 또한 그러한 지능의 능력은 환경과 감각을 결부시킨 상태에서 성립되고 있다.

지능 감수성을 높인다

지능이 지능을 감지하는 힘을 '**지능 감수성**'이라 한다. 이것은 필자가 만든 말이지만 다른 적절한 용어가 없으므로 새로운 개념으로서 말을 만들기로 한다.

'지능 감수성'은 디지털 게임에서는 매우 중요하다. 왜냐하면 엔터테인먼트에서는 사용자의 주관적 세계 위에 지능을 나타내는 것이 중심적인 과제이기 때문이다. 현 시점에서 게임의 인공지능에서 '진짜 지성'을 만드는 것은 원리적으로 먼 이야기이고 어떻게 하면 그와 유사한 지성으로 보이게 할까 하는 점이 주안점이다. 그러기 위해서는 게임의 상황을 제어하여 사용자의 지능 감수성을 최대한으로 높인 상태를 가지고 있는 것이 중요하다. 그런 상태에서 게임에 등장하는 캐릭터를 최대한 지능이 있다고 느낄 수 있도록 하는 것이 가능하기 때문이다.

일반적으로 지능 감수성을 높이는 데에는 세 가지 요소가 있다.

1. 플레이어의 의도의 강도
2. 플레이어의 생존의 위험도
3. 인공지능과 인간의 유사성

'플레이어의 의도의 강도'의 경우 인간은 자신이 무언가를 강하게 하려고 하면 할수록 그것을 저해하는 것에 지능을 감지한다. 보물상자를 취하려고 하는데 몬스터가 나오면 몬스터는 방해하려고 했다고 생각하며, 뒤에 한 발로 보스를 쓰러뜨렸는데 공격을 받으면 몬스터는 자신에 대한 적의를 가지고 있다는 느낌을 강하게 감지한다. 만약 플레이어가 게임 속에서 의도가 없는 경우 무언가가 나온다 해도 거기에 지능을 감지하는 일은 거의 없다.

다음으로 '플레이어 생존에 대한 위험성'의 경우, 인간은 자신의 생존의 위험도가 증가하면 자신의 생존을 위협하는 자에게 민감해진다. 무적 상태가 되었을 때의 적에 대한 민감도와 뒤에서 한 방으로 전투 불능이 된 상태에서는 적에 대한 예민한 정도가 변한다. 또한 인간이라 해도 아주 어두운 밤에 숲을 걷고 있으면 아주 작은 부스럭 소리에도 놀라게 된다.

끝으로 '인간의 유사성'의 경우, 인간은 자신과 닮은(외면, 내면) 자에게 자신과 동일한 레벨의 지능을 상정하는 습성이 있다. 또한 상대가 처음부터 AI라고 알고 있으면 지성을 감지하는 감각을 닫아 버린다. 온라인 게임에서도 AI가 움직이고 있는 적이라고 생각하면 그다지 지성을 감지하지 않지만, 100번에 1번이라도 인간이 움직이고 있다고 발표되면 인간이 아닐까 의심하여 필사적으로 지성을 찾아내려고 한다.

2D 슈팅 게임이라는 전통적인 분야가 있다. 위에서 적이 나오고 플레이어가 아래에서 쏜다는 인베이더(invader: 침입자) 게임이나 『제비우스』(나마코, 1982년)를 거쳐 디지털 게임의 여명기에 급속하게 진화한 게임 분야이다. 이러한 게임에서는 다수의 작은 적이 탄을 쏘면서 나온다. 적은 보스라 해도 움직임이 그다지 복잡하지 않다. 캐릭터의 그림도 단순하다. 그런데도 이러한 AI가 사용자에게는 대단히 성가신 적으로 인식되는 배경에는 적의 공격에 따라 사용자가 극히(게임상에서) 생존하기 곤란한 궁지에 몰리기 때문이다. 가상적이지만 동물은 그러한 위기적인 상황이 되면 내측에서 생존 본능이 강하게 끌어내져서 지능 감수성이 높아진다. 즉, 적을 민감하게 관찰하고 적절한 행동을 하는 상태가 된다.

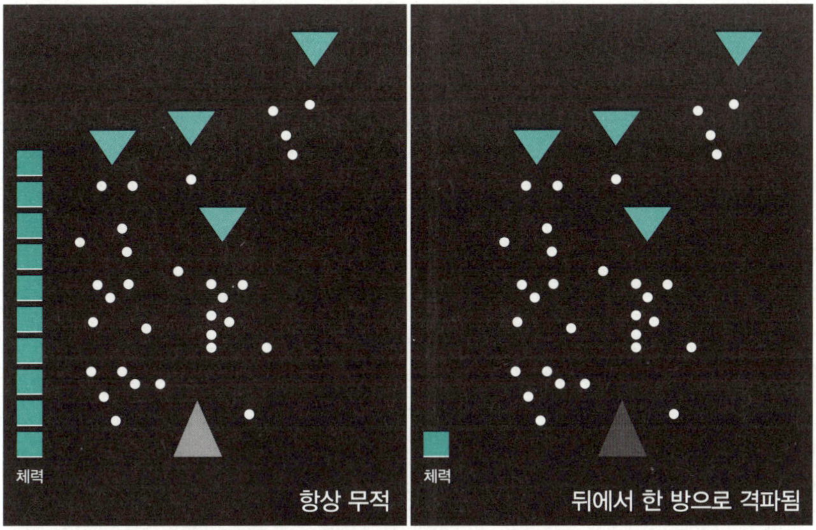

[그림 3-14] 2D 슈팅 게임에서의 비교. 왼쪽은 무적, 오른쪽은 한 방 맞아서 격파됨.

게임은 이런 상태를 만들어냄으로써 단지 점의 집합에 지나지 않는 캐릭터의 모양을 사용자에게 적으로 확신시키게 된다. 극단적으로 말하면 게임에서 인공지능은 인공지능 자체의 원리에 더하여 사용자 자신이 끌어낸 주관과 감정에 의해 성립된다고 말해도 좋을 것이다. 이것은 FPS(First Person Shooter: 일인칭 시점 슈팅 게임)라는 장르에서 더 현저해진다. 일인칭 시점에서 바라본다면 단순한 다각형(polygon)의 덩어리에 불과한 AI가 적으로 인식된다. VR(Virtual Reality: 가상 현실) 게임 속에서는 리얼리티를 더욱 높이게 될 것이다.

또한 RPG에서도 자신의 플레이어가 만약 무적이면 적은 적이라고 생각조차 하지 않게 될 것이다. 그야말로 AI는 확실히 적으로 인식되는 것이 된다. 화면상에서 자신의 상태(status)가 생존하기에 빠듯한 것이 나타나고 다음의 일격을 자신이 가하거나 적이 가함으로써 승패가 결정되는 그 순간에도 단순한 기호에 불과한 적은 사용자의 주관상 더할 나위 없이 생생한 적으로 나타나는 것이다.

이와 같이 지능 감수성은 생존의 위기감을 높임으로서 그것에 비례하여 높아진다. 그러나 지능 감수성을 높이는 다른 방법도 있다.

연애 게임이라는 장르에서는 귀여운 여자가 나온다. 귀여운 여자에게 사랑스러운 몸짓과 소리를 해보임으로써 사용자의 내측에서 이성에 대한 성적 욕구를 끌어낸다. 이 욕구에 의해 단순한 그림, 단순한 다각형에 불과했던 것은 성적 대상(게임 내에서)으로 연애 대상의 위치를 획득한다. 또한 연애 대상이 아니더라도 게임에 나오는 몬스터나 개나 고양이의 몸짓이 매우 사랑스럽고 그 사랑스럽다는 감정에 의해 캐릭터가 생생히 감지하게 되는 면도 있다.

결국 인간의 내측에서 인간이 인간에 대해 가지는 모든 감각을 끌어냄으로써 지능 감수성을 높일 수 있다. 그리고 그 상황을 만들어냄으로써 AI는 사용자의 주관상 각각 고유한 출현 방법을 보이게 된다. 게임이라는 엔터테인먼트는 사용자의 주관적 세계를 만들어내는 마법이 있으며 그 중에서도 인공지능은 사용자의 주관상으로 나타나는 '지능'의 모습을 제어하는 방법을 제공한다.

지능 방정식

그런데 '지능 감수성'을 다룸으로써 엔터테인먼트로서의 게임은 다양한 지능의 특징을 사용자에게 보여 준다. 그러나 지능을 감지하려면 한 가지가 더 있어야 하는데, 즉 캐릭터 측에 지능 자체가 필요하다. '지능 감수성'을 높인 상태에서 높은 지성을 내보이기 시작함으로써 강렬한 지능을 사용자의 체험으로 제공할 수 있다.

앞에서 말한 2D 슈팅의 적의 경우도 단지 똑바로 오기만 하면 되는 것이 아니라 사용자의 위치를 예측하면서 바라본다면 더 높은 지능을 감지하게 된다. 또한 RPG의 적의 경우 거기에 전략적인 사고가 더해지면 더 높은 지능을 감지할 수 있게 된다.

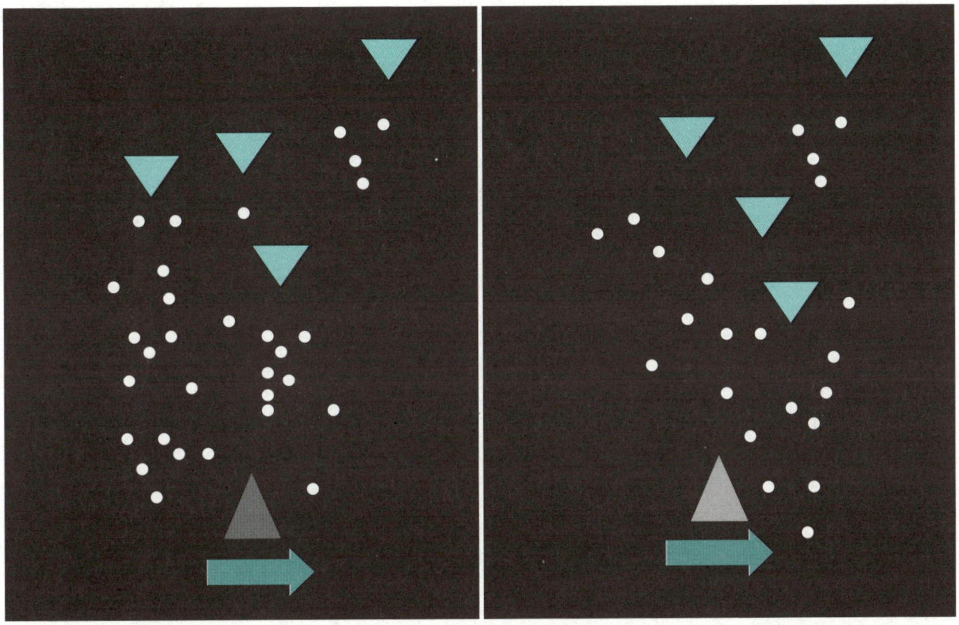

[그림 3-15] 위쪽의 적이 플레이어의 위치와 상관없이 결정된 대로 움직인다(왼쪽), 플레이어의 이동을 인식하여 움직인다(오른쪽)

결국 사용자가 감지할 수 있는 지능이란 '지능 감수성'에 '대치하는 캐릭터의 지능'을 합친 것이라 할 수 있다. 이것을 필자는 '**지능 방정식**'이라고 부르고 게임의 AI를 만드는 방침으로 삼고 있다.

지능 감수성
= 플레이어의 적에 대한 예민성

적 지능의 높이
= 객관적인 지능의 성능

플레이어가 적에게 감지하는 지성 = (지능 감수성) × (적 지능의 높이)

[그림 3-16] 지능 방정식

현실을 만드는 질서
본능과 습성에서 보는 영역 제어

인간은 누구나 자신의 두뇌에서 현실을 형성하고 있다. 그것은 주어져 있는 동시에 자기 자신이 만들어내고 있는 것이다.

— 그것은 세계 자체가 아니다. 그러나 가령 세계 자체가 주어졌다고 해도 인간은 잘 살아갈 수 있는 것이 아니다. 인간은 자신이 만들어낸 현실 속에서 살아감으로써 현실을 잘 살아간다 — 반대로, 현실을 잘 살아가기 위해 현실을 만들어내고 있다고 할 수 있다.

그럼 그런 현실은 어떤 질서에 따라 형성되는 것일까? 하나는 신체가 기준이 되어 있다. 걸을지, 손을 어느 정도 펼지, 점프할 수 있을지, 신체의 크기 등 인간의 무의식은 세계를 자신의 신체와 그 능력에 의해 해석한다.

왜냐하면 지성의 가장 중요한 역할 중 하나는 환경 속에서 적절한 운동을 하여 생존하는 것이기 때문이다. 세계를 자기 자신의 신체 구조와 능력에 따라 행동을 판단하고 창조하기 쉬운 형태로 파악하는 것이 지성의 역할이 되어 있다. 또한 어포던스(7장 p.281)의 입장에서 설명하자면 동물은 언제나 그 환경에서 어떤 행동을 이루어야 할지에 대한 가능성을 순간적으로 판단하고 있다. 저 바위를 던져 올릴 수 있을지 여부에 대한 판단은 강적이 온 경우 순간의 사활을 좌우할 것이다.

'경계'는 동물이 가진 본능적인 습성이다. 동물은 문자 그대로 움직일 수가 있지만 동시에 수면을 하거나 새끼를 기르기 위한 장소가 필요하며 외부의 적을 얼씬도 못하게 하는 경계가 필요하다. 경계에 침입하면 분노를 폭발시키는 성질이 있다. 이때 앞에서 설명했듯이 '바로 경계가 있기 때문에 분노라는 감정이 생성된다'는 이론을 '아지 이론(2장 p.73)'이라 한다. 이것은 환경 인지에서 감정을 파악하는 입장이다.

동물이 가지고 있는 습성은 지능이 심오하게 완성되어 있다. 인간이 고도의 지능을 입수한 후에도 형태를 바꾸어가면서 그 습성을 계속 끌어내고 있다. '경계'라는 의식은 현대 사회에서도 주거지나 부지, 소속으로서 그대로 남아 있으며, 예를 들어 자신의 전문 분야에 새로운 사람이 들어오는 것을 경계하는 것도 경계의 의미가 있으며, 사회의 부서도 경계 의식을 가지고 있는 사람이 다른 부서와 틈을 만들어 버리는 경우도 있다. 고도의 사회적인 균형을 취하더라도 그 근저에는 동물의 본능적인 경계 의식이 작용하는 경우가 많다.

게임 AI에서도 '경계'는 대단히 편리한 개념이다. 한 몬스터의 경계 영역을 결정해 두고 거기에 플레이어가 들어오면 공격을 개시하고 경계에서 나가면 공격을 멈추라는 식의 제어는 1980년대부터 흔히 사용되고 있는 방법이다. 경계의 형태는 단순히 일정한 반경을 가진 원의 경우나 지형에 따른 다각형의 경우, 방 자체 등 다양한 형태로 미리 정해진다.

또한 이와 같은 영역에 의한 제어는 적뿐만 아니라 거리의 NPC나 동료 AI에도 적용할 수 있다. 어떤 영역에 들어가면 거리의 주인이 다가온다든지, 동료 AI가 자신의 영역에 들어오면 방어력이 높아지는 마법을 건다든지 하는 식으로 디지털 게임의 캐릭터 전반에 이용되어 왔다.

영역에 의한 제어가 나타나고 있는 것은 사실 지능이라는 것이 영역과 깊이 결부된 형태로 발전해 왔음을 보여준다. 동물이나 인간이나 토지와 장소를 둘러싸고 다투어 왔다. 왜냐하면 지능에는 자원(식료품, 화석연료 등)과 장소, 정체성과 장소가 깊이 결부되어 있어 세계관을 구성하고 있는 원시적인 부분이기 때문이다. 그것은 실제 토지의 속박을 해방한 후에도 다양한 추상적인 차원에서 지성의 특성으로 남아 있다. 그것은 인간이나 동물의 정신이 성립하는 데 영역이 깊이 관련되어 있음을 보여준다. 지성 자체가 환경과 깊이 결부된 속에서 형성되어 온 것을 보여주는 것이다. 인간에게도 고향이나 거주지는 특별한 장소이고 그들이 조금이라도 변하면 인간의 정신은 크게 흔들리게 된다. 아무리 높은 지능을 가졌어도 그 근저의 부분은 토지나 영역과 깊이 결부되어 있는 것이다.

함께 생각해 봐요

산에 오르면 내려온다. 주가는 올랐다 하면 내려간다. 콘서트를 보러 돔에 가도 끝나면 돌아온다. 영화의 장면은 절정이 있으면 다음에는 조용해진다.

사물에는 전환점이 있다. 인간의 의지 결정도 이와 같다. 인간은 많은 정보를 외부의 환경이나 내부의 신체에서 받는다.

정확히 말하면 신체를 통해 외부에서 정보를 많이 받는다. 그것은 마치 큰 강처럼 우리들을 향해 흘러오는 것이다.

그러나 그러한 강과 같은 흐름에도 전환점이 있다. 흘러온 정보는 그 전환점을 넘어서면 다시 세계로 흘러나가는 것이다. 우리는 그것을 '행동'이라고 부른다. 세계에서 받은 것에서 세계에 작용하는 것으로, 그리고 그 과정의 전환점을 '의사 결정'이라고 부른다. 의사 결정은 지능 중에서도 중추적인 역할을 하는 기능이다.

인간은 언제나 의사 결정을 하고 있다. 하나의 의사 결정을 한 후에도 이 결정을 계속할지 변경할지를 언제나 감시하고 있다. 그게 아니라면 지금 독자 여러분은 책을 계속 읽게 되었지만 — 실제로는 그게 아니라 책을 둔 장소로 가야 한다든지, 배가 고파서 과자를 가지러 간다든지, 보고 싶은 프로그램이 시작되는 시간인지도 모른다든지, 그것도 아니면 머리를 긁고 싶은지도 모른다.

그럼 어떤 행동이라도 좋으니 자신의 의사 결정 프로세스를 적어 보자.

무엇이든 좋다고 말하면 오히려 어려울 수 있으므로 최근에 본 영화나 책을 선택한 프로세스, 가고 싶게 된 장소를 선택한 프로세스, 이야기하고 싶게 된 상대를 선택하여 실제로 이야기할 때까지의 프로세스를 적어 보자.

이 책을 손에 놓은 모든 독자는 어떻게 해서 이 책을 읽겠다고 생각했을까? 주식 책이나 날씨 책이 아니라 왜 지능에 대한 책인 것일까, 결과부터 설명하는 것은 왠지 가능하지 않을까 한다.

하지만 지금 자신이 일으키려고 하는 행동에 대해 의사 결정하고 있는 프로세스를 적어 보는 건 가능할까? 그냥 막연히 그런 경우도 있는 것일까? 많은 경우는 설명이 어려운 것이 아닐까?

인간은 심오하기 때문에 그 사람이 자기 자신조차도 무엇을 생각한다고 하는 프로세스로 의사 결정을 하는가 하는 것은 깊고도 복잡한 문제이다. 그래서 인공지능, 특히 게임에서는 그런 의사 결정의 몇 가지 특징을 추출하여 실현한다. 즉, 단순화한 모델의 표현으로 만들어 버린다.

그러나 그 모델화조차도 많은 변형이 있으며 게임에서는 특히 7가지 패턴을 구사하게 된다.

자신의 사고 프로세스와 대조해 가면서 그 7가지를 보자.

4장

캐릭터의 의지는 어떻게 결정되는가?

~의지 결정 알고리즘

인간은 스스로 자신의 의지를 감지할 수 있다. 또는 타인의 사고는 한층 더 강하게 감지할 수 있다.

의지는 매우 고도의 지능 레벨이다. 그것은 공이 오면 피하거나 배가 고프면 먹는 행동처럼 반사적인 행동을 뛰어넘어 세계에 대해 주체적으로 관여하는 태도이다. 그러한 지능이 가진 의지의 강도, 의지의 성질은 그 지능의 세계에 참가하는 수단을 결정하는 것이다.

인공지능 중에서도 가장 지능다운 핵심이라고 할 수 있는 것이 '**의사 결정**'인데, 거기에는 역사적으로 쌓아올려진 수많은 기술이 존재한다. 동시에 많이 사용되어 온 것에서 다듬어지기도 한다.

의사 결정에서 중요한 점은 두 가지이다. 의사 결정 자체의 알고리즘과 의사 결정을 어느 레벨(깊이)로 수행할까 하는 설정의 문제가 그것이다.

먼저, 가장 단순한 것이 반사에 의한 의사 결정이며, 다음으로 얕은 지식 레벨의 의사 결정, 그리고 높은 추상 레벨의 의사 결정이 있다.

그 분류는 단적으로 얼마만큼 긴 시간과 공간의 스케일 속에서의 의사 결정인지가 기준이 된다. 물론 높은 레벨의 의사 결정이 가장 고도의 것이지만 생물이 살아가는 것은 그것만으로는 부족하다. 비가 내리면 비를 피하고, 번개가 치면 안전한 곳으로 피하고, 배가 고프면 밥을 먹어야 하며, 밖에서나 안에서 여러 가지 상황의 압력을 받으면서 결정을 반복하고 그 때마다 상황에 따른 스케일로 수행해야 하는 것이다.

이 장에서는 그러한 의사 결정의 여러 측면을 해설한다.

의사 결정의 7가지 알고리즘

인공지능의 의지를 만드는 방법

인공지능의 중심적인 문제는 '**의사 결정**'이다. 의사 결정이란 AI가 자기 자신이 해야 할 일을 판단(선택)하고 창조하는 기술이다.

인간의 지능 자체를 실현하려는 시도는 상당히 어렵고 의사 결정에 관해서도 마찬가지이다. 그래서 우리네 인간의 지능이 가진 여러 가지 측면을 추출하여 실현하게 된다. 그 측면은 각각 하나의 의사 결정 알고리즘(의사 결정 방법)으로 결실을 맺는다.

여기서는 그 중에서도 게임 AI에 사용하는 대표적인 7가지 의사 결정 방법을 소개해 간다. 아래에서는 '~기반(-based)'이라는 표현 방법을 사용한다. '기반'은 기본을 의미한다. 예를 들어 '규칙 기반 AI'라고 하면 '규칙이라는 형식을 기본으로 사용하여 의사 결정을 조립하는 AI'를 가리킨다.

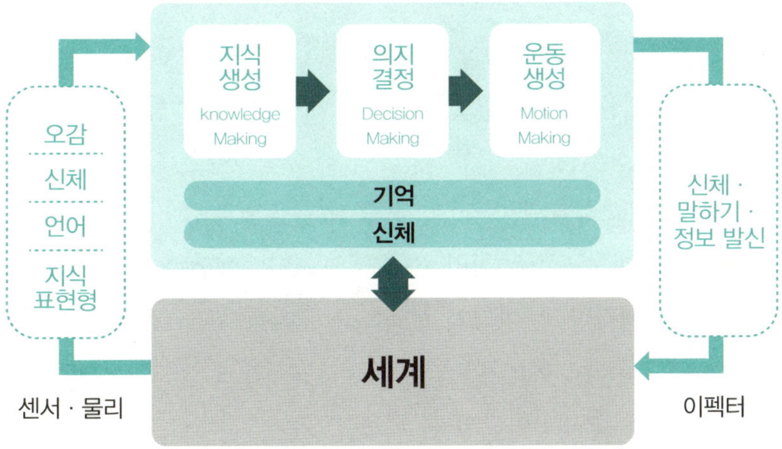

[그림 4-1] 의지 결정의 메커니즘

① 규칙 기반 AI
규칙을 기본으로 조립한다

'**규칙 기반 AI**'는 규칙을 기본으로 조립하는 AI를 말한다. 규칙이란 여기서는 '만약 ~이면 ~이다'(if–then)의 형식이다. 즉, '공이 날아오면 피한다', '체력이 떨어지면 회복한다' 같은 형식이다.

그런데 프로그래밍을 처음 접하는 사람은 흔히 아래와 같은 코드를 작성한다.

```
If (조건문) {
 If (조건문) {
  If (조건문) { } else if (….) { If ….
```

즉, If 속에 If가 있고 또 If가 있는 이런 패턴이 연달아 계속되는 코드이다. 이런 코드를 **스파게티 코드**라 한다. 이것은 2~3단 정도까지는 괜찮지만 깊은 계층이 되면 조건이 헷갈려서 읽기 어려워져 버린다(이런 코드 자체를 넓은 의미에서 규칙 기반이라고 할 수도 있지만 좁은 의미에서는 사용하지 않는다).

규칙 기반이란 규칙을 기본 단위로 하여 생각하는 것이다. 규칙 기반의 전형적인 탑재 사례를 해설해 보겠다.

지금 AI를 제어하고 싶다면 여러 가지 규칙을 열거해 보자. 이것을 가칭 규칙 1, 규칙 2, 규칙 3, …, 규칙 (n)이라 하자. 규칙 기반에서는 어떤 국면에서 어느 규칙을 채택할지를 생각한다. 이렇게 선택하는 규칙을 '**규칙 실렉터**'라 한다. 각각의 규칙에서 if(조건문) 속에 기술되어 있는 조건문이 true일 때, 즉 맞는 경우 그 규칙이 활성화 가능(실행 가능)이라고 한다.

그런데 실렉터는 이 활성화 가능한 규칙 중 하나(또는 그 이상)의 규칙을 선택하여 실행(활성화)한다. 선택의 수단은 여러 가지가 있지만 예를 들어 실행 가능한 규칙에서 무작위로 하나를 선택하거나 미리 규칙에 우선도를 정해 두고 우선도가 높은 것을 선택하고 지금까지 한 번도 선택되지 않은 것에서 선택하는 다양한 방법을 생각할 수 있다.

그럼 이렇게 규칙 기반으로 생각하면 어떤 이점이 있을까? 전자의 스파게티 코드에서는 새로운 조건을 추가할 때 규칙을 어디에 추가하면 좋을지 점차 이해하게 된다. 한편 규칙 기반에서는 규칙의 목록에 새로운 규칙을 추가해 감으로써 확장할 수 있다. 물론 전자와 같은 스파게티 코드를 작성할 필요가 있는 로직의 경우에는 그럴 수밖에 없지만, 후자의 탑재로 끝나는 경우는 후자 쪽이 확장성과 모듈성(부품성)에서 우월하다.

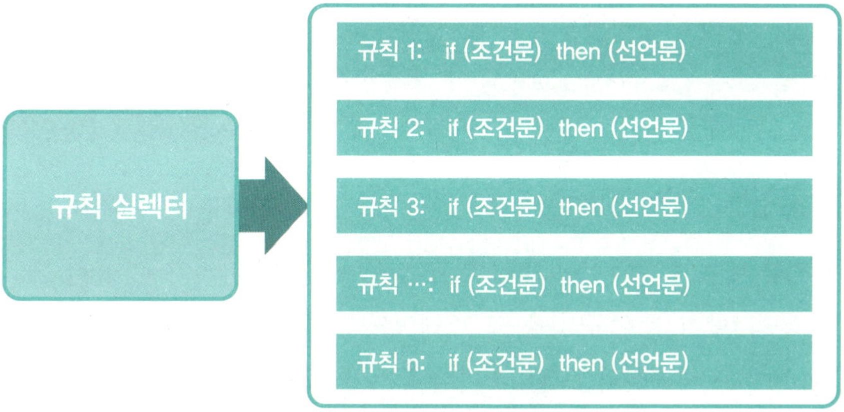

[그림 4-2] 규칙 기반 AI의 구조

규칙 실렉터는 규칙을 선택하는 기준이다. 규칙을 선택하는 수단은 여러 가지가 있어도 좋지만 예를 들어

- 무작위로 선택(random)
- 무작위로 선택하지만 한번 선택한 것은 한동안 선택하지 않는다(random at once).

- 우선도를 걸어서 선택한다(priority).
- 동적으로(게임 속에서 상황에 따라) 평가치를 계산하여 선택한다(utility).
- 순번이 미리 부여되어 있어 그대로 선택한다(sequence).

등이 있다. 이외에도 자기가 고안한 방법을 실렉터에 탑재하면 된다. 여기서 중요한 것은 규칙을 하나의 대상 단위로 하여 취급함으로써 의사 결정이 규칙을 모은 집합인 상태에서 기능하는 것이 규칙 기반이므로, 또한 이와 같은 실렉터의 개념은 후술하는 '행동 트리(behavior tree, p.145)'에도 사용할 수 있게 된다.

조금 변형한 것으로 규칙을 우선순위에 병행하여 동료 AI 등을 사용자 지정할(customize) 수 있는 시스템이 있다. 이것은 『파이널 판타지(FINAL FANTASY) XII』(스퀘어 에닉스, 2006년), 『Dragon Age: Origins』(Bioware, 2009년)에서 함께 여행하는 동료 AI를 사용자가 작성하는 수단 등에 사용하고 있다. 복수의 규칙이 미리 준비되어 있고('체력이 20% 떨어지면 회복 마법을 건다', '가장 강한 적을 최초에 공격한다' 등), 거기서 규칙을 선택한 다음 사용자 지정(예를 들면 20%를 40%로 지정)하여 우선도 적용을 변경할 수 있다.

또한 게임 내에 복수의 시스템이 있는 경우에는 캐릭터의 기본 규칙은 고정해 두고 시스템마다의 특수 규칙을 그 스테이지에 한해 동적으로 추가하는 방법이 있다. 이 방법은 캐릭터의 스테이지마다 특징을 표출할 때 효과적이다. 캐릭터에 복수의 유형이 있는 경우에는 기본 규칙에 더하여 캐릭터 유형별 규칙을 추가함으로써 캐릭터 유형별 개성을 표출하는 방법이 있다. 어느 방법이든 확장성이나 모듈성이 우월하며 게임 개발에서 시행착오를 반복하기 쉬운 방법이 되고 있다.

RPG에서 던전에 잠겼을 때 던전의 1단계는 약한 적인 경우가 많으므로 '체력이 20% 이하로 되면 스스로 회복 마법을 건다'는 규칙을 추가해 둔다. 그러나 던전의 2단계에는 강한 적이 많으므로 '체력이 50% 이하가 되면 스스로 회복 마법을 건다'를 추가해 둔다. 또한 전투 시에 승려인 경우 '체력이 30% 떨어진 아군이 있으면 그 아군에게 회복 마법을 건다'를 추가하고 그 아군이 전자이면 '전투를 개시할 때 선두에 선다'를 추가한다.

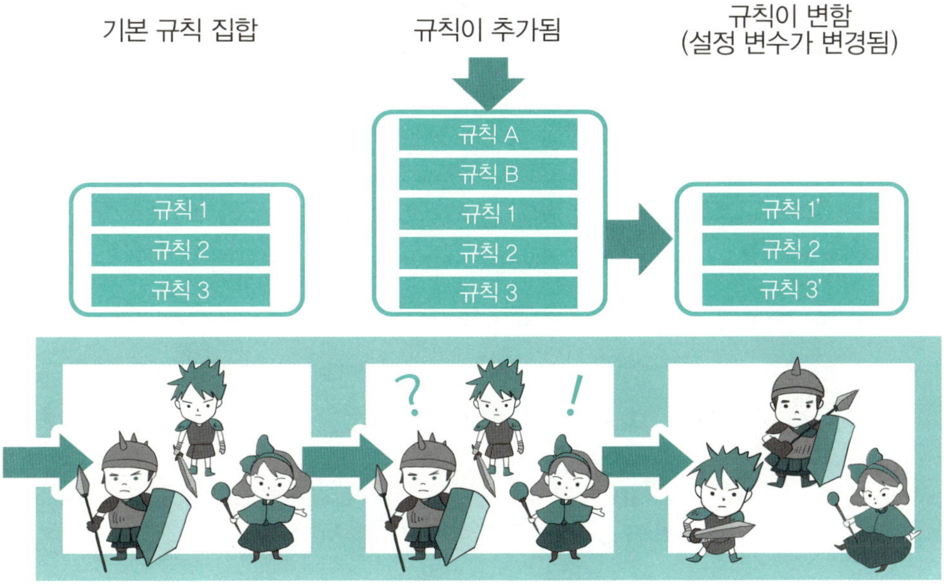

[그림 4-3] 규칙 기반의 설계 예

규칙에서 세계를 보면 세계는 규칙으로 만들어진 것처럼 보인다. 물리도 법칙이고 법률도 법칙이며 사회도 법칙으로 움직이고 있는 것처럼 보인다. 그것이 규칙 기반의 두려운 점이며 법률가나 프로그래머는 이 시야에서 벗어나는 것이 힘들다. 그래서 다음 절에서는 규칙 기반 이외의 방법을 살펴봄으로써 지능을 이해하는 시야를 점점 넓혀 가기로 한다.

② 상태 기반 AI

세계와 인간의 행동을 상태로 나타낸다

상태는 영어로 'state'라 한다. 이 세계나 인간의 행동을 연대한 상태의 집합으로 표현하려는 것을 '**상태 기반**(state-base)'이라 한다. '상태'는 다소 모호한 개념이지만 캐릭터의 상태나 행동을 표현하고 있다.

사람의 행동을 기술할 때를 생각해 보자. 만약 경비병을 기술한다면 '순회', '휴식 중', '추격', '공격' 등 몇 가지 상태로 나눌 수 있다.

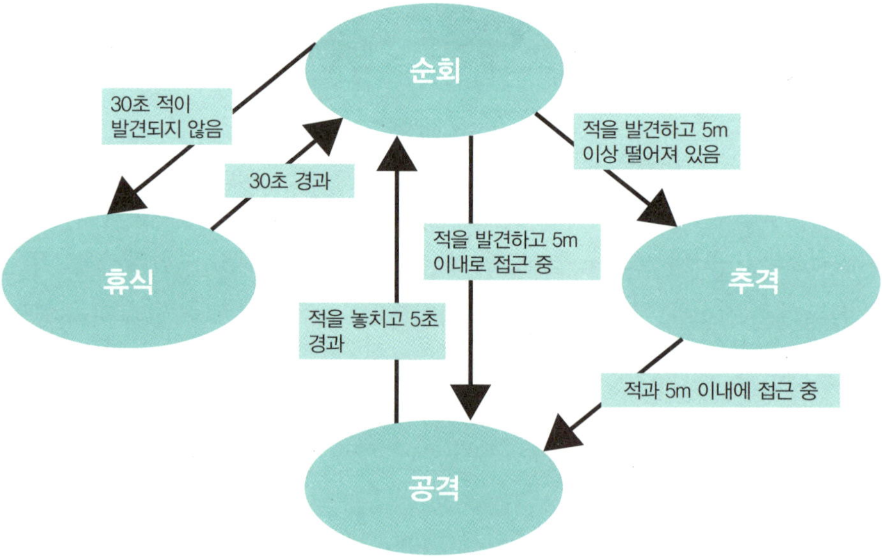

[그림 4-4] 상태 기반 AI의 구조

[그림 4-4]는 한 예이지만 '휴식'을 '요새로 돌아간다'고 하면 자신의 요새를 지키면서 습격해 오는 몬스터에 응용할 수 있다. 상태 기반의 기술 중에서 가장 유명

하고 가장 널리 사용되는 방법을 '**상태 머신**(state machine)'이라 한다. 이것은 인간의 행동을 상태에서 상태가 옮겨감으로써 천이된다고 파악하는 것이다.

앞에서 든 예([그림 4-4])로 말하면 '순회', '휴식', '추격', '공격'의 네 가지 상태 사이를 왕래함으로써 경비병의 지능을 기술한다고 생각하는 것이다. 그리고 '상태와 상태의 사이'의 천이(이동)는 '천이 조건'을 설정하고 그 조건이 만족되면 천이하도록 탑재한다. '휴식'에서 '순회'의 상태에 대해서는 '휴식 시간이 30초를 경과하면'이라는 조건을 작성한다. 그러면 '휴식' 상태에 들어가서 30초가 경과하면 자동으로 '순회' 상태로 옮겨간다. 휴식 중에 어떤 행동을 하는지를 '휴식' 상태에 써 놓으면 그대로 행동한다.

예를 들어 소파에 앉는다고 써 놓으면 30초 소파에 앉아 있다. 또한 '순회'에서 '공격'의 천이 조건을 '적이 시야에 들어오고 5m 이내에 있다'는 조건을 설정한다. 그러면 '순회 중'에 적과 조우하면 '공격' 상태로 이동한다. '공격' 상태에 지정해 둔 공격 방법으로 적을 공격한다. 또한 '순회'에서 '추격'에는 '적이 시야에 들어왔다. 5m 이상 떨어져 있다'는 조건을 설정한다. 그리고 '추격'에서 '공격'은 '적과 5m 이내에 근접한다'로 해 둔다.

이와 같이 '상태 머신'은 상태와 천이 조건을 설정함으로써 캐릭터의 행동을 기술하는 방법이다. 캐릭터의 행동 단위는 상태로 정의되므로 '상태 기반'이라 한다. 상태란 구체적으로 무언가를 한다는 명확한 정의가 아니다. 상태를 어떻게 정의할지는 사용하는 사람에게 맡겨져 있다. 휴식은 그 장소에서 차를 마시든지 그 장소에 우두커니 서 있는 등의 행동을 지정하는 것이 일반적이다. 추격은 '적에게 가까워지도록 달린다'라고 탑재하면 좋을 것이다. 이렇게 해서 상태에 액션을 결부시켜 두면 상태를 천이할 때마다 행동이 전환된다. 그렇게 해서 캐릭터의 행동을 전환하는 것이다.

그럼 상태 천이의 조건은 무엇을 의미하는 것일까? 그것은 게임 세계의 환경이나 상황 변화에 반응하는 반응계를 만들고 있다. 지금 천이 조건을 '자신이 적을 보고 있는가'라고 하자. 자신도 적도 움직이고 있으므로 이 조건의 진위는 계속 변한다. '조건'은 이 변화를 항상 판단하면서 상태를 이동시키는 것이다.

이 예에서 상태는 4가지이지만, 게임의 규모에 따라 상태 수가 증가하며 조건 수가 커지기도 한다. 실제로 상태가 너무 증가하면 천이 조건이 바닥나서 사용할 수 없게 된다. 그래서 상위 상태 머신의 상태에 상태 머신을 넣은 '**계층형 상태 머신**(상태가 들어가서 하위 구조로 되어 있음)'을 생각하는 방법이 있다. 1계층뿐이면 단지 상태와 그 사이의 천이 조건만 증가해 가는 부분을 계층에 의해 완화하는 것이다. 상위 계층은 보통의 상태 머신과 마찬가지로 그 천이 조건에 따라 동작한다. 상위 계층이 어떤 상태를 활성화하면 그 중에 있는 하위 상태 머신이 움직여 나온다. 따라서 하위 상태 머신에는 개시 상태를 결정해 둘 필요가 있다. 계층형 상태 머신은 하위 상태 머신을 하나의 팩으로 하여 다시 이용할 수 있으며, 확장성이 뛰어나므로 대형 게임에서는 애초부터 2계층, 3계층의 상태 머신으로 설계해 둔다.

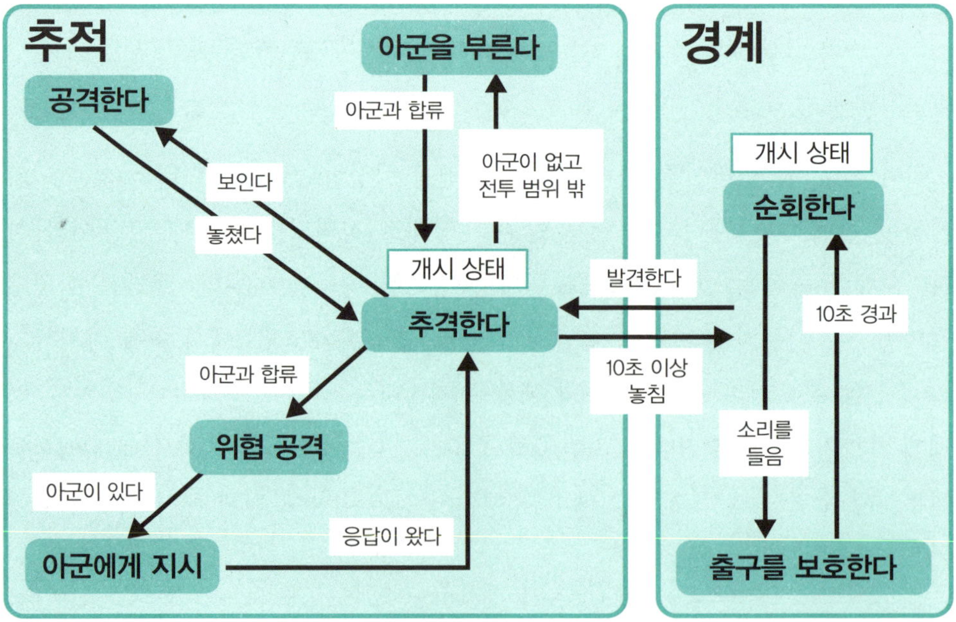

[그림 4-5] 계층형 상태 머신의 한 예

상태 머신은 게임 산업에서는 1990년대부터 가장 널리 사용되어 온 수법이다. 각 게임 회사가 노하우를 가지고 있으며 기본 원리상에 다양한 연구가 쌓여 왔다.

잘 알려져 있는 문제로 '벌벌 떠는 문제'가 있다. 이것은 플레이어(즉, 앞의 예에서는 AI에서 본 적)가 있는 장소에 가거나 돌아온 경우 천이 조건이 true와 false 사이를 진동하여 캐릭터 AI가 한 점에서 가고 돌아오게 하여 벌벌 떨어 버리는 문제이다.

예를 들어,

```
If (병사와의 거리가 5m 이상) then 쫓다
If (병사와의 거리가 5m 이하) then 공격
```

이라는 두 가지 천이 조건에 쓰여 있는 예를 생각해 보자. 병사 AI는 플레이어에서 시작할 때에는 10m 거리가 있으므로 플레이어를 쫓는다. 그리고 5m 이내로 가까워지면 공격하려고 한다. 공격하려고 하면 플레이어가 달아나 버리고 5m 이상으로 거리가 벌어져 버리므로 추격한다. 그러면 또 5m 이내가 되어 공격한다. 이것이 짧은 시간으로 반복되면 두 가지 상태 사이를 고속으로 왕래하게 되어 행동이 정해지지 않고 벌벌 떨게 되어 버린다.

이에 대한 대처 방법은 여러 가지가 있지만 상태에 들어오면 완수할 때까지 천이하지 않는 천이 조건의 검사 빈도를 떨어뜨리는 등의 방법이 있다. 어느 방법이든 상태 머신의 감도를 떨어뜨려 버리므로 조건을 더 정밀하게 만드는 수단도 있다.

『미지의 황금도와 사라진 선단(Uncharted: Among Thieves)』(Naughty Dog, 2009년)은 거리나 유적을 둘러싼 액션 게임인데, 게임의 진행 자체가 상태 기반의 스크립트상에서 작성되어 있다. 이 게임에서는 다양한 독립된 스크립트가 있고 그 속에 상태가 정의되어 있다. 다음에서 좀 더 자세하게 설명한다.

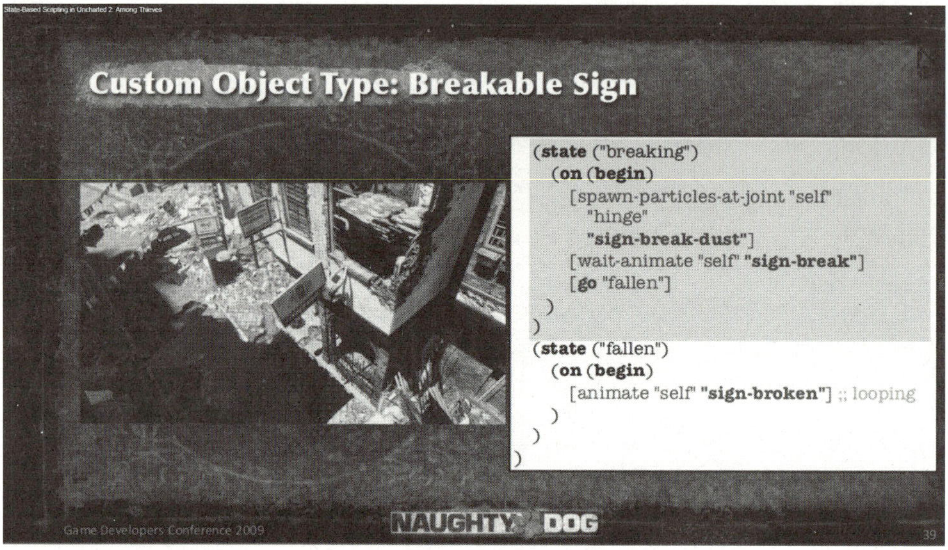

[그림 4-6] 『미지의 황금도와 사라진 선단(Uncharted: Among Thieves)』(Naughty Dog, 2009)의 상태 기반*6

예를 들어 스크립트(StateScript) [1]에는 State A와 State B가 정의되어 있다. 'On Update'라는 것은 그 상태로 계속되었을 때 매 프레임 호출되는 함수이며 'On Begin'은 이 상태에 들어갔을 때 호출되는 함수이다. 'On Event'는 그 이벤트가 일어났을 때 호출되는 함수이다. 게임 내의 시간을 쫓아가 보면 먼저 게임 내에서 'Event1'이 발생한다. 그러면 Script1의 State A에서 State B로 천이한다. 그러면 State B 내의 'On Begin' 함수가 호출된다. 만약 아무 일도 일어나지 않으면 이대로 끝나지만, 'Event4'가 일어남으로써 State C 내의 'On Event4'가 호출된다. 이와 같이 스크립트 속에서 비명시적으로 상태가 구성되어 있다.

상기 해설은 추상적일지 모르지만, 이 스크립트는 플레이어의 자동적인 행동, 캐릭터, 맵상의 영역, 오브젝트, 그리고 프로세스(게임을 진행하는 프로그램)와 게임 내의 모든 요소가 각각의 스크립트를 가지고 있다. 스크립트는 모든 상태를

*6 Jason Gregory, 『State-Based Scripting in Uncharted 2: Among Thieves』, GDC 2009
http://www.slideshare.net/naughty_dog/statebased-scripting-in-uncharted-2-among-thieves

가지고 있으므로 게임 전체가 상태 구동으로 되어 있다고 할 수 있다. 이것은 어디까지나 예이지만, 어떤 영역에 연결된 스크립트가 있고, 이 스크립트는 '주인공이 그 영역에 침입했다'는 이벤트를 'On Event1'로 가지고 있다고 하자. 그러면 State B로 천이하여 State B에서 소리가 난다. 그리고 State C로 천이하여 거기서 '나무가 쓰러진다' 이벤트를 발생시킨다. 이와 같이 어떤 영역에 플레이어가 들어가면 소리가 나고 나무가 쓰러진다는 일련의 이벤트를 상태로 실현할 수 있다.

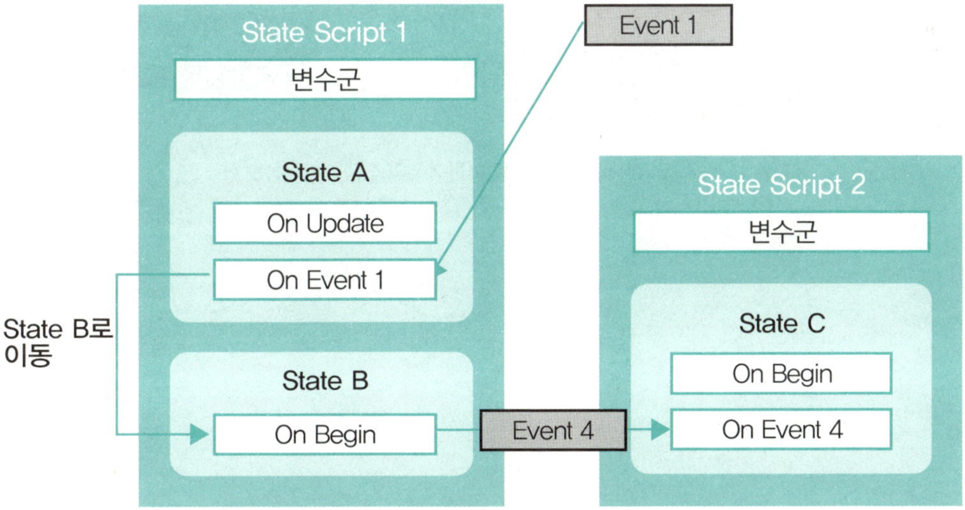

[그림 4-7] 『미지의 황금도와 사라진 선단』에 대한 상태 머신

또한 게임 전체를 진행하는 프로세스도 마찬가지로 상태 기반의 스크립트를 가지고 있으며 상태 천이에 따라 다른 스크립트와 연대하면서 게임을 진행한다. 플레이어가 도로에 오면 버스가 돌입해 와서 플레이어가 자동적으로 피한다는 것 같은 자동적인 장면도 이 구조로 만들어져 있다.

이것을 상태 기반의 메타 AI라 한다. 개발계에서는 '(게임 액션을 지휘하는) **오케스트레이트 디렉터**(Orchestrate Director)'라고 부르고 있다.

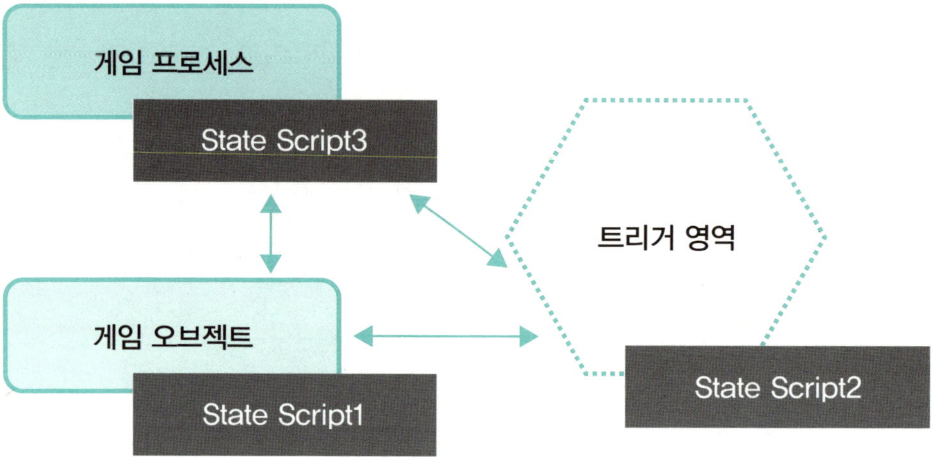

[그림 4-8] 상태 기반으로 만들어진 게임의 진행을 담당하는 AI

③ 동작 기반 AI

활동이나 행동 레벨에서 캐릭터를 움직인다

게임 산업에서 사용되는 인공지능 기술은 원작품이 아니라 원래 학술 연구나 다른 산업에서 생긴 것이 많은데, **'행동 트리**(Behavior Tree)'라는 수법은 『Halo2』(Bungie, 2004년)라는 게임 타이틀을 위해 당시 AI 지휘 엔지니어였던 Damian Isla가 개발한 수법이다. 그 후 전 세계 게임 개발자가 모이는 GDC의 발표에서 알려져 널리 사용하게 되었다. 지금은 게임 AI에서 가장 많이 사용되고 있는 수법이 되었다.[*7]

행동을 기본으로 AI의 행동을 생각한다는 것이 '**행동 기반**'이다. 여기서 말하는 행동이란 활동이나 행동이라는 의미인데, 행동 기반이란 '캐릭터의 신체적 행동 레벨에서 캐릭터의 행동을 생각하는 것'이라고 이해하면 된다. 행동 트리는 그 한 예이다. 그럼 그 원리를 설명해 가기로 한다.

행동 트리는 앞서 말한 '상태 머신(p.138)'과 비슷하다. 상태 머신은 상태를 천이 조건으로 결부시킨 것이었다. 다만 빙글빙글 순환하기 때문에 상태 머신의 행동을 추적하기가 어려웠던 것이다. 또한 상태가 증가하면 확장성이 급속히 떨어져 가는 특징이 있다. 행동 트리는 트리 구조이며 한 방향으로만 확장할 수 있다. 각 노드는 루트(뿌리)에서 뻗어나는 가지의 맨 앞에 있다.

최후에는 가지의 말단에 노드가 있는데, 실제 행동으로써 행동의 실체를 가지고 있는 다음 노드의 실행 순서만을 결정한다.

*7 [참고] Daiman Isla, 『Handling Complexity in the Halo 2 AI』(Halo 2 AI에서 복잡도 취급), GDC 2005
http://naimadgames.com/publications.html

중간 노드에는 다섯 가지 모드가 있다.

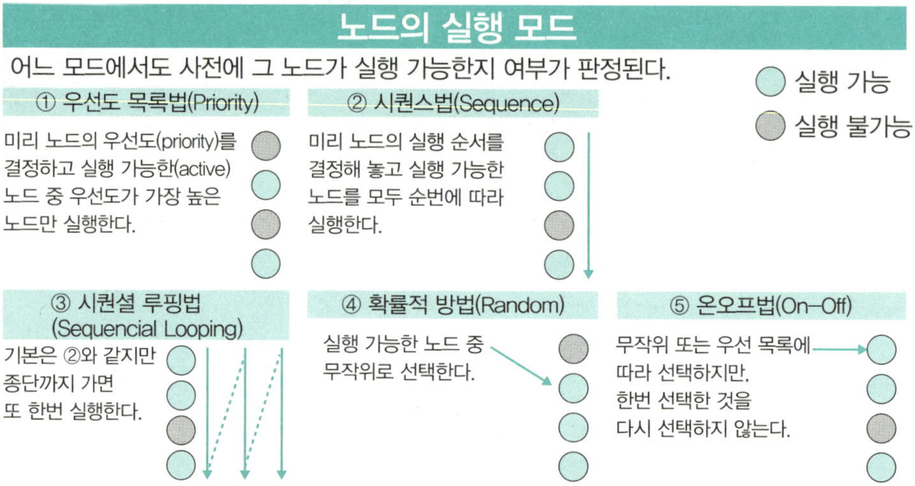

[그림 4-9] 행동 트리가 이용하는 다섯 가지 모드

이 다섯 가지 모드의 중간에 넣어서 그 아래의 노드가 어느 순번으로 실행되는지가 결정된다. 다음과 같은 적 캐릭터를 제어하는 행동 트리를 생각해 보자.

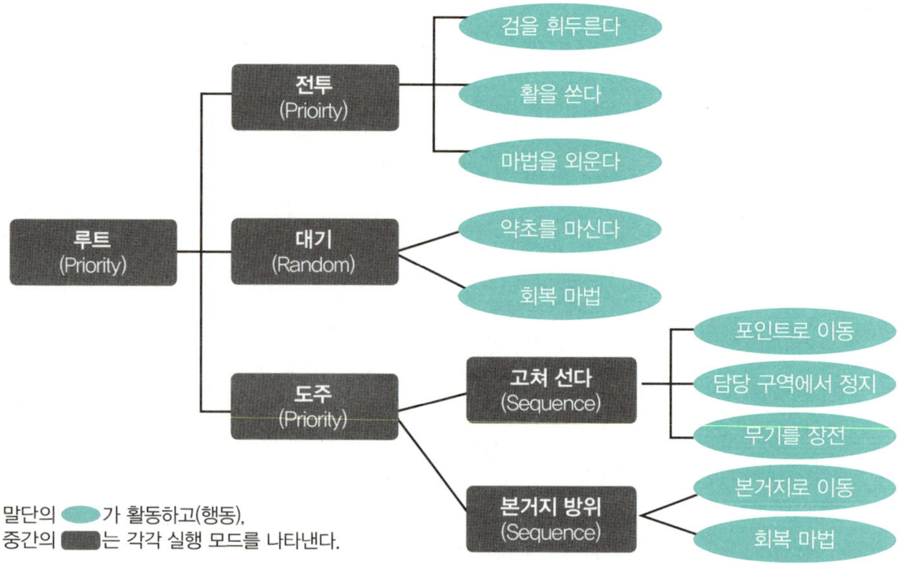

[그림 4-10] 적 캐릭터를 제어하는 행동 트리

말단의 노드는 실제 구체적 활동을 지정하는 행동인데, 중간 노드에서는 그것이 가지고 있는 자식 노드의 실행 방법을 정의한다. 그리고 전체 노드는 각각 루트를 제외하고 실행 전제(가능) 조건을 가지고 있다. 행동 트리의 동작 원리를 순서에 따라 살펴보자.

먼저 루트 노드는 Priority 노드이므로 자식 노드 '전투', '대기', '도주' 중에서 우선도가 가장 높으며 실행 가능한 노드를 선택한다. 이 세 가지는 모두 실행 가능한 경우 우선도가 가장 높은 '전투'가 선택된다. 행동 트리에서는 같은 층 중에서 위에 기술할수록 우선도가 높다는 약속이 있다. 전투도 또한 Priority 노드이므로, 지금 자식 노드 중에서 실행 가능한 행동 중 우선도가 가장 높은 행동을 실행한다. 검을 장착하고 있지 않을 때에는 '검을 휘두른다'는 것이 불가능하고 '활을 쏜다', '마법을 외운다'와 같이 이들의 우선도가 미리 높게 설정되어 있는 행동을 실행한다. 여기서는 '활을 쏜다'가 실행된다. 그러면 일단 행동은 종료하므로 루트 노드로 돌아간다.

이번에는 체력의 상태가 나쁘고 '전투'가 실행 불가능하다면 '대기' 또는 '도주'가 실행된다. 예를 들어 우선도가 높게 설정되어 있는 '대기'가 실행된다. 이것은 랜덤 노드이므로 그 자식 노드 중 '약초를 마신다', '회복 마법' 중 어느 하나가 실행된다. 그리고 역시 루트로 돌아간다.

그리고 '전투'도 '대기'도 실행 불가능한 경우 '도주'가 실행된다. 이것은 Priority 노드이므로 '고쳐 선다', '본거지를 지킨다' 중 실행 가능한 것에서 우선도가 높은 쪽을 실행한다. 지금 둘 다 실행 가능하므로 '고쳐 선다'가 선택되었다고 하자. 그러면 이것은 Sequence 노드이므로 그 자식 노드 중 실행 가능한 것을 우선도의 순번으로 실행한다. '포인트로 이동', '담당 구역의 위치에 정지', '무기를 장전'한다. 반대로 지금 '고쳐 서다'가 불가능하면(이미 본거지 가까이까지 상당히 공격당한 경우 등) '본거지 방위'를 하게 되며 '본거지로 이동'하여 그 주위를 '순회'하게 된다. 그리고 루트로 돌아간다.

상태 머신과 비교하면 행동 트리는 왼쪽에서 오른쪽으로 처리가 흘러가며, 또한 루트로 돌아오므로 매우 알기 쉬운 그래프이다. 말단은 모두 행동이지만 루트에서 말단에 이르는 중간의 노드는 그 중간 노드의 자식 노드들을 어떻게 실행할까 하는 실렉터 노드로 존재한다. 그러므로 각각의 노드 역할이 명확하고 추상 또는 루트에서 말단으로 점점 계층이 계속 나아가면서 구체적으로 된다. 단, 행동 트리는 단순함과 교환에 대해 조금 복잡한 일을 하려고 해도 행동 트리의 규칙 속에서 실현해야 한다. 사용하는 파트는 결정돼 있으며 그것을 잘 조합함으로써 실현해야 하는 것이다. 그렇기 때문에 반대로 단순함을 없앤 다양한 행동 트리의 버전이 주로 산업계에서 축적되어 왔다.

실제로 행동 트리는 10년 이상 경과한 현재도 발전 단계에 있으며 게임마다 회사마다 다양한 버전이 만들어져 있다. 기본은 위에서 설명한 대로이지만 행동 트리에는 정의되어 있지 않은 자유도가 많이 있고(예를 들어 어떤 노드에서 틀린 노드로 점프는 가능한가?) 그러한 여지를 여러 게임에서 시험하면서 행동 트리가 발전하고 있다. 고등학교나 대학교에서 공부하는 기술의 많은 부분은 이미 수십 수백 년 경과해 온 '낡은 기술'이지만, 산업의 최첨단에서는 새로 생긴 기술의 분야에 어느 정도 연찬을 가해 가면서 세련되게 다듬어져 가고 있다.

행동 트리는 상태 머신에는 없었던 연속 동작(Sequence)이나 무작위성(random)을 단순한 트리상에 실현한 제어 방법이며 신체 동작을 지향하고 운동의 제어에 적합한 기술이다. 즉, 주어진 상황을 신체의 운동을 통해 해결하려고 하는 방법이다. 적이 공격해 오면 구체적으로 반격하고 계속 공격을 받아서 탄약이 부족하면 달려서 본거지까지 달아나는 등 언제나 물리적인 세계의 연속적, 유동적인 제어에 적합하다. 행동 트리의 말단은 실제 행동이 아니더라도 더 작은 추상적인 입도로 사용되는 경우도 있다.

행동 트리는 새로운 기술이므로 위에 말한 내용이 원초적인 모델이지만 최근에는 개량이 가해지고 있어 어느 것이 표준이라고 말할 수 없다. 다만, 10년 이상에 걸쳐 개량해 왔다. 여기서는 한 예로 『SpecOps』(Yager Development, 2012년)의 행동 트리 중 일부를 설명한다.*8

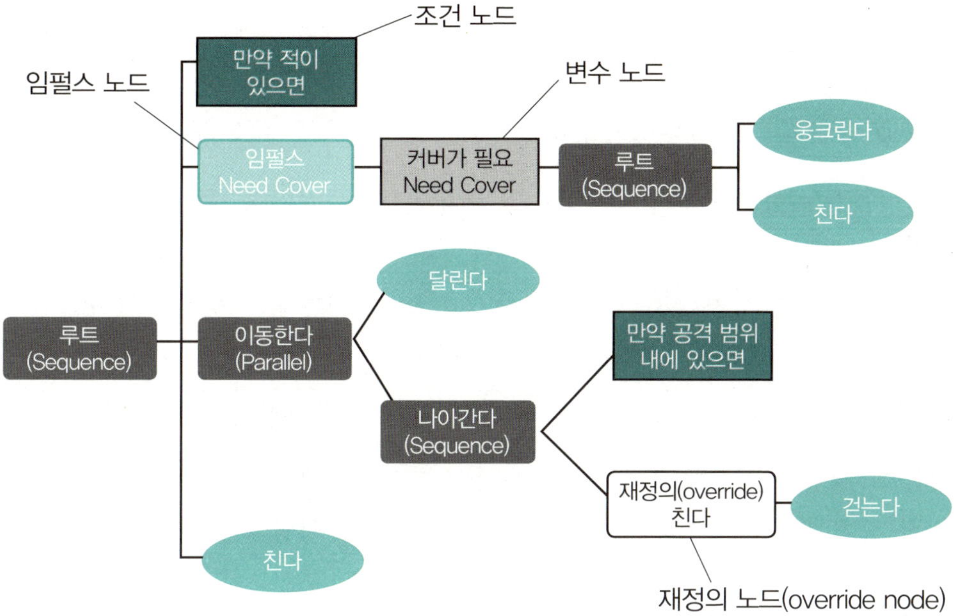

[그림 4-11] 『SpecOps』 (Yager Development, 2012년)에 대한 행동 트리

[그림 4-11]은 병사의 행동 트리가 된다. 복수의 병사가 똑같은 행동 트리를 움직이고 있다. 그래서 여기에는 연대를 위한 노드가 포함되어 잇다. 먼저, 규칙은 Sequence를 지정하고 있으므로, 다음 네 개를 위에서부터 순번대로 실행한다. 가장 위에 있는 것은 '조건 노드'(Condition Node)라는 것이다. 이것은 이 노드가 만족되는(true) 경우에만 그 이하의 노드를 실행한다. 즉, 적이 있으면 보통의 시퀀스와 같이 그 이하의 노드를 실행한다. 없으면 아무 것도 하지 않게 된다. 지금이 조건 노드가 만족되었다고 하자. 즉, 적이 있다고 하자. 다음 노드 '임펄스'로

*8 [참고] Daniel Kollman 및 Jörg Reisig, 『Design-Driven AI in Spec Ops: The Line』(Spec Ops: The Line의 디자인 구동 AI)
http://aigamedev.com/open/coverage/vienna12-report/#session6

천이한다. 이 노드는 다른 행동 트리나 그 이외의 시스템에서 이 캐릭터에 행동 요청이 온 경우에 강제적으로 이 노드에서 처리를 시작한다. 즉, 여기서는 '원호(Cover)를 요청한다'는 지령이 오면 이 임펄스 노드에서 처리가 시작된다. 그 다음에 있는 것은 변수 노드이며 이 노드를 통과하면 Need Cover 변수가 false로 된다. 즉, 1체의 캐릭터가 원호에 들어가면 다른 캐릭터는 원호할 필요가 없으므로 이 변수를 false로 만들어 둠으로써 이중으로 커버하는 것을 방지한다.

상상하기 어려울지 모르지만, 복수의 캐릭터가 또는 이것과 동시에 행동 트리를 움직이고 있는 것을 상상해 주기 바란다. 이 노드를 통과하면 시퀀스이므로 '웅크리고', '겨냥을 고정시켜 치는' 것이 된다. 그런데 지금 '임펄스'가 오지 않는다고 하면 그대로 3번째 노드인 '이동한다' 노드로 간다. 이것은 패럴렐 노드(Parallel) 노드이다. 패럴렐 노드는 그 이하의 노드를 동시에 실행한다. 즉, 먼저 일단 '달린다'를 실행한다. 다음에 아래의 노드에는 '조건 노드'와 '재정의'(override)의 시퀀스가 계속되고 있다. '오버라이드' 노드는 액션을 덮어써서 '걷는다'로 변경한다(override). '걸으면서 이동한다'는 것을 의미한다. 또 조건 노드가 있으므로 실제로는 '만약 공격 범위 내에 들어오면 걸으면서 공격한다'는 것을 의미하고 있다. 그런데 이 세 번째 노드에서 '공격 범위 내에 있지 않은' 경우에는 '걷는다'는 동작을 하지 않는다. 그럴 경우 그대로 네 번째 노드 '친다'가 실행되므로 '달리면서 친다' 처리가 된다.

이와 같이 행동 트리는 게임 산업이 새롭게 탄생시킨 기술이므로 시간이 지나면서 개량과 진화가 계속되며, 지금도 변화를 계속하고 있다.

다음 절에서는 더 추상적인 연속 동작을 구축하는 방법을 살펴본다.

④ 태스크 기반 AI

태스크로 분해하여 실행 순서를 선택한다

'태스크(task)'란 하나의 문제를 해결하기 위한 '조작' 또는 '행위'를 의미한다. '**태스크 기반**'은 행동(p.145)과 같이 신체적인 제한도 없으므로 '어떤 과제를 해결하고자 하는 경우 추상적인 태스크로 분해하여 일을 해결'한다.

그림 4-12를 보자. '두 겹 창을 밖에서 닦는다'는 태스크는 '사다리를 준비한다', '사다리를 걸친다', '사다리를 올라간다', '창을 닦는다', '사다리를 접는다'라는 일련의 태스크로 분해할 수 있다. 또한 '양말을 신다'는 '오른쪽 양말을 신다'와 '왼쪽 양말을 신다'라는 두 가지의 태스크로 분해할 수 있다.

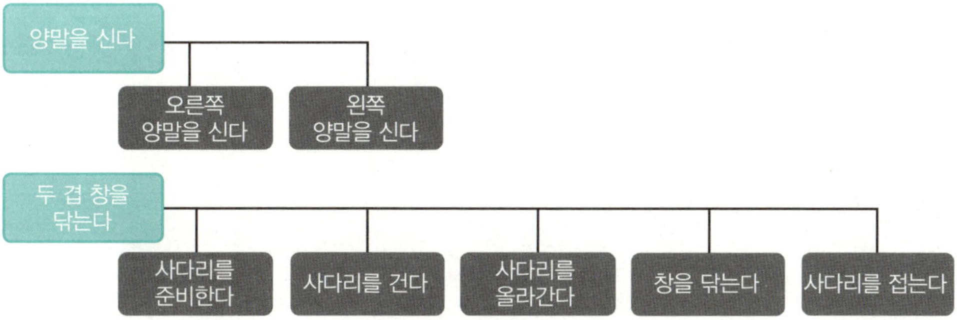

[그림 4-12] 분해하여 해결하는 태스크 기반

일에는 순서가 있다. 태스크 기반의 사고 방식이 중시되는 이유는 두 가지이다. 그것은 '태스크 분해'와 '태스크의 실행 순서'이다. 둘이 다 독립된 지식이지만 이 지식을 가지고 있음으로써 현명한 선택을 할 수 있게 된다.

인간은 일의 순서를 매우 정확히 인식할 수 있다. '이것을 하고 저것을 하고'라는 것처럼 말이다. 예를 들어 우동을 만들 때에는 먼저 밀가루를 준비하고, 탁자를 깨끗이 히고, 받침대를 펴고, 밀가루를 반죽해서 갠다는 공정을 실행하고 있다.

어째서 인간은 이렇게 일의 순서를 이해하고 창출할 수 있는 것일까?

하나는 3장에서 설명했듯이 인간이 상상력을 가지고 있고 그 과정을 상상할 수 있기 때문이다(p.106). 체험한 적이 없는 일도 유사한 사례의 기억을 가져와서 패치워크처럼 이어 붙여서 상상하여 해결해 낸다.

그럼 그러한 장면을 이어 붙일 때의 근거는 무엇일까?

하나의 문제 속에는 태스크의 전제 조건과 효과가 명확해진다. 어떤 행위가 결과로서 만들어내는 상태가 다음 태스크의 전제 조건이 되는 경우에는 태스크의 순번이 강하게 제한된다. 그렇지 않더라도 일에는 막연하나마 따라야 하는 순번이라는 것이 있다. 몸을 닦을 때 상반신부터 닦는다거나, 이야기를 할 때 날씨 같은 막연한 화제부터 시작하여 핵심으로 들어가라거나, 연장자에게는 먼저 인사를 하라거나 하는 등의 도리가 아니라 습관이나 사회적 순번이라는 것이 있다. 그러한 순번을 '질서로 표현'함으로써 이 제한을 AI가 이해하고 태스크를 생성할 때의 제한 조건으로 삼을 수 있다. 그러면 이 제한에 따라 AI는 어느 정도 이치에 맞는 지적인 행동을 할 수 있게 된다. 바꾸어 말하면 이 순번만 지킨다면 다른 태스크에 대해서는 앞으로 순번이 문제가 되지 않는다.

태스크 간의 관계성은 세 가지가 있다.

❶ 전체 순서(total order)

❷ 국소적 순서(partial order)

❸ 비순서(non-order)

❶은 해당 태스크군의 순번이 완전히 결정되어 있는 경우이고, ❷는 해당 작업군 중 몇 개의 순번이 결정되어 있는 경우, ❸은 태스크 간의 순번이 결정되어 있지 않은 경우이다.

여기서 양말을 신고 신발을 신을 때까지의 **태스크 플랜**을 생각해 보자. 순번의 제한이 있는 것은 '오른쪽 양말을 신는다', '오른쪽 신발을 신는다'와 '왼쪽 양말을 신는다', '왼쪽 신발을 신는다'는 두 가지 순번이므로 이 태스크 순번을 그림으로 표현하면 다음과 같다. 네 가지 태스크 중에서 두 종류의 순번이 결정되어 있으므로 '**국소적 순서 태스크**'이다.

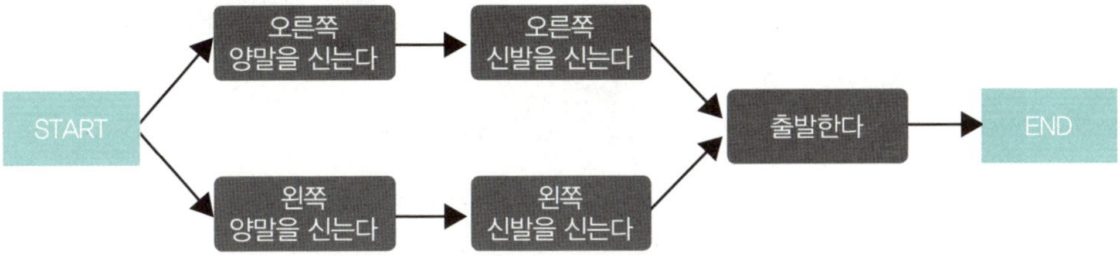

[그림 4-13] 신발을 신을 때까지의 태스크 플랜(국소적 순서 태스크)

또한 실시간 전략 게임(Real-time Strategy Game)에서 자신이 사령관이 되어 전군을 지휘하는 경우를 생각해 보자. 적 본진에 가려면 적의 좌군과 적의 우군을 깨뜨리지 않으면 격파할 수 없다.

그래서 자신의 군을 둘로 나누어 태스크 네트워크에 의해 전체가 통제하여 움직이기로 한다. 태스크를 네트워크 그래프로 나타낸 것을 '**태스크 네트워크**'라 한다.

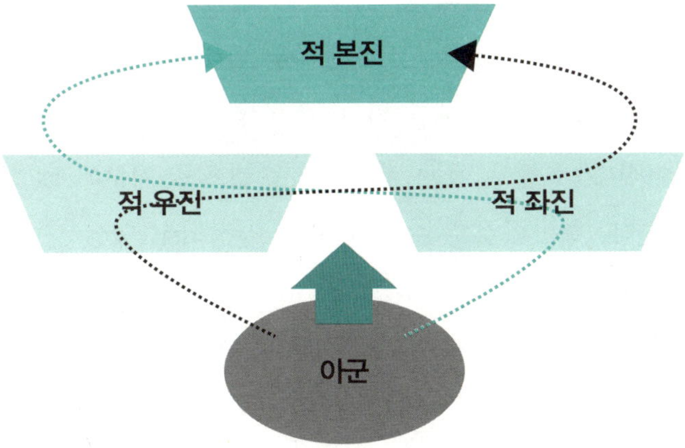

[그림 4-14] 실시간 전략에 대한 전군을 통솔하는 사령관의 AI를 생각한다.

태스크 네트워크를 기술해 놓으면 AI는 태스크 네트워크를 따라감으로써 전체 태스크를 실행할 수 있다. 먼저, 이것을 기억해 두자.

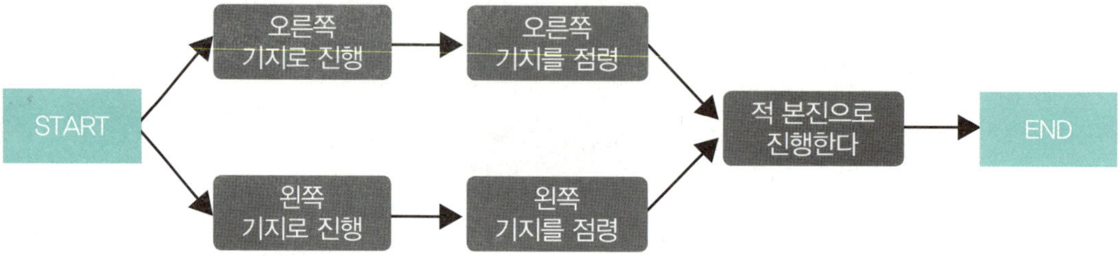

[그림 4-15] 사령관이 결정한 태스크 네트워크

그럼 이 태스크 네트워크 자체는 어떻게 해서 생성되는 것일까? 그것을 다음에 설명한다.

계층형 태스크 네트워크

지금부터 '**계층형 태스크 네트워크**'(HTN, Hierarchical Task Network)라는 기술을 설명한다. 이것은 상황에 따라 태스크 네트워크를 자동 생성하는 구조이다. 상위 태스크를 더 작은 태스크로 분해하는 것을 통해 태스크 네트워크를 생성한다.

지금 적 AI의 '전투 행동' 문제를 계층형 태스크 네트워크로 만들어 보기로 한다. 어떤 태스크를 더 작은 태스크로 분해하는 방법의 정의를 '**메서드**'라 한다. 또한 분해의 방법이 분기할 경우에는 각 분기를 '**브랜치**'라 한다. 먼저 '접근한다', '전투한다', '멀어진다'의 전투 행동 태스크를 순번으로 세분된 태스크로 분해하는 메서드를 작성한다. 즉, 이것은 순번이 모두 결정되어 있는 '**전체 순서 태스크**'가 된다.

다음으로 이 하나하나의 태스크 분해 메서드를 만들어 간다.

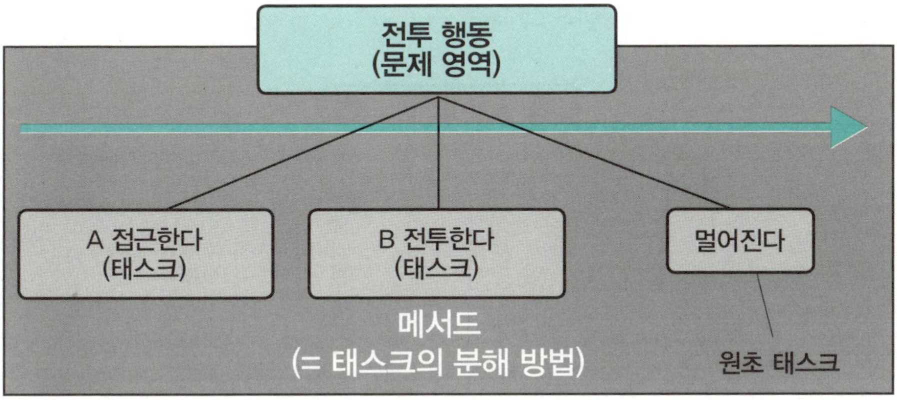

[그림 4-16] 문제 영역 '전투 행동'을 태스크로 분해하는 메서드

'접근한다'는 자신이 적의 앞에 있을 때에는 '달린다', '멈춘다', 뒤에 있을 때에는 '소리친다'(플레이어에게 일깨워준다), '걷는다'로 분해하도록 메서드를 생각한다. 전자는 전체 순서 태스크이고 후자는 **비순서 태스크**로 만든다.

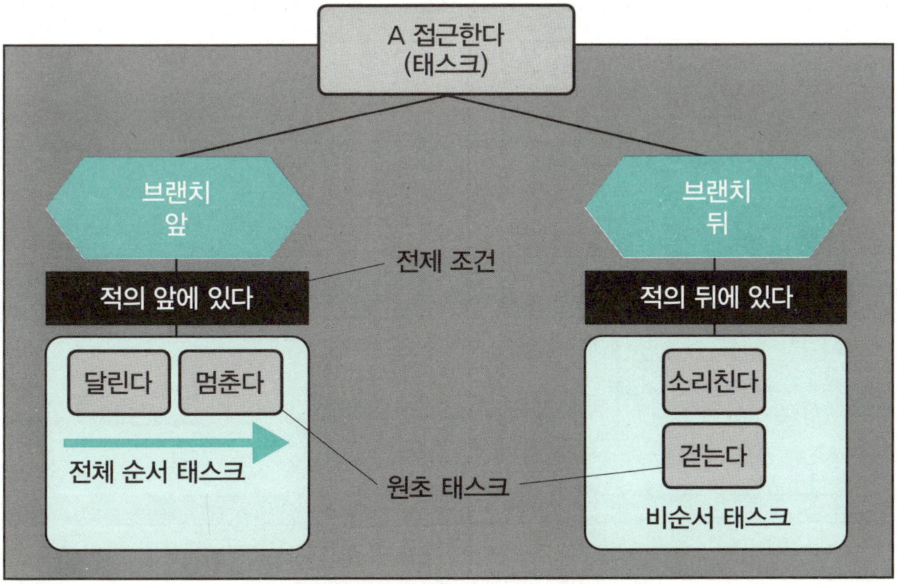

[그림 4-17] 태스크 'A 접근한다'를 태스크로 더 분해하는 메서드

다음으로 '전투한다'를 분해하는 메서드를 만든다. 이것은 '회복한다', '공격한다'의

두 가지를 '**비순서 태스크**'로 만든다.

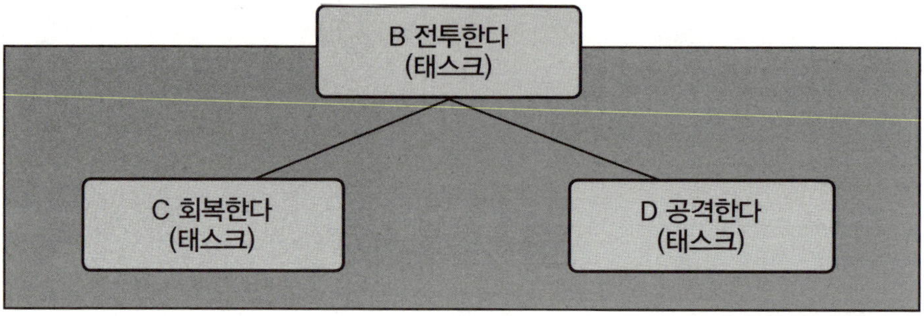

[그림 4-18] 태스크 'B 전투한다'를 'C 회복한다', 'D 공격한다'라는 두 개의 태스크로 분해하는 메서드

'회복한다'는 자신의 체력이 절반 이상이나 이하에서, '웅크린다', '약을 마신다' 또는 '회복 마법을 외운다'로 분해하는 메서드를 만든다.

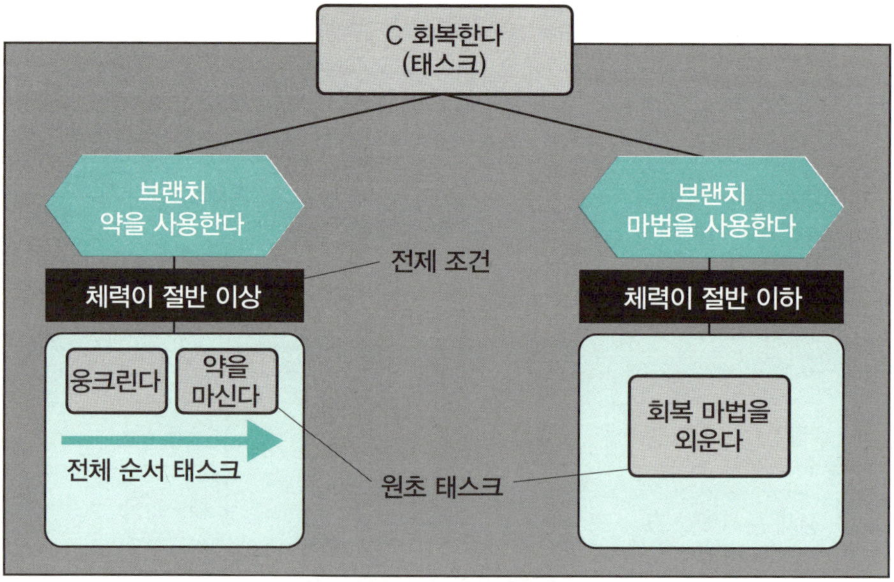

[그림 4-19] 'C 회복한다'를 더 분해하는 메서드

'공격한다'는 자신의 직능(job)에 따라 '점프한다', '마법 공격' 또는 '물리 공격'을 선택하도록 한다. 이 둘의 순번은 상관없다. 즉, 이것은 '**비순서 태스크**'이다.

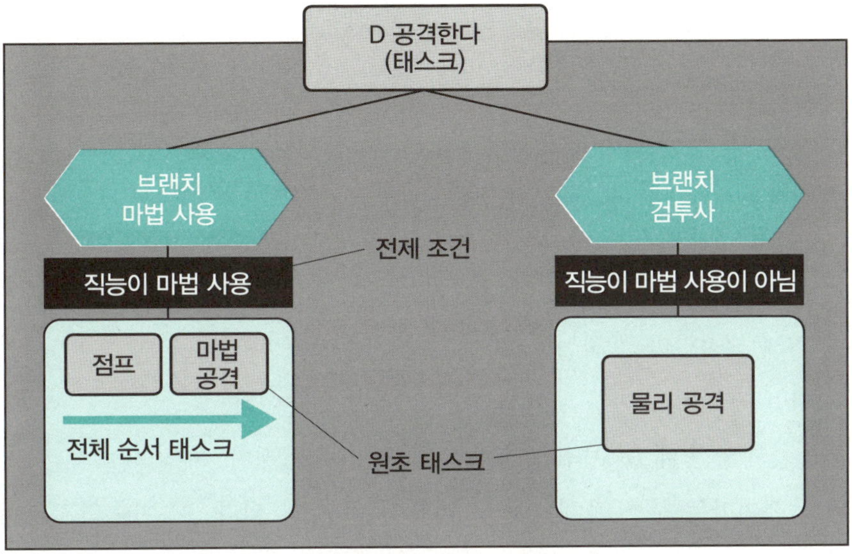

[그림 4-20] 태스크 'D 공격한다'를 분해하는 메서드

그런데 이와 같이 분해하면 메서드가 현재의 게임 상황에 따라 어떻게 태스크를 순번으로 분해해 가는지 알게 된다. 이 분해의 한 과정이 하나의 단위가 되어 있는 덕분에 새로운 태스크를 추가하는 것이 아주 간단해지며, 또한 지금까지 어떤 태스크의 순번을 간단히 교체할 수 있다. 이렇게 준비한 메서드를 게임 내에서 움직임으로써 매번 상황에 따른 태스크 네트워크를 생성할 수 있는 것이다. 이 시스템에서 생성되는 태스크 네트워크를 표시해 둔다. 메서드를 확장하면 할수록 생성되는 태스크 네트워크도 다종다양하게 된다. 이러한 일련의 태스크 네트워크를 고속으로 양산할 수 있는 것이 태스크 네트워크의 강점이다.

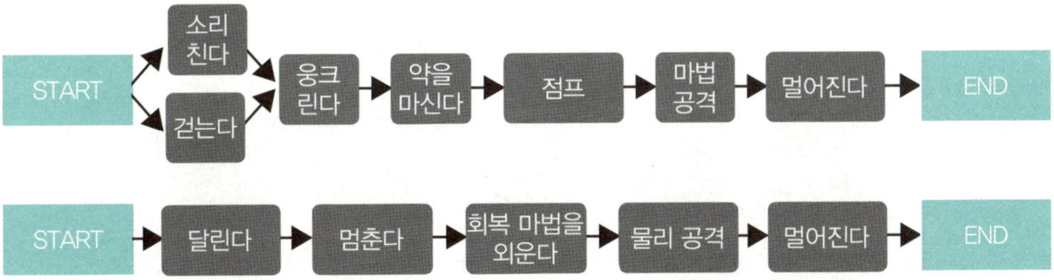

[그림 4-21] 생성된 태스크 네트워크의 예. 이것 외에도 상황에 따라 다양하게 생성된다.

만약 최초부터 분해해 버린 큰 트리가 하나만 있다고 상상해 보자. 거기에는 새로운 태스크를 도중에 추가하는 것도 태스크의 순번을 바꾸는 것도 불가능하게 된다. 태스크의 분해 과정을 하나하나 챙겨둠으로써 유연성을 유지한 상태로 개발을 진행할 수 있으며, 수십 수백 가지 태스크 플랜을 생성시키는 시스템을 만들어낼 수 있다. 이 계층형 태스크 네트워크를 채택한 『킬존(KILLZONE) 2』, 『킬존(KILLZONE) 3』(Guerrilla Games, 2009년, 2011년)은 매초 500개의 플랜을 복수의 캐릭터를 위해 생성한다.*9 최신의 의사 결정 기술이며 아직 도입된 타이틀은 한정되어 있지만 지금부터 게임 AI에서 가장 유망한 기술이다.

태스크 플래닝은 매초 수백 개의 플랜을 만들 수 있지만, 게임 개발자는 그렇게 생성된 플랜이라는 구조 자체에 너무 버릇이 되면 안 된다. 이 기술의 도입을 초월한다면 게임 AI의 레벨을 또 한 단계 높이는 계기가 될 것이다.

*9 [참고] Remco Straatman, Tim Verweij & Alex Champandard, 『KILLZONE 2 MULTIPLAYER BOTS』, Paris Game/AI Conference 2009
https://www.guerrilla-games.com/read/killzone-2-multiplayer-bots

⑤ 목표 기반 AI
목표 달성을 위해 행동을 조립한다

지능은 세계 속에서 살아가고 있다. 세계의 사물이 변할 때 지능에는 반사성(reactivity), 적응성(adaptivity)이 필요하게 된다. 그러나 사물의 변화에 따라 자신의 행동을 번번이 바꾸어 갔다는 것은 너무 침착하지 못하다. 단기적으로는 좋은 것이지만 장기적으로 본 경우 결국 환경에 의해 조종되는 것으로밖에 보이지 않는다. 지성은 역시 목표(goal)를 지향하여 노력해야 하는 것이다. 목표를 갖는다는 것은 고도의 지성에만 특징적으로 존재하는 것이며 목표를 가짐으로써 우리는 단순히 환경에 추종하지 않고 환경을 만들어낼 수 있는 것이다. 그러한 목표의 달성을 첫 번째로 먼저 생각하는 것이 '**목표 지향형**(Goal-Oriented) AI' 또는 '목표 기반 AI'라 한다.

그런데 이 목표 지향이라는 것을 생각하기 위해 간단한 예를 설명한다.

RPG에서 지중의 던전에 잠겼다고 해보자. 가장 깊은 부분의 층까지 오면 큰 문이 치솟아 있다. 이 문을 열려면 '녹색의 보석을 손에 넣고 녹색의 보석을 문의 조각에 삽입한다'는 행동이 필요하다고 하자. 녹색의 보석은 그 층에 있는 몇 개의 보석 상자 속이나 마주치는 몬스터를 쓰러뜨려 손에 넣을 수 있다. 그러므로 녹색의 보석을 손에 넣는 행동은 '보물 상자를 찾아서 연다'는 행동과 '배회한다'는 행동이며, 몬스터와 만나고 전투하는 일이다. 그런데 보석을 끼워넣는 조각은 문의 높은 부분에 있기 때문에 사다리가 필요하다. 사다리를 아이템으로 하여 가지고 있으면 문제가 없지만, 가지고 있지 않은 경우에는 '호수에 잠겨 있는 사다리를 가지러 갈' 필요가 있다고 하자.

이와 같이 '문을 연다'는 목표 하나를 달성하려면 필요한 작은 목표를 하나씩 달성해 가야 한다. 목표가 요구하는 것을 분석하고 요구되는 행동을 하나씩 수행함으로써 더 큰 일을 달성할 수 있는 것이다. 이것은 일상에서도 흔히 체험할 수 있을 것이다.

RPG 등을 시작하고 게임에서 부과되는 미션을 실행하려면 이 목표에서 행동을 생각하는 목표 지향형 AI가 가장 적합하다. 규칙형으로도 상태형으로도 실행시킬 수 있지만 목표 지향은 목표에 도달하는 행동의 조립의 유연성을 요구한다.

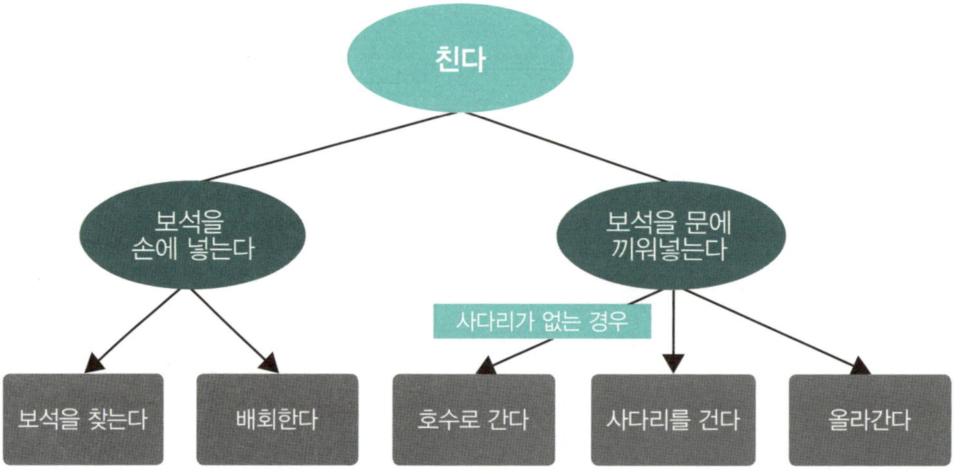

[그림 4-22] **목표에 도달하는 행동을 조립하는 목표 기반 AI**

계층형 목표 지향 AI

또한 큰 목표에서 작은 목표로 분해하고 하나씩 달성해 가는 방법을 '**계층형 목표 지향 AI**'라 한다. 분해 방법도 출현 시의 조건에 따라 변화한다. 목표 지향은 순간순간의 상황에 대응하는 반사적인 알고리즘이 아니다. 환경의 변화에 즉시 추종하는 것이 아니라 목표를 달성하기 위해 긴 시간에 걸친 행동의 조합을 스스로 생각해 내고 실행한다. 이것은 지능 단계를 한 단계 높이는 것을 의미한다. 동물 중에도 목표를 가지고 행동할 수 있는 동물은 역시 행동하는 지성이라고 할 수 있기 때문이다.

『크롬 하운즈』(세가, 프롬 소프트웨어, 2006년)에서도 등장하는 로봇의 의사 결정에는 계층형 목표 지향 플래닝이 이용되고 있다. 이 로봇의 계층 목표는 4계층을 수행해 놓고 가장 위의 목표를 그 이하 계층의 목표로 분해해 가며, 최종적으로 액션 레벨의 동작까지 분해하여 행동한다.[*10]

[그림 4-23] 『크롬 하운즈』(세가, 프롬 소프트웨어, 2006년)에 대한 캐릭터 AI의 목표 지향 플래닝

전략층은 가장 큰 목표를 의미한다. 로봇은 정기적으로 이 전략 중에서 현재 상황에 가장 알맞은 전략을 골라낸다. 이 골라내기의 방법에는 뒤에서 설명하는 '유틸리티 기반(p.164)'을 사용한다. 즉, 그 전략을 현재의 상황에서 실행한 경우 어느 정도의 효용(이점)을 얻을 수 있는가 하는 것이다. 예를 들어 '통신탑을 점거'했을 때 이득과 위험의 차가 효용이다. 다른 전략도 각각의 평가식에 따라 수치로 효용을 계산한다. 그 결과 가장 큰 효용을 가진 것을 채택한다. 여기까지가 최초의 단계이다.

*10 [참고] 미야케 요이치로(三宅 陽一郎) 『크로마 하운즈에 대한 인공지능 개발에서 본 게임 AI의 전망』(CEDEC, 2006년) http://cedil.cesa.or.jp/cedil_sessions/view/50

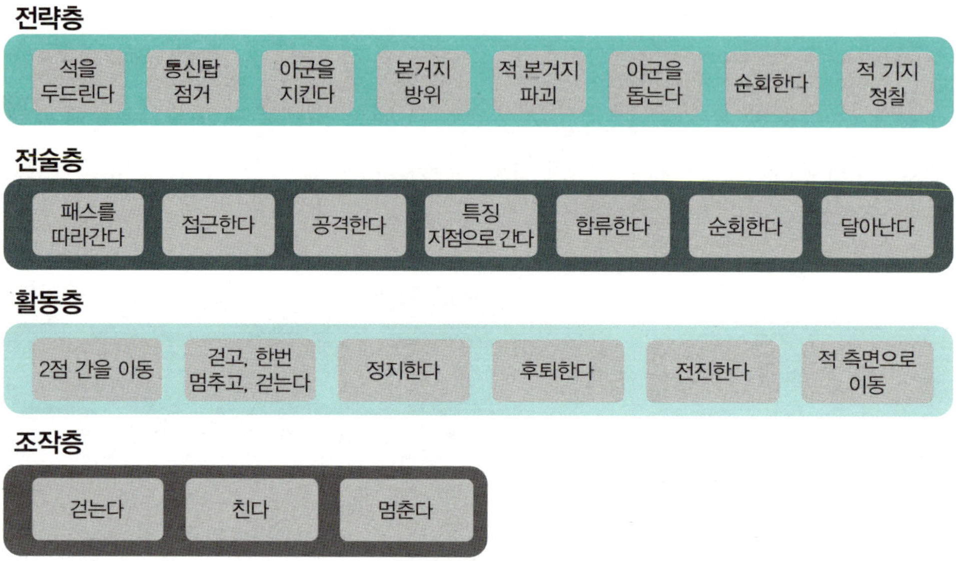

[그림 4-24] 『크롬 하운즈』(세가, 프롬 소프트웨어, 2006년)에 대한 4계층에 걸친 목표도

지금 '통신탑 점거'를 선택한다고 하자. 이번에는 이것을 더 작은 전술층, 활동층, 조작층의 순번으로 분해해 간다. 먼저 '통신탑을 점거'하기 위해 '통신탑으로 간다', '통신탑을 점거한다'는 저술로 나눈다. 이 두 전술을 활동층으로 더 분해한 후, 조작층으로 더 분해한다. 그러면 결과로서 조작층의 명령 예가 생성된다. 좀 더 자세히 말하면 조작층의 명령에 '통신탑을 향해 걷는다', '통신탑에 도착하면 멈춘다'는 상세한 설정이 적용되어 명령이 도출된다. 로봇의 신체는 그 명령을 받아서 순번으로 실행함으로써 추상적인 목표를 달성할 수 있다는 것이 계층형 목표 지향 플래닝의 구조이다.

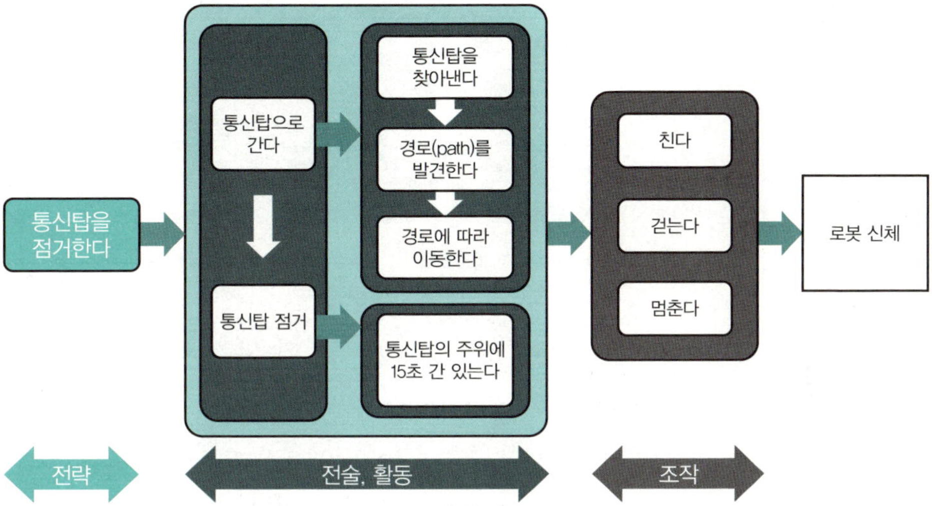

[그림 4-25] '크롬 하운즈'(세가, 프롬 소프트웨어, 2006년)에 대한 실제 목표의 분해 과정

⑥ 유틸리티 기반 AI

효용 · 보답에서 행동을 결정한다

수많은 행동의 선택 중에서 단지 하나의 행동으로 내모는 것은 무엇일까? 열정, 돈, 명예…, 물론 그런 것도 있을 것이다. '**유틸리티 기반**'이라는 사고 방식은 '효용'(=유틸리티, utility)이라고 생각한다. '효용'이란 보답을 말한다. 즉, 무언가가 돌아오는지, 무엇을 보답으로 생각하는지를 가리킨다. 실제로 무엇을 '효용'이라고 생각할지는 그것을 실행하는 본인이 결정할 수밖에 없지만, 유틸리티 기반은 그러한 보답을 바탕으로 행동을 결정하는 사고의 추상화, 일반화라고 할 수 있을 것이다.

디지털 게임에서는 '위험과 반대급부'라고 해서 플레이어가 위험을 감수하고 성공한 경우에는 높은 반대급부를 받는다는 디자인의 원리가 있다. 그렇게 함으로써 플레이어는 더 어려운 미션을 지향하여 게임을 진행한다. HP(체력)가 1밖에 없고 쓰러지면 1골드(게임 내에서 돈의 단위) 받는 몬스터와 HP가 100이고 쓰러지면 1000골드를 받는 몬스터가 있다면 직감적으로 후자 쪽이 '효용이 높다'고 생각할 것이다.

그럴 때 머릿속에서는

효용 = 보수의 골드 / 상대의 체력

이라는 등식이 계산되고 있을 것이다. 이러한 함수를 '**효용 함수**'라 하며, 문자 그대로 효용을 계산하는 계산식이다. 효용 함수에는 패턴은 있어도 이렇게 만들어야 한다고 결정된 것은 없다. 자신이 보답이라고 생각하는 함수를 정의하면 된다.

이번에는 파티에서 플레이하는 RPG를 생각해 보자. 당신은 파티를 두 개로 나누어 1대는 동굴에, 1대는 탑을 올라가는 미션을 클리어하고 싶다고 치자. 이 경우에는 가능하면 짧은 시간에 두 미션을 클리어한다.

즉,

효용 = (미션 클리어 허용 최대 시간 - 달성 시간)

이와 같은 함수가 될 것이다. 당신은 자신의 머릿속에서 이렇지도 않고 저렇지도 않은 두 개의 부대로 나누는 아이디어를 생각하면 효용을 무의식중에 계산한다.

게임의 개발 현장에서는 효용을 흔히 '**평가치**'라고 부른다. 대부분의 경우 AI는 복수의 행동 선택지를 가지고 있으며 각각의 선택지가 얼마만큼 좋은지를 평가할 필요가 있다. 예를 들어 RPG의 AI에서 '싸운다', '공격 마법', '회복 마법' 중에서 무엇을 선택하면 좋을까?

이 경우 단순히 상대의 대미지(damage: 손상)라는 의미에서는

효용 = 상대에게 입히는 대미지

가 된다. 그러나 그렇다면 '회복 마법'이 사용되는 일이 없으므로

효용 = 자신의 남은 HP - 상대의 남은 HP

라고 생각해도 좋을지 모른다. 이와 같이 효용이라는 생각은 게임에서는 '**평가 함수**'라는 이름으로 자주 나오지만, 효용 함수도 마찬가지로 중요한 평가 함수를 어떻게 해서 만들면 좋을까 하는 일반론은 없다. 직감적으로 파악되는 형태로 하면 자신이 어떻게 해서든 강조하고 싶은 상황이 있다면 그것을 포함하는 것 같은 평가 함수로 해야 한다.

온라인의 액션 게임에서 AI가 4명의 플레이어에 둘러싸였다고 하자. AI는 4명 중 한 명의 플레이어를 쓰러뜨릴 필요가 있다(플레이어 수를 줄여서 우위를 점해야 하므로). 그러나 어느 플레이어를 쓰러뜨리면 좋을까? 생각해야 할 요소로 우선 자신으로

부터 적까지의 거리, 그리고 상대의 남은 체력이다(공격력은 대략 같다고 본 경우). 가장 가깝고 약해져 있는 적부터 쓰러뜨리는 것이 우선이라고 생각한다.

그런 경우,

> 각 플레이어에 대한 평가 함수 =
> α × (상대에 대한 거리) + β × (상대의 남은 체력)

이 가장 낮은 적을 쓰러뜨리도록 선택하면 조건에 맞는 상태를 공격할 수 있을 것이다. 여기서 α와 β는 계수이며 그 계수가 어느 정도 중요한가를 나타낸다. 거리만이 중요하면 β는 [0]으로 좋고, 같은 정도로 중요하다면 [0.5]로 좋을 것이다. 또한 거리 쪽이 남은 체력보다 중요하다고 생각하면 α가 [0.8], β가 [0.2] 등으로 설정한다. 이와 같이 유틸리티 기반은 매우 개인적인 것이지만 손익이라는 판단을 객관적인 수식이나 수치로 표현함으로써 실현하는 의사 결정이다. 그것에 의해 복수의 선택지를 비교하는 것이 가능하게 된다.

목표 지향의 항(p.159)에서 설명했듯이 『크롬 하운즈』에서는 십여 개의 전략이 있고 각각의 전략이 어느 정도의 효용(E)과 위험(R)을 가지고 있는 것을

> 전략의 평가치 = E × (1−R)

과 같이 계산한다. 여기서 E와 R은 '0 ~ 1.0'의 수치가 되도록 설정한다. 평가치는 효용이 크고 위험이 작을수록 커진다. 효용 E는 각각의 전략에 따라야 하지만 전략 '통신탑 점거'라면 그 기지가 적 본거지와 아군 본거지에 어느 정도 가까운지, 그리고 주변 통신탑이 어느 정도 점거되었는가 하는 정보로부터 그 기지의 중요도를 계산하며 그것이 효용이 된다. 또한 위험 쪽은 그 통신탑의 주변에 있는 적과 아군의 수로 계산한다. 이와 같이 각각의 전략의 효용과 위험에서 평가치를 계산하고 최대의 평가치를 가진 전략을 계산한다. 전략을 계산하는 타이밍은 먼저 결정한 전략이 종료한 시점 또는 결정된 시간 내에 전략을 수행하지 않고 중지된 경우에 실행된다.

또한 유틸리티 기반은 '공격 선택'에도 널리 사용되는 수법이다. 지금 캐릭터가 'A', 'B', 'C'라는 마법을 가지고 있다고 하자. 상황에 따라 마법을 분리하여 사용하고 싶은 상황은 적에 대한 거리에 의존한다고 하자. 각각의 무기는 최적의 공격 거리를 가지고 있지만 효용이 거리에 따라 어느 정도 변화하는지를 그래프로 표현해 둔다. 아래 그래프는 '**효용 곡선**'이라는 것인데, 만드는 방법에 법칙성이 있는 것은 아니다. 'A'는 원거리 마법이어서 가까우면 효과가 별로 없으며 'B'는 근거리 마법이어서 원거리에서는 그다지 효용이 없다. 'C'는 어떤 거리에서 강렬한 임팩트가 있는데, 그 밖의 경우에는 효과가 별로 없다고 하자. 각각의 효용 곡선을 그려두면 어떤 상황에 대한 각각의 효용을 알 수 있으며 최대의 효용을 가진 마법을 선택할 수 있게 된다.

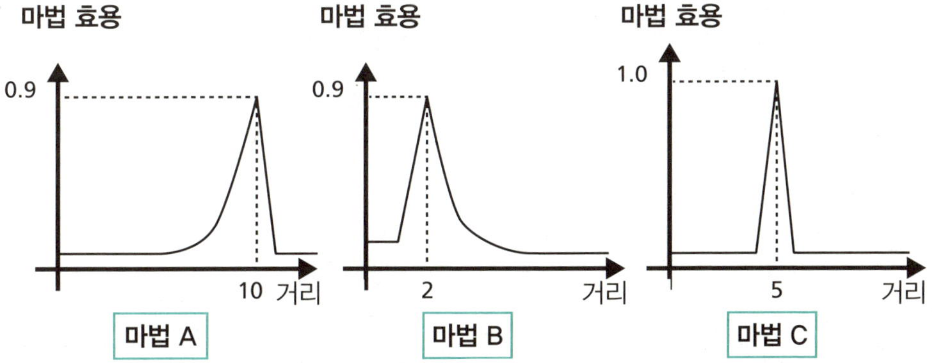

[그림 4-26] 마법 효용 곡선

『크롬 하운즈』의 적 캐릭터 AI의 무기 선택은 자동 선택으로 되어 있으며 효용이 상대와의 거리에 따라 변화하게 되어 있다. 각 무기는 거리에 의존하는 효용 곡선을 가지며 그때 효용이 가장 높은 무기를 선택하게 되어 있다.

또한 『심즈(The Sims)』(Maxis, 2000)에서는 각 캐릭터가 거리 속에서 자립된 생활을 하는데, 각각이 내부에 생리 매개변수(공복도, 졸리운 정도, 배설도, 쓸쓸하지 않은 정도, 깨끗함 만족도, 즐거워하는 정도, 쾌적도, 체력도)를 가지고 있다. 이 매개변수

(Parameter)는 캐릭터 내부를 나타내는 매개변수이므로, 이 매개변수에 따라 캐릭터에서 본 게임 세계(오브젝트)의 관점(효용)이 변한다.*11 배가 매우 고프면 음식물에 대해 '먹는다'는 행위의 효용이 높아진다. 졸리면 '침대로 간다', 쓸쓸하면 '다른 사람과 이야기한다'로 효용이 올라간다. 각각의 '먹는다', '화장실에 간다', '목욕을 한다', '다른 사람과 이야기한다', '침대로 간다' 등의 행위에는 '효용 곡선'이 정의되어 있으며 앞에서 말한 캐릭터의 내부 매개변수와 효용 곡선에서 실제 효용이 계산된다. 일반적으로 결핍된 매개변수를 충족할수록 효용이 커지도록 효용도 곡선이 설정된다. 그러나 어느 정도 채워진 매개변수가 더 채워진 경우에는 효용이 크지 않게 된다.

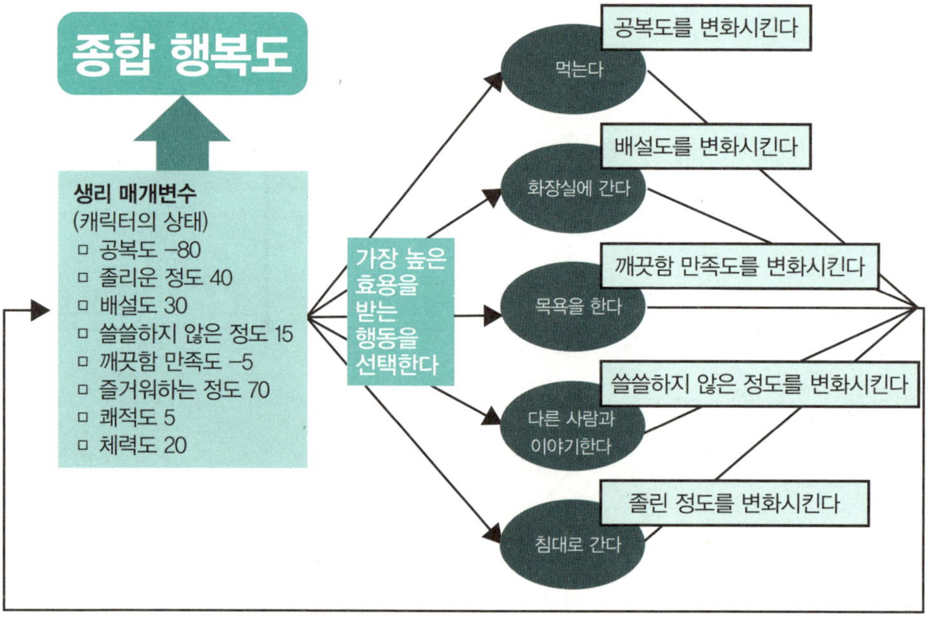

[그림 4-27] 효용을 이용하여 생활 시뮬레이션을 수행하는 인공지능을 만드는 방법

*11 [참고] Ken Forbus, 『Simulation and Modeling: Under the hood of The Sims』(시뮬레이션 및 모델링: Sims의 후드 아래에서), NorthWestern 대학교
http://www.cs.northwestern.edu/~forbus/c95-gd/lectures/The_Sims_Under_the_Hood_files/v3_document.htm

이것은 만족된 상태에서 더 만족되는 경우보다 매우 부족한 상태에서 어느 정도 만족된 쪽이 효용이 크다는 경제학의 '한계 효용 체감의 법칙'을 재현하게 되어 있다. 이것에 의해 최대 효용을 가진 행동이 선택되는 것이다.

또한 『몬헌(몬스터 헌터)일기 따끈따끈 아이루 마을』(캡콤(CAPCOM), 2010년)에서는 각각의 아이루들이 자신의 상태에 따라 자신이 취한 행동의 효용을 계산한다.[*12] '버섯을 먹는다', '물고기를 낚는다', '낮잠을 잔다', '공격을 한다' 등이다. 그리고 최대 효용을 가진 행동을 사용자에게 제안한다. 이 효용을 계산할 때 효용 함수를 사용하지만 각각의 아이루에서 효용함수가 조금씩 다르며 그것이 개성으로 나타나게 된다.

▲ **몬헌일기 따끈따끈 아이루 마을**
(출처: 나무위키(https://namu.wiki, 공개 홈페이지: http://www.capcom.co.jp/monsterhunter/pokapoka_airu/)

*12 [참고] 나미키 고노스케(**並木 幸介**) '따끈따끈 아이루 마을에 대한 어포던스 지향 AI의 사례. AI에 대해 다양한 활동을 시키는 수법'(CEDEC, 2011년)
https://cedil.cesa.or.jp/cedil_sessions/view/697

⑦ 시뮬레이션 기반 AI

사태를 예측하여 상상하게 한다

인간은 행동할 때 스스로 자신의 행동을 상상하면서 행동한다. 달려서 언덕길을 내려가거나 굽은 모퉁이를 발견하면 '대략 저기쯤에서 버티고 풀을 뛰어넘어 그대로 다리를 건너 달리면 대략 30초 후에는 저 길에 도착하겠네' 등과 같은 상상을 할 수 있다. 또한 좁은 길에서 개나 멧돼지가 갑자기 뛰쳐나오면 놀라서 피할 수 있다. 이런 놀란다는 행위는 자신의 상상에서 벗어난 것에 의해 일어나는 일이다. 그런 식으로 행동은 언제나 상상과 함께 한다.

그럼 AI에서 행동을 상상시키는 것은 가능할까?

상상이란 아직 일어나지 않은 사태를 그려 보거나 일어날 수밖에 없는 사태를 예측하는 것이다. AI에게 자신의 행동을 상상시켜 보자. 그것이 '**시뮬레이션**'의 방법이다. 시뮬레이션이란 '진짜는 아니지만 모사해 본다'는 의미이다.

시뮬레이션은 공학이나 물리에서 흔히 사용되는 수법이다. 지상에서 공을 던지면 어떤 궤도를 그리게 되는가 하는 것은 물론 수학적으로 구할 수 있지만 프로그램상에서 계산하여 짧은 시간마다 위치를 표시해 가도 구할 수 있다. 또한 공기 저항을 포함하는 것과 같이 어려운 경우에는 처음부터 수식으로 풀기가 어려우므로 시뮬레이션(시험 계산)이 귀중하다.

그런데 게임 내의 복잡한 지형 속에서 캐릭터가 행동할 때에도 어떠한 행동이 어떤 결과를 가져올지를 알기 위해 시뮬레이션을 이용할 수 있다. 또한 시뮬레이션 이외의 방법으로는 알 수 없을 것 같은 경우도 있다.

지금 동굴 속에서 공을 던진다고 하자. 그 공이 어떤 벽에 몇 바퀴 부딪히고 어디로 갈까 하는 것은 시뮬레이션 계산으로 구할 수 있다. 예를 들어 게임에서는 마법탄을 던지는 방향을 결정하기 위해 이 기법을 사용할 수 있다. 즉, 조금씩 멀어지면 강도를 변화시켜 마법탄을 발사하고 복잡한 동굴 속에서 얼마나 멀리 던질까를 시뮬레이션한다. 그리고 가장 멀리까지 날아간 패턴을 기억해 두고 실제로 실행한다. 이 경우 시뮬레이션은 실제 동굴의 맵을 사용해도 좋고 더 단순화된 모델을 이용해도 좋다. 시뮬레이션이므로 근사적으로라도 짐작이 맞으면 좋을 테니까 말이다.

또한 좁은 동굴을 로봇이 고속으로 비행하는 게임을 생각해 보자. 타이밍이 좋고 좋은 방향으로 제트를 분사하면서 벽에 부딪히지 않도록 부드럽게 비행해 가도록 하고 싶다고 하자. 그런 경우에는 앞에서 해설한 상태 머신과 행동 트리를 사용할 수 없다. 왜냐하면 규칙이나 논리로 다루려면 너무 연속적인 시공간이 문제가 되기 때문이다.

그래서 다양한 타이밍으로 여러 방향으로 제트 분사를 반복하고 가장 부드럽게 동굴을 비행할 수 있는 분사 방법을 발견할 때까지 몇 번이고 시뮬레이션을 거듭한다. 그리고 최후에 한번 잘 맞은 시뮬레이션을 채택하여 실제로 그 방법으로 비행하게 한다.

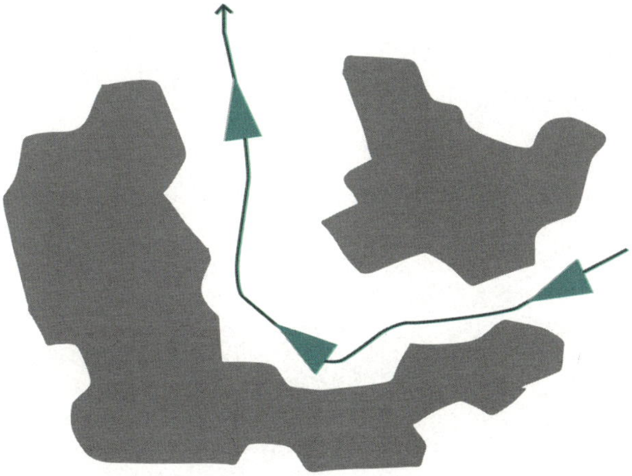

[그림 4-28] 동굴을 부드럽게 고속으로 비행하는 시뮬레이션 이미지

이것이 '시뮬레이션 기반'이다. 답을 찾아낼 때까지 가능하면 효율적으로 탐색하려는 경우 다양한 수학적 기법이 알려져 있으며 '동적 계산법'이나 '유전적 알고리즘법' 등이 알려져 있다.

시뮬레이션 기반의 혁신적인 응용 중 하나로 바둑 AI에 대한 **'몬테카를로 트리 탐색법'**(Monte-Carlo Tree Search, MCTS)이 있다. 이 방법은 후보 수의 평가치를 얻기 위해 그 이후의 수를 종국까지 무작위로 시뮬레이션한다. 그러면 자신이나 상대 중 어느 한 쪽이 이기는 결과가 나온다. 이것을 **'플레이아웃**(롤아웃)'이라 한다. 플레이아웃을 몇 번이고 반복하면 무작위로 둔 것이므로 상대가 이기다가 자신이 이기다가 한다. 그 승률을 해당 수에 대한 평가치로 삼는다. 다른 후보 수도 같은 플레이아웃에 의한 승률을 평가하고 승률이 가장 높은 좋은 수를 선택한다.

최근에 프로 기사에게 승리한 Deep Mind 사가 만든 알파고(AlphaGo)도 또한 몬테카를로 트리 탐색법을 사용하고 있다. 이 수법은 2006년에 프랑스의 레미 크롱에 의해 발견되어 바둑 AI는 반년 만에 그때까지 10년분의 진화를 이루어내고 있다.

또한 『Forza Motorsports』(Turn 10 Studios, 2005년)에서는 사용자가 코스를 달리고 나서 어느 상황에서 어떤 핸들링 브레이크를 걸었는지 학습하고 그 매개변수를 AI에서 학습하고 플레이어 그대로의 운전을 하는 AI가 자동으로 생성된다. 또한 사용자는 그것을 다른 사용자와 공유할 수 있으며 '드라이바타(Drivatar)'(Microsoft)라는 이름이 붙여져 있다.[*13]

*13 [참고] Microsoft Research, 『Video Games and Artificial Intelligence』(비디오 게임과 인공지능)
https://www.microsoft.com/en-us/research/project/video0games-and-artificial-intelligence/

7가지 AI는 어떻게 활성화되는가?

장점과 단점을 이해하고 조합시킨다

지금까지 7가지 알고리즘을 소개해 왔다. 각각의 의사 결정의 성질을 비교해 보자.

의사 결정	반사/비반사형	보급 개시 시기	장점	단점	지향하고 있는 장르
규칙 기반	반사	1980년~	견실하게 확실한 제어	규칙 간의 조정	모든 장르
상태 기반	반사	1990년~	고도의 제어 전환	상태 수의 증가에 따라 확장성이 없음	액션
행동 기반	반사	2004년~	행동의 시퀀스 정의 가능	추상적인 행동의 정의가 불가능	액션
태스크 기반	비반사	2007년~	고도의 플래닝 팀 연대에 적합	학습 비용	모든 장르
목표 기반	비반사	2004년~	추상적인 목표 실현	반사성이 약해짐	전략, 액션
유틸리티 기반	비반사	1980년~	높은 범용성	효용 함수를 만드는 방법이 수학적	모든 장르
시뮬레이션 기반	비반사	2006년~	사용자에게 보이기 쉬운 부드러운 행동	시뮬레이션 비용	액션

[그림 4-29] 7가지 의사 결정 알고리즘 비교

각각의 알고리즘에는 장점과 단점이 있고 유리한 게임 장르도 있다. 또한 역사도 있다. 하나하나의 알고리즘이 시도되고 탐구되어 오고 있으며 또한 유행과 쇠퇴도 있지만 대략 모든 알고리즘이 현재도 계속 사용되고 있다.

게임 AI라는 분야에서 과거에 사용된 기술이 없어진다는 것은 아니다. 과거 기술과 신기술이 병행하여 계속 사용되고 있다.

의사 결정을 사용하는 것은 '캐릭터 AI'와 '메타 AI'이다. 둘 다 에이전트 아키텍처를 가지고 있으며 자신이 정보를 수집하고 행동을 결정하고 전개한다. 그리고 이들의 알고리즘은 처음에 설명했듯이 에이전트 아키텍처의 '의사 결정 모듈'

속에서 사용된다.

그러나 각각의 알고리즘에 적당한 경우와 적당하지 않은 경우, 그리고 사용처가 있으며, 이러한 대상은 게임 상황의 무엇을 잡을 것인가에 따라 분류된다.

게임의 대국적인 면을 잡으려면 상태 기반과 유틸리티 기반이 최적이다. 상태 기반이라면 '전투' 상태, '방위' 상태, '대기' 상태를 준비하여 상황을 파악한다. 그리고 거기서 각 상태의 핵심을 정리하는 것이다. 유틸리티 기반도 마찬가지다. 유틸리티에 의해 어느 선택지가 가장 유효한지 판단한다. 예를 들어 효용 함수에 의해 '전투', '방위', '대기'라는 행동의 우열을 정한다. 대국적인 면을 파악하는 것은 행동 트리나 규칙 기반에서는 그다지 적당하지 않다.

그런데 더 국소적으로 된 경우에는 반대로 규칙 기반, 행동 기반이 힘을 발휘한다. 즉, 거기서는 세밀한 상황에 대해 규칙 기반은 하나의 반응을, 행동 기반은 일련의 행동의 연결을 담당할 수 있다.

그러므로 대국적인 의사 결정에는 상태 기반, 유틸리티 기반, 그것에 의해 분류된 상태 또는 선택지가 없는 것 중에서 더 세밀한 의사 결정에는 규칙 기반, 행동 기반을 사용한다는 조합이 유효하다. 예를 들어 '전투', '방위', '대기'라는 상태 기반을 최상위에 사용하고 각 상태의 가운데에는 행동 트리를 이용하고 전투에 특화된 행동 트리를 준비하는 등이다.

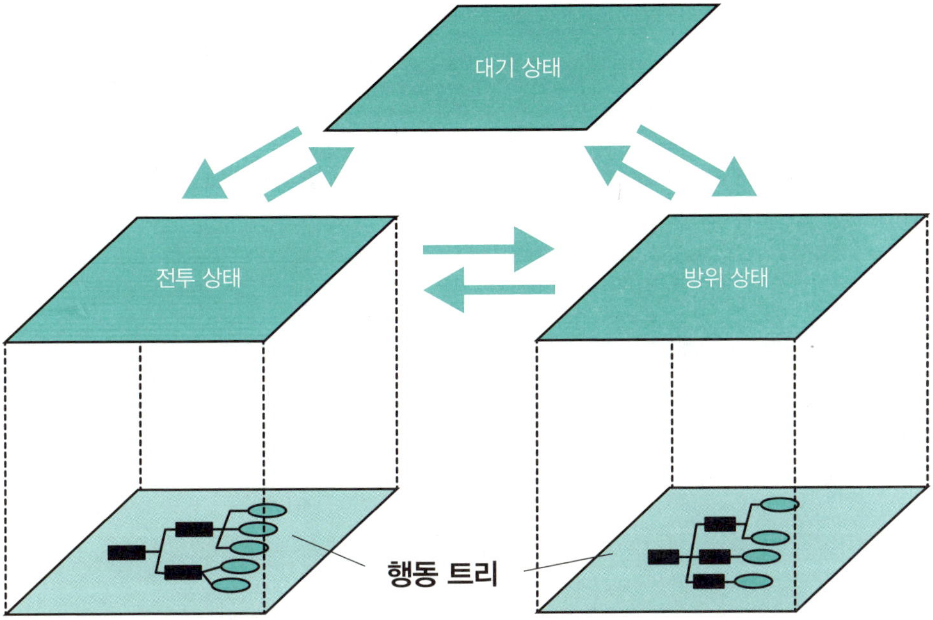

[그림 4-30] 상태 기반과 행동 트리의 조합

실제로 『F.E.A.R』(Monolith Productions, 2005년)에는 상태 기반과 목표 기반이 조합되어 있다.[*14]

한편 태스크 기반, 목표 기반이라는 것은 최초에 큰 태스크와 목표를 결정하는 것을 말하며, 상황에 대응하기보다는 명확한 미션을 수행하는(시키는) 경우에 적합하다. 태스크 플래닝과 목표 지향형 플래닝이란 매우 닮아 있다. 큰 태스크가 작은 태스크, 원시 태스크로 분해되어 가는 것도 큰 목표가 작은 목표로 분해되어 가는 것도 무척 유사하다. 그러나 태스크 기반은 문제 설정이 명확히 되어 있어야 한다는 한 가지 전제가 더 있다. 이 문제 영역을 '도메인(Domain)'이라 한다. 그것이 쌓아 올리는 문제인지 가상적인 전장에서 병사의 운동을 만드는 문제인지 합동 전투의 전술을 만드는 문제인지 하는 것들이다. 그것에 의해 각 태스크의 의미와

*14 [참고] Jeff Orkin, 『Three States and a Plan: The AI of F.E.A.R.』(세 가지 상태와 하나의 플랜: F.E.A.R.의 AI), 게임 개발자 회의(GDC) 의사록, GDC 2016
http://alumni.media.mit.edu/~jorkin/

의존 관계와 순서 구조가 명확해지며, 사전에 태스크의 순서 구조를 설정하는 것이 가능하게 된다. 태스크 플래닝은 이와 같이 도메인의 설정에 있어서 각 태스크의 의미가 고정되며 거기서 태스크의 순번이 규정된다. 한편 목표 지향은 반대로 목표의 분해 방법에는 자유도가 있고 목표의 분해 방법 자체가 해당 문제 영역을 명확하게 해 간다.

의사 결정	주요 사용 타이틀
규칙 기반	심즈(The Sims) 3(Maxis, 2009년) 거의 모든 1980년대 게임
상태 기반	헤일로(Halo)(Microsoft, Bungie, 2001년) F.E.A.R.(Monolith Production, 2005년), 언차티드(미지의)(Uncharted): 황금도와 사라진 선단(NaughtyDog, 2009년) 대략 4할의 1990년대 게임
행동 기반	헤일로(Halo) 2, 3(Microsoft, Bungie, 2004년, 2007년), The Division(Ubisoft, 2016년) 드래곤 에이지(Dragon Age): Inquisition(Bioware, 2016년), 스펙옵스(SpecOps)(Yager Development, 2012년) 약 7할의 2010년 이후 게임
태스크 기반	킬존(Killzone) 2, 3(Guerrilla, 2009년, 2011년) 플랜드 어설트(Planned Assault)(Bohemia Interactive) 실제로는 적음
목표 기반	F.E.A.R.(Monolith Production, 2005년), 크롬 하운즈(세가, 프롬 소프트웨어, 2006년) 툼 레이더(Tomb Raider)(Crystal Dynamics, 2013년), 섀도 오브 모르도르(Shadow of Mordor)(Monolith Production, 2014년) 전체적으로 100개에 가까움
유틸리티 기반	심즈(The Sims) 1–3(Maxis, 2000년~2009년), 킬존(Killzone)(Guerrilla, 2005년) 사카츠쿠 DS 월드 챌린지 2010(세가, 2010년), 몬헌일기 따끈따끈 아이루 마을(캡콤, 2010년) 등 다수
시뮬레이션 기반	포르자 모터스포츠(Forza Motorsport)(Turn 10 Studios, 2005년), 알파고(AlphaGo)(DeepMind, 2015년) 고급 기능으로 사용됨

[그림 4-31] 의사 결정 알고리즘과 그 실례

또한 팀 협조에 적합한 알고리즘이라는 것도 있다. 목표 기반과 태스크 기반이 그것이다. 목표 기반 또는 태스크 기반의 경우 팀의 리더인 사령관이 리더나 사령관으로부터 개별 구성원에게 목표나 태스크를 건네주게 된다. 그리고 그것에 따라 개별 구성원도 목표 기반 또는 태스크 기반으로 생각하게 된다. 즉, 팀에 대한 사고도 개별 구성원에 대한 사고도 일관된 하나의 알고리즘으로 통하게 된다.

또한 탑재라는 면에서 보면 각 알고리즘이 메모리를 압박할 만큼 거대한 데이터로 되는 일은 거의 없다. 메모리를 가장 많이 차지하는 것은 대부분의 경우 내비게이션 데이터이다. 문제가 되는 것은 실행 속도이지만, 격투 게임과 같이 엄밀한 액션 게임에서는 게임과 동기되어 하나의 프레임 내에서 의지 결정을 수행할 필요가 있는데, 그 이외의 경우에는 그렇지도 않다. 즉, 한 프레임에 맞출 필요가 없고 여러 프레임에 걸쳐 실행을 최적화한다는 수법도 취한다.

이 장에서는 의사 결정의 여러 측면에 대해 설명해 왔다. 그러나 인공지능의 중추가 되는 의사 결정이 이렇게 단순한 7가지 형식으로 되어 있다고 설명되고 이제 끝이라고 말한다면 어쩐지 대충 얼버무리고 넘어간다는 느낌이 들지도 모른다. 그것은 확실히 그런 것이다. 의사 결정이라는 심오한 현상이 이것만으로 끝날 리가 없다. 의사 결정은 하나의 현상이며 그 현상에서 본질적인 개념을 추출한 것이 이 장에서 설명한 7가지 개념이다. 이 개념을 바탕으로 단순하게 완성한 하나의 방법이 각각의 알고리즘인 것이다. 그러므로 여기서 소개한 것들은 아직 의사 결정의 본질의 일단이라고 할 수 있지만 전체로서는 큰 영역을 소화하고 있다. 그러나 의사 결정의 본질로 깊이 들어가는 것이 아직은 부족하므로 그 심연의 언저리에 서 있다는 느낌이다. 하지만 게임 AI의 영역에서는 대부분을 소화하고 있다. 소개한 알고리즘도 우선은 그 현상으로 나타나는 의사 결정의 과정을 간단하게 본뜬 것에 지나지 않는다. 좀 더 심오하게 들어가면 더 깊은 지능의 운동의 성질이 발견될지 모르지만 현재 게임에서 가장 널리 사용되는 것으로 알려져 있는 형식은 이 7가지이다. 이 7가지가 모두라고 할 수는 없지만, 그러면서도 이것들이 인간의 심오한 지능의 심연을 파고들어가는 외연을 형성하고 있다고 할 수 있을 것이다.

응용이 외측을 지향하여 확장되어 갈 때 이 단순한 알고리즘은 강력한 힘을 발휘한다. 다만, 알고리즘은 알고리즘이고 그것이 의사 결정 자체는 아니다. 에이전트 아키텍처가 있고 그 속의 의사 결정 모듈 중 가장 단순한 요소로서 7가지 개념과 알고리즘이 있다.

이번에 소개한 알고리즘 하나하나를 그대로 사용해도 좋지만, 이들을 조합하거나 기반이 되는 개념만을 잘 이용하여 자기 자신의 인공지능을 만들어 보자. 의사 결정은 하나의 현상이며 실제 의사 결정에서 추출한 개념과 알고리즘에 의해 디지털 세계에서 한번 더 기능의 의사 결정이라는 현상을 창출하는 것이다.

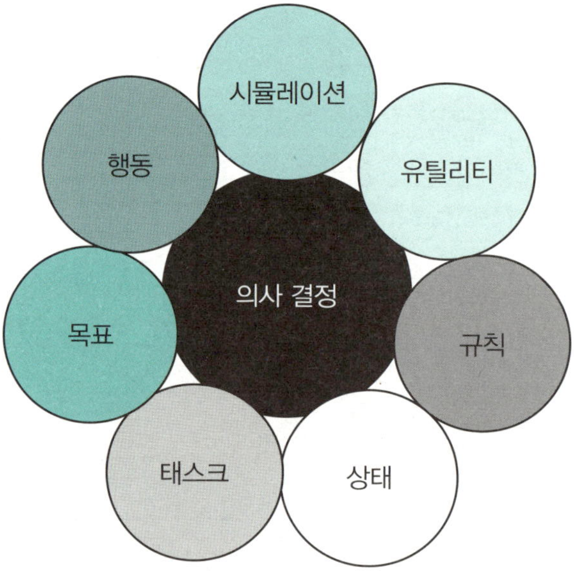

[그림 4-32] 7가지 의사 결정 알고리즘

함께 생각해 봐요

지금까지 여러 가지 지식을 설명해 왔는데, 필자는 독자 여러분을 좀 더 깊은 인공지능의 세계로 인도하고 싶다고 생각한다. 그에 앞서 한층 더 깊은 논의로 들어간다.

그래서 예부터 전해 내려온 깊은 질문을 환기시켜 둔다.

그것은

지능은 기계 장치로 만들 수 있는가?

라는 질문이다.

궁극적으로 말하면 인간은 기계 장치인 것일까, 아니면 물질의 연대를 초월한 무엇일까 하는 질문이다.

유감스럽게도 이에 대한 명확한 답은 없다.

우리가 물질이라고 생각한 것은 쉽게 이해할 수 없는 파동일지 또는 입자일지 알 수 없게 되고 있으며, 뇌가 전기 펄스의 연산을 하고 있다고 말하더라도 그것이 무한히 모이면 어떤 시스템이 될지도 알 수 없다. 그러므로 이 질문을 좀 더 부드럽게 바꿔 보자.

지능은 외측에서 조립될 수 있을까?

이 질문은 이런 질문이다. 생물이라는 것은 모체의 뱃속이나 알에서 나온다. 그것은 배아에서 시작하여 점점 발달하고 이윽고 지능이 머물고 의식을 갖는 것이다. 생물은 내측으로부터 발전해 가는 것이다. 요컨대 지능이라는 것은 자연의 일부인 것이다. 그러나 인공지능은 다르다. 로봇이든 프로그램이든 외측에서 조립되어 가는 것이다.

거기에 진정한 지능이 머무는 것일까? — 지능은 외측에서 이런 것이 가능하고 이런 것도 가능하다는 기능을 겹쳐 쌓아도 그것은 진정한 지능이 아닐지 모른다.

진정한 지능이 무엇인지 정의하기 어렵지만, 지금 이렇게 해서 자기 자신이 그 자체로 존재하고 있는 감각, 주관적으로 이 세계를 인식하고 있는 감각을 인공지능이 가지고 있는 것일까 하는 의문이 든다.

그래서 위의 질문을 다시 한번 더 바꿔 본다.

인공지능에 주관적 세계를 부여하는 것이 가능할까?

상상해 보자. 인공지능을 착착 조립해 가면 여러 가지 일이 가능하게 된다.

하지만 그 지능 자체에 자신이라는 것이 있을까? 자신으로부터 세계를 보고 있는 감각이 있을까? 그러한 세계를 부여할 수 있을까? — 도대체 왜 이러한 질문이 중요하냐고 묻는다면, 지능을 깊이 이해해 가면 생물이라는 것이 자신의 주관 세계를 통해 자신의 인식이나 행동, 의사 결정을 수행하고 있다는 것을 이해할 수 있기 때문이다.

그것은 세계의 바깥쪽에서 자신을 보고 있는 시점이 아니라 자기 자신으로부터 세계를 보고 있는 시선인 것이다. 그것은 완전하게 올바른 인식이라는 것은 없고 생물 각각이 자신의 행동을 창출하기 위해 자기 편한 대로 만들어 내고 있는 세계인 것이다.

필요한 정보를 취사 선택하여 자신의 신체나 생활권에 있었던 인식을 생각해 보면 좋을 것이다.

다음 장에서는 이 문제에 대해 생각해 보자.

5장

■▲■●■

게임 AI는 세계를 어떻게 인식하는가?

~게임 AI의 기초 개념(깊은 부분)

필자는 처음에 게임의 AI를 만드는 것은 매우 기술적이면서도 소프트웨어적인 것이라고 생각하고 있었다. 하지만 게임 AI라는 것을 탐구하면 할수록 그것은 단순한 소프트웨어를 뛰어넘어 보다 더 생물적, 생태적인 특성으로, 적어도 그런 지식이 필요하게 되는 영역이라는 생각으로 끌려 들어갔다.

그것은 잔재주만으로 도달할 수 없는 깊은 구조를 지향하면서 인공지능의 개발로 인도되어 온 것이다.

지능이 일반적으로 가지는 인식, 어떻게 세계 속에 지성으로서 존재하고 있을까 하는 질문에 대해서는 물론 생물이라는 개체가 있고 그것이 환경과 상호작용한다는 관점도 가능하다.

그러나 그것은 극히 물리적인 관점이다. 현재를 물리적으로밖에 보지 않는 것이다.

만약 진화론을 믿는다면 생물은 수십억 년이라는 진화 속에서 환경 속에서 환경과의 깊은 연결에 의해 진화해 온 것이므로, 그 생물의 모습은 미리 그 신체나 기능에 내장되어 있는 이치가 아닐까? 그리고 환경을 인식한다는 의미에서도 애당초 필요한 정보를 취득하는 기관에서 우월하고, 또 그 환경에서 행동하는 것에 적합한 신체를 가지고 있을 터이다.

생물의 최적의 형태로서 거기에 있다 — 생리학과 인식과학은 이러한 생각을 각기 다른 형태로 파악해 왔다.

지각 공간과 작용 공간에서 세계를 인식한다

사물이 보고 있는 세계

우리의 눈은 세계를 보고 있다. 마찬가지로 카메라의 렌즈도 세계를 보고 있다. 독자 여러분은 생물의 눈과 카메라의 눈의 차이점이 무엇인지 생각해 본 일이 있는가?

생물은 몸을 가지고 있다. 그리고 눈은 생물의 몸에 연결되어 있다. 생물이 세계를 보는 것은 의식적으로든 무의식적으로든 역시 목적이 있다. 습성이라고 해도 좋을지 모르겠다. 생물은 자신을 외부로부터 지키고 동시에 외부 세계에서 식물을 섭취하고 회전 운동을 하고 집을 짓고 자손을 남기고 언제나 자신의 생태(자연 속에서 살아가는 유형)에 필요한 정보를 취득할 필요가 있다.

또한 수동적으로 수취할 뿐만 아니라 적극적으로 발견하는 것도 필요하다. 예를 들어 목이 마른 동물은 물이 있는 장소를 시계나 소리나 냄새로부터 발견해 낸다. 비에 약한 생물은 비가 내리기 전에 비가 올 기미를 알아차리고 숨어서 집을 짓는데 적합한 장소를 찾아낸다. 맹수에게 약한 작은 생물은 언제나 집단으로 행동하고 망을 보면서 대책을 세운다. 즉, 생물이 보는 것은 언제나 세계로부터 정보를 수취하는 동시에 필요한 것을 세계에서 발견해 내도록 하고 있는 일도 있다.

이 '생물이 본다는 것은 어떤 것일까'를 탐구한 사람으로, 20세기 초엽의 생물학자 야코브 뉴크스큐르(1864년~1944년)가 있다. 뉴크스큐르는 생물이 환경에 대해 어떤 주관적 세계를 구성하고 있는지를 실험적으로, 그리고 논리적으로도 탐구했다.

그가 제창한 개념으로 '지각 공간'과 '작용 공간'이 있다. '지각 공간'이란 생물이 오감으로 파악하고 있는 세계이다. 앞에 나무의 열매나 사자가 있다든가 하는 대상을 파악하는 세계이다. 파악한다는 것은 문자 그대로 이 대상이 변화하거나 움직이면 언제나 추종하는 것을 말한다. 감각을 세계에 둘러쳐 놓고 있는 이미지이다.

한편 '**작용 공간**'이란 생물이 행동하려고 할 때 보이는 세계이다. 무언가 행동하려고 하면 지금까지 어렴풋하게 보아 왔던 세계에서 명확하게 행동의 목적으로 대응한 대상이 선명하게 보일 것이다. 뜀틀에서 뛰는 일을 생각해 보자. 그러면 어느 부분에서 발을 떼고 뜀틀의 어느 부분에 손을 짚는다고 하는 공간을 보면서 생각할 것이다. 그 밖의 일은 보이지 않게 된다. 왜냐하면 뜀틀을 뛰는 작용(행동, 활동)에 있어서 필요한 정보는 그 두 가지이기 때문이다. 혹시라도 뜀틀에 능한 사람은 그 이외의 정보도 보고 있을지 모르겠다. 아무튼 무언가가 자신의 신체나 도구를 사용하여 행동을 하도록, 세계에 대해 역할을 하도록(= 작용)할 때에만 보이는 풍경이 있다. 이것이 작용 공간이다.

예를 들어 동물은 포식 행동에서 포식 대상과 그의 약점을 명확히 식별한다. 물어야 할 장소, 찔러야 할 장소 등을 보고 있다. 이것은 진드기, 모기, 혀로 먹이를 잡는 카멜레온, 뱀, 사자, 꿀벌에서는 전혀 다른 풍경이 보이는 것이다. 그것도 시각뿐만이 아니다. 특히 곤충 등에 있어서는 체온이나 동물이 내뿜는 습도에 의지하여 공격 포인트까지 명확히 도착한다. 성적인 대상도 마찬가지이다. 동물의 생식 활동에서는 몇 km 앞에 있는 암컷을 발견하기도 하면서 놀랄 만큼 능력을 결합해 낸다.

서로 겹친 세계

그런데 이와 같이 동물이 보는 세계는 '지각 공간'과 '작용 공간'이 서로 겹친 세계이다. 그 두 가지는 불가분의 관계로 강하게 연결되어 있다. 모든 대상에 대해 지각과 작용이 있으며, 모든 공간을 향해 지각과 작용이 있다. 이 세계를 생물 고유의 '**환세계**'라 한다.*15

*15 [참고] 『생물에서 본 세계』 유크스큐르, 크리서트 저, 히다카 도시타카(日高敏隆), 하네다 세츠코(羽田節子) 역 이와나미 분코(岩波文庫, 2005년)

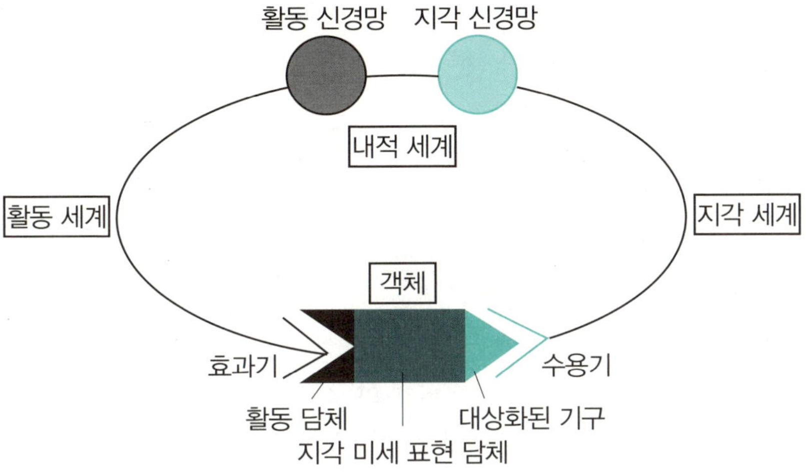

[그림 5-1] 유크스큐르의 환세계(기능환)

별이 총총한 밤하늘처럼 우리가 지각만으로 도달할 수 없는 세계가 있지만, 동물은 자신의 신체와 생태에 기초하여 최대한의 지각 공간과 작용 공간을 유지하고 있는 것이다. 그것은 인간이 성장함과 함께 획득하는 세계이지만, 동물은 그 두 공간을 학습하는 능력을 태어나면서부터 가지고 있다.

여기서 최초의 질문으로 돌아가 보자. 동물이 보는 것과 카메라 렌즈가 보는 것은 어떤 차이점이 있을까? 카메라가 '보는' 것은 객관적인 세계이다. 외계에서 들어오는 광선을 모두 본다. 거기에는 무언가의 해석도 평가도 없다. 그러나 동물이 '보는' 것은 무한한 공간에서 무수한 취사 선택과 기억에 의한 보완, 그리고 무엇보다 먼저 설명한 지각에 의한 대상의 인식을 위해 탐욕의 세계를 보고 있으며, 아울러 행동(작용)을 위한 포인트를 언제나 발견해 내려고 하는 것이다. 동물의 눈은 신체 속에 있고 필요한 정보가 없으면 그것이 발견될 때까지 자신의 발로 움직이고 자신의 손으로 사물을 헤치고, 신체를 움직임으로써 필요한 정보를 획득한다.

동물이 '보는' 것은 세계로부터의 정보 수용인 동시에 세계를 향한 탐욕이고 적극적인 정보의 요구이며, 거기에서 의사 결정으로 연결되어 간다. 의사 결정이 선택하는 행동도 막상 행동하려고 할 때 필요하게 되는 정보가 있다.

예를 들어 일단 숨기로 결정한다 해도 어디에 숨을지를 찾아야 한다. 달아나기로 결정하면 자신이 찾아갈 수 있는 루트를 찾을 필요가 있다. 배가 고프면 자신이 먹을 일이 생기는 것을 찾는다.

하지만 좀 더 깊이 생각해 보면 다음과 같은 사실을 알아차린다고 생각한다. '보는' 것에 의해 행동이 촉진된다는 것, 행동을 결정함으로써 '보는' 일을 한다는 것의 두 가지 길이 있다. 음식물을 발견하고 나서 먹는 것과 배가 고파서 음식물을 찾는 것에는 행동과 관찰의 순번이 완전히 반대이다. 행동과 감각은 이러한 쌍방향 피드백이기도 하다. 신체, 지능, 감각의 사이를 부드럽게 연결하고 있는 것이다.

생물은 그 신체와 생태에 의해 환세계를 구성한다. 이 환세계는 본래 무한의 정보를 가진 세계에서 해당 생물이 효율적으로 살아가기 위한 정보를 추출한 세계인 것이다. 그것이야말로 생물이 주관적으로 보고 있는 세계이다. 즉, 게임의 캐릭터에 주관 세계를 부여한다는 것은 해당 캐릭터의 신체와 생태에 따른 환세계를 구축해 내는 것이다.

그럼 실제로는 그러한 세계를 어떻게 만드는 것일까?

환세계는 생리학 용어이다. 이것을 인공지능에 맞게 고쳐서 쓰는 '지식 표현', '어포던스'라는 개념을 다음 절에서 설명하기로 한다.

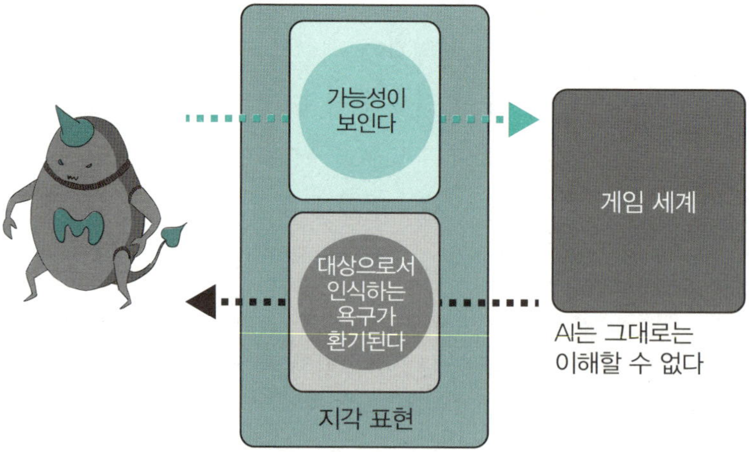

[그림 5-2] 인공지능이 세계를 파악하는 지식의 형태, 가능성을 추출하는 지식의 형태

사물 · 일 · 세계

물건 · 일 · 세계

게임의 에이전트(일반적으로는 소형 자율형 AI, 여기서는 게임에 등장하는 캐릭터)에 대해서는 게임 세계를 이해시킬 필요가 있다. 게임 세계에서 일어나는 일들, 게임 세계에 있는 사물이 무엇인지, 그리고 세계 전체의 지형을 이해시켜야 한다. 그러한 '사물 · 일 · 세계'를 이해한 상태에서 플레이어 캐릭터에 대해 액션을 일으킬 필요가 있는 것이다.

그럼 에이전트에게 게임 내의 '사물 · 일 · 세계'를 이해시키려면 어떻게 하면 좋을까?

사물을 이해한다

탁자 위에 컵이 있다. 이것을 인공지능에게 이해시키려면 어떻게 하면 좋을까? 그런 건 당연히 이해하지 않겠냐고 생각할지도 모른다. 그러나 우리네 인간이 지능에 의해 어떻게 해서 컵을 이해하고 있는지를 이해하고 있는 사람은 적을 것이다. 이것이 인공지능을 만들 때에는 본질적인 문제로 나타나게 된다.

인간이라면 컵과 탁자를 '보아서' 이해한다. 컵은 물을 마시는 것이고 탁자는 물건을 올려 놓는 것이며 컵은 책상 위에 있는 것이라고 이해한다. 그러나 그런 지식도 데이터베이스도 없는 인공지능으로서는 이것이 결코 자명한 것이 아니다. 카메라가 붙은 로봇이 '보더라도' 이해하는 것과는 다르다.

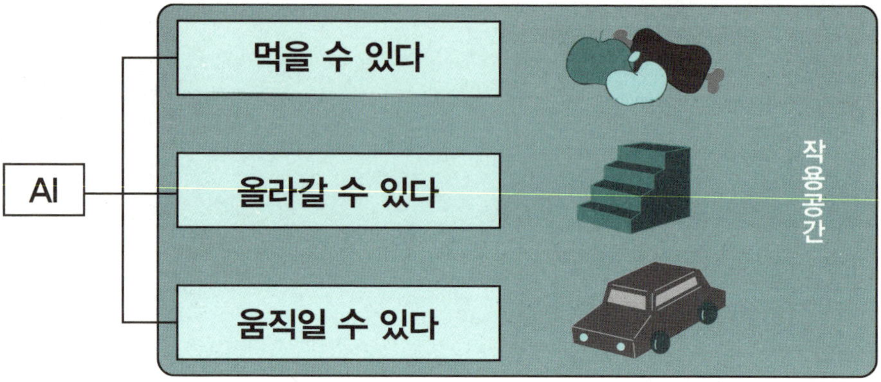

[그림 5-3] AI가 세계를 인식하는 방법

먼저, 컵을 이해시키려면 컵이 가지고 있는 성질을 데이터로 준비할 필요가 있다.

컵의 성질 = {유리, 매끈매끈함, 가벼움}

등이다. 이러한 성질을 물건이 가진 '속성'이라고 한다. 그리고 하나 더, 컵에 대해 무엇을 할 수 있는가 하는 행동의 가능성이다.

컵에 대해 할 수 있는 것 = {따른다, 들어 있는 것을 마신다, 집는다, 씻는다, 놓는다, 닦는다}

대상에 대해 가능한 이러한 행동을 '**어포던스**(자세한 내용은 7장 p.281)'라 한다. '어포드(afford)'는 영어로 '~할 여유가 있다'라는 의미이며, 어포던스(affordance)는 그 명사형으로 '허용되어 있는 행동'을 의미한다. 확실히 컵은 집거나 입에 대고 마실 수 있다. 게임에서는 이러한 두 가지 정보를 각각 물건에도 갖게 해 둠으로써 캐릭터가 사물을 인식할 수 있는 것이다. 그리고 그런 사물에 대한 지식의 표현을 '**지식 표현**(Knowledge Representation)'이라 한다.

인공지능은 이 표현을 통해 컵이 무엇인지, 그리고 컵에 대해 할 수 있는 일을 인식시킬 수 있으므로 지식 표현을 모으면 인공지능이 컵에 대해 할 수 있는 일을 모을 수 있다. 마찬가지로 탁자에 대해 할 수 있는 일, TV에 대해 할 수 있는 일,

책에 대해 할 수 있는 일을 나열해 보자.

- 컵에 물을 따른다
- 컵의 물을 마신다
- 컵을 집는다
- 탁자에 물건을 놓는다
- 탁자에 앉는다
- 탁자를 닦다
- TV를 연결하다
- TV를 끄다
- 책을 읽다
- 책을 놓다
- 책을 던지다

즉, 게임 세계 속에 있는 어떤 오브젝트에 대한 어포던스 정보를 모으기만 함으로써 AI가 그 세계에서 할 수 있는 일의 목록이 생긴다. 그 후에는 이 중에서 하나씩 선택함으로써 행동이 만들어진다. 또는 복수의 행동을 조합함으로써 행동 플랜을 만들 수 있다.

일을 이해한다

그럼 일은 어떨까? 게임에서 '**이벤트 표현**(사실 표현)'이라고 부르는 이것은 누구나 초등학교 때 배우는 육하원칙(5W1H)과 '언제, 어디서, 누가, 무엇을, 어떻게 왜 했는가' 하는 표현이다.

[그림 5-4]는 '존이 방과 후, 학교에서, 화병을 힘껏 깨뜨렸다'는 형태이다. 이벤트 형식으로 표현한 이러한 데이터 표현을 만듦으로써 사실이나 소문의 전파 방법을 만들 수 있다. 이 사실을 목격한 NPC*(Non-Player Character, 플레이어 이외

*편집자 주 p. 62, p. 68에도 등장한다.

의 캐릭터)에게 다양한 파급 효과를 주게 된다. 이를 목격한 NPC는 자신이 만난 NPC에게 이 사실을 전달할 수 있다. 그 결과 5인의 NPC가 그 사실을 알게 된다. 한편 알려진 사실 쪽에는 자신이 지금 몇 명의 NPC에게 알려져 있다는 참조 횟수를 세어 둔다. 예를 들어 이 사실을 목격한 NPC가 해치워지면 참조 횟수를 줄여 간다. 그리고 참조 횟수가 0이 되면 그 사실은 완전히 망각되어 버린다. 이것은 소문에 의해 사실이 전파되는 것 또는 망각되는 현상을 나타내고 있다.

이벤트 이름 목록	참조 횟수
캐서린이 꽃을 심었다	4
존이 꽃병을 깼다	5
고양이가 지붕 위로 점프했다	25
…	

변수명	변수의 내용
주어	존
무엇을	화병
어떻게 하다	깼다
어느 정도의 강도로	힘껏
어디서	학교
언제	방과 후
그것에 의해 어떻게 되었나	선생님이 화를 냄

[그림 5-4] 일의 표현 형식

그런데 게임에서는 아래와 같은 형태로 응용된다.

'Joe가 한밤중인 새벽 1시의 거리의 광장에서 Kate를 전투로 호되게 쓰러뜨렸다'는 사실이 있다고 하자. NPC인 Ellie가 이 사실을 목격했다. Ellie가 Kate와 같은 편이라고 하면 이 사건을 목격한 Ellie는 Joe를 증오하고 혐오도(일본의 개발에서는 Hate, 헤이트치라는 것도 있음)를 높인다. 또한 Ellie가 같은 편의 사람에게 떠벌이고 Ellie 팀 전체가 Joe에 대한 헤이트치를 올리게 된다. 또는 편과는 관계가 없는 일반 촌민은 '거리의 광장'의 위험도를 올릴지도 모른다. 또한 '한밤중인 1시를 지나'에는 밖으로 걸어 나가지 않게 될지도 모른다.

이와 같이 사실을 확실히 표현해 두면 사실의 관리, 전파 방법을 시뮬레이션하는 것이 가능하다.[*16] 게임 속에서 거리의 캐릭터 동료의 대화에 따라 소문이 퍼지는 것을 실현할 수 있다. 이벤트 표현도 '지식 표현'의 유용한 형태 중 하나이다.

세계를 이해한다

그리고 끝으로 '세계 = 환경'이라는 표현이다. 앞에서는 '사물'에 대해 생각했는데, 이번에는 그 '용기'를 인식하는 방법에 대해 생각해 보자.

일반적으로 인공지능은 '심볼(symbol)'에 의해 이해하려고 한다. 심볼이란 기호를 말한다. 사물, 일도 기호에 의해 표현되어 있는 것을 생각해 주기 바란다. 그런데 공간이라는 것은 연속적인 폭을 가지고 있으며 무언가 하나의 기호에 의해 나타낼 수 없다. 아무 것도 없는 공간이나 지형의 폭을 인식시키려면 전혀 다른 접근 방식을 사용한다. '웨이포인트(1장 p.51)'나 '내비게이션 메시'라는 방법이다. 이것은 공간 전체를 점들의 네트워크 그래프, 삼각형들의 네트워크에 의해 인식하려고 하는 방법이다.

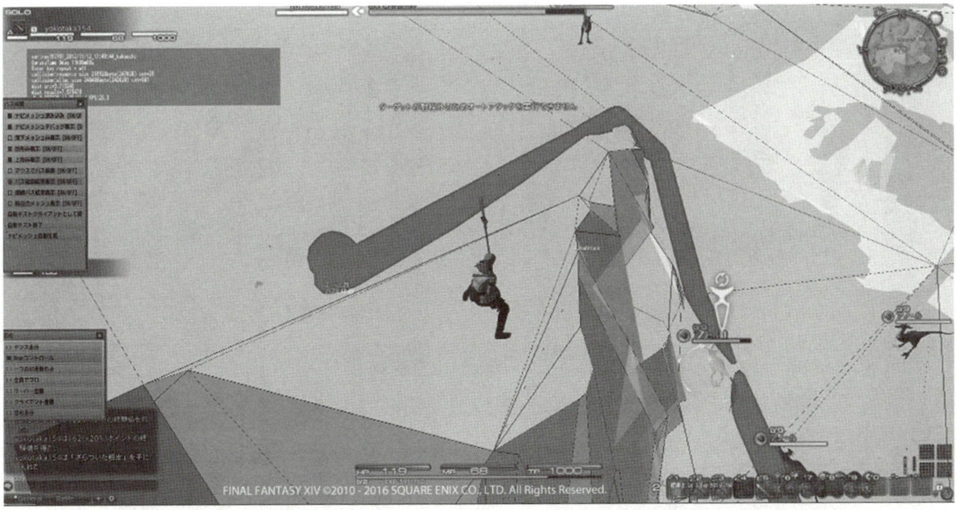

[그림 5-5] 『FINAL FANTASY XIV』(스퀘어 에닉스, 2010년~2016년)에 대한 내비게이션 메시

*16 [참고] 미야케 요이치로(三宅 陽一郎) 『온라인 게임에 대한 인공지능, 프로 시절 기술의 응용』(지능과 정보, Vol.22, No.6) http://igda.sakura.ne.jp/sblo_files/ai-igdajp/paper/YMiyake_JSFTI_22-6_2010_11_25.pdf

던전을 생각해 보자. 던전의 벽면이나 노정은 상당히 복잡하지만 게임 캐릭터가 이 던전을 인식하려면 특징적인 점의 연결을 이해하면 충분하다. 특징적인 점이란 것은 입구, 모퉁이, 분기점, 출구 등 중요한 사항이다. 이러한 특징점을 연결하는 네트워크 그래프를 '웨이포인트 그래프'라 한다. 웨이포인트 그래프는 지형이나 공간의 대략적인 형태를 파악하는 데 적합하다. 어느 방과 어느 방이 연결되어 전체로서 어떤 골격으로 되어 있는지 — 이러한 연결 상태를 '토폴로지'라 하는데, 웨이포인트는 이 토폴로지를 나타내는 가장 좋은 표현이다.

캐릭터는 웨이포인트 그래프를 사용하여 지금 자신이 있는 포인트에서 목적으로 하는 포인트까지의 '경로'를 그래프상에서 알 수 있다. 탐색 알고리즘에서는 이러한 경로를 '다익스트라 탐색법' 및 'A*(에이스타) 탐색법' 등으로 부르는데, 여기서는 이름만 언급하는 데 그칠 생각이다.

마치 지도를 본뜻 것처럼 캐릭터 목적지까지의 경로를 자기 자신이 발견할 수 있다. 이와 같이 계산에 의해 경로를 발견하는 수법을 '경로 탐색'이라 한다.

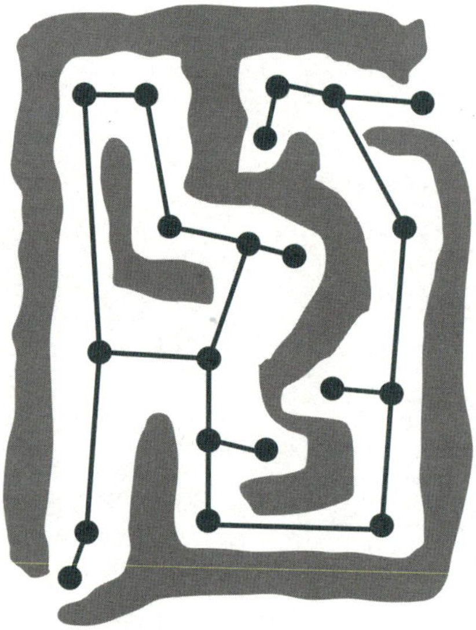

[그림 5-6] 왼쪽: 던전의 형태　오른쪽: 웨이포인트 그래프를 사용한 경로 탐색

이는 복잡화하는 게임 맵에 대해 게임 AI에서 꼭 필요한 기술 중 하나이다. 웨이포인트는 비교적 닫힌 공간이나 정확히 찾아가야 하는 포인트를 지정하고자 할 때 위력을 발휘한다. 그러나 큰 평원이나 넓은 공간에서는 포인트를 아무리 두어도 감당할 수 있는 영역이 작고 효력이 별로 없다.

또 한 가지 대조적인 방법으로 '**내비게이션 메시**'라는 방법이 있다. 이것은 점 대신에 삼각형(볼록 다각형)의 메시를 지형에 따라 까는 방법이다. 까는 삼각형은 모든 ID가 할당되어 있어 자신의 주변이 어느 삼각형인지 알 수 있게 되어 있다. 그렇기 때문에 웨이포인트의 그래프에서 점이 메시로 바뀐 것뿐이며 출발점에서 목적지를 향해 경로를 계산에 의해 구할 수 있다. 내비게이션 메시는 지형에 따라 배치되어 있으므로 지형이 가진 경사의 정보를 하나하나의 삼각형이 가질 수 있으므로 지형의 기복을 더 많이 포함한 형태로 경로 탐색을 실행할 수 있다. 또한 그 메시에 지표의 눈, 물, 흙, 콘크리트 등의 지표 상태를 반영하여 둠으로써 지표의 상태를 가미한 경로 탐색이 가능하게 된다.

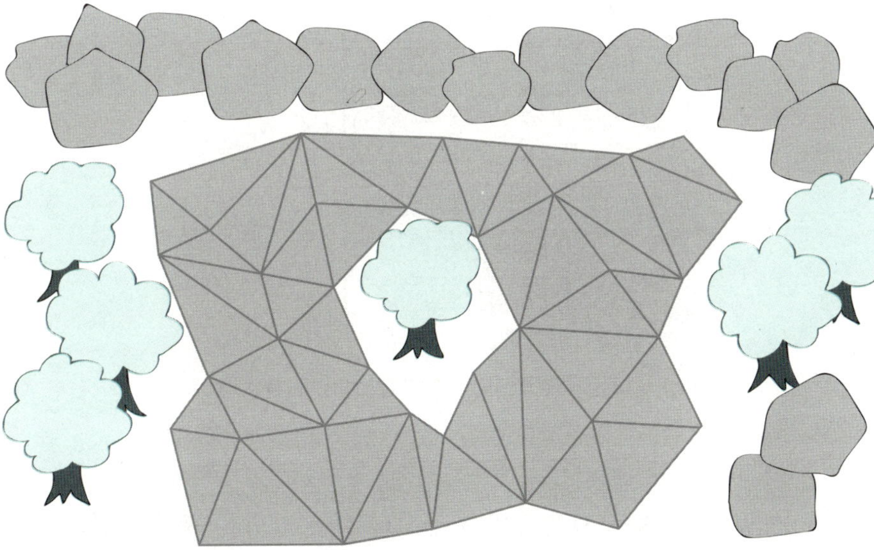

[그림 5-7] 내비게이션 메시를 사용한 경로 탐색

게임 AI를 만들고 있다는 실감이 들긴 하지만 AI는 형태를 인식하는 것이 대단히 어렵다. 인간이나 동물은 지형을 조감적으로 슬쩍 보기만 해도 가능한 경로를 발견할 수 있지만, AI는 무엇보다도 '슬쩍 본다'는 것이 불가능하다. 프로그램으로 작성한 인공지능에 있어서 모든 것은 데이터이며 데이터인 한, 그것은 선형(1차원으로 늘어남)인 데이터 배열이며 우리가 지형이라고 부르는 것과는 다르다.

예를 들어 삼각형은 3개 정점의 좌표의 집합이라고 정의할 수 있는데, 그것은 우리가 직감적으로 파악하는 삼각형과는 다르다. AI에 삼각형이라는 직감을 부여하기는 어렵다.

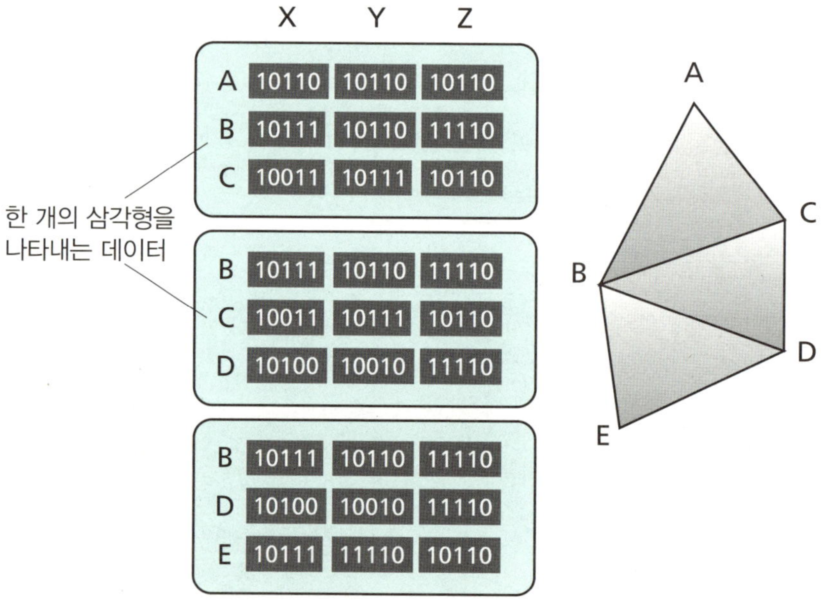

[그림 5-8] 컴퓨터가 보는 도형(왼쪽)과 인간이 보는 풍경(오른쪽)

거기서 캐릭터를 위해서는 지형 전체에 대해서도 우리가 휙 본 지형이나 모습이라기보다는 웨이포인트나 내비게이션 메시와 같은 지형을 표현한 데이터를 준비함으로써 지형을 인식시키는 것이다. 웨이포인트나 내비게이션 메시는 인공지능이 아니라 로봇공학의 분야에서 개발되어 온 기술이었지만 1990년대 후반부터 게임 산업에서 널리 사용되게 되었다. 이러한 기술이 게임 AI에 사용되는 것은 게임이라는 분야가 인공지능과 로봇 분야의 중간에 있다는 것을 보여 준다.

『파이널 판타지(FINAL FANTASY) XII』는 복수의 사용자가 동시에 로그인하여 즐기는 MMORPG이다. 기본적으로 몬스터들이 팀으로 싸우게 된다. 이 몬스터를 움직이기 위해 내비게이션 메시를 이용한다. 내비게이션 메시는 지형의 데이터에서 자동 생성한 후에 각각의 이웃 메시가 어느 메시인가 하는 정보를 작성한다. 이렇게 함으로써 메시에서 메시를 찾아갈 수 있게 된다. 이와 같은 데이터 형식을 '**네트워크 그래프**'라 한다. 이 네트워크 그래프상에서 패스 검색을 함으로써 몬스터들을 움직인다.

[그림 5-9] 『FINAL FANTASY XII』(스퀘어 에닉스, 2010년~2016년)에 대한 캐릭터의 패스 이동*17

*17 [참고] Fabien Gravot, 요코야마 다카노리, 미야케 요이치로, 『Precomputed Pathfinding for Large and Detailed Words on MMO Servers』(MMO 서버에서 크고 자세한 단어에 대해 미리 계산된 패스 검색), GAME AI PRO http://www.gameaipro.com/GameAIPro/GameAIPro_Chapter20_Precomputed_Pathfinding_for_Large_and_Detailed_Worlds_on_MMO_Servers.pdf

단, 『파이널 판타지(FINAL FANTASY) XII』는 온라인 RPG이므로 서버 측에서 몬스터를 움직이고 패스를 각 사용자의 클라이언트에 넘긴다. 그래서 서버 측에서 패스 검색을 가능하면 가벼운 부하로 움직이기 위해 패스의 경로 일부를 미리 나타낸 '**룩업 테이블법**'이라는 테이블을 참조함으로써 패스를 발견할 수 있게 된다. 이제 그 원리를 설명한다.

[그림 5-10] 『FINAL FANTASY XIV』(스퀘어 에닉스, 2010년~2016년)에 대한 캐릭터를 위한 내비게이션 메시와 그 위에 계산한 패스*18

그런데 패스 검색은 시작 지점과 목표 지점이 부여되었을 때 그 사이에 경유하는 포인트를 알면 도착할 수 있다. 그래서 룩업 테이블은 출발점과 목표가 지정되었을 때 다음에 도착해야 할 노드(여기서는 메시의 ID)를 지정한다.

*18 [참고] [SQEXOC 2012] FFXIV에서 사용되고 있는 AI 기술 ~적 NPC는 어떻게 해서 경로를 탐색하는 것일까? http://www.4gamer.net/games/032/G003263/20125079/

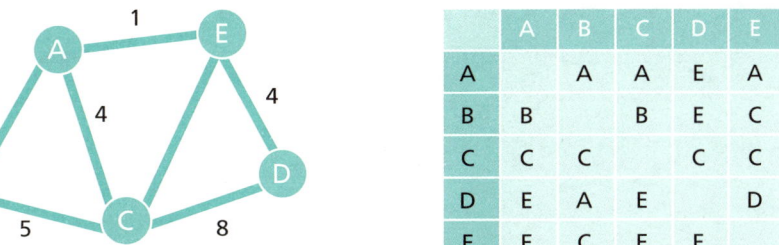

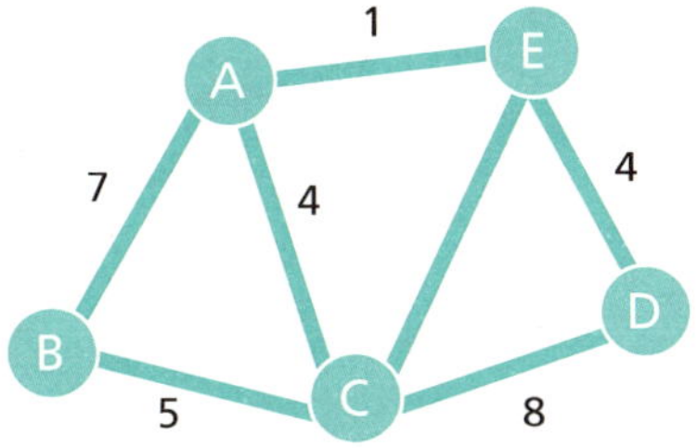

출발점

	A	B	C	D	E
A		A	A	E	A
B	B		B	E	C
C	C	C		C	C
D	E	A	E		D
E	E	C	E	E	

목표

[그림 5-11] 룩업 테이블법으로 경로를 유도

지금 다섯 개의 내비게이션 메시 A~E가 [그림 5-11]과 같이 연결되어 있고 서로에 대한 상호 이동 비용이 다음과 같다고 하자. B에서 D로 이동하고자 할 때 룩업 테이블을 보면 A라고 씌어 있다. 즉, B에서 D로 이동하려면 먼저 A를 통과할 필요가 있다. 다음에 A에서 D로 이동하는 경로를 고려하여 테이블을 보면 E라고 씌어 있다. 끝으로 E에서 D로 이동하려면 D가 씌어 있으므로, 결국 B에서 D로 이동하려면 (B, A, E, D)라고 씌어 있으면 좋다는 것을 알 수 있다. 이와 같이 '룩업 테이블법'은 표를 찾아가는 것만으로 경로를 유도하므로 매우 고속이고 가벼운 처리로 패스를 발견할 수 있다는 이점이 있으며, 온라인 게임의 서버 측의 패스 검색에 적합한 기술이다. 그런데 한편으로 실제 게임에서는 메시 수가 수천, 수만 개나 되므로 이 테이블이 거대해지고 메모리를 압박하는 상태에서 처리도 느려진다. 그래서 맵을 크게 계층적으로 분할하고 테이블을 분할하여 가지고 있도록 궁리한다. 상위의 계층에는 큰 영역들의 룩업 테이블이 있고 하위의 테이블은 지금 설명한 것과 같은 노드를 기반으로 한 그래프로 된다.

이와 같이 이 절에서는 '사물 · 일 · 세계', 인공지능에 있어서의 '사물 · 일 · 세계'를 살펴보았다. 지식 표현은 인공지능의 기본이며 '사물 · 일 · 세계'를 표현한 데이터를 만듦으로써 인공지능은 비로소 그러한 것들을 인식하고 이용할 수 있다.

그리고 그러한 것들을 어떻게 표현할까 하는 것이 인공지능의 지식 표현이라는 기술이다. 그 지식 표현이야말로 인공지능이 보고 있는 세계를 형성하는 것이다.

캐릭터가 학습해 가는 구조

행동에 대한 결과를 기억한다

게임의 세계에 있는 캐릭터가 학습해 가는 구조를 생각해 보자. 학습이므로 지능의 본질이 변화해 간다. 학습은 캐릭터를 발전시킴과 동시에 잘못된 방향으로 유도될 가능성도 있다. 진화가 마지막 상태까지 가는 경우가 있듯이, 학습도 틀린 방향으로 가서 경화되어 버릴 수도 있다.

예를 들어 유전적 알고리즘(자세한 내용은 6장 p.233)이나 뉴럴 네트워크에서도 상황마다 적절한 액션을 대응시키도록 해도 학습 데이터가 부족하거나 애당초 뉴럴 네트워크 등으로는 노드 수가 부족하거나 또는 너무 크거나 해서 편중된 학습으로 끝나 버릴 수도 있다. 또한 학습은 가능하다 해도 편중된 학습 데이터로는 유전적 알고리즘을 상정한 방향으로 진화해 주지 않을 수도 있을 것이다. 진화는 긴 안목으로 보면 생물을 다양한 방향으로 변화시킨다. 어떤 것은 줄어들고 사라지고 어떤 것은 변화를 멈춘다. 변화는 생물에 있어서 기회인 동시에 위기이다. 그러나 환경에 적응하려면 필요한 것이다. 예를 들어 물벼룩 등으로 대표되는 '요각류'는 복잡화하는 방향의 진화를 멈추었지만 방대한 수의 개체가 해저에 생식하고 있으며 물고기들의 먹이를 윤택하게 한다.

그런데 센서, 의사 결정, 신체 운동, 모두에서 학습을 생각할 수 있다. 눈의 정보를 처리하는 뇌 속의 신경 회로는 생후에 눈에서 빛을 받음으로써 서서히 발전해 간다. 뇌과학에서 갓난아이는 처음부터 보고 있지만 비치고 있는 것을 알지 못하며 그것을 해석하는 회로가 서서히 뇌 속에 형성되어 간다고 말하고 있다. 그것과 마찬가지로 AI에 있어서 눈이라는 것은 주위에서 정보를 취득하는 입구이지만, 상황이나 특성에 따라 어떤 정보를 모을지를 변화시킬 수도 있다. 또한 의사 결정 중의 구조나 매개변수도 변화하며 신체도 다양한 운동이 가능하게 된다. 여기서는 의사 결정의 경우 학습을 생각해 보자.

생물이 신체와 심리에 내부 구조를 가지고 있듯이, 캐릭터의 내면에 구조를 가진 설계를 하는 것을 '에이전트 아키텍처(1장 p.41)'로서 설명했다. 그리고 그 구상에는 변화하는 부분과 변화하지 않는 부분이 있다. 전체 아키텍처는 변화할 수 없지만 기억 영역에는 기억이 축적되며, 또한 그와 동시에 소거되어 가므로 이것은 변화하는 부분이다. 또한 지능의 매개변수는 변해 간다.

여기서는 먼저 이른바 유전적 알고리즘과 뉴럴 네트워크라는 '학습 알고리즘'이 아니라 더 단순한 학습의 원리에 대해 설명한다.

지금 RPG 내의 마법 사용을 캐릭터로 하고 이것을 인공지능으로 학습하면서 움직인다. 마법 사용은 '빨강, 하양, 검정'의 마법을 사용할 수 있다. 그런데 매우 힘겨운 적을 만났는데 어느 마법이 유효한지 알지 못한다. 그래서 처음에 '빨강', '하양', '검정'을 한 번씩 쏘고 모습을 보았다.

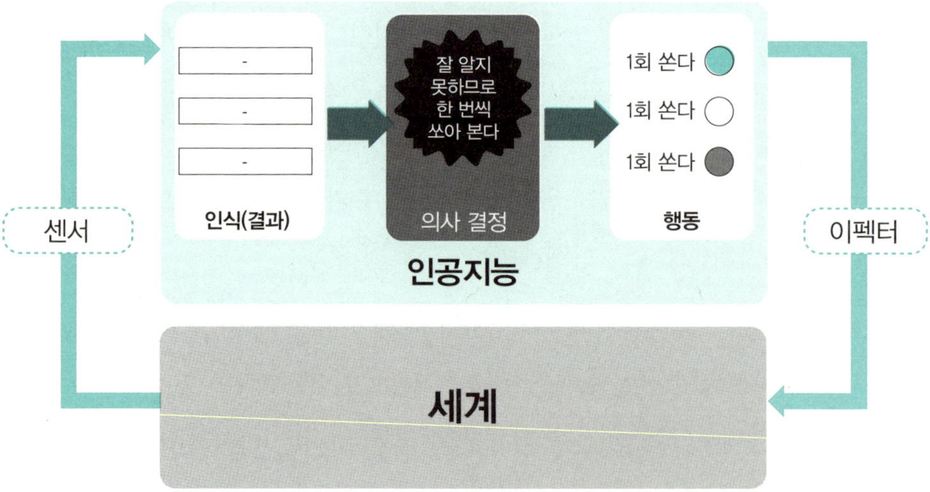

[그림 5-12] 마법 사용을 학습해 가는 단계 ①

그러면 적 대미지는 '2', '38', '15'였다고 하자. 그러면 이것을 효용(마법의 유효성, 유틸리티)이라고 생각하고 2/55, 38/55, 15/55의 비로 유효성이 확인되었다고 하자(55는 2 + 38 + 15이며 대미지의 총합임). 그러면 다음 회부터는 대략 이 비율에 따른 형태로 '빨강' 1회, '하양' 4회, '검정' 2회의 마법을 쏘게 된다.

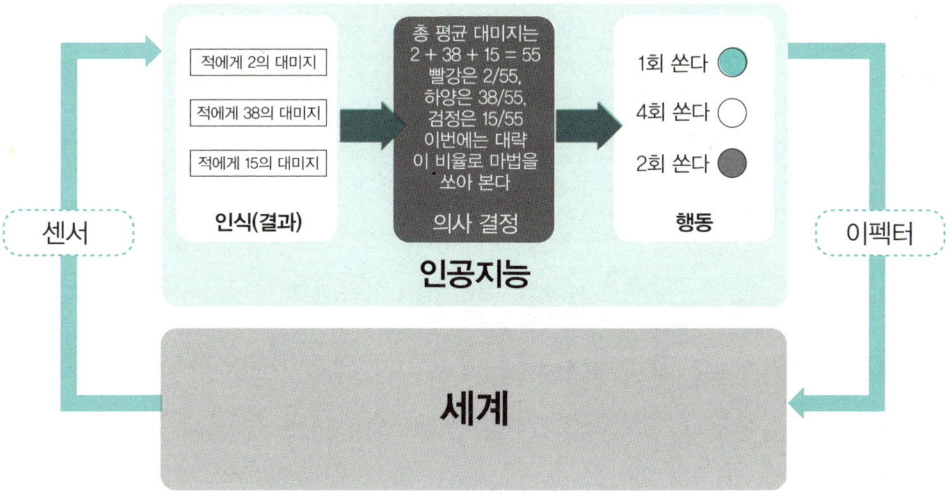

[그림 5-13] 마법 사용을 학습해 가는 단계 ②

그러면 '빨강' 마법은 1회에 20의 대미지, '하양'은 4회에 140의 대미지(1회 평균 35 대미지), '검정'은 2회에 110의 대미지(1회 평균 55의 대미지)가 되었다. 각각의 1회 평균 대미지를 합치면 110이 된다. 따라서 '빨강'은 2/55 + 20/110 = 24/110, '하양'은 38/55 + 35/110 = 111/110, '검정'은 15/55 + 55/110 = 85/110이라는 통산 효용이 된다. 이번에는 대략 이 비율에 따라 '빨강' 1회, '하양' 3회, '검정' 2회의 마법을 쏘기로 한다. 이와 같이 마법 사용의 캐릭터는 마법의 효용을 보면서 학습하고 어느 마법을 우선하여 사용할지를 결정해 간다.

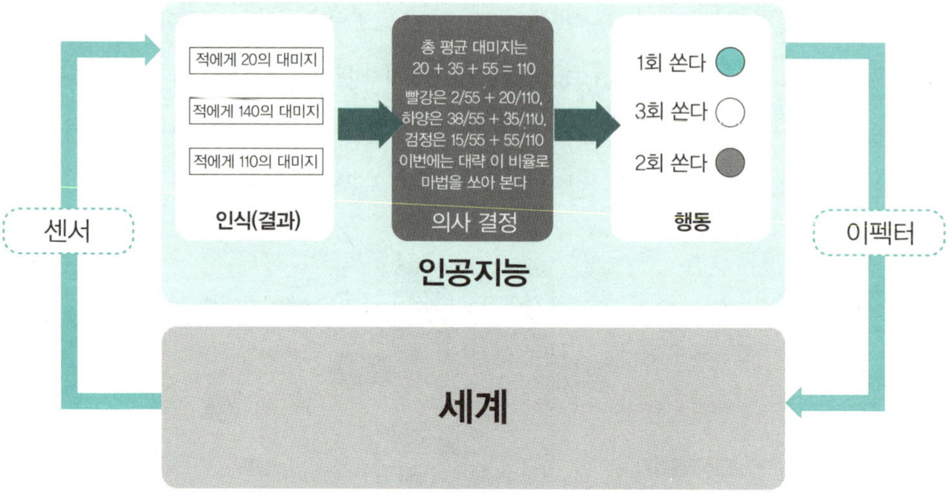

[그림 5-14] 마법 사용을 학습해 가는 단계 ③

이것을 기계학습 중에서도 '**통계에 의한 학습**'이라 하며, 또한 자기 자신의 행동과 결과로부터 학습하므로 '**강화 학습**'이라고 한다.

여기서 중요한 것은 효용이 가장 커 보이는 곳에 마법의 횟수를 증가시켜 가는 것이다. 즉, 효용이 가장 큰 곳에 행동이 집중됨으로써 효과를 최대한으로 내려고 한다. 그리고 결과를 보고 마법의 횟수를 조정하고 전투를 하면서 착착 리얼타임으로 적의 정확한 약점을 알고 행동을 수정해 간다. 이 사례는 게임에 대한 가장 간단한 학습 중 하나이다.

이 학습은 중요한 점을 나타내고 있다. '학습 = 학습 알고리즘'의 발상이 아니라 '학습 = 경험으로부터 캐릭터의 지능 내부 구조의 일부를 변화시키는 것'임을 이해할 수 있다. 행동을 계속하는 것이 아니라 의사 결정한 행동에 대해 어떤 결과를 얻을 수 있는지를 언제나 기억하고, 그 기억이야말로 학습의 출발점이 되는 것이다. 위의 예라면 어떤 마법(= 행동)에 대한 적의 대미지(= 결과)라는 쌍을 계속 기억해 가므로 학습이 가능하다. 세계에서 정보가 들어오고 흘러나간다 — 하천의 흐름으로 주위의 지형이 변화해 가듯이, 지능은 정보의 흐름에 따라 형태를 변화시켜 가며 그것이 학습인 것이다.

AI 동료의 제휴

메시징과 알고리즘을 사용한다

동물은 어떻게 해서 서로 의사를 전할까 하는 주제는 일반적으로 다양한 변형이 있다. 언어를 개입시키면 되지 않느냐는 발상은 극히 인간적인 것이다. 동물의 의사소통은 언어보다 동작에서 변형이 풍부하다. 깨물고, 먹고, 바짝 다가가는 등 피부에 냄새를 개입시켜 자신의 의지나 감정을 전달한다. 그것은 의사나 감정이라는 것과도 조금 다를지 모른다. 동물에 있어서 자연스러운 행위이다. 예를 들어 모여 있는 한 곳에서 자는 것도 친구이기 때문이라기보다는 그 쪽이 따뜻하고 체력을 보존할 수 있기 때문이다. 우는 소리나 시선으로 서로 전달하는 것, 냄새로 의사소통을 하는 경우도 있다. 동물들은 환경과 깊이 일체가 되면서 무리를 형성한다. 무리를 이룬 경우 다수의 개체와 환경을 포함한다고 생각하면 된다. 개미의 집이 없는 개미는 생각할 수 없고, 둥지 구멍이 없는 다람쥐는 생각하기 어려우며, 경계가 없는 사자도 생각하기 어렵다.

동물의 역사를 생각해 보자. 생물은 원래 환경 속에서 탄생된 것이므로, 그것은 환경과 일체가 된 존재이다. 그러나 진화함에 따라 서서히 개체와 환경 사이의 관계가 완화되어 왔다. 그래서 개체끼리의 관계도 환경을 개입시킨 의사소통이나 신체 의사소통으로부터 언어를 주로 하는 의사소통으로 아주 서서히 변화해 간 것이다.

[그림 5-15] 동물의 다양한 의사소통

더 큰 시점에서 보면 인간이 살아남을 수 있는 기온은 지상에 한정되어 있으며, 우주에서 보면 인간은 역시 지구의 환경과 일체가 되어 보일 것이다. 인간은 현재로서는 지구라는 소리가 전달되는 장소이며, 지구라는 중력 속에서만 서시히 모이면서 살아가고 있는 것이다.

게임의 경우 AI 동료를 연대시키는 경우 '**메시징**'이라는 방법을 흔히 사용한다. 즉, 보내는 측과 받는 측에서 기호의 의미를 결정해 놓고 어떤 기호가 오면 수신자가 판단하여 행동하는 이미지이다.

궁지에 몰린 캐릭터가 [RESCUE]라고 발신했다고 하자. 그것을 특정의, 이를테면 가장 가까이 있는 캐릭터 A에게 전하는 경우는 [RESCUE A]라고 하자. 또는 가장 강한 캐릭터에게 보내는 경우도 마찬가지이다. 다른 캐릭터 B, C, ….들은 그 메시지를 수취해도 무시하지만 A는 그 요청을 인식하여 행동을 결정한다. 어느 정도 승산이 있으면 도우러 가기도 하고 이미 요청을 발신한 캐릭터의 체력이 떨어졌거나 주위의 적이 강해 보이면 무시하는 등이다. 행동을 선택하지 않으면 적은 어떤 캐릭터를 잡고 서서히 체력을 삭감함으로써 다른 캐릭터를 유인할 수 있게 되어 버린다.

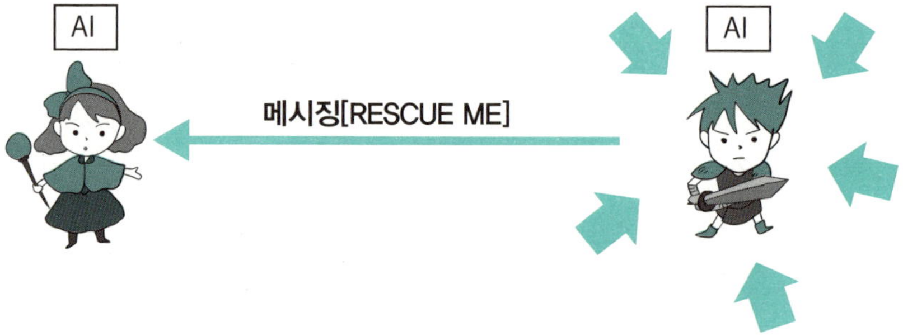

[그림 5-16] 메시지에 의한 협조

그런데 이러한 메시징은 아군 동료 사이에도 대장과 부대 구성원 등 상하 간에 위에서 아래로 명령 또는 아래에서 위로 보고하는 경우도 있다.

이러한 메시징 이외에도 게임의 경우는 상당히 특수한 협조 방법이 다양하게 존재한다. 학술적인 AI에서 보면 그것은 명확하게 정당한 방법은 아니지만 게임의 경우 그 방법이 적절한 경우가 많다. 어떤 방법이냐 하면 의사 결정의 그래프 안에서 협조 방법을 결정해 버리는 방법이다.

상태 머신(4장 p.139)이란 상대에게 이 상태로 되기를 바란다고 요청을 보내고 수취한 캐릭터는 자신의 상태 머신상에서 그 상태로 가는 방법 등이다. 어떤 캐릭터가 '공격' 상태로 되었을 때 자신을 향하려고 하는 적에 대해 캐릭터에게 '공격' 상태로 천이하라는 메시지를 보낸다.

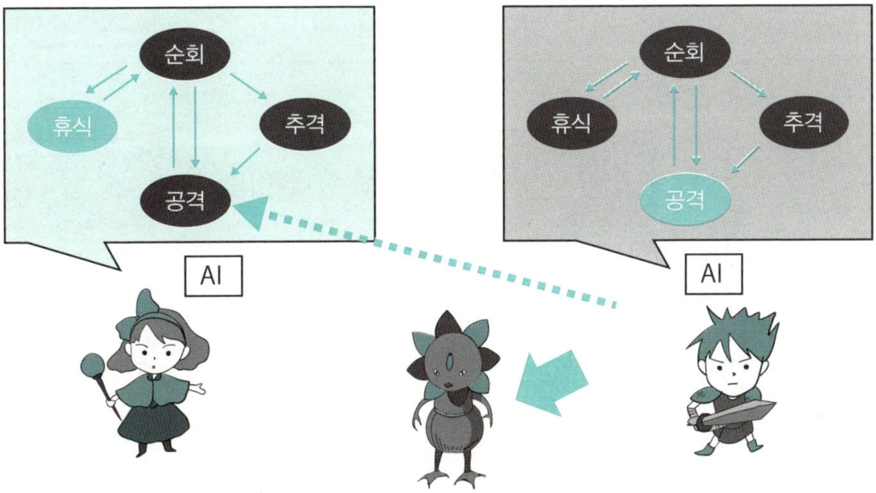

[그림 5-17] 상태 지정에 의한 협조.

또는 행동 트리(4장 p.145)에서는 같은 행동 트리를 가진 2체의 캐릭터가 있을 때 '게이트(Gate)'에 의해 협조를 하곤 한다. 한쪽의 캐릭터 A는 돌진하고 한쪽의 캐릭터 B는 원호 사격을 시키도록 한다. 그럴 때에는 '돌진' 앞에 '게이트'라는 노드를 두고 캐릭터 A의 제어 흐름이 그 곳을 통과하면 '로크(Lock, 잠금)'하여 다른 캐릭터 B의 행동 트리에서 그 곳을 통과할 수 없도록 한다. 그러면 다른 캐릭터는 돌진할 수 없고 그 이외의 '원호 사격'을 선택하도록 만들어 둔다. 이와 같이 '우월한 구조'에 있어서 협조를 이뤄내는 것은 언뜻 보면 복잡한 방법으로 보이지만, 확실히 협조를 시키고 싶은 경우에는 가장 견실한 방법이다. 메시지는 정통한 방법은 아니지만 다소 약하게 완만한 제어가 된다.

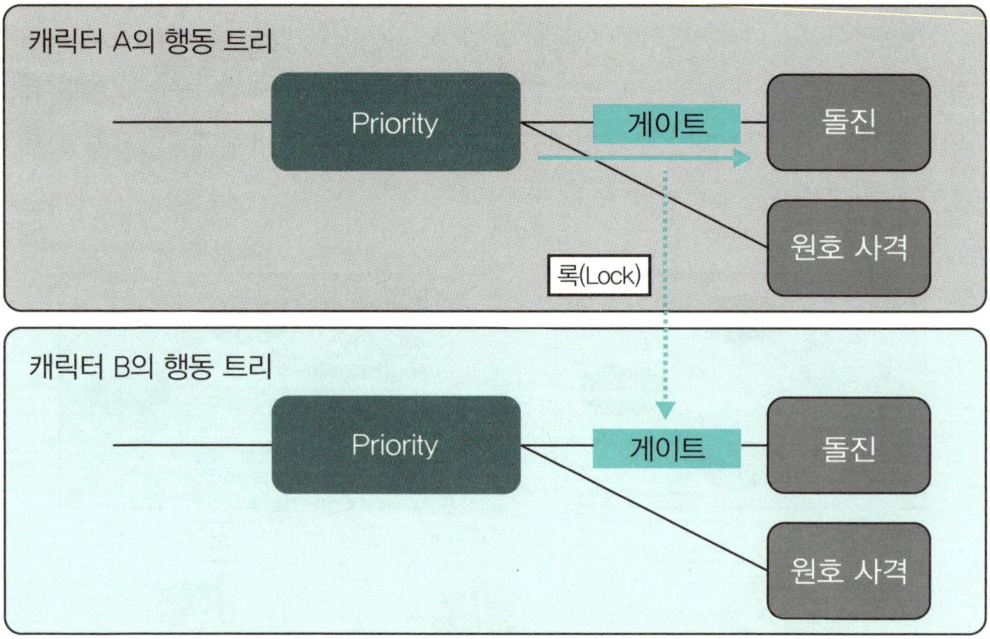

[그림 5-18] 행동 트리에 의한 협조

무리의 경우에는 벌써 메시지도 의사 결정도 없고 전체를 담당하는 알고리즘에 의해 전체를 제어함으로써 무리에게 발견된다.

무리 제어의 기본에는 '**레이놀즈의 무리 알고리즘**[*19]'이라는 것이 있다. 이것은 자신의 주변을 둘러싸는 원을 그리고 거기에 들어가는 동료의 정보로부터 다음 방향을 결정하는 알고리즘이다. 알고리즘은 네 가지로 이루어진다.

*19 [참고] Craig Reynolds의 웹 사이트(스테어링의 연구 논문, 데모가 다수 있음)
http://www.red3d.com/cwr/

'정렬'은 주위에 있는 캐릭터들의 방향의 평균을 취하고 자신의 방향과의 차이를 수정하는 방향으로 속도를 변화시킨다. '집합'은 주위에 있는 캐릭터들의 중심에 해당하는 좌표를 대상으로 한다. '분리'는 주위에 있는 캐릭터와의 거리감이 너무 가까운 경우에 떨어지도록 한다. '회피'는 진행 방향의 오브젝트를 피하도록 궤도를 변경한다. 이 네 가지를 조합함으로써 무리의 제어를 수행한다. 이것을 '**스테어링**(Stairing)'이라 한다. 무언가 신호를 보내는 것이 아니라 서로의 위치 관계에서 간접적으로 자신의 위치를 변경시키는 것이다. 도시의 혼잡함 속에서 걸어가는 것을 생각해 보자. 자신의 의사와 관계없이 주위의 흐름에 끌려가거나 반발하여 걸어간다고 생각해 보자. 이것은 그 본질만을 추출한 것이라고 할 수 있을 것이다.

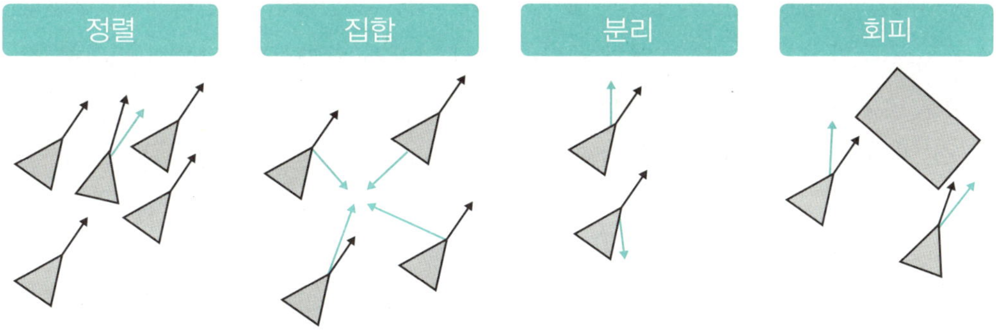

[그림 5-19] 레이놀즈의 무리 알고리즘

이와 같이 협조의 구조에는 고도의 것에서 생물적인 습성을 이용한 것까지 다양한 단계의 협조가 있다. 게임의 경우 이들을 바로 정면에서 가져온다기보다는 다소 특수하고 간단한 형태로 환원시켜 이용한다. 그러나 지금부터는 생물계의 다양한 구조를 시뮬레이션에 의해 가져옴으로써 더 변형이 풍부한 협조의 구조를 시험해 갈 수 있을 것이다.

이야기의 힘

게임 AI와 인게임 시네마틱스

게임 속에는 이야기가 흐르고 있다. 캐릭터는 이야기에 의해 목적과 역할을 부여받는다.

'공주의 병을 치유하기 위해 용한테서 보석을 훔친 왕국의 이야기'. 내일 성을 공격해 오는 용을 쓰러뜨리기 위해 용이 사는 집을 토벌하러 가는, 그러한 장면을 떠올려 주기 바란다. 같은 편의 캐릭터는 성 안에서 왕과 공주 앞에서 비장한 결의를 다진다. 캐릭터는 연기를 하고 대사를 말한다. 이야기에 따른 역할을 수행함으로써 반대로 이야기가 캐릭터에게 숨을 불어넣어 준다. 캐릭터의 지능만으로는 나타내지 못했던 리얼리티가 이야기라는 틀 속에서 말을 하고 연기를 함으로써 사용자의 마음에 깊이 파고드는 것이다.

이야기를 가지는 것은 문맥의 힘이다. 누구와 누가 어떤 관계가 있고 어떤 흐름에서 주인공들이 무엇을 해야 하는가 하는 것을 말한다. 그러나 이러한 문맥을 이해하는 힘은 현재로서는 AI에 없다. 3장에서도 잠깐 언급했듯이 회화의 흐름이나 역사의 흐름, 그러한 '흐름(콘텍스트)'을 이해하는 힘이 지금의 AI에는 없다. 그것은 AI가 이해하려면 너무 추상적이고 인간 고유의 것이기 때문이다.

그래서 캐릭터를 이야기에 젖어들게 하기 위해 보통은 캐릭터가 수행해야 하는 '각본'을 준비한다. 거기에는 누가 어디서 어떤 대사를 어떤 표정으로 어떤 활동에서 이야기해야 하는지가 기술되어 있다. 캐릭터들은 그 각본을 공유하고 무대 위의 배우들과 같이 플레이어 앞에서 연기를 한다. 앞의 예에서 캐릭터는 자신이 나고 자란 이 나라를 얼마나 사랑하고 있는지를 이야기하고, 어릴 적부터 동경했던 공주를 위해 목숨을 바치게 됨으로써 슬프지만 기쁨을 느낀다는 이야기이다(여기서는 성벽을 향해 걷는다. 전설의 검을 별에 건다). 그리고 다른 캐릭터들도 검을 함께 건다. '모든 것은 왕국을 위해!'라고 외치는 것 같은 일련의 연기이다. 이 사이에 플레이어는 조작할 수 없게 된다. 이러한 연기가 가슴을 울리는 것은 여기서는 AI의 사고의 힘이 아니라 시나리오에 포함시킨 작가의 힘이나 성우의 실력, 모션을 만든 애니메이터나 모션 캡처 각자의 생각이 그곳에 축소되어 있기 때문이다.

캐릭터가 인공지능에 의해 움직이지 않고 미리 결정된 시나리오대로 연기하며, 그 사이에는 플레이어도 조작할 수 없다는 이러한 장면을 게임 업계에서는 '**컷 신**' 또는 '**인게임 시네마틱스**(IGC, In-Game Cinematics)'라 한다. 인게임 시네마틱스는 영상을 미리 만들어 놓거나, 또는 그대로 게임 내에서 캐릭터가 움직이는 것이 대표적인 방법이다. 길이도 수 분에 걸친 것에서 2~3초에 끝나는 것까지 다양하다. 플레이어 자신의 캐릭터에도 적용되는 것이 많고 플레이어가 새로운 방으로 날아 들어온 후 천정이 소진되어 떨어지는 것을 피하는 것 등 불과 1~2초의 인게임 시네마틱스를 만들어 임장감을 내는 것도 있다.

그런데 이야기의 흐름과 인공지능의 흐름을 교착시킬 수 있으면 — 즉, 인공지능이 이야기의 흐름을 이해하고 흐름에 따른 행동을 하게 하면 얼마나 재미있을까 하는 생각이 든다. 이야기 자체를 캐릭터가 만들어낼 수는 없다. 그러나 앞에서 설명했듯이 현재 캐릭터의 인공지능은 문맥을 이해할 수 없으므로 무언가 슬픈 사건이 일어난 후, 예를 들어 동료가 사망한 후에도 논리정연하게 싸우는 것인지도 모른다. 지금 캐릭터의 지능에는 인간의 심리와 같은 섬세한 것은 들어 있지 않으며 그 이전에 게임 내에서 일어나는 여러 가지 이야기에 대해서도 이해하지 못한다. 그러한 이벤트에 대한 대처는 컷 신과 인게임 시네마틱스로 보완된다. 이것이 현재 게임에 대해 캐릭터가 안고 있는 이중성이다.

『사카츠쿠 DS 월드 챌린지 2010』(세가, 2010년)은 축구 시뮬레이션 게임인데, 어떤 게임 상황(전제조건)에서 다음 시합의 전개가 짧은 컷 신에 의해 다음 게임 상황(결과)으로 천이하는 구조로 되어 있다. 이 경우 '대성공', '성공', '실패', '대실패'의 네 가지 컷 신이 준비되어 있어 상대와 아군 선수의 능력에 따라 확률적으로 결정된다. 즉, 어느 컷 신이 되는가 하는 판단이 있는 것이지만 기본적으로 그 컷 신의 전개는 미리 만들어진 것이다. 그리고 해당 컷 신의 다음에는 또 동일하게 다음 컷 신이 확률적으로 선택되어 간다. 이것에 의해 팀의 세기를 반영한 시합의 시뮬레이션이 자동적으로 수행되는 구조로 되어 있다.[*20]

연기성과 자율성. 자신이 생각하고 행동한다고 말하면서 그 범위와 시간이 한정되어 있는 것이다. 당장은 무리이겠지만 장래에는 캐릭터가 이야기를 이해하고 자신의 역할을 인식하고, 감정을 갖는, 그런 시대가 올 것이다.

*20 [참고] 안도 타케시(安藤毅), '사카츠쿠'의 축구 시합 AI 시스템(CEDEC2010)
https://cedil.cesa.or.jp/cedil_sessions/view/379

함께 생각해 봐요

지능은 변화한다.

완전한 지능은 존재하지 않는다고 말하는 이유는 지능 자체가 단독으로 완전한 것이 아니기 때문이다.

지능은 언제나 부여된 환경 속에서 적응하는 면만 생각하면 처음부터 완전하다. 여기서 완전이란 말은 완성되었다는 것이 아니라 환경에 대체로 맞추고 있다는 의미이다. 다양한 동물과 곤충은 환경에 융화될수록 완전하다. 인간은 자연에서 조금 떨어져 있지만 모든 생물은 완전하다고 말해도 좋을지 모른다.

그러나 자연은 변화하며, 그때마다 생물은 변화해야 한다. 그래서 모든 생물은 태어나고 나서 해당 장소와 시기의 환경에 맞춰 신체를 적응시키는 유연성을 지니고 있다.

또한 지능도 최초부터 완성되어 있는 것이 아니라 눈의 신경 회로, 환경 인식을 포함하여 환경과의 상호작용(interaction) 속에서 형성되어 간다. 그러므로 변화는 이미 지능의 일부인 것이다. 계속 변화할 수 없는 지능은 완전하지 않다.
생물이 어느 정도 변화할 수 있는지는 생물의 연령에 따라 변화한다. 어떤 생물도 어렸을 때는 신체가 성장하므로 성장함에 따라 적응할 수가 있다. 그러나 어떤 연령을 넘어서면 그 이상 큰 변화는 없다. 하지만 신체의 성장이 끝나더라도 지능의 변화는 진행된다.

그럼 지능 속에서 변화하는 부분은 어디에 있을까?

뇌 속은 당연히 변화할 것이다.
그러나 뇌의 어느 부분일까? 인공지능의 어느 부분일까? 가장 알기 쉬운 것은 기억이다. 인간의 기억은 매일 바뀌 써지고 있다. 물론 이 기능도 나이가 들면 쇠퇴해 버린다.

다음으로 사고(思考)이다. 사고는 더 깊은 회로가 형성되어 감으로써 사물을 깊이 생각할 수 있다.

또 하나는 운동이다. 신체의 운동을 기억하는 것은 지능을 포함하고 있는 신체이므로 뜀틀을 뛰어넘을 수 있게 되기도 하고 볼링과 야구를 잘 하기도 하고 어려운 노래를 부를 수 있게 되기도 한다.

지능은 환경 속에서 자기 자신을 변화시켜 가는 힘이 있으며 그것에 의해 환경에 적응하거나 더 큰 힘을 갖게 된다. 한 개체의 지능뿐만 아니라 더 큰 집단에 대해서도 그렇다고 말할 수 있다. 야구의 팀은 연습에 따라 실력이 늘고 합창단은 훈련에 의해 더 아름다운 화음을 내게 된다. 국가가 100년 단위로 안정되고 사회는 교육 제도에 의해 조금씩 개혁된다.

지능의 변화는 뇌의 신경 회로를 본뜬 뉴럴 네트워크로 표현되는 경우도 있다.

또한 생물은 종(種)으로서도 변화해 간다. 이것은 진화론의 입장에서 본 이론이지만 진화론은 적자생존이므로 환경에 가장 잘 적응한 유전자를 가진 개체가 살아남는다. 이것은 인공지능에서는 유전적 알고리즘이라는 분야이다.

또는 생물끼리의 밸런스 속에서 장소를 선택하여 살아남거나(나누어 살기) 단독으로 생존할 수 없는 경우 파트너가 되는 식물과 함께 벌과 꽃처럼 공생하여 살아남는다(공진화) 등의 변형이 있다.

그러나 유전적 알고리즘이나 뉴럴 네트워크뿐만 아니라 내부 구조나 매개변수를 변화시키는 더욱 단순한 방법이 있다.

그것은 대답을 알 때까지 계속 시험함으로써 해답을 발견한다는 시행착오이다. 축구에서 어떤 패스나 센터링을 올려 점수로 연결할까 하는 것은 수백 회 연습하는 동안에 이것이라는 감이 올 수 있으며, 피아노의 연습도 어떤 순간에 감이 왔다! 하는 감촉을 얻을 수 있다. 그렇게 해서 생물은 작은 시행착오(trial and error)에서 배운다. 즉, 자신을 변화시켜 갈 수 있는 것이다. 변화는 희망이기도 하다.

당신은 오늘 어떤 식으로 자신을 변화시켰는가?

어떤 작은 일도 좋으니 그것을 생각해 내면서 다음 장을 읽어 주었으면 한다.

6장

■▲■●■

성장하는 AI

~학술, 게임에 대한 공통 개념

인공지능은 다른 학문에서 보면 매우 불가사의한 분야이다.

인공지능은 애당초 지능이라는 것이 정의할 수 없는데도 그것을 탐구해 가는 분야이다. 즉, 기초라는 것이 없는 셈이다.

"없다"고 하면 지나친 말일지 모르지만 한가운데에 구멍이 뻥 뚫려 있고 거기서 밑바탕을 볼 수 없는 혼돈이 펼쳐져 있는 — 그런 느낌이라고 말해도 좋을지 모르겠다.

인공지능은 프레임 문제나 유전적 알고리즘, 뉴럴 네트워크 등 새로운 개념을 창조하여 세계에 퍼져 가지만, 생각해 보면 그러한 것들은 다른 분야에서 더 정밀하게 정식화되고 연구되어 있다.

예를 들어 유전적 알고리즘은 현재까지 순수한 알고리즘으로서, 또한 유전적 프로그래밍도 최적화의 기술로서 연구되고 있다. 인공지능에는 학문으로서 똑떨어진 프레임이 아니므로, 안정감이 좋지 않은 야생의 개념 속은 인공지능이라는 분야에서 어려움을 겪고 있는 것이지만 머지않아 확실히 확립된 분야로 연구될 것이다.

여기서는 인공지능 분야에서 발안되어 정밀화되고 디지털 게임에서도 충분히 활용하게 된 몇 가지 개념에 대해 해설한다.

불확실한 정보의 신뢰도를 사용하여 사고한다

'정보'라 하면 매우 객관적인 개념인 것처럼 생각된다. 예를 들어 '주가가 20% 상승', '기온은 어제보다 3.5도 높다', '발견된 화석은 2억 3,000만 년 전의 것으로 추정되었다' 등과 같은 표현을 생각해 보면 그렇다. 정보가 사실이면 문제가 없지만 세상에는 그것이 사실인지 아닌지 확인할 수 없는 정보가 넘쳐나며, 자신이 확인할 수 있는 것은 대체로 주변의 작은 일밖에 없다. 그리고 몇 사람의 인간이 모였을 때에도 어떤 사람이 말하는 것이 올바른지 알 수 없게 되는 경우가 있다. 사회가 되면 더욱 그렇다. 그러한 상황 속에서 자신의 눈앞을 엇갈려 지나가는 정보의 정확성을 어떻게 판단하면 좋을까 하는 것은 정말 절실한 문제이다.

그럼 어떻게 해서 정보의 진위를 확실히 파악하면 좋을까?

거기에는 두 가지 방법이 있다. 첫 번째 방법은 단순하고도 어렵지만 묘사되어 있는 사실을 자신이 확인하는 것이다. '태평양은 요트로 40일에 건널 수 있다', 'PC를 사려면 용산전자상가가 가장 싸다', '태풍의 눈의 한복판은 바람이 없다' 등과 같이 자기 자신이 확인하는 것이 너무 어렵거나 불가능한 경우도 있다. 다른 한 가지 방법은 '메타 정보'를 이용하는 것이다.

메타 정보를 이용한다

'**메타 정보**'란 정보에 부수되어 있는 정보를 말한다. 그 정보를 '언제, 누가, 어디서, 어떻게' 발신했는가 하는 등의 정보이다. 전문가가 발언한 것이라면 어느 정도는 올바르지 모른다. 같은 사람이라도 그것이 강연인지 그렇지 않으면 연회에서 발언한 한 마디인지 하는 상황에 따라서도 신뢰도가 달라진다. 또한 일반적이 아니라 자신과의 상대적인 입장이라는 것이 있다. 예를 들어 게임 내에서 자신이 속한 거리의 사람으로부터 얻은 정보는 믿을 수 있어도 적대하는 도적단으로부터 얻은 정보는 믿기 어려울지 모른다. 반대로 자신이 도적단의 일원이라면 신뢰는 반대가 된다.

그런데 메타 정보는 상세한 정보이므로 게임에서는 더 단순한 지표로 '신뢰도(confidence value)'라는 수치를 사용한다. '신뢰도'란 그 정보의 신뢰도를 자신이 보고 어느 정도 신뢰할 수 있는지를 나타내는 지표이다. 메타 정보에서 신뢰도를 결정하며, 보통은 '0'에서 '1' 사이의 수치로 표현한다.

지금 광대한 사막에서 두 진영이 싸우고 있다고 치자. 그러나 모래 먼지가 심해서 지근거리에서도 상대를 알아볼 수 없다. 각 진영은 로봇 몇 개가 협조하여 움직이고 있으며 아군 동료 정보를 건네받으면서 전황을 파악한다. 그러므로 적과 조우한 로봇은 아군의 로봇에게 통신으로 알릴 필요가 있다. 지금 아군과의 통신에서 적 A의 정보를 보내왔다고 하자.

이 정보를

적 A 위치 (5.6m, 4.7m, 12.2m) 신뢰도 1.0

과 같은 식으로 표현한다. 정보의 신뢰도가 '1.0'이라는 것은 아군으로부터 받은 정보가 지금 막 도착했으며 100% 신뢰할 수 있음을 나타낸다. 그러나 특히 시간이 경과함에 따라 변화하는 위치 정보와 같은 것은 시간이 흐름에 따라 신뢰도가 급격히 떨어져 버린다. 그래서 적도 움직이고 있으므로 30초 후에는

적 A 위치 (5.6m, 4.7m, 12.2m) 신뢰도 0.7

과 같은 식으로 신뢰도가 떨어져 정보를 유지해 둘 필요가 있으며, 또한 다른 아군에게도 알려주어야 한다. 이 신뢰도 '0.7'도 10초 후에는 '0.1' 정도로 떨어져

버릴지 모른다. 신뢰도가 떨어진 이러한 정보를 의사 결정에 사용하는 것은 자신을 위험에 빠뜨릴 뿐이다. 40초 후의 의사 결정에서 이 위치를 향해 나아가려고 하면 적 A는 벌써 거기에 없고 배후에 있을지도 모른다. 일반적으로 신뢰도의 시간적 저하는 일률적으로 신뢰도의 시간 감쇠 그래프를 설정해 둔다. 물론 캐릭터마다 서로 다른 그래프를 설정해도 상관없다.

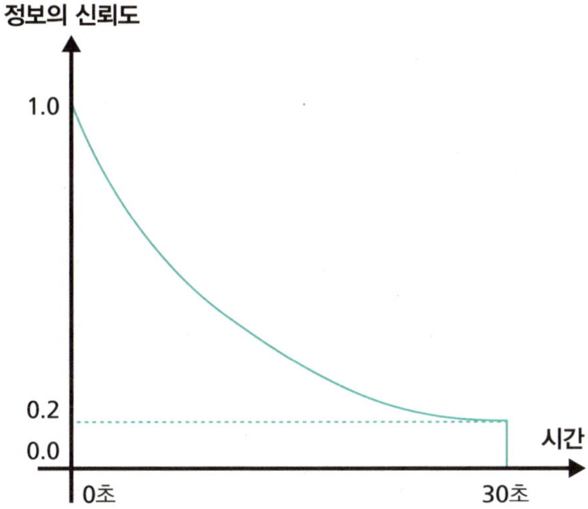

[그림 6-1] 정보의 신뢰도의 시간 감쇠 그래프

그런데 신뢰도라는 것은 확실히 주관적이지만 아군과 정보 교환을 할 때에도 역할을 한다. 아군이 같은 적 A에 대해

적 A 위치 (6.8m, 7.8m, 12.6m) 신뢰도 0.9

라는 정보를 가지고 있다고 하자. 신뢰도는 '0.9'이므로 검출한 지 10초가 경과했고 자신이 가진 정보의 저하된 신뢰도 '0.4'보다는 상당히 높다. 이러한 경우에는 이 정보를 수취하고 자신의 정보를 덮어써서 지워 버린다.

신뢰도는 진짜이다(= 1.0), 거짓이다(= 0.0) 사이의 감각과 간격을 수치화하고 본래의 메타 정보를 간략화한 것이며 정보를 취사선택할 때 편리한 지표가 된다.

이러한 정보 관리는 본래의 인간의 기억에서 한다면 단순하지만 게임의 제어에서는 이 작은 궁리가 큰 효과를 창출한다.

이와 같은 정보의 신뢰도의 얽히고설킴 상태를 이용한 게임으로 『늑대인간』이 있다. 늑대인간은 마을 사람 중에서 세 마리의 늑대가 뒤섞여 있고 매일 밤 마을 사람이 한 명씩 사람들 모르게 죽어 나간다. 낮에는 늑대라는 것을 알 수 없고 보통 사람처럼 대화한다. 그러나 대화 중에 늑대인간 셋이 뒤섞여 있으므로 모두가 의심에 빠져들게 되어 누가 늑대이면서 마을 사람인 척하고 있는지 모르므로 전원의 말의 신뢰도가 각각의 플레이어에게 의심을 받는다. 그런 모호한 상태 속에서 플레이어 전원이 합의를 도출하고 뒤섞여 있는 늑대라고 생각하는 플레이어를 찾을 필요가 있는 것이다.

정보가 불확실한 경우 생물의 신념을 형성하기가 어렵고 신념이 형성되지 않는다면 필연적으로 의도가 막연해져 간다. 신뢰도를 비롯한 정보의 속성은 그 정보를 메타적으로 조작할 때 사용된다.

예를 들어 늑대인간에서 누가 늑대인지 안 경우에는 그때까지 그 사람이 말한 정보의 신뢰도를 나중에 최저 수준으로 저하시키는 것도 가능하다. 반대로 늑대라고 의심을 받고 있는 사람에 대한 의심이 완화되어 정보의 신뢰도를 높일 수도 있다.

정보는 대부분의 경우 불확실한 것이다. 그러나 우리는 그 불확실한 정보에서 무언가 진실을 발견해 내려고 한다. 하지만 진실도 또한 시간과 함께 변해 간다. 그처럼 변해 가는 세계 속에서 지성은 지식과 메타 지식을 구사하여 살아나가려고 하는 것이다. 그리고 그것은 인공지능에도 또한 요구되는 능력이다.

소셜 네트워크 그래프

사회적 관계를 표현한다

지능에는 내면의 개인적인(personal) 측면과 사회적인(social) 측면의 두 가지 측면이 있다. '**소셜 네트워크**'란 사회 관계망 구조를 말한다. '인간은 사회적인 존재이다'라는 플라톤의 말처럼 개인적인 면과 사회적인 면의 두 면은 지능이 가진 내면인 동시에 겉과 속처럼 깊이 연결되어 있다. 그래서 '**소셜 네트워크 그래프**'는 사회적인 관계를 단적으로 표현한 그래프이다. 노드는 개인을 나타내고 노드를 연결하는 선에는 각각이 서로 쌍방향으로 되어 있는 관계성의 이름이 붙여져 있다. 이러한 그래프를 '**쌍방향 그래프**'라 한다.

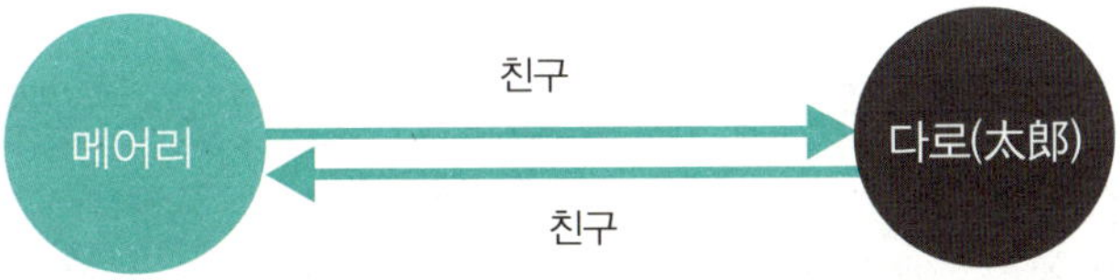

[그림 6-2] 사회적 관계성을 나타낸 쌍방향 그래프

그림의 경우 메어리는 다로를, 다로는 메어리를 '친구'라고 생각하고 있다. 소셜 네트워크 그래프는 이러한 표현이 2자, 3자...로 확장된 사회나 공동체 전체에 대한 관계를 표현한 것이다. 물론 관계성도 '친구'뿐만 아니라 '상사', '부하', '선배', '후배', '친구', '친우' …. 등 다양한 관계성이 있을 것이다. 또한 관계성도 쌍방향에 한정되지 않고 '일방적으로 알고 있는' 관계이거나 상대가 자신을 기억하지 못하고 있는 경우도 있다. 사회에서 인간의 관계를 이렇게 표현하는 것은 실제로 흥미로운 일일지 모르지만, 게임 세계의 거리나 집단을 시뮬레이션할 때에도 소셜 네트워크 그래프는 매우 유효한 방법이다.

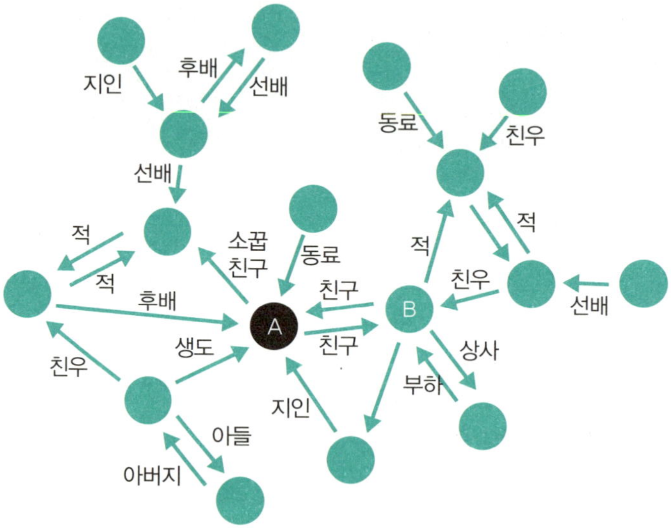

[그림 6-3] 사회적 관계성을 나타낸 소셜 네트워크 그래프

소문이 퍼져 가는 시스템

A가 "B가 이번에 TV에 나오는 모양이다."라고 말한다고 치자. 그러면 그 정보는 이 소셜 네트워크를 통해 소문으로 퍼져 갈 것이다. 직접 B와 친구가 아니더라도 "친구의 친구인데요."라고 말하기도 하고 "근처 사는 분의 아들인데요."와 같이 말하는 느낌이다. 또는 그 정보가 사실과 다른 것을 알고 있는 사람이 말한다면 "이것은 TV가 아니라 인터넷 프로그램에 나온대요."라고 정정하여 퍼져 갈지도 모른다. 소셜 네트워크를 이런 '소문 전파 방법'에 사용할 수 있다.

게임 내에서의 사례를 생각해 보자. 사건이 일어난 거리에 탐정이 왔다고 하자. '범행은 오전 1시, 거리의 중앙 광장에서 수트 차림에 챙이 넓은 모자를 쓰고 부츠를 신은 남자의 소행'까지 알고 있다. 탐정은 사람들에게 얻어들으면서 인간관계를 소셜 네트워크 그래프로 표현하고 그 인간관계와 당사자로부터 들은 사실과 주위에 관계가 있는 사람이 그 사람에 대해 말하고 있는 일의 내막을 취재해 간다. 질문은 "당신은 부츠를 가지고 갑니까?" 또는 "주위의 친구 중에서 부츠를 신고 있거나 소유하고 있는 사람이 있습니까?", "챙이 넓은 모자를 쓰거나 또는 가지고 있습니까?" 또는 "가지고 있는 사람을 알고 있습니까?" 라는 형태가 될 것이다. 그리고 앞에서 설명한 '정보의 신뢰도'는 곧 이웃의 노드, 즉 직접 관계가 있는 사람에 대해 언급하는 정보가 가장 높고 노드가 멀어지면 멀어질수록 신뢰도는 떨어져 가게 된다. 소셜 네트워크 그래프를 따라가면서 언젠가 '그렇게 말하고 보니 친구로부터 그 친구가 모자를 샀다는 이야기를 들은 적이 있다'는 등의 정보를 추적해 내서 거리 전체의 소셜 네트워크 그래프의 노드 중에서 범인을 찾아낼 수 있을 것이다.

소셜 네트워크 그래프는 이렇게 집단의 구조를 표현함과 동시에 정보의 경로를 나타내는 것이며 지식의 전파 거리라는 개념을 표현하는 것이기도 하다.

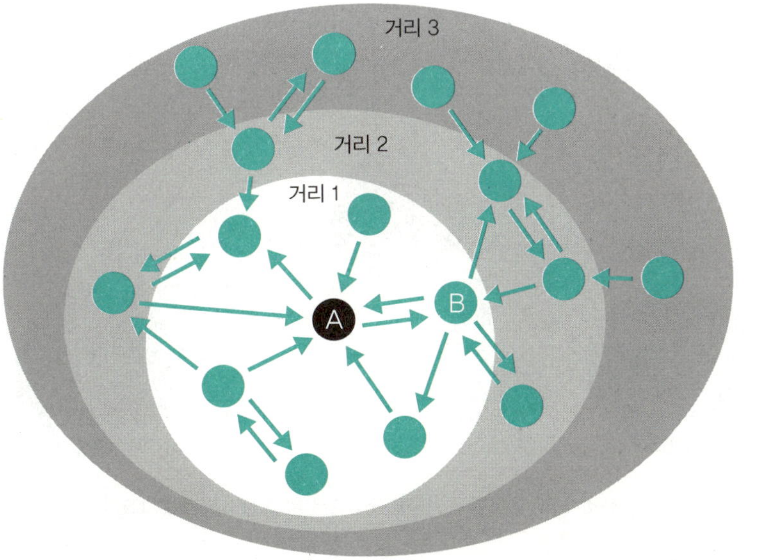

[그림 6-4] A를 중심으로 한 소셜 네트워크 그래프가 나타내는 정보의 경로(거리 1, 거리 2, 거리 3에 의한 전파)

이것은 RPG 등에서 아군의 당파를 소개할 때에도 역할을 한다. 주인공(플레이어)의 주위에 3명의 동료가 있다 하고 그 당파의 관련성을 나타내기 위해 소셜 네트워크 그래프를 이용할 수 있다. 또한 함께 행동하는 중에 그 관계성이 변화하는 것도 소셜 네트워크 그래프의 변화에 따라 표현할 수 있다. 예를 들어 그 관계성을 바탕으로 캐릭터 간의 회화를 변화시킬 수 있다.

처음에는 사이가 나빴던 엘리스와 바루라는 캐릭터는 전투를 개시할 때 엘리스가 '적을 전멸시켜!'라고 말해도 아무 대답이 없다. 그러나 전투 중에 회복 마법을 받음으로써 2인의 사이가 좋아져 "적을 전멸시켜!", "알았어!" 등으로 호응하게 된다.

반대로 소셜 네트워크 그래프의 변화에 따라 그때까지는 감싸지 않았던 두 사람이 감싸게 되는 등의 변화를 실현할 수도 있다.

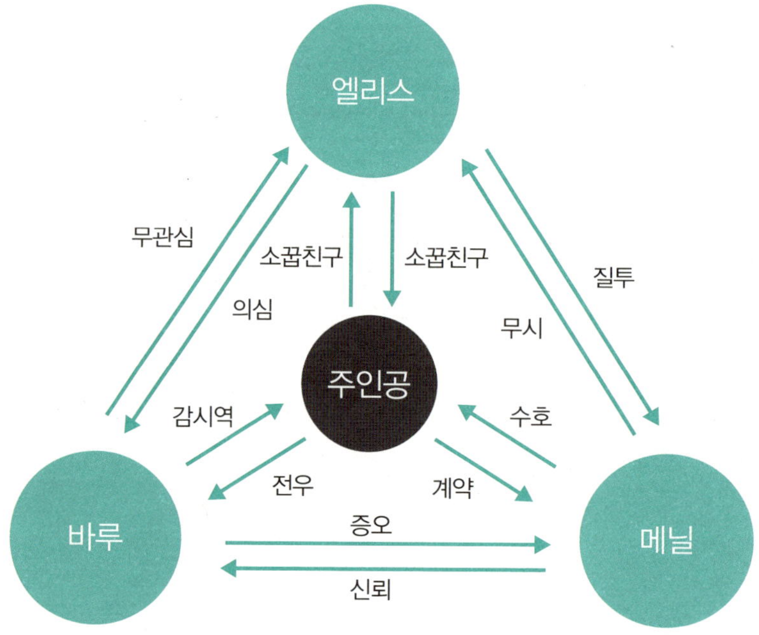

[그림 6-5] RPG에 대한 주인공을 중심으로 한 소셜 네트워크 그래프

이러한 적은 기미의 변화를 표현하는 데 소셜 네트워크 그래프가 적합하다.

학습 · 적응 · 진화
알고리즘에서 변화를 일으킨다

인공지능에서 캐릭터를 변화시키는 알고리즘은 '학습', '적응', '진화' 세 가지가 있다. 이들을 통틀어 '학습'이라고 하는 경우도 있지만 여기서는 더 상세하게 세 가지 방법의 차이점에 대해 살펴보자.

동물이 성장해 가는 시스템

동물의 지능에는 다층적인 구조가 있다. 동물 중에서 변화하기 마련인 부분을 '가역성을 가진' 부분이라 한다. 그런데 동물의 구조를 살펴보면 우선 유전자에서 세포, 뇌세포, 신체와 계층적으로 다층적인 구조를 가지고 있음을 알 수 있다. 이 중에서 유전자는 태어난 그때부터 변화하지 않는다. 즉, 가역성을 가지고 있지 않다. 그러나 세포나 신체나 뇌세포는 가역성을 가지고 있다. 특히 뇌는 신체의 일부이면서 뉴런이라는 특별한 신경소자로 확대된 네트워크를 형성하여(p.237) 내장이나 사지와는 별도의 가역성을 가지고 있다.

'학습 · 적응 · 진화'는 각각에 대해 변화시키는 부분을 가지고 있지만 무엇을 변화시킬지에 대해 명확한 구별이 있다.

먼저 '진화'는 개체에 대해 사용하는 언어가 아니며, 집단에 대해 작용하는 힘을 가리킨다. 여기서는 무리라고 하는 쪽이 상상하기 쉬울지도 모르겠다. 버팔로 무리, 사자 무리, 인간 집단을 상상해 보자. 동물의 무리는 교배를 통해 진화한다. 교배는 각각의 어버이의 유전자를 상보적으로 받아서 새로운 유전자를 형성한다. 그리고 이 유전자에 따라 신체가 발생되고 형성되어 간다. 이러한 변화의 가능성에서 새롭고 강한 개체가 발생하는 것이다. 즉, '**진화**'란 유전자 레벨의 혁신이다. 그리고 환경에 강하게 적응한 개체일수록 개체를 남길 확률이 높아진다. 이것이 '**적자생존**'이다. 동물의 세계의 일부다처제는 우수한 유전자를 빨리 퍼뜨리는 역할을 가지고 있다. 또한 버팔로나 동물의 무리의 대이동은 약한 개체를 탈락시키는 역할을 가지고 있다고 한다. 진화란 긴 시간을 거친 생물의 변화인 것이다.

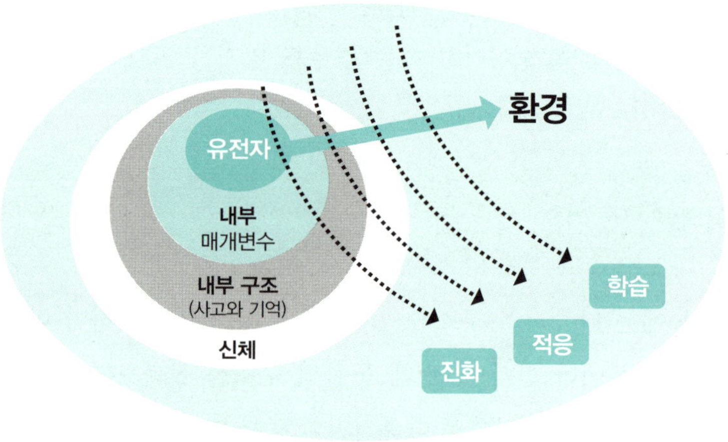

가역성의 변화 = 변화하는 영역은 성장에 따라 외측으로 한정되어 간다.
중심의 변화야말로 본질적 변화를 받는다.

[그림 6-6] **진화, 적응, 학습의 구분**

다음으로 '적응'을 생각해 보자. 예를 들어 같은 개라도 추운 지역에서 자라면 털이 빨리 자라고 한편 더운 지역이면 늦게 자란다. 같은 유전자를 가진 동물이라도 자라는 환경에 따라 발현하는 신체의 형태가 달라지는 것을 '**표현형 가역성**'이라 한다. 즉, 동물은 모두 유전자로 결정되는 것이 아니라 자라는 환경이나 사는 환경에 맞춰 특징을 선택하는 유연성을 가지고 있는 것이다. 이것이 후천적인 가역성이며 '**적응**'이라고 한다. 어떤 동물도 태어난 지 1~2년은 적응에 중요한 기간이다. 환경과의 상호작용 속에서 신체 조직, 뇌의 회로가 형성되어 간다. 눈도 처음부터 볼 수 있는 것이 아니라 생후 머지않아 빛을 받으면서 신경 회로가 형성된다.

끝으로 '학습'을 살펴보자. 여기서는 벌써 신체의 큰 특징이 변하는 것은 아니지만 그래도 신체의 내부의 세포가 변한다. 연습을 하면 농구의 슛이나 승마가 가능하게 된다. 구구단을 외는 것도 가능하고 무엇보다도 말을 습득할 수 있다. '학습'은 생물에 있어서 최후까지 남아 있는 가역성이라고 할 수 있다. 이것은 특히 뇌나 지능에 깊이 관계가 있다.

환경은 계속 변화한다. 심한 변화가 아니라 자연계에서라면 미소한 변동도 거기에 사는 생물에게는 큰 변화가 된다. 그러므로 무언가 특별한 성질을 가지고 있음으로써 살아남을 수는 있지만 그것과 마찬가지 정도로 환경의 변화에 맞춰 자신을 변화시켜 가는 성질, 더 나아가 종 전체도 자신을 변화시켜 살아남아 가는 힘이 생물에게 깃들어 있음을 알 수 있다. 계속 변화하는 것은 개인에서 집단까지 계층적으로 가역성을 계속 유지할 수 있으며 그것에 의해 몇 번이고 집단 전체를 살아남도록 하는 힘과 장치를 생물은 가지고 있는 것이다.

캐릭터가 성장해 가는 시스템

그런데 캐릭터도 또한 계층적인 구조를 가지고 있다. '신체', 그리고 '지능'이 그것이다. 만약 캐릭터가 신체를 변화시키는 힘을 가지고 있다면 환경에 대해 신체를 변화시켜 감으로써 '적응'할 수 있다. 또는 운동 성능을 변화시킬 수 있다면 '학습' 하는 것이 가능하다.

캐릭터가 환경에 적응한다

숲속에서 활동할 때와 깎아지른 산중에서 활동할 때에는 점프의 능력을 변화시키는 등의 방법으로 그 환경에 적응한 신체 운동의 매개변수의 변화를 추구한다. 또한 지능의 경우도 마찬가지다. 의사 결정의 기구를 변경시켜 '학습'하거나 정보를 획득하는 경로를 '학습'할 수가 있다. 의사 결정 학습은 의사 결정의 형식에 따라 변화시킨다. 숲과 사막의 경우, 사막 쪽이 시각의 인식 영역을 크게 해야 할 필요가 있다. 어둠 속에서는 시각의 업데이트를 늦추고 청각의 예민성을 높이는 등의 방법이 있다.

여기서 '에이전트 아키텍처'의 세 가지 요소 '인식', '의사 결정', '운동 생성'을 한 번 더 떠올려 보자. 여기서 중요한 것은 각각의 모듈에 있어서 변화하는 능력이 있다. 즉, '학습', '적응', '진화'가 있는 것이다. 각각의 영역에서 가역성을 가지고 있으면 캐릭터는 유연하게 변화할 수 있는 것이다. 이것을 조금씩 자세히 살펴보자.

캐릭터의 센서는 예를 들어 시각이라면 시야각과 거리가 매개변수로 존재한다. 이 부채꼴 영역을 '**시야 영역**'이라 한다. 이 시야 영역에 다른 캐릭터가 들어왔다고 판정하면 '보았다'는 것이 된다. 청각이라면 청각 영역의 반경이 있고 각각의 업데이트 빈도(1초간 몇 번 시각을 판정하는가 하는 것)가 있다. 몇 프레임마다 이 영역의 정보를 업데이트하는지, 이것도 가역적인 매개변수이다.

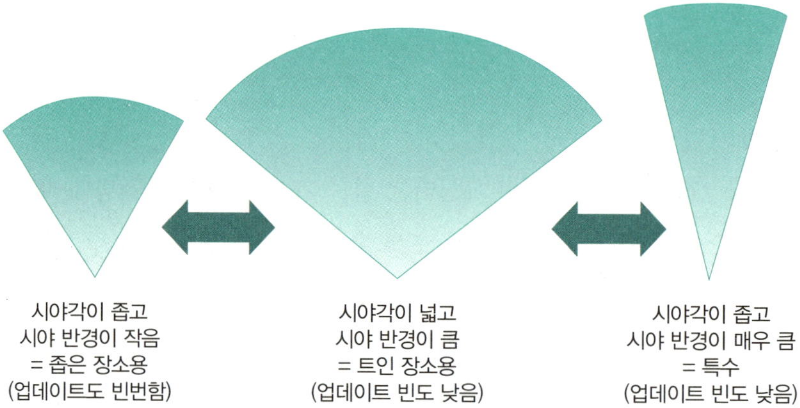

[그림 6-7] 시야 영역과 탐색의 관계

지금 이러한 문제를 생각해 보자. 캐릭터는 '척후'라는 임무를 부여받았으며 광대한 평원에서 적을 발견하는 것이 사명이다. 또한 '인식' 모듈에 맡기는 계산 능력의 상한은 결정되어 있다고 하자. 이때 환경에 따라 시각의 성능을 변화시키는 것을 생각해 본다. 넓은 장소라면 시야각과 시각 거리를 크게 하고 업데이트 횟수를 1초 간에 수회 정도로 낮추는 쪽을 택하면 더 큰 영역을 탐색할 수 있다. 그런데 전망이 나쁜 장소에 오면 시야각을 좁게 하고 시각 거리도 제한하여 언제 출현할지 모르는 적에 대비하고, 업데이트 횟수를 높일 필요가 있다. 센서는 환경에 적응하도록 매번 변화하는 것이다. 그리고 안개가 끼어서 시계가 차단된다면 청각 영역의 반경을 크게 하여 더 큰 영역에서 적의 추적음이 들리지 않는지 확인한다.

캐릭터가 환경에서 학습한다

다음으로 의사 결정의 변화는 — 이미 5장 '캐릭터가 학습해 가는 구조'에서도 한 예를 보았지만, 여기서 중요한 것은 앞 장에서 해설한 대로 '의사 결정', '결정한 행동', '그 결과'를 일정한 형태로 표현하여 일련의 데이터로 기억하는 것이다. 인간도 그렇지만 행동하지 않으면 학습할 수 없다. 그 행동이 어떤 결과를 얻는지를 언제나 기억하는 것이 학습의 기본이다. 행동, 결과, 의사 결정이 어떠했는지를 기억하는 것이 모든 학습의 기본인 것이다.

축구 게임에서 센터링을 올리는 에이전트를 생각해 보자. 센터링이란 축구의 골대 앞의 아군에게 공을 차올려 주는 것이다. 그러나 어느 장소에 센터링을 올릴지는 어려운 문제이다. 지금 자신과 골대 앞에 있는 다른 캐릭터와의 위치 관계를 벡터라고 표현하기로 하자. 여러 가지 위치 관계가 있다. 그 위치 관계에 다양한 장소에서 센터링을 올리고 그것이 골로 이어지지 않았는지를 단지 연습으로 시험해 보기로 한다. 서로의 위치 관계라는 '현재의 상태', 어디에 공을 찼는가 하는 '행동'의 표현, 그리고 그것이 골로 이어졌는가 하는 '결과'의 표현을 조합함으로써 학습이 가능하게 된다.

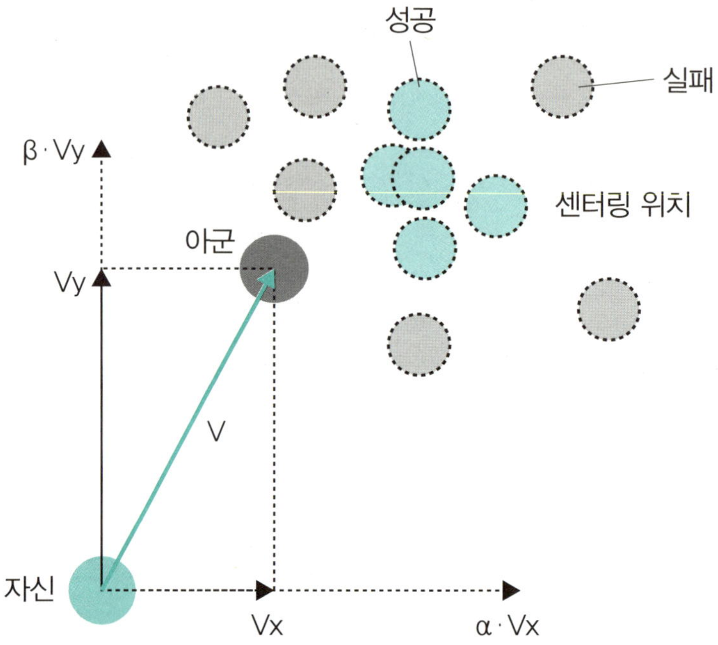

[그림 6-8] 축구의 센터링 위치와 성공 결과

여기서 어떤 고정된 위치에서 센터링을 올리는 것을 연습하는 예를 생각해 보자. 그러면 의사 결정의 표현은 여기서는 다음과 같이 생각하기로 한다. 자신으로부터 상대에 대한 벡터를 V = (Vx, Vy)라 하고 센터링을 올리는 위치를 (α · Vx, β · Vy)라 하고 생각해 본다. 이 (α, β)를 결정하는 것이 의사 결정이라고 하자. 결과는 성공, 실패이므로 [1], [0]이다. 그러면 여러 가지 (α, β)에 [1], [0]이 대응한다. 거기서 단지 센터링을 연습해서는 골을 얻을 수 없었다는 결과가 계속 나온다. 어떤 위치 관계 V에 따라 점점 가장 좋은 센터링 위치, 즉 (α, β)를 결정해 간다. 예를 들어 처음에는 α와 β가 모두 [1]이고 지금 있는 상대의 위치에 공을 올려 준다고 하자. 그러나 골을 얻지 못했다. 그래서 변동을 적용하여 α = '1.2', β = '1.1' 등 조금씩 차이를 주면서 많은 테스트를 해 본다. 그러면 골의 빈도가 높은 α와 β가 서서히 발견된다. 이것이 '학습'한다는 것이며, 그러기 위해서는 의사 결정과 행동을 표현해 둘 필요가 있다. 축구 연습에서도 무턱대고 센터링하는 것보다 1구 1구 성공했는지 실패했는지 확인하면서 연습하는 쪽이 실력 향상에 유리하다. 이와 같이 명확한 교사가 없는 학습을 '**교사 없는 학습**'이라 한다.

또 한 가지의 예로 격투 게임에서 '학습'을 생각해 보자.

상대와 자신의 거리에 따라 '킥', '펀치', '1보 앞으로 간다', '1보 내려간다' 중 어느 하나를 선택하도록 학습시키려 한다고 하자. 이 경우 첫 번째 것은 상대의 매개변수(이 경우 상대의 거리, 속도, 가속도)를 취하여 초기 설정 매개변수와 비교하고 이 네 가지 중 하나를 선택한다.

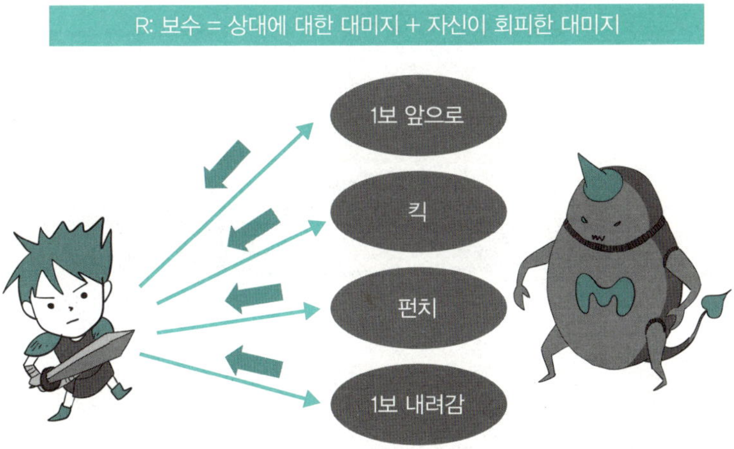

[그림 6-9] **격투 게임에 대한 강화 학습**

예를 들어 상대와의 거리가 3m 이내이고 속도가 4m/s이면 '펀치'를 선택하는 등과 같이 이 3m나 4m/s가 초기 설정으로서 이 매개변수를 매 액션마다 아주 조금씩 변동을 적용하면서 싸우게 한다. 이 경우 이 의사 결정에 사용한 매개변수를 '방침'이라 한다. '펀치'는 맞으면 성공, 맞지 않으면 실패, '킥'은 맞으면 성공, 맞지 않으면 실패, '1보 앞으로'는 대미지를 받지 않고 그 후 대미지를 주면 성공, 대미지를 받으면 실패, '1보 내려감'도 마찬가지이다. 몇 번이고 반복하면서 각각의 행동에서 성공한 경우에는 그 방침에 보수가 부여되고 학습이 강하게 반영된다. 그러면 방침은 상대측의 플레이어마다 조금씩 다르게 될 것이다. 즉, 플레이어와 대전하면서 캐릭터의 지능에 학습을 시킴으로써 각각의 플레이어에 따른 학습을 수행하게 할 수 있다.

이와 같이 우선 어떤 행동 방침으로 행동을 하고 그에 대한 결과(= 보수)가 환경에서 돌아오는 것을 보고 행동 선택의 방침을 바꾸어 가는 것을 몇 번이고 반복해 학습하는 방법을 '**강화 학습**(Reinforcement Learning)'이라 한다. 즉, 상대를 포함한 환경을 완전히 모델화할 수 없을 때에는 먼저 시행착오를 겪으면서 결과에서 자신의 행동과 그 방침이 옳은지 여부를 평가하여 조정해 가는 것이다.

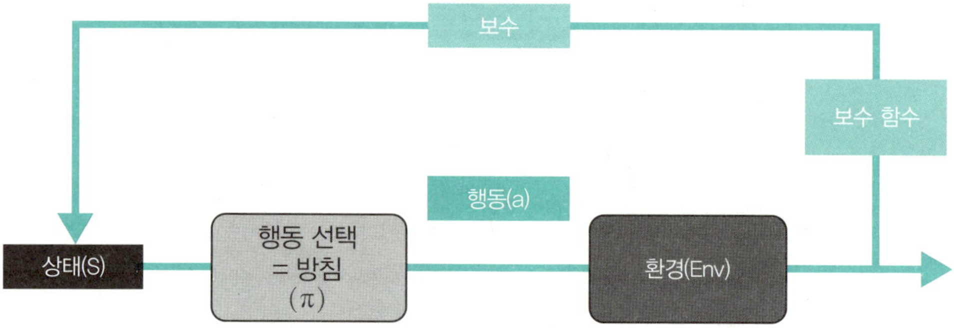

[그림 6-10] 강화 학습의 구조

또한 단일 행동의 보수뿐만 아니라 하나 앞, 둘 앞의 행동까지 보수를 건네는 방법을 '**Q 학습**(Q Learning)'이라 한다. 강화 학습은 연구에서는 많이 사용되고 있는 방법이지만 게임에서는 그리 많은 예가 없다. 『Hitman: Absolution』(IO Interactive, 2012년)의 애니메이션 천이 학습에 사용되고 있는 예와*21 연구로서 격투 게임 『Tao Feng』(Studio Gigante, Microsoft Game Studios, 2003년)에 대한 적 NPC의 학습에 이용되고 있는 정도를 예로 들 수 있다.

*21 [참고] Michael Büttner, 『Reinforcement Learning–based Character Locomotion in HITMAN: ABSOLUTION』(HITMAN: ABSOLUTION의 강화 학습 기반 캐릭터 이동 양식), Vienna Game/AI Conference '12
http://aigamedev.com/open/coverage/vienna12-report/#session15

이 적 NPC는 인간과의 대전을 반복함으로써 처음에는 호되게 피해를 입지만 이윽고 각 기술에 대한 최적의 실행 조건을 학습하고 훌륭하게 기술을 결정할 수 있게 된다. 이것도 강화 학습이다.*22

캐릭터가 진화한다

끝으로 캐릭터가 진화하는 경우를 생각해 보자. 게임에서 캐릭터는 다양한 매개변수를 가지고 있다. 이 매개변수의 배열을 유전자로 간주하고 유전적 알고리즘을 움직인다.

'**유전적 알고리즘**'은 두 유전자끼리 교배시켜 새로운 유전자를 만들어내고 캐릭터를 진화시켜가는 구조이다.

지금 적 캐릭터가 플레이어를 향하는 동작을 8가지 매개변수로 정의하기로 한다. 진입각, 회전 속도, 회전 가속도, 속도, 가속도, 탄알을 내는 타이밍 1, 탄알을 내는 타이밍 2, 탄알을 내는 타이밍 3가 그것이다. 이 8가지를 유전자로 간주하자. 즉, 이 캐릭터는 플레이어를 향해 회전하면서 탄을 3발 쏘는 적이다.

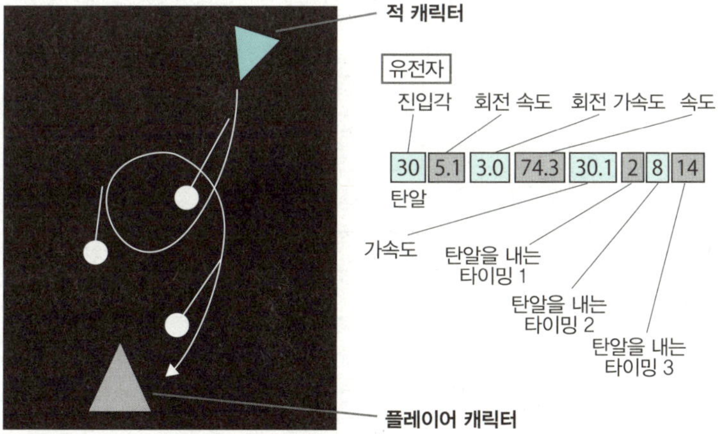

[그림 6-11] 슈팅 게임에서 유전자에 의해 궤도를 정한 적 캐릭터

*22 [참고] Microsoft Research, 『Video Games and Artificial Intelligence』(비디오 게임과 인공지능)
https://www.microsoft.com/en-us/research/project/video-games-and-artificial-intelligence/

유전적 알고리즘을 움직이기 위해 처음에는 많은 캐릭터를 만들어낸다. 각 캐릭터는 난수로 적당한 수치가 입력되어 있다. 지금 100체의 캐릭터를 만들어내고 1체 1체 플레이어를 향하게 한다. 플레이어는 그것을 맞이하여 공격하지만 대미지를 준다. 그 결과 각 캐릭터가 플레이어에게 얼마만큼 대미지를 주었는가 하는 것으로 이 100체의 순위를 정한다. 대미지의 값은 게임 내의 수치이므로 여기서 적응치라고 부르고 '0.0'~'1.0' 사이의 값으로 한다. 여기서부터 다음 세대를 만들어내기 위해 우수한 부모를 선택한다.

여기서 **'룰렛 방식'**을 이용한다. 룰렛 방식은 적응치에 따라 부모가 될 확률을 결정하는 방법이다. 즉, 우수한 성적을 남긴 부모가 더 높은 확률로 부모가 된다.

그리고 선출된 2체의 부모로부터 새로운 2체를 만들어낸다. 유전자에 매듭을 넣어 연결한다. 이것을 **'교차'**라고 하자. 이렇게 해서 원래의 100체로부터 다음 세대 100체를 만들어 낸다.

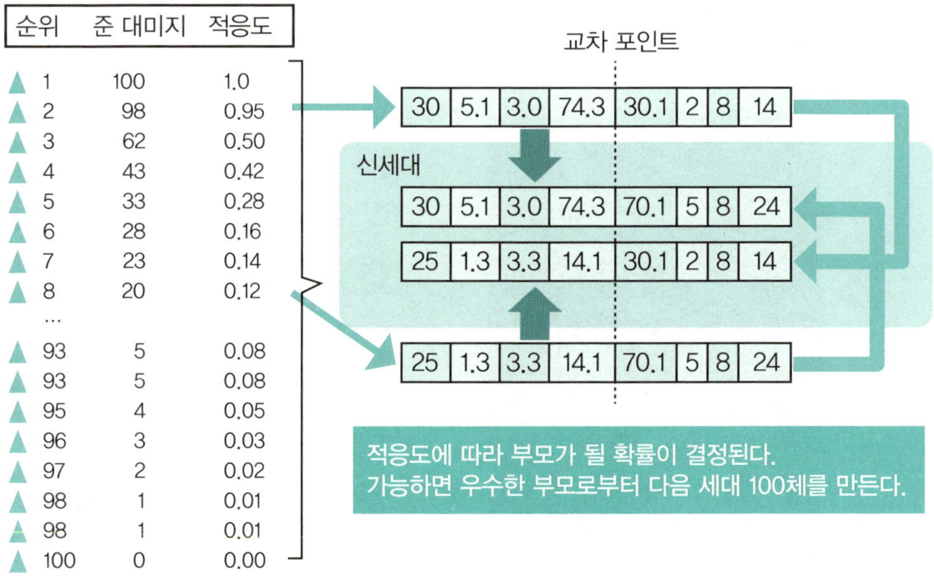

[그림 6-12] 유전적 알고리즘의 구조

이 100체는 원래 세대보다 우수하게 되어 있을 것이다. 이것을 한번뿐만 아니라 10세대, 100세대 계속하면 플레이어에게 점점 더 힘겨운 적집단이 완성된다.

이 절에서는 캐릭터의 학습, 적응, 진화를 보아 왔다. 캐릭터의 내부에는 변화할 수 있는, 즉 가역성을 가진 부분이 있고 그것에 대해 인공지능의 알고리즘을 적응시켜 변화를 일으킬 수 있다. 게임에 대한 학습 — 진화 알고리즘에 대한 적용은 아직 적지만 앞으로 게임에 새로운 역학을 가져다 줄 가능성이 충분히 있다.

뉴럴 네트워크(신경망) 입문

딥 러닝까지의 흐름

뇌에 대한 일은 언제나 미묘한 문제를 포함한다. 우리의 정신은 마음이나 과거나 미래를 막연하게 이해하고 있다. 그러나 물리적인 측면에서 볼 때 뇌는 뉴런의 집합체이므로 물질이 아니냐고 함부로 말해 버리면 그런 물질이 지능인 것처럼 생각하게 될 수 있다. 하지만 실제로는 그렇게까지 잘라 말하는 것은 불가능하다. 물리적으로 뇌를 보면 뇌는 아마도 신경 소자(뉴런)의 결합으로 이루어진 것 같다는 것이지만, 뉴럴넷은 그 뉴런상에서 어떤 전기에 의한 운동이 일어나고 있는 것일까 하는 현상을 지능이라고 파악한다. 거기서부터 논의를 시작해 보자.

인공지능에는 두 가지 계통이 있다. 하나는 '**기호적 인공지능**', 즉 기호 처리로 만들어지고 프로그램으로 작성하는 것 같은 인공지능이다. 이것은 지금까지 보아 왔듯이 사물을 심볼(기호)에 대응시키고 기호 간의 관련성을 만들어 감으로써 지능을 만든다는 접근 방식이다.

또 하나는 '**커넥셔니즘**'이라는 뇌의 신경소자(뉴런)를 본뜬 방법이다. 이 방법은 뉴런을 조합한 수치 시뮬레이션을 수행하므로 기호가 나타나지 않는다. 유리한 것은 화상과 영상, 파형이라는 수치와 신호 데이터이다. 인공지능은 인터넷의 보급에 의해 먼저 문자나 기호가 네트워크상에서 범람하고 그것을 바탕으로 기호적 인공지능을 학습하여 성장했다.

그리고 20년 정도 늦은 형태로 지금은 화상이나 영상이 네트워크상에 흘러넘치게 되자 이번에는 그것을 바탕으로 '커넥셔니즘', 즉 뉴럴 네트워크의 일종인 '**딥 러닝**(Deep Learning)'이 대두되었다.

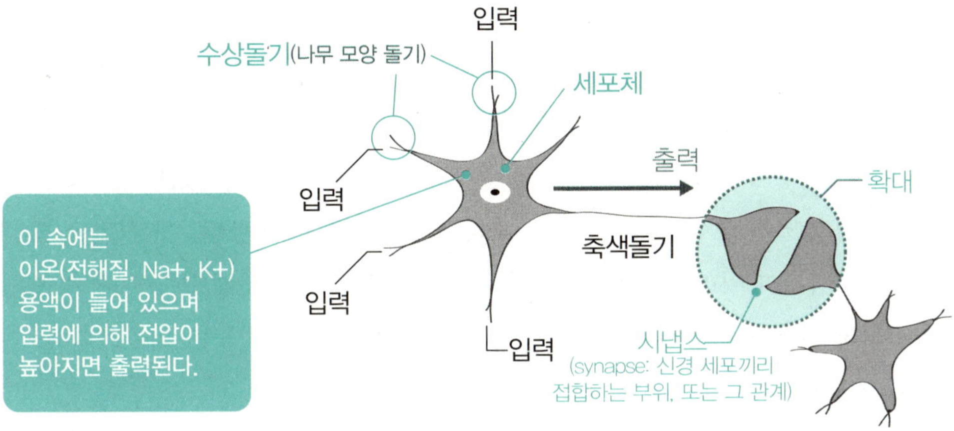

뉴럴 네트워크 내의 신호 전달 속도는 100(m/sec)이며 컴퓨터보다 훨씬 더 느리다.

[그림 6-13] 신경소자(뉴런)

뉴런과 뉴럴넷

뉴럴넷의 역사는 1950년대 후반으로 거슬러 올라간다. 또한 그 원형은 1952년 뉴런의 전기회로 방정식 '호지킨 헉슬리 방정식'까지 거슬러 올라간다.

'**뉴런**'이란 동물의 뇌의 단위로 되어 있는 단백질로 이루어진 조직으로서 축상돌기이라는 돌기로부터 전기 신호를 주고 받을 수 있다. 이 뉴런이 상호 접속되어 있는 것이 '**뉴럴넷**'이다. 뉴런의 골자는 이온 화학물질이며 거기에 전기 신호가 가해짐으로써 전위가 높아져 신호가 발신되는 구조이다.

호지킨(A. L. Hodgkin) 박사와 헉슬리(A. F. Huxley) 박사는 둘 다 영국의 생리학자이며 화살오징어의 축상돌기에서 뉴런의 성질을 조사하고 이 방정식을 유도했다. 이 일은 1962년 노벨 생리학상 의학상으로 빛을 발한다. 이 방정식은 뉴런의 전위를 조금씩 오려 가면 어떤 전위를 경계로 신호가 발신되는 것이다. 이 방정식의 해인 '**시그모이드 곡선**'은 그 곡선의 성질을 수학적으로 나타내고 있다.

뉴런에 모인 전기에 의해 뉴런 내 이온 용액의 전위가 높아지면 전기 신호가 발신

된다. 전기 신호이므로 컴퓨터와 같이 고속일 것처럼 상상되지만 실제로는 뉴런의 전위가 높아지는 것을 기다리기 위해 속도는 컴퓨터보다 느려진다. 이 뉴런을 복잡하게 다양한 형태로 연결한 여러 형태의 신경 회로를 처음 연구하던 시절에는 매우 복잡하기 때문에, 1958년에 프랑크 로젠브라드가 이것을 병렬로 놓고 한 방향으로 신호를 전파하는 퍼셉트론 형태의 신경 회로를 고안했다. 이 성질이 1960년대에 조사되어 여러 가지 학습의 가능성을 알게 됨과 동시에 붐을 이루게 되었는데 결국 한계가 명확해지자 뉴럴넷 붐이 사그라졌다. 뉴럴 네트워크라고 한 경우는 대부분이 이 퍼셉트론의 형태를 가리킨다.

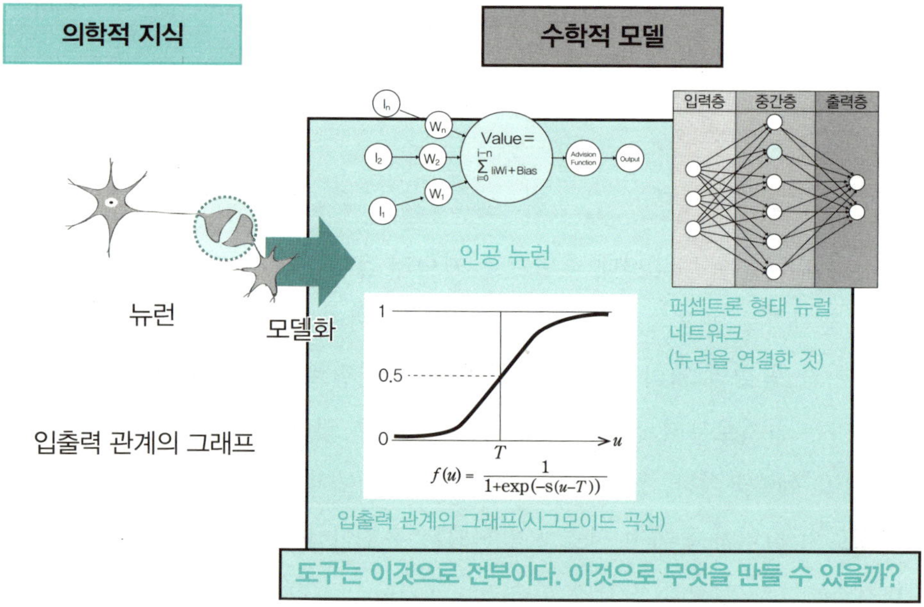

[그림 6-14] 퍼셉트론의 원리

1980년대에 다시 한번 뉴럴 네트워크의 '**오차 역전파법**'이라는 새로운 학습 방법이 제기되고 '**리커런트형**(recurrent)'이라는 출력을 다시 한번 뉴럴에 되돌려서 재귀적 회로를 실현하는 혁신이 있었으며, 1990년대 중반까지 주류를 이루었다. 그러나 인터넷 시대에 들어오면서 인터넷상의 기호처리적인 인공지능의 연구가 유행하게 된다.

'퍼셉트론형 뉴럴 네트워크'의 경우 각각의 뉴런은 결합하고 있는 결합의 강도가 각각 정의되어 있다. 이 강도는 뇌 속의 뉴런들이 어느 정도 강하게 연결되어 있는가를 정확히 나타낸다. 강한 결합일수록 신호가 통과하기 쉽다. 이 '퍼셉트론형'은 입력층과 출력층이 있으므로 입력에 신호를 넣으면 출력층에서 반드시 무언가가 출력된다. 출력은 처음에는 아무렇게나 나오지만 '이 경우는 이런 출력(=교사 신호)이 나왔으면 좋겠다'고 지정하여 학습하는 방법이 있으며, 실제로 나오는 신호와 교사 신호의 차가 적어지도록 결합률을 바꾸어가는 학습 방법을 '오차 역전파법'이라 한다. 역전파법은 몇 번이고 입력되고 출력을 수행하며 출력과 교사 신호의 차에서 결합률을 변화시킴으로써 서서히 입력에 대해 이상적인 출력을 하게 된다.

'뉴럴 네트워크'는 게임에서도 이용되고 있다. 뉴럴 네트워크는 입력에 대한 출력의 학습 능력이 있으며, 그 성질을 이용하여 캐릭터의 두뇌로 이용함으로써 그 주위의 상황에 대한 행동을 학습시킬 수 있다.

예를 들어 원주민과 크리처(해리포터의 등장인물)가 사는 세계에서 플레이어는 신이 되어 세계를 통치할 목적으로 크리처 1두를 조련하는 게임 『Black & White』(Lionhead Studios, 2001년)에 나오는 크리처는 뉴럴 네트워크가 두뇌로 내장되어 있으며 환경에 대한 행동을 하면서 사용자가 칭찬하거나 꾸짖음으로써 무엇이 올바른 행동인지 학습해 간다. 사용자는 그 캐릭터가 하는 행동에 교사 신호를 부여한다. 먼저, 크리처에게 바위를 준다. 그러면 크리처는 처음에는 바위를 던져버리지만, 그럴 때에는 두들겨서 벌을 주고 바위를 운반하면 어루만져 주면서 바위를 운반하도록 훈육을 할 수 있다.

또한 디지털 게임에서는 복수의 적이 있는 경우 어느 적을 공격할지를 캐릭터에게 가르치고 싶을 때가 있다. 구체적으로는 3체의 적에게 둘러싸인 것으로 하고 어떤 경우에는 적 A, 어떤 경우에는 적 B, 어떤 경우에는 적 C를 공격하도록 교육하고자 한다. 그러나 여기서 말하는 어떤 경우에는 적까지의 거리, 적의 속도, 각도차 등 많은 변수가 있다. 그래서 입력으로 적과 자신의 상대적인 관계를 포함하고 어느 적을 공격할지를 출력으로 내는 뉴럴 네트워크를 생각한다. (1, 0, 0)이면 적 A, (0, 1, 0)이면 적 B, (0, 0, 1)이면 적 C와 같이 된다.

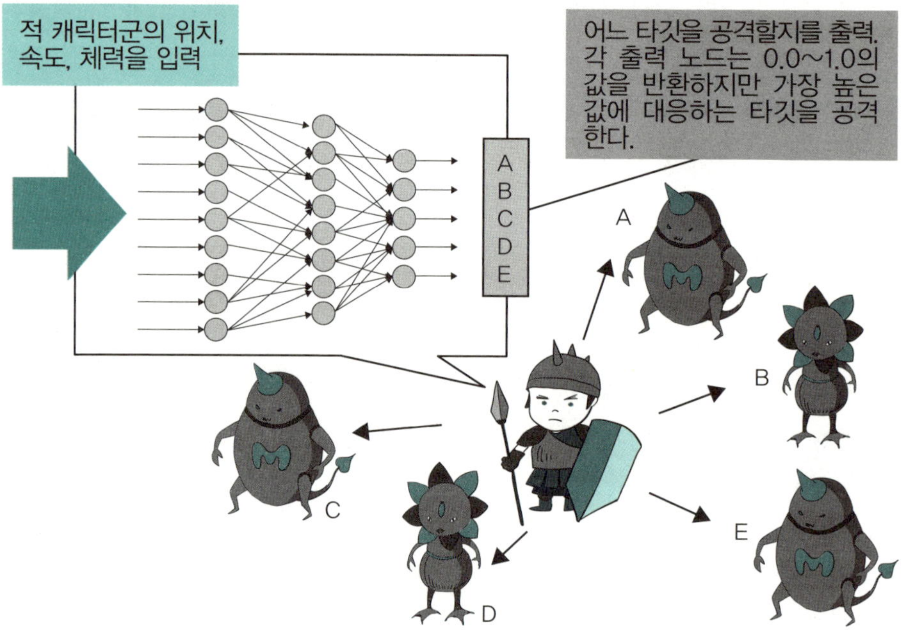

[그림 6-15] 뉴럴 네트워크의 학습

입력을 '9', 중간층을 '6', 출력을 '3' 노드와 같은 뉴럴 네트워크를 형성하여 학습시킨다.

실제로 『Supreme Commander 2』(Gas Powered Games, 2010)에서는 타기팅 문제를 뉴럴 네트워크에서 개발하는 중에 1시간 학습을 시킨 후 학습한 회로를 고정하여 출하하고 있다.*23

*23 [참고] Michael Robbins, 『Neural Network in Supreme Commander 2』(Supreme Commander 2에서의 뉴럴 네트워크), GDC 2012
http://www.gdcvault.com/play/1015667/Off-the-Beaten-Path-Non

디지털 게임에서 뉴럴 네트워크의 응용은 많지 않다. 해마다 몇 개의 타이틀이 나오면 많은 정도이다. 대규모일수록 뉴럴 네트워크와 같은 유연한 접근 방식은 더 견실한 기호적 방법으로 치환되어 간다. 이와 유사한 예에서는 레이스 게임의 제어를 뉴럴 네트워크로 형성한다든지, 캐릭터를 1부터 육성하는 게임인 『크리처스(Creatures)』(Millenium Interactive, 1996년)와 같이 물건을 주었을 때 처음에는 던지거나 떨어뜨리거나 해서 서툴렀던 것을 잘 사용할 수 있게 되도록 학습시킨다든지 서서히 행동을 학습시킬 수 있다.*24

그런데 매우 대규모인 것처럼 보이는 네트워크를 준비해야 하는 것이 뉴럴 네트워크이지만, 이러한 선택을 하기 위해 제대로 움직이게 하는 데에도 조정이 필요하다. 또한 유지 관리 비용이 높고 무언가를 수정하려고 해도 아무 것도 수정할 수 없다. 그렇기 때문에 뉴럴 네트워크여야만 하는 피치 못할 이유가 있는 경우에만 사용하는 방법이긴 하지만, 위와 같이 '이론적으로 갈라지지 않는 상황에 대한 행동의 결정'인 경우 기호적인 처리로는 따라잡을 수 없는 강력한 힘을 발휘한다.

뉴럴 네트워크에서 딥 러닝으로

그 후 뉴럴 네트워크는 2000년경에 조금 진보가 멈칫했지만, 2006년부터 **'오토인코더'**라는 다단계식 학습 방법이 제안되어 현재 '딥 러닝'의 원형이 완성되었다. 계산 능력의 향상과 딥 러닝의 성과가 2010년 이후 나오기 시작함에 따라 뉴럴 네트워크의 열기가 다시 한번 타올랐다.

'딥 러닝'(심층학습)은 전술한 기본적인 퍼셉트론형 뉴럴 네트워크를 3층, 4층, …. 등의 다층으로 겹친 것이다. 딥 러닝은 현재 발전하는 중이지만 한 가지 새로운 점은 입력 신호에서 유사한 패턴을 스스로 검출하여 학습한다는 것이다. 그러기

*24 [참고] Alex J. Champandard, 『Evolving with Creatures' AI: 15 Tricks to Mutate into Your Won Game』(크리처의 AI를 이용한 진화: 자기 자신의 게임으로 변화시키는 15가지 요령)
https://aigamedev.com/open/creature.ai

위해 각 층에서는 '자기학습법(오토 인코더)'이라는 것을 수행한다. 즉, 각 층에서 입력층에 입력한 신호를 출력층에서 되풀이하고 다시 입력층에서 출력시키는 학습을 시키는 것이다. 그때 입력층에서 입력한 신호와 다시 되풀이한 입력층에서 나오는 신호가 동일하게 되도록 학습시킨다.

그렇게 하면 예를 들어 제1층에서 직선적인 패턴을 학습한다. 다음으로 제2층은 제1층을 고정하고 같은 학습법을 시킨다. 그러면 제2층에서는 둥그스름한 패턴을 학습한다. 제3층은 1, 2층을 고정하여 자기 학습을 시키도록 하는 것처럼 순번으로 학습시켜 감으로써 입력의 특징량을 순번으로 각 층이 학습하게 된다. 이 발견 또는 발명은 2006년경에 제프리 힌튼에 의해 확증되고(아이디어 자체는 이전부터 있었으나) 최근에 와서 실용 단계에 이르렀다.

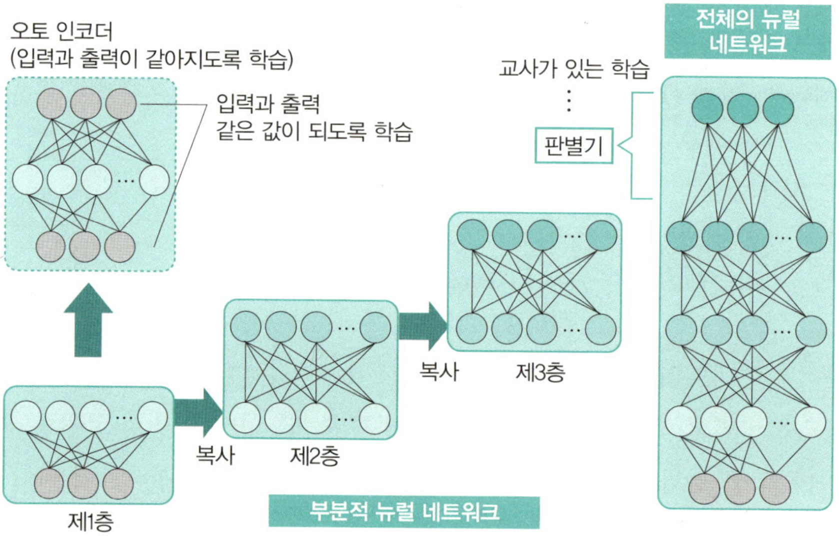

[그림 6-16] 오토 인코더와 딥 뉴럴 네트워크

이와 같은 딥 러닝은 현재(2016년)에도 바둑 등의 보드 게임이나 상업용 게임의 응용에 대한 연구가 진행되고 있다.

연구 사례로는 딥 러닝의 산업 응용을 지향하여 구글(Google) 산하로 들어간 딥 마인드(DeepMind) 사가 2014년에 Deep Q-Learning이라는 수법으로 게임 영상을 입력층에 입력하고 출력을 게임 조작에 대응시켜 게임 점수를 지표로 한 강화 학습을 시키는 실험을 했다. 이 시스템은 Deep Q-Network를 'DQN'이라는 약칭으로 부른다. 이 실험은 성공하여 아타리(Atari) 사가 5개 정도의 단순한 게임에 대해 실제로 자동적으로 높은 점수를 획득하게 되었다. 이 예에서 중요한 것은 이 인공지능에게 게임 규칙을 가르치지 않는다는 점이다. 즉, 입력의 영상과 자신의 조작과 반환되는 점수로부터 점수를 높이는 운동을 학습하게 된다.[*25] 이것은 딥 러닝(심층 학습)과 강화 학습을 잘 조합한 예이다.

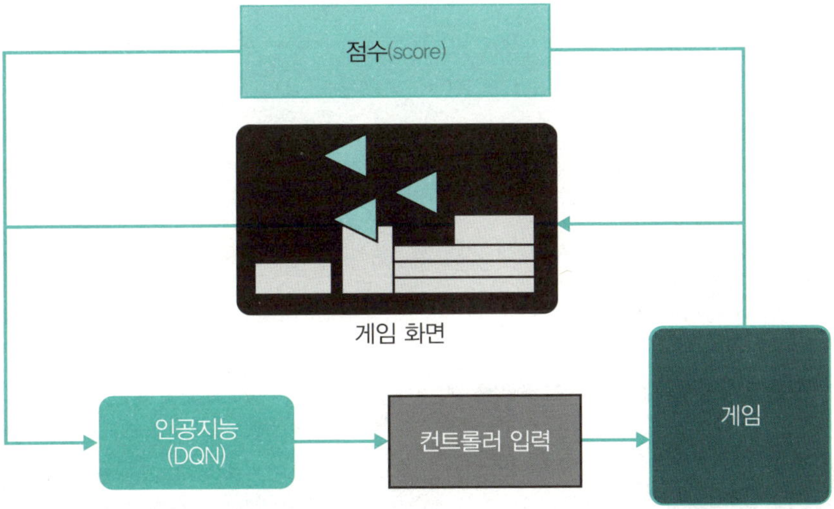

[그림 6-17] Deep Q-Learning을 이용한 DQN의 구조(그림 6-10 강화 학습과 비교해 볼 것)

딥 러닝 '알파고'

'알파고(AlphaGo)'는 앞에서도 거론한 구글 딥마인드(Google DeepMind) 사가 개발한 바둑 전용 딥 러닝 머신이다. 방대한 기보를 학습한 후 자체 내에서 자기들끼리 대국(자체 대국)을 함으로써 기보를 늘리고 학습해 간다. 2016년 초에 대한민국의 최고

*25 [참고] Volodymyr Mnih 외(DeepMind Technologies) 『Playing Atari with Deep Reinforcement Learning』(심층 강화 학습을 이용한 바둑 경기)
http://www.cs.toronto.edu/~vmnih/docs/dqn.pdf

프로기사 이세돌에게 4대 1로 승리하였다.

알파고에는 크게 두 가지 알고리즘이 조합되어 있다. '몬테카를로 트리 탐색법(4장 p.172)'과 '딥 러닝'이 그것이다. 몬테카를로 트리 탐색은 어떤 한 수를 둔 후에 무작위로 종국까지 두어 나간다.

이것을 '**롤아웃**(플레이아웃)'이라 한다. 그것을 몇 번이고 반복하여 그 승률을 평가치로 하는 알고리즘이다. 그러나 계산량이 무한정 존재하는 것은 아니므로 본래 무작위로 공격하던 곳을 '어느 정도 현명하게' 공격하는 방침을 결정할 필요가 있다. 즉, 롤아웃 중에 수의 취사선택을 적용할 필요가 있다.

그런데 어떤 반면에서는 복수의 후보 수가 있고 어느 후보 수를 선택할까 하는 것은 확률분포로 나타낼 수 있다. 이 수는 50%, 다른 수는 30%, 나머지 수는 5%, …. 라는 식이다. 이 확률 분포를 부여하는 반면을 입력으로 하고 각 위치(수)의 확률을 부여하는 딥 뉴럴 네트워크 '**폴리시 네트워크**(policy network)'라고 한다. 알파고에서는 먼저 처음에 두 가지 폴리시 네트워크를 준비한다. 즉, 롤아웃(시뮬레이션)을 수행

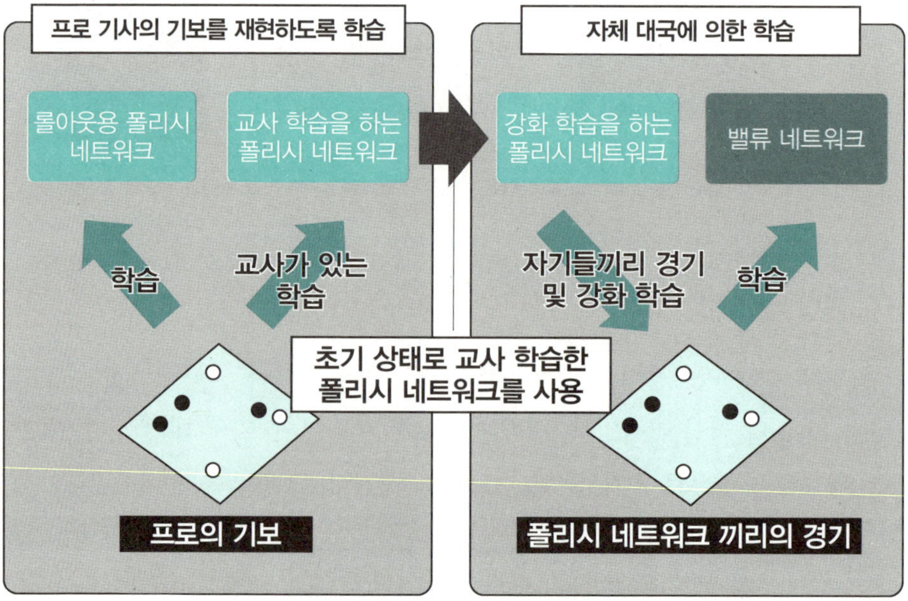

[그림 6-19] 알파고의 정밀도를 높이는 학습의 구조

하기 위한 '롤아웃용 폴리시 네트워크' 및 그 다음에 반면에서 직관적으로 가장 좋은 수를 선택하도록 가르치는 '**교사가 학습하는 폴리시 네트워크**'이다. 이 두 가지를 먼저 지금까지의 프로 기사의 기보에 의해 학습한다. 프로 기사와 똑같이 두어 가도록 학습하는 것이다. 이 두 가지를 동시에 학습시키며, 이것이 최초의 단계이다.

다음으로 제2단계로 이동한다. 이번에는 '**강화 학습을 하는 폴리시 네트워크**'를 준비한다. 이것은 제1단계의 프로 기사의 기보에 의해 학습한 '교사 학습을 하는 폴리시 네트워크'에서 출발한다. 이 '강화 학습을 하는 폴리시 네트워크'는 문자 그대로 시합의 결과로부터 학습하는 것인데, 그 시합이 이제는 기보가 아니라 자신과 자신이 싸우는 시합의 결과로부터 학습하는 것이다. 즉, 강화 학습인 셈인데, 매번 조금씩 폴리시 네트워크로 변동을 가진 대국을 시키고 최강이 되는 폴리시 네트워크를 획득하는 것이다.

그런데 여기서 한 가지 더, 전혀 새로운 장치가 등장한다. 반면을 입력으로 하고 그 반면의 평가치를 반환하는 딥 뉴럴 네트워크를 '**밸류 네트워크**(value network)'라 한다. 밸류 네트워크는 '강화 학습을 하는 폴리시 네트워크'끼리의 자체 대국의 반면으로부터 서서히 그 반면의 평가치를 학습해 간다. 즉, 어떤 반면을 보기만 해도 좋은지 나쁜지(그 후 실수 없이 양자가 둠으로써 어느 한 쪽이 승리할지)를 판단할 수 있게 되는 직관을 익혀 나간다. 즉, 이 제2 단계에서는 오로지 자체 대국에 의해서만 '강화 학습을 하는 폴리시 네트워크'가 성장하고 그것에 동반하여 밸류 네트워크도 서서히 정밀도가 좋다는 평가를 받게 된다.*26

*26 [참고] [그림 6-18], [그림 6-19], 『Mastering the game of Go with deep neural networks and tree search』(딥 뉴럴 네트워크와 트리 탐색을 이용한 바둑 게임 마스터), Nature
http://www.nature.com/nature/journal/v529/n7587/full/nature19691.html

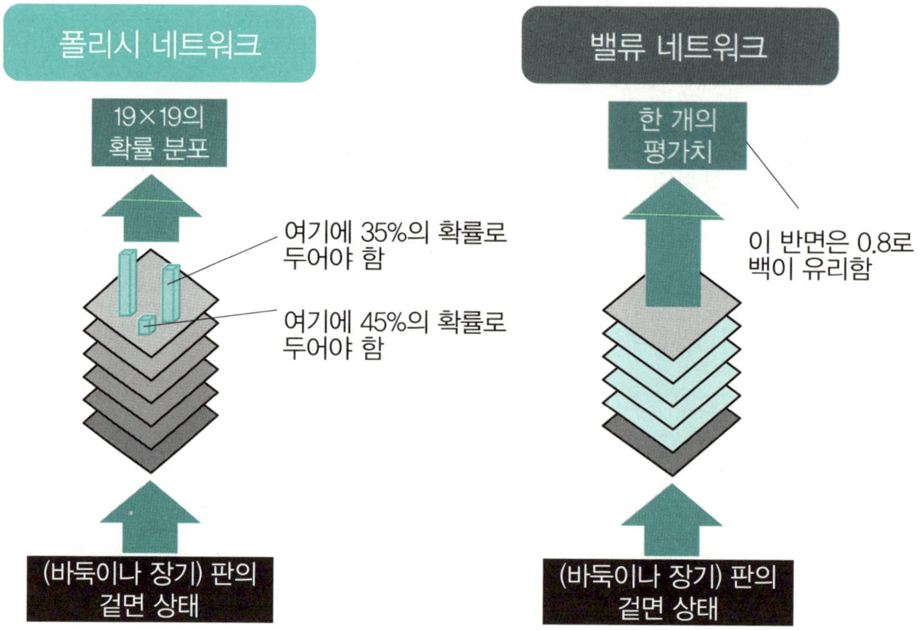

[그림 6-19] 알파고에서 폴리시 네트워크와 밸류 네트워크의 구조

여기서는 뉴럴 네트워크의 게임에 대한 다양한 응용을 살펴보았다. 게임 중에는 뉴럴 네트워크에 적합하거나 뉴럴 네트워크에서만 해결되는 문제가 있으며 거기에 뉴럴 네트워크가 어울린다면 큰 힘을 발휘한다.

그런데 상업용 게임에서는 뉴럴 네트워크를 가능하면 피하는 경향이 있다. 뉴럴 네트워크의 조정이 어렵기 때문이다. 프로그램과 달리 네트워크 구조 자체가 학습하기 때문에 인간의 손으로는 조정하는 것이 거의 불가능하다. 즉, 결합률이나 매개변수를 원하는 대로 변화시키면 어떤 일이 일어날지 알 수 없다. 그것이 지금(2016년)까지의 상황이다. 그러나 앞으로는 계산 부하 및 메모리 부하가 허용하는 한계가 높아지고 더 절차적인 영역이 커진다. 그래서 뉴럴 네트워크는 절차적 기술(1장 p.44)로서 인공지능 기술에 크게 도입되어 갈 것이다. 그러기 위해서도 먼저 응용 사례를 쌓아 올려서 게임 디자인과의 접점을 찾아나갈 필요가 있다.

함께 생각해 봐요

지능이란 뇌에 있는 것일까?

지능은 뇌의 기능으로 생각하면 좋다는 사고 방식이 있다.

그러나 필자의 경험에 따르면 그렇게 생각해 버릴 경우 캐릭터의 인공지능을 그다지 좋게 만들 수 없다. 지능과 신체를 명확히 나누면 그 사이를 연결하는 것이 상당히 복잡해지기 때문이다. 물론 신체와 뇌는 같지 않다. 그러나 완전히 동떨어진 것도 아니다.

예를 들어 팔의 경우, 팔은 신체인데 자기도 모르게 팔을 뻗으면 무엇이 어디에 있는지를 찾아낸다. 우리는 팔이라는 신체 부위에 의해 세계를 알려고 하고 있다. 팔은 세계에 대한 액션인 동시에 액션에 대한 반작용을 감지함으로써 우리는 세계를 아는 것이다.

걷는 것도 마찬가지이다. 일례로 '오늘은 처음으로 갈 장소의 역에서 목적지 여정을 조사했기 때문에 알고 있다'고 하자. 하지만 실제로 걸어 보는 것과 지도상의 감각은 같지 않다. 흙을 밟는 감각이나 그곳에 지면이 확실히 닿는 감촉은 실제로 걸어보는 반작용에 의해 얻을 수 있다.

오감이라는 것도 있다. 동물은 오감만으로 세계를 인식하고 있는 것은 아니다. 이것은 매우 중요한데, 우리는 신체의 운동과 그 결과에 의해 이 세계를 아는 것이다. 운동하는 신체라는 척도에 의해 세계를 안다. 즉, 인간은 신체와 감각을 가진 존재로서 이 세계를 안다. 논리와 정보만으로 움직이는 것이 아니다. 인간으로서 얻은 지식을 메뚜기나 기린의 세계에 집어넣어 준다고 해서 그들이 운동할 수는 없다. 기린은 기린이고 메뚜기는 메뚜기 나름의 신체에 의해 세계를 안다. 메뚜기의 세계는 공기 저항이나 물방울이 중요한 세계이고 기린의 세계는 나무 위의 잎이 맛있는 음식인 세계이며 편의성을 찾는 세계가 아니다. 이러한 각각의 생물이 고유하게 가지고 있는 세계를 환세계라고 했다.

환세계는 지능, 신체, 환경을 일체화하여 연결한다. 그러면 지능과 신체가 점점 가까워진다는 느낌이 있다. 실제로 인간의 신체는 뇌수에 의해 소뇌와 연결되어 있으며, 우리는 자신의 신체 형태를 감지하면서 살아가고 있다. 그래서 근육이 어떻게 해서 움직이는지를 정말로 알고 있지 않지만 신체를 자유자재로 움직이고 있는 감각이 있다.

이러한 생태감은 신체에서 의식을 향해 부여되고 있으며 극단적으로 말하면 환상이라고 해도 좋은 것이다. 뇌만을 보면 실제로 근육에 대한 지령을 내리는 것밖에 할 수 없는데도 우리의 의식은 언제나 신체를 포함한 전신의 의식인 것이다.

그러므로 지능은 신체를 포함하고 있으며 신체는 지능을 포함하고 있다. 지능을 생각할 때에는 신체와 함께 생각해야 한다. 그것이 지능과 신체의 문제이다.

다음 장에서는 그러한 지능과 신체의 관계를 탐색해 본다.

7장

■▲■●■

신체와 AI

~신체 감각을 이어 주는 인터페이스

지능은 어디까지가 지능인 것일까?

신체를 제어하거나 사고하는 부분은 분명 뇌일지 모르지만 신체가 없으면 뇌는 없으며 뇌만으로는 현실에서 행동할 수 없다.

또한 진화론을 믿는다면 생물이라는 존재는 환경 속에서 신체의 변화와 함께 지능을 형성해 왔다.

아라이다마는 아라이다마의, 다람쥐는 다람쥐의, 사람은 사람의 신체와 지능, 인간은 인간의 신체와 지능을 가지고 있다.

즉, 신체와 지능은 하나의 일체로서 진화해 온 것이다. 그렇기 때문에 신체쪽에도 이 지구의 환경에서 살아남기 위한 다양하고 정밀한 장치가 있는 것이다.

신체와 지능은 전체로서 이 세계에서 살아남는 시스템이 되었던 것이다.

여기서는 가능하면 신체와 지능을 하나의 일체로 파악하고 신체, 지능, 환경의 밀접한 연결을 묘사해 가고자 한다.

운동의 통합

캐릭터의 사고와 운동을 결부시킨다

예전의 컴퓨터 영화에서 그려진 인공지능은 방안에 대형 컴퓨터가 가득 차 있고 그 컴퓨터가 정보를 통합하여 판단하는 이미지였다.

지능이 정보를 한 장소에 모으고 하나의 결단을 하는 모델을 '중앙집중 구조'라 한다(3장 p.98). 다음에 어떠한 정책을 시행해야 하는지 그리고 어느 주식에 투자할까 하는 선택지, 즉 최종 출력이 간단한 형식의 경우에는 그래도 좋을 것이다.

그러나 게임 내의 캐릭터 AI로서는 다양한 몸의 부위를 동시에 움직여야 하므로 그처럼 머리가 몸에 비해 큰 시스템은 적합하지 않다.

신체는 연속적인 운동이며, 한편 사고는 단속적인 운동이다. 인공지능의 경우 그 괴리가 더욱 크며 사고의 프로그램이 나오는 명령은 완전히 이산적이고 신체의 애니메이션은 연속적인 정보이다. 로봇과 게임에서는 이산 시스템과 연속 시스템을 효율적으로 연결하는 시스템이 연구되어 왔던 것이다.

캐릭터의 신체를 제어한다

게임 내의 캐릭터를 움직이는 것을 생각해 보자. 일찍이 캐릭터의 신체를 조작하는 경우 지능에서 '달리다', '웅크리다'라는 단순한 명령을 발행하기만 하면 되는 시대도 있었다. 패미콤 시절이라면 캐릭터는 2차원의 '**스프라이트**'라는 그림의 연속이었다. 플레이스테이션이 되자 캐릭터가 3차원이 되어 '**본**'이라는 의사 골격이 캐릭터 내부에 들어가고 본을 애니메이션화해서 전신을 움직였지만, 사실은 이것도 단순한 애니메이션의 재생 사이에 맞춰졌다. 그러나 최근에는 제어하는 본의 수도 불어나고 캐릭터의 전신은 더욱 복잡해지고 있다.

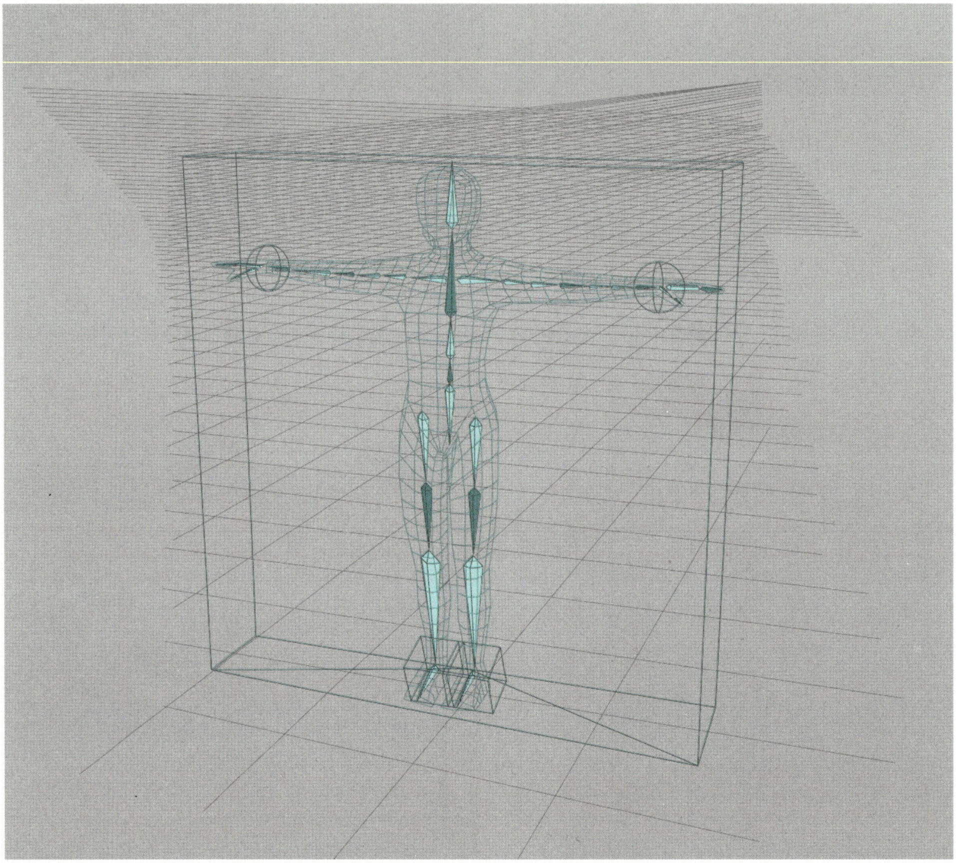

[그림 7-1] 3차원 캐릭터인 본의 구조

캐릭터의 신체가 복잡해지고 신체의 성능이 높아지는 것은 그만큼 지능에 대해 부과되는 신체의 제어 출력도 복잡해진다는 것이다. 즉, 지능과 신체의 관계가 더 복잡해진다.

이러한 경우엔 지능과 신체 사이에 복수의 층(레이어)을 깔면 전망이 좋아진다. 지능은 층으로 나뉘고 각각의 층이 각각의 판단을 한다. 이 모델을 '**다층 구**

조'라 한다(3장 p.99). 그러나 복수의 층이 각각의 신체를 제어하고 있는 것으로는 매개변수의 제어가 불가능하다. 그렇기 때문에 각각의 층은 상위의 층일수록 하위를 제어하는 규칙을 깔고 있다. 이 구조를 '**하위 가정 구조**(포함 구조)'라 한다(3장 p.101.). 하지만 상위가 하위에 대해 할 수 있는 것은 하위의 신체 제어를 멈추고 자신의 제어를 우선하며 하위의 출력 신호를 변경하거나 그렇지 않으면 그대로 통과시키는 것이다.

예를 들어 낭떠러지에서 떨어지게 되어 잽싸게 뒤로 뛰는 것은 반사적인 지능이지만, 그 판단은 지능의 속을 대략 소통하고 있다. 그러나 뒤로 뛰었는데 앞에 독사가 있다고 하자. 이 순간 언덕에서 어느 정도 떨어져 버릴까 아니면 독사가 있는 쪽으로 뛰어들까 하는 판단이 중요해진다. 이때 상위의 지능은 하위의 뒤로 뛰기를 정지하고 그대로 낭떠러지에서 떨어져 버리거나 아니면 그대로 독사가 있는 쪽으로 뛰어들까 하는 판단을 한다.

즉, 각각의 층에서는 자체의 판단을 하고 하위에서 제안하는 판단을 통과시킬지 여부를 결정할 권한이 있는 것이다.

그런데 이와 같이 다층적인 지능이 신체를 향해 제어하도록 할 때 신체 제어를 통합하는 기능이 필요하다. 각각의 지능 층은 각각의 센서를 가지고 각각의 피드백으로 현재의 계속 변화하는 환경에 적응하도록 한다. 각 층은 각각의 신체를 제어하도록 한다. 그것에 의해 즉응성이나 자동도가 담보된다. 그러나 그 제어를 전체로 하여 하나의 운동으로 통합할 필요가 있다.

이와 같은 운동 전체를 통합하고 하나의 운동 형태로 유도하는 것을 '**운동 통합**(motion synthesis)'이라 한다. 운동 통합은 달리면서 머리를 긁는 것처럼 독립된 두 가지 운동을 그대로 연결하는 경우가 있는가 하면 검을 휘두르면서 한발 내딛는 것처럼 운동의 차원에서 하나로 혼합되는 경우도 있다. 운동을 그대로 상승시키는 것을 '**가산 애니메이션**', 혼합하는 것을 '**애니메이션 블렌딩**'이라 한다.

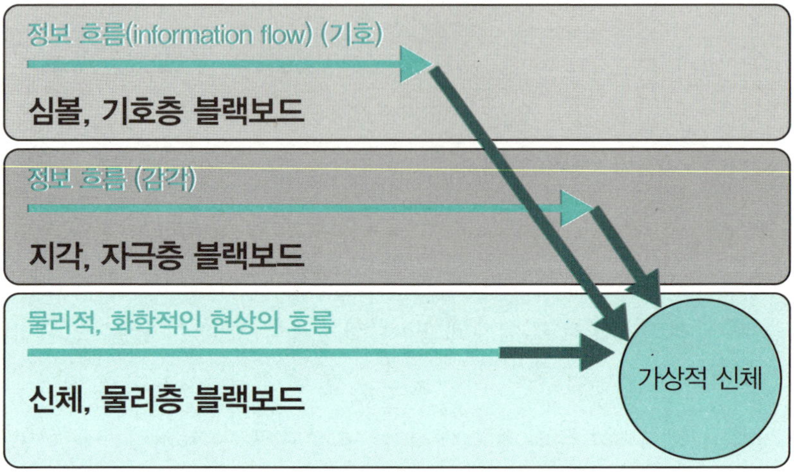

[그림 7-2] 계층적, 다층적인 지능이 신체를 움직이는 운동 통합(motion synthesis)

이 '운동 통합 능력'은 동물이 각각 가지고 있는 시스템이며 그 신체의 운동 구조에 맞게 달라진다.

고양이라면 꼬리까지, 코끼리라면 코까지 포함한 운동 통합의 능력을 가지고 있다. 점프를 하면서 꼬리를 흔들거나 달리면서 좌우를 보거나 뒹굴면서 코를 움직이는 등 동물은 이와 같이 복수의 운동을 조정하여 통합하는 능력을 가지고 있다.

운동 통합 능력은 신체 감각과도 연결되어 있다. 실제로 이 운동 통합의 결과는 의식에 대해 뒤에서 알려진다. 최상위의 의식(= 지능을 계층적으로 파악할 때 가장 상위에 있는 층)도 마찬가지로 이것을 그대로 흘려보낼지 아니면 멈추게 할지를 결정하는 권한이 있다. 다만, 의식이 신체 전체를 파악하므로 신체를 구체적으로 움직이는 방법은 모른다. 그러나 신체와 더 추상적인 상황에 대한 사고의 다리 놓기를 할 수 있는 것이다.

상호 작용의 원리
지능과 신체를 어떻게 접촉시키는가

'센서에서 정보를 얻고 의사 결정을 하여 행동한다'는 것은 에이전트 아키텍처(1장 p.41)에서 보아도 자연스러운 흐름이다. 그러나 여기서 간과한 한 가지 큰 사실이 있다. 감각과 행동은 과연 독립된 것인가 하는 문제이다. 답은 그렇지 않다는 것이다.

농구를 하는 장면을 생각해 보자. 골을 향해 드리블을 하면서 눈은 여러 방향을 향한다. 주위의 상황에서 자신의 행동을 결정하거나 자신의 행동을 위해 주위의 상황을 확인할 수 있다. 드라이브로 나아가면서 진행 방향의 상대의 위치를 확인하고, 골을 향해 점프하기 위해 상대와 아군 및 골의 위치를 확인하고, 점프 중 볼을 골에 밀어넣기 위해 자신의 팔과 골의 위치를 계속 바라보는 것 같은 행동을 한다. 여기서는 '감각 → 행동'이 아니라 행동에서의 요청을 받아 감각기관을 움직이는 '행동 → 감각'으로 제어가 역전된다. 이와 같이 행동과 감각은 상호 작용하면서 운동을 적합하게 형성한다. 이 관계를 '**운동과 감각의 상호 작용**'이라 한다.

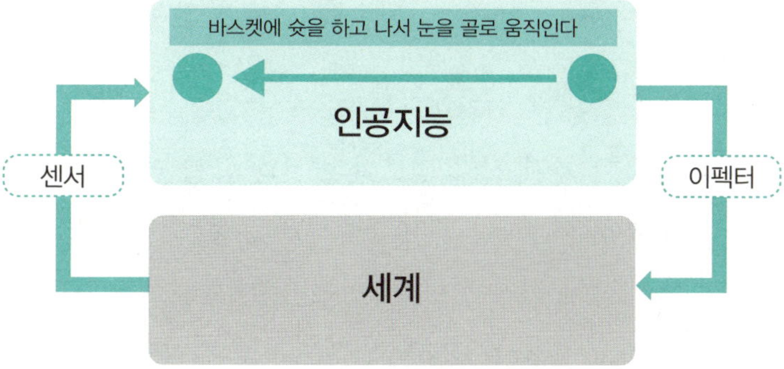

[그림 7-3] 통상적인 운동

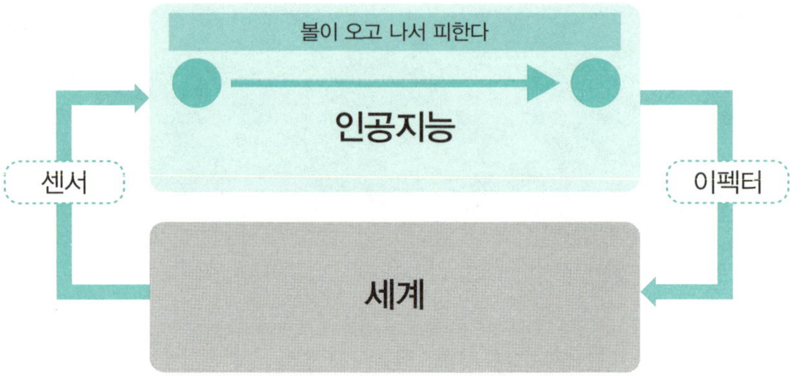

[그림 7-4] 운동에서 감각으로 정보를 요구

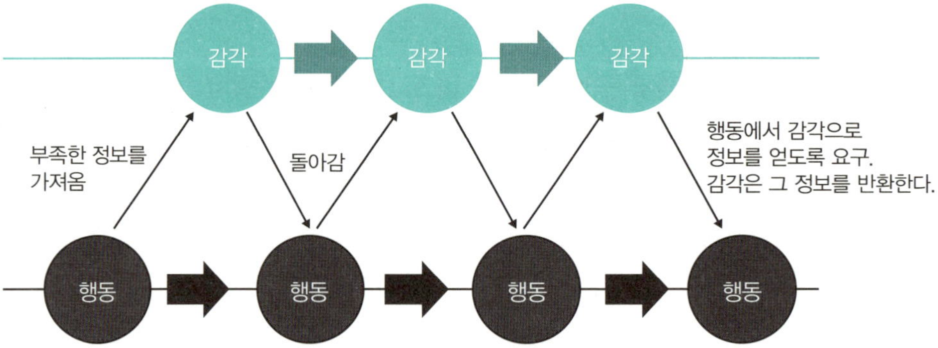

[그림 7-5] 감각과 운동의 상호 작용

게임 AI의 '운동과 감각의 상호 작용'은 재현할 수 있을까

'운동과 감각의 상호 작용'은 인간의 신체의 제어가 단순히 환경에 대응하기만 하는 것이 아니라 생물이 가진 감각 정보의 발전과 함께 진행할 수 있다는 것을 시사한다. 생물은 외계에서의 자극과 자극에 대한 운동, 운동에서 감각으로 피드백이라는 루프를 긴 시간에 걸쳐 형성해 온 것이다. 실제로 상호 작용의 원리는 감각과 근육의 제어 레벨에서 정밀하게 완성된 시스템이며 보통은 무의식으로 이루어진다. 그러므로 AI에서는 이런 처리를 따로 입력해 주지 않으면 아무 것도 실현되지 않는다.

유감스럽게도 현재의 게임 AI에서는 '적이 보이지 않으면 부족한 정보를 취득하기 위해 높은 곳으로 오른다'는 긴 시간에 걸친 정보를 보완하는 행동은 가능하지만, 순간의 겹쳐 쌓임 속에서 구체적인 세밀한 운동에 대해 감각이 상호 작용하는 원리가 실현되어 있지 않다. 현재 얻고 있는 정보에서 최선의 행동을 결정하는 것이 사고(思考)이며, 행동하면서 연속적으로 필요한 정보를 취득하고 운동을 조정하는 상호 작용 행동은 취하기가 상당히 어렵다. 단적으로 말하면 모션 데이터의 재생이 시작되면 그것을 세밀하게 변형하는 것은 매우 제한되어 있다.

인간이라면 농구에서 키가 큰 선수에 둘러싸여 슛을 할 수 없더라도 우선 골이 있는 방향으로 점프하고, 점프한 후에 눈으로 골의 위치를 찾을 간격이 있는 방향으로 팔을 뻗으며, 그리고 손목의 스냅으로 바스켓을 향해 볼을 뿌린다는 동작은 불완전한 정보에서 행동을 계속하고 정보를 계속 획득하고 또 거기서 행동을 형성한다는 고도의 지성의 활동을 나타낸다. 인간이 당연하게 하는 행동과 정보가 뒤얽힌 역학은 인공지능에서 보면 실현하기가 매우 어려운 것인 동시에 인공지능이 지향해야 하는 방향 중 하나를 시사하는 것이기도 하다.

베른슈타인의 상호 작용 원리

20세기 전반에 활약한 러시아의 생리학자 베른슈타인(1896년~1966년)은 『덱스테리티(dexterity)의 정교함과 그 발달』(金子書房, 2003년, 원저는 1940년대에 쓰여졌지만 정치적인 이유로 오랜 세월 동안 출판되지 않음)에서 인간의 신체가 운동을 생성하는 4단계를 시사했다. 베른슈타인은 이 4개 층이 각각 상호 작용함으로써 운동이 생성된다고 설명한다.

베른슈타인이 주목한 것은 생물의 진화와 인간의 관절이 많다는 것이었다. 인간의 관절은 매우 많고 운동을 구성하려면 자유도가 많아야 한다. 인간이 운동할 때는 오히려 이 관절의 자유도를 제한함으로써 생성되는데, 그 제한 과정에는 4단계가 있다.

베른슈타인 '동작 구축 레벨'

정교함의 발전 = 운동 생성의 순번 = 진화에서 획득해 온 순번

레벨 D 행위 레벨	운동을 연쇄시켜 행위를 만들어낸다 (연쇄 구조).
레벨 C 공간 레벨	그 운동을 주위의 공간에 맞춘다.
레벨 B 근 – 관절 연결 레벨	관절의 연합에 의한 운동의 원형을 생성 (동작의 리듬)
레벨 A 긴장 레벨	신체의 정적인 자세를 위한 미조정 (동적 평형)

[그림 7-6] 베른슈타인의 상호 작용 원리

(레벨 A) 관절이나 근육을 긴장시켜 균형을 취한다, (레벨 B) 관절의 연합에 의해 운동을 생성한다, (레벨 C) 생성된 운동을 공간에 맞춘다, (레벨 D) 이러한 운동을 연합하여 일련의 운동으로 만든다는 것이다.

앞의 농구의 예를 가지고 말하자면 레벨 A는 신체를 긴장시켜 균형을 취하고, 레벨 B는 관절을 사용함으로써 운동을 생성한다. 그러나 이것은 레벨 A를 지킨 상태에서의 생성이다. 레벨 C에서 상대나 골과 자신의 위치 관계로부터 운동을 조정하고, 레벨 D에서 이러한 운동을 몇 개 연결하여 새로운 운동을 생성한다. 그리고 실제로는 이 레벨 A에서 레벨 D는 생물의 긴 진화 속에서 '이 순번으로' 획득해 온 것이라고 할 수 있다.

게임에서 애니메이션과 지능

현재 게임의 애니메이션은 관절 제어로 움직이고 있는 것은 아니다. 인간이나 동물은 자신의 신체에서 운동을 생성하는 지능을 가지고 있지만, 현재의 게임 AI에는 그 능력이 없다. '달린다', '검을 휘두른다', '점프한다' 등 미리 만들어진 모션 데이터에서 신체의 움직임을 실현하며, 그것을 환경에 따라 미조정한다. 그 대가로서 만들어진 모션 재생을 환경에 따라 조정하고 그 이외의 유연한 움직임을 실현하는 것이 상당히 어려워진다(모션 변경은 재생하는 모션 데이터를 변경하게 되어 있다).

계산에 의해 애니메이션을 생성할 경우 그것을 '절차적 애니메이션'이라 한다.

운동이 어느 정도 고정되어 있다는 것은 지능에서도 그만큼 자유도가 감소한다는 것이기도 하다. 연속적인 변형이 불가능한 만큼, 현재의 캐릭터 AI에서는 애니메이션 데이터를 어떻게 접속할지, 혼합할지, 변경할지의 해결 방법에 집중해야 한다. 그것은 지능이라기보다는 신체 지능이라고 해야 할 영역이지만 지능에서 완전히 분리할 수도 없다. 지능과 신체의 운동을 어떻게 접속해야 할까 하는 문제는 현재도 물론 게임 산업의 큰 현안 사항으로 탐구가 반복되고 있다.

캐릭터의 센서를 만든다

지능과 센서의 관계

'센서'는 좁은 의미에서는 오감이지만 더 일반적으로 세계와 지능 사이의 정보 주고받기를 연결하는 것을 통칭하는 말이다. 물론 세계와 지능 사이에는 신체가 있다. 청각, 시각, 촉각, 미각, 후각이라는 오감 이외에도 동물은 감각을 가지고 있다. 예를 들어 평형 감각이라는 것이 있다. 또는 지금 자신이 어느 방향으로 향하고 있는가 하는 방향 감각과 같이 감각 정보를 최대한 이용함으로써 생물은 세계와 자기 자신의 관계를 업데이트하고 있다.

지능과 센서는 밀접한 관계에 있다. 물론 외계에서 정보를 모으는 것 외에, 지능은 센서를 통해 필요한 정보를 적극적으로 찾는 기능이 있다. 암암리에 상대를 발견하려고 할 때 캐릭터는 감각을 최대한 예민하게 하여 발소리의 울림을 찾아내려고 한다. 여기서는 지능과 센서의 관계를 살펴보자.

센서를 생각할 때 중요한 것

센서를 생각할 때 두 가지 사고 방식이 있다.

기계의 센서를 생각해 보자. 센서는 특정 파장을 수신한다(빛을 수신하여 전기 신호로 변환하는 광전자 소자는 어떤 파장 영역의 빛을 취할 수 있다). 그것을 CPU에 보내면 밖이 밝아진 것을 알게 된다. 즉, 기계의 센서는 수동적인 것이다. 빛이 들어온다는 신호를 CPU가 수취하고 그것이 해석될 때까지는 빛이 들어왔다고 생각하지 않는 것이다.

인간의 감각은 어떨까 소리가 없는 장소에서 소리가 들리면 그것은 정말 소리인지 생각해 낸 소리인지 알기 어려울지 모르지만, 자신이 걸으면서 발을 디딤과 동시에 들려 오는 소리는 발소리로 들을 수 있다. 즉, 우리의 지능은 복수의 센서에서 얻은 정보의 정합성을 얻고 처음에 뇌 속에서 인식을 형성한다. 또한 그러한 깊은 인식이 아니더라도 차의 헤드라이트 빛이 급하게 비쳐 들어왔을 때와 같이 곧바로 손으로 눈을 가리는 것 같은 행위를 하는 경우도 있다. 센서에서 입력한 신호는 복수의 레벨에서 해석되어 행동을 야기하고 행동이 통합된 형태로 행위가 생성되는 것이다.

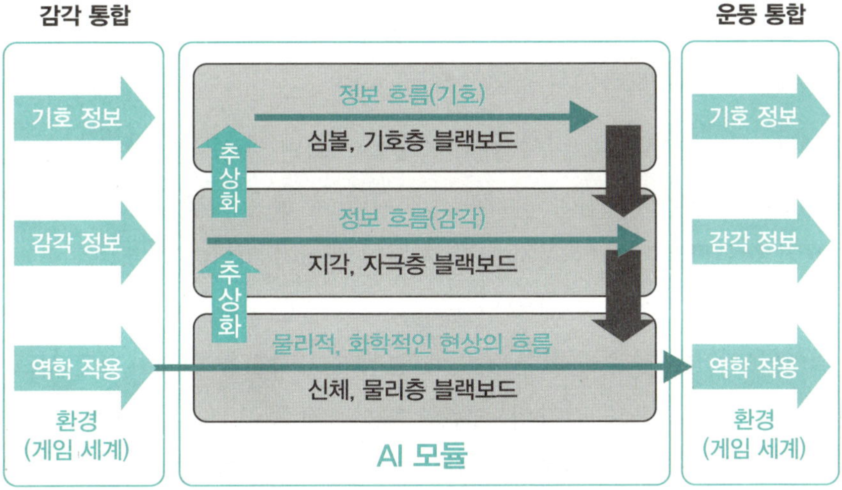

[그림 7-7] 감각 통합과 운동 통합

'센서 → 지능'이라는 방향을 해설했는데, 반대로 '지능 → 센서'의 흐름도 존재한다. 숲속에서 천적으로부터 몸을 숨기는 토끼를 생각해 보자. 토끼는 눈과 귀를 사용하여 문자 그대로 '감각을 둘러쳐서' 상황을 파악하려고 한다. 그것은 지능이 센서를 통제하고 있기 때문이며, 무심코 듣는 것과는 정반대로 주의력을 높이고 있는 것이다. 거기에는 복수의 감각에서 오는 정보를 통합하여 인식을 만든다고 하는 흐름이 있다. 이런 기능을 인간은 일상에서 무의식으로 행하고 있는 경우도 있는데 '**감각 통합**'이라고 한다. 이 기능은 앞의 '운동 통합(p.253)'과 대비되는 개념이다.

그리고 여기서는 또 '발소리가 들리면 상대'라는 논리로 지능의 수로가 형성되어 있으며, 가지가 떨어지는 소리마지 상대라고 생각하는 것 같은 감각이 된다. 즉, 이러한 상황에서는 지능이 환경에 대해 대상을 구하고 찾는다는 과민한 상황이 된다. 책상 위에 무심코 컵이 보이고 있는 상황과는 정반대이다. 대충 보이고 있는 상황에서는 과거의 기억이나 지식으로부터 그것이 무엇인지를 느긋하게 인식한다.

이러한 감각을 반대로 이용하는 것이 현대 미술의 존재이다. 컵과 같은 필통, 젓가락 같은 연필, 환기 부채 같은 CD 레코더…, 인간이 인식하는 물건과 물건의 인식의 경계를 나타내는 객체를 만들어서 인간의 감각을 놀리고 있는 것이다.

경험에서 예측이, 예측에서 감정이 태어난다

그런데 센서는 이와 같이 수동적이고 적극적인 측면을 동시에 가지고 있다. 또한 취득한 정보는 언제나 자신의 지식과 조회된다. 연필은 가볍다는 지식이 있다고 할 때 무거운 연필을 만들어 가져 보면 기능이 떨어져 버린다.

즉, 경험이 인식의 예비 단계를 만들고 있다고 말할 수 있다. 인간은 언제나 눈앞에 일어나고 있는 일과 경험한 것의 동일성과 차이점을 언제나 점검하고 있는 것이다. 점검이라고 해도 감각의 경우와 마찬가지로 우선은 '이렇게 될 것이다'라는 예측이 있어서 그 예측에 부합되면 문제가 없고 맞지 않으면 놀라서 행동의 변경을 촉구하게 된다. 걷고 있을 때 다음 순간에 발이 지면에 닿고 이만큼의 반동이 있을 것으로 예측하고 있다고 생각한다. 그러나 콘크리트라고 생각했던 장소가 진창이었다면 발에서 지능이 놀라게 된다. 이것은 예측을 벗어났을 때의 감각이다.

디지털 게임에서는 '놀란다'는 감정을 예측에서 틀어짐에 의해 탑재한다. 즉, 예측한 것을 벗어났을 때 놀란다, 다시 말해서 지능이 한번 더 최대한 움직여서 현실에 대해 전신으로 지능으로 대처하기 시작한다.

예를 들어 RPG에서 "빨간 적은 강하다"라는 규칙을 AI에게 교육시켜 둔다고 하자. 센서가 빨갛다는 정보를 얻으면 '이 녀석은 강하다'고 인식하게 된다. 그러나 그런 적이 실제로는 약하다면 '놀라게' 된다. 즉, 놀란다는 감정을 탑재하려면 사전 지식을 부여해 두고 그것과 반대의 현상에 맞춤으로써 '놀란다'는 감정을 탑재할 수 있다.

또한 2000년경에 MIT Media Lab의 'Synthetic Creatures Group'에서는 가상 '목양견'을 만드는 프로젝트가 있었다. 목양견은 양을 쫓고 양이 건물 뒤로 돌아 들어가면 돌아 들어간 속도에 따라 반대쪽에서 나오는 장소와 타이밍을 예측한다. 그 장소에 기다리고 있다가 만약 예상대로 나오지 않으면 놀란다는 액션을 한다.[*27]

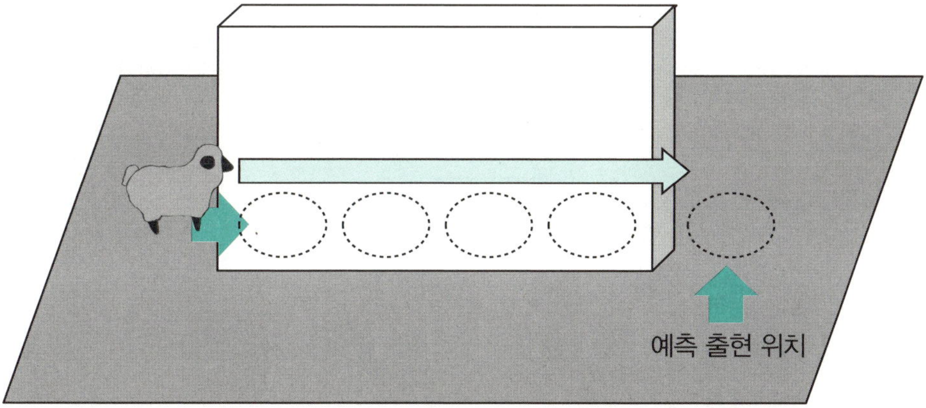

[그림 7-8] 캐릭터의 출현 위치 예측

게임의 인공지능은 꽤 적극적인 센서를 탑재하고 있다. 막연하게 무언가를 보는 것을 탑재하기는 어렵고 특정 대상을 찾기 위한 센서를 탑재한다. 예를 들어 『스프린터 셀 블랙리스트(SplinterCell: Blacklist』(Ubisoft, 2013년)에서는 적의 캐릭터는 항상 전방으로 전개한 육각형의 영역에 대해 캐릭터가 들어오지 않았는지 점검한다.[*28] 또한 플레이어가 공격할 때 낸 소리의 전파를 시뮬레이션함으로써 소리를

*27 [참고] Duncan the Highland Terrier / Sheep|Dog (MIT Synthetic Characters Group)
http://characters.media.mit.edu/projects/duncan.html

*28 [참고] Martin Walsh, 『Modeling AI Perception and Awareness in Splinter Cell: Blacklist』(스프린터 셀에서 AI 지각과 인식 모델링: 블랙리스트), GDC 2014
http://www.gdcvault.com/play/1020195/Modeling-AI-Perception-and-Awareness

기다리다가 받고 있다. 즉, 미리 어떤 정보를 얻어야 하는지를 정의해 두고 그것에 대해 '센서를 배치'하는 것이다. 주로 적을 발견한다, 적으로부터 시선이 통한다, 숨을 장소를 찾는다 등이다. 그렇게 해서 하나하나 필요한 정보의 센서를 만들어 감으로써 센서군이 형성된다. 시각은 그 캐릭터의 머리 부분에서 대상까지 직선을 긋는다. 거기서 다른 오브젝트, 바위나 나무에 부딪치면 '보이지 않는다'고 판정한다. 이것을 '레이캐스트'라 한다. 대상에 대해 직선을 한 개뿐만 아니라 3개 긋고 사이에 장애물과 교차하지 않는지를 판정하는 레이캐스트를 수행하는 경우도 있다(Line of sight).

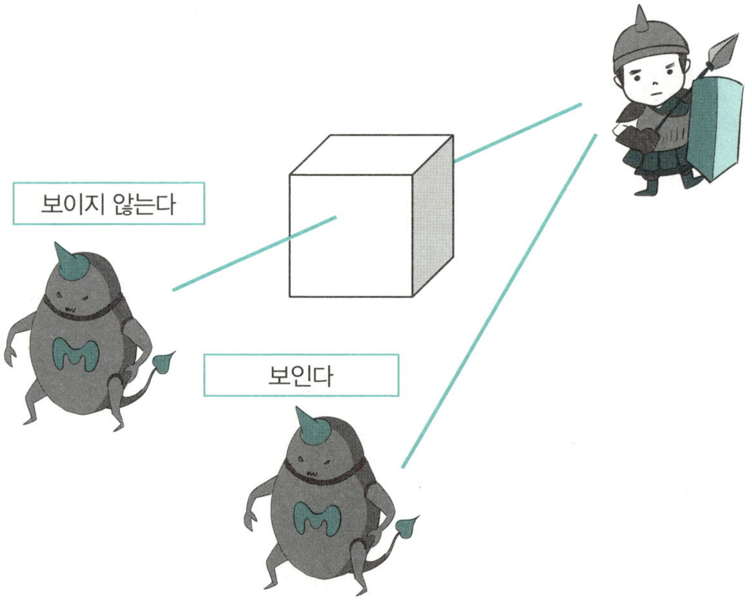

[그림 7-9] 적 캐릭터를 대상으로 하는 레이캐스트에 대한 시선 판정(Line of sight)을 한다.

『The Last of us』(Naughty Dog, 2013년)에서는 위치를 미소하게 차이가 나도록 한 3개의 레이캐스트가 적 캐릭터의 머리 위에서 플레이어 캐릭터의 중간 신체를 향해 던져진다. 스텔스(숨는다)가 주가 되는 게임에서는 특히 정밀하게 시각을 만

들어 넣음으로써 적 캐릭터에서 사용자가 보고 있는지 여부의 판정에 대한 납득감을 낼 필요가 있다.[*29]

또한 음의 경우 회절(돌아 들어감)이 있으므로 음의 발생원에서 AI까지의 중간에 구부러지면서 통과해 오는 길이 있는지를 판정한다. 『스프린터 셀 컨빅션(Splinter Cell: Conviction)』(Ubisoft, 2010년)에서는 음의 전파 시뮬레이션(Sound propagation)이 패스 검색(2장 p.64)을 이용하여 수행하고 있다. 그 경우 오브젝트의 모퉁이 점을 내비게이션 데이터로 하고 계산에 의해 음이 회절해 가는 경로를 구한다. 그러나 스파이 게임과 같이 소리의 판정이 중요한 역할을 하는 게임 디자인 이외에는 단순히 음원에서의 거리에 들어 있는지 여부를 통해 들리는지 판정한다.

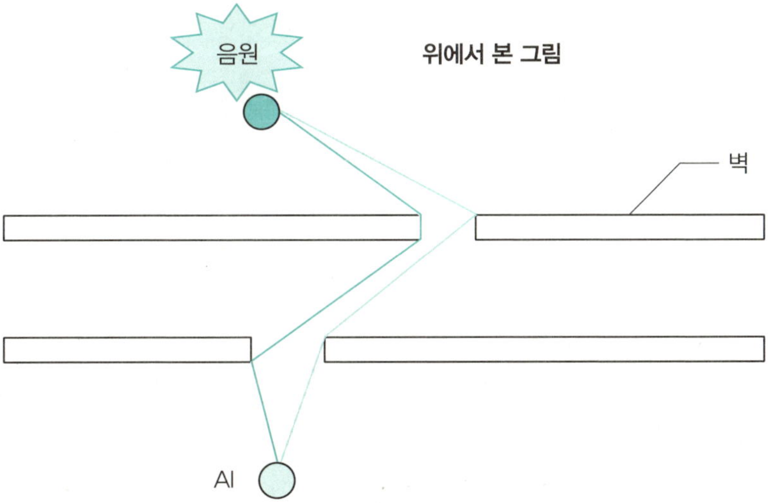

[그림 7-10] 게임 스테이지 중의 소리(음)의 전파 시뮬레이션[*30]

후각은 냄새의 발생원에서 일정한 반경 내에 있는가 하는 등의 기준으로 판정한다. 또한 촉각은(캐릭터는 '맞춤 모델'이라는 캐릭터를 포함하는 직방체나 구(모음)의 데이터를

*29 [참고] Max Dyckhoff, 『Ellie: Buddy AI in the Last of Us』, GDC 2014
http://www.gdcvault.com/play/1020364/Ellie-Buddy-AI-in-The-Last-of-US

*30 [참고] Jean-Francois Guay, 『Real-time Sound Propagation in Video Games』(비디오 게임에서 실시간 사운드 전파), GDC 2012
http://www.gdcvault.com/play/1015492/Real-time-Sound-Propagation-in-Video-Games

가지고 있는 것이지만) 캐릭터와 다른 모델의 맞춤 모델이 충돌하는지 여부를 판단함으로써 수행한다.

이와 같이 게임의 캐릭터의 센서는 알고리즘 레벨로 떨어지도록 하고 간단하게 만들어서 탑재된다. 그리고 이 경우 앞에서 설명한 것처럼 수동적으로 반응하는 경우와 적극적으로 반응하는 경우가 있다. '적을 발견'한 경우 캐릭터 AI는 현재 대하는 레이캐스트가 통과하지 않는다면 레이캐스트가 통과할 때까지 전진하도록 만든다. 레이캐스트가 통과하면 적을 발견했다는 것이므로, 이번에는 후퇴하여 아군에게 알리러 간다. 이것은 척후 역할의 AI를 만들 때 활용된다. 적을 발견할 목적으로 센서를 적극적으로 사용해 간다.

여기서 AI를 만드는 방법이 완전히 달라진다. 적을 보면 달아나는 것은 '반사형 AI'를 만드는 방법이다. 한편 적이 보일 때까지 전진하는 것은 '목표 지향형 AI'('목표 지향 AI'라고도 함. 4장 p.159)를 만드는 방법이다. 전자는 고전적인 경우로서 1970년대, 1980년대, 1990년대 게임 AI의 대부분은 이 전자의 반사형으로 '적 캐릭터를 보면 공격한다'와 같이 만들어져 있었다. 그 결과 플레이어 캐릭터도 또한 반사적으로 공격하고 적 캐릭터를 단순한 샌드백으로 만들어 버렸다. 즉, 적 캐릭터가 샌드백처럼 존재해 버린 이유는 게임 디자인뿐만 아니라 게임 AI 기술이 불충분한 데에도 원인이 있다. 반사형과 목표 지향형은 아주 작은 차이점만 있지만, 후자는 자기 자신이 의사를 가진 AI이다. 그러기 위해서는 '센서 → 사고'에서 '사고 → 센서'의 흐름으로 역전개할 필요가 있다.

즉, 어떤 목적을 달성하려면 미래의 어떤 지점을 향해 행동하는 한편, 그러기 위해 정보를 수집하는, 또는 정보를 수집하기 위한 행동을 하는 것이므로 그 순간의 반사만을 행하고 있는 것은 아니다. 그리고 센서를 사용한 적극적인 정보 수집이 필요하게 된다. 그리고 그 정보를 바탕으로 다시 사고가 정밀 조사되므로 센서 감지와 사고의 사이를 순환한다.

우리 인간도 그렇지만 카멜레온이나 큰 눈의 파충류를 상상해 보자. 눈을 두리번두리번 하는 동작은 이러한 센서와 사고의 사이를 프로세스가 왕래하고 있는 것이다. 장기적인 의사 결정의 경우 조건을 모두 머리에 넣고 나서 가만히 심사숙고할 것이다. 그러나 실시간의 단기간 의사 결정의 경우 센서 감지와 사고와 모션은 언제나 병행하여 움직이고 있다. 이것이 게임 AI의 특징이며 어려움의 가장 중요한 요소이기도 하다.

신체와 지능

상상하는 신체

이 장의 첫머리에서 잠깐 다루었듯이 '지능은 뇌에 깃들어 있다'는 사고 방식이 있다. 한편 '전신에 자리 잡고 있다'는 파악 방법도 있다. 실제로 우리의 뇌는 뇌수를 통해 신체와 깊이 연결되어 있으며 신체를 촬영한 뇌의 부분도 소뇌에 존재한다. 이와 같이 머리를 포함한 신체의 전체를 지능이라고 생각할 수도 있다. 신체를 통해 우리는 이 세계에서 살아남으며 신체를 통해 생각한다고도 말할 수 있다.

'인공지능에서 신체를 어떻게 파악할까' 하는 문제는 사실 진지하게 생각된 경우가 많지 않다.

고전적인 인공지능이라면 '추론', '검색', '계획' 등의 개념적인, 말하자면 인간의 의식이 명확히 수행하고 있는 지적 작업을 프로그램으로 옮기는 방법이 가장 먼저 생각되어 왔다. 머리만 인공지능을 만들도록 한 것이다.

그러나 로봇이나 게임의 캐릭터의 지능이 신체를 빼고 만들어지는 것은 불가능하다. 오히려 신체와 지능을 밀접하게 연결할 필요가 있다. 언뜻 보면 지능에서 신체로 제어 신호를 보내면 '지능 상위'의 사고 방식으로 잘 될 것 같은 느낌이 들지만, 막상 의도했던 동작이 없거나 갑자기 풀밭에서 하늘다람쥐가 뛰쳐나오거나 발로 밟은 앞쪽이 구멍이었다면 신체가 바로 대응해야 한다. 이러한 경우 반사적 동작은 사고라기보다는 신체가 제어하고 있다. 확실히 그런데도 뇌에 신호가 가서 행동이 이루어진다고 말할지도 모르지만 뜨거운 것을 생각하지 않고 만졌을 때와 같이 신체가 무의식으로 반사하고 있다.

지능과 신체는 층을 형성한다. 또는 지능과 신체를 하나로 만든 시스템이 층을 형성한다고 말하는 것이 좋을지도 모른다. 그러나 지능으로 풀어야 할 문제와 신체와 환경의 상호 작용 속에서 풀어야 하는 문제는 성질이 다르다. 생리적인 것, 위에서 말했던 신체 반사적인 것은 '신체 레이어'로, 더 추상적인 문제는 '지능 레이어'로 풀게 된다. 지능 레이어는 의사 결정에서 해설한 대로 추상적인 명령을 발령하고 그 신체적, 물리적 해결은 '신체 레이어'에서 담당하게 된다. 그리고 이 양자의 관계를 구축함으로써 신체를 가진 인공지능을 생각하는 것이 가장 단순한 모델이다. 먼저 여기서 출발하기로 한다.

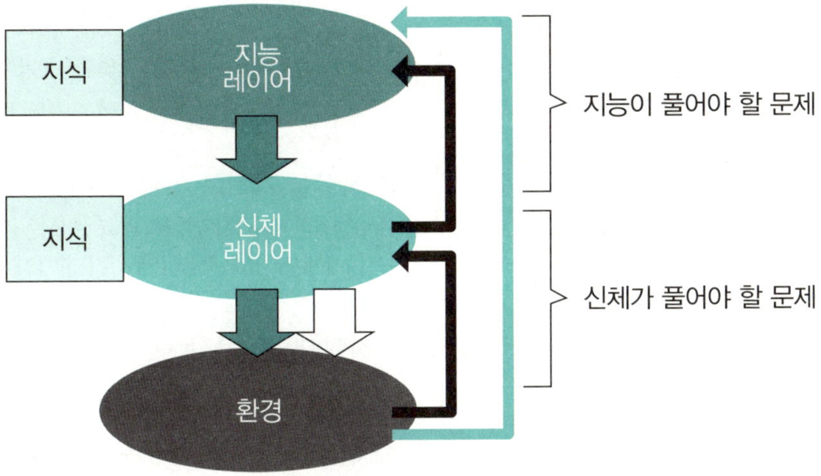

[그림 7-11] 지능 레이어와 신체 레이어

캐릭터의 지능을 만든다

머리에서 생각하는 것은 항상 추상화된다. 사람은 신체에 의해 세계에 정착하여 살며 전신에서 얻은 정보를 추상화하여 사고한다. 사고의 세계를 정식화한 것이 인공지능이지만 그것만 보고서는 단순하고 명확한 세계밖에 볼 수 없다. 신체는 무한으로 변화하는 세계의 복잡성, 풍부함과 연결되어 있으며 신체도 또한 세계에서 가장 정교한 장치이다. 이 정교한 장치의 위에 있는 것이 뇌라는 제어 기관인데, 신체의 제어 자체는 다분히 신체 자체가 각 장소에 가지고 있는 것이다.

그런데 캐릭터의 지능을 생각하는 경우에도 추상화한 판단의 사고는 중요하지만 그것만 추적해서는 캐릭터를 만들 수 없다. 캐릭터의 신체에 대한 지식이 없으면 자기 자신의 운동을 만들어낼 수 없다.

지능이 풀어야 할 문제는 "변화하는 세계 속에서 신체를 움직여서 어떤 행동을 취해 상황을 타개할까" 하는 것이다.

텀이 배회하는 초원에서 풀을 어떻게 계속 먹으며 방위할지, 뱀에게 물리지 않으려면 어디에 둥지를 지을지, 가지에 걸려서 높은 나무들 위를 어떻게 넘어갈지, 비가 많이 오는 날에 어떻게 해서 둥지를 지킬지, 맑은 날에 어디로 먹이를 찾으러 갈지…. 동물에게는 천적을 포함한 대자연이 있고 그 변화하는 대자연의 운동 속에서 행동을 해야 한다. 그러기 위해 동물은 지성을 가지고 있다. 그러므로 지성은 세계에 대해 다듬어진 감각과 인식을 가지고 있다. 세계에 대해 감각을 둘러쳐서 경계, 냄새, 발소리, 바람, 발자국, 기압 등의 현상을 파악하고 있는 것이다.

게임 내의 캐릭터를 만드는 경우도 마찬가지이다. 캐릭터는 신체를 갖고 그 동작 애니메이션을 충분히 활용하여 살아남아야 한다. 주위의 게임 레벨을 인식함과 동시에 어떤 장소에서 어떤 행동이 가능한지를 한눈에 확인하는 능력이 없으면 막상 닥쳤을 때 갑자기 어떤 행동을 취할 수 없을 것이다.

그러므로 지능에는

❶ 자신의 행동과 세계의 변화를 동시에 상상할 수 있다
❷ 어느 정도 상상한 대로 신체를 움직인다

라고 하는 능력이 필요하게 된다.

특히 ❷는 마음과 몸의 결합의 문제이다. 이것은 보통 인간은 의식의 명령을 받아서 무의식중에 하고 있는 것이지만 인공지능을 만들 때에는 당연히 만들 필요가

있다.

❶이야말로 고도의 지능을 가장 크게 갖춘 기능이다. 그것은 실제로 일어나기 전에 어떻게 될지를 예측하여 움직이는 것을 가능하게 한다. 이것은 뇌과학에서는 '원심성 카피'라는 기구와 관련이 있다고 한다. **'원심성 카피'**란 뇌에서 신체로 가는 명령 신호의 카피(복사본)가 뇌 속의 장소에도 축적되어 있다는 이론이다. 이것에 의해 뇌 속에서도 신체 운동의 이미지가 형성되고 자기 신체의 상태를 예측하게 된다고 한다.

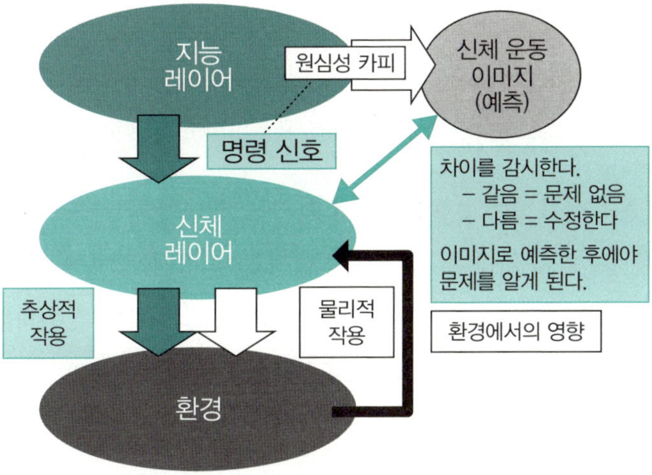

[그림 7-12] 원심성 카피에 의한 예측과 차이의 검출

또한 지능의 복잡성은 신체의 복잡성에 어느 정도 비례한다. 예를 들어 애니메이션 패턴이 A, B, C밖에 없다면 최소한 어느 것이 적절한지를 순간순간 선택할 정도로 지능으로서는 그 이상의 일은 할 수 없다. 그러나 만약 신체가 어느 정도 자유롭게 움직이게 하려면 그것은 무언가를 선택하는 것이 아니라 세계의 상황에 맞춰 신체를 계속 변화시키게 된다. 전자는 소극적인 선택이고 후자는 적극적인 창조이다. 자신의 신체를 운동시키고 세계와 동기화하고 가능한 행동을 조합하면서 자신과 세계를 일체로 하여 상황을 타개해야 하는 것이 지능의 본질적인 일이며, 그때야말로 지능은 가장 크게 발휘되어 운동하는 것이다.

캐릭터의 신체를 인식한다는 것

게임 제작에서 캐릭터의 신체를 만든다는 것은 복수의 아티스트의 손을 거쳐 성취된다. 그것이 끝난 후 인공지능의 탑재가 시작된다.

캐릭터를 만드는 공정

그럼 1체의 몬스터를 만드는 작업을 추적해 보자.

게임의 세계관(무대 설정)이나 스토리가 결정되어 어떤 황야에 진로를 막는 몬스터를 배치하게 되었다. 그곳은 호수 근처이므로 물 속에서도 움직일 수 있는 몬스터이며, 먼저 디자이너가 몬스터를 그린다. 몇 번이고 재검토한 끝에 이미지가 결정되고 이번에는 3D 모델러가 그 디자인을 입체적으로 일으켜 세운다. 그때 몸의 부품마다 움직이는 것 같은 형태로 만들어진다. 그것을 전후하여 캐릭터의 뼈가 내장된다. 이것은 캐릭터의 골격으로 어디에 관절이 있고 어디가 구부러지는지가 중요한 점이 된다. 또한 **'리그'**(뼈는 아니지만)라는 부분과 이 부분이 연동하여 움직인다는 점들의 관련성이 추가된다. 예를 들어 긴 머리카락이나 스커트, 망토 등 신체와 연동하여 움직이는 밀착물에도 적용된다. 그러는 중에 몬스터의 신체의 피부나 갑옷의 결무늬를 결부시키고 끝으로 미조정하게 된다.

그런데 만든 몬스터에 대해 지금부터 지능을 만들어 가는데, 그때 AI 엔지니어와 AI 담당 기획은 다소 위화감을 느낀다. 그 위화감은 작으므로 신경 쓰지 않을지 모르지만 매우 중요한 것이므로 여기서는 확대하여 기술하기로 한다.

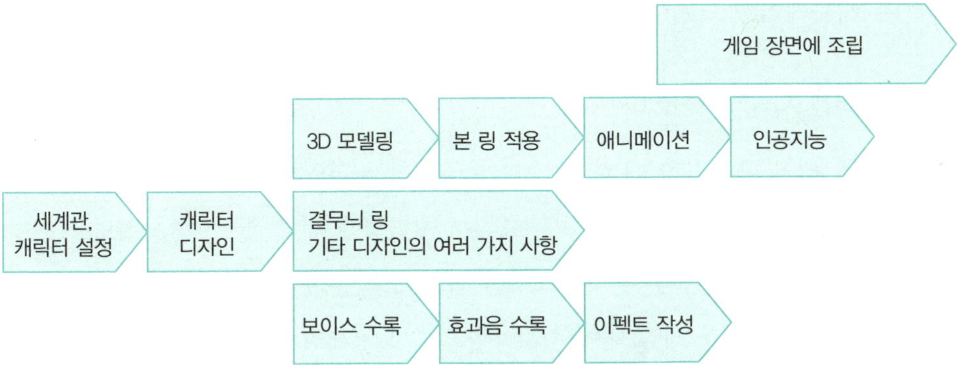

[그림 7-13] 캐릭터의 신체 능력의 한 예

그것은 '이 캐릭터가 대체 어떤 운동 능력을 가지고 있으며, 어느 정도 빠르게 달리고, 어떤 보폭으로, 어떤 액션이 가능하며, 예를 들어 점프했을 때 어느 정도 날게 되는 것일까? 해당 사항이 결정되어 있는지, 결정되어 있지 않은지' 등 캐릭터에 대한 신체의 지식이다. 우리네 인간은 자기 신체의 크기나 어떤 운동이 가능한지를 알고 있으며 무의식적으로 항상 그것을 기준으로 세계를 보고 있다. 어떤 공간도, 문도, 구멍도, 자기 신체의 크기와 운동을 포함하여 순간적으로 해석하는 것이 생물의 높은 지성이다. 인간은 경험에서 자신의 신체 능력을 배우지만 아무튼 그런 지식에 의해 이 정도의 폭은 자신이 통과할 수 있는지 여부, 이 정도의 높이면 뛰어넘을 수 있는지 여부 등을 결정한다.

그런데 복수의 사람의 손을 거쳐 만들어진 게임 캐릭터는 상정된 애니메이션이나 속도 및 성능은 있어도 위와 같이 자세한 신체의 성능은 실제로 움직이거나 게임 내의 설정과 비교해 보지 않으면 알 수 없는 경우도 있다. 그리고 그 세계에 대한 운동 성능, 신체의 상세한 데이터야말로 캐릭터의 인공지능이 게임 내의 세계에서 운동을 생성할 때 필요로 하는 것이다.

그래서 만들어낸 신체의 환경 속에서 운동을 시켜 봄으로써 그 캐릭터의 운동 성능을 계측하는 접근 방식을 취하는 경우가 있다. 이것은 4장의 의사 결정 언어로 말하면 '시뮬레이션 기반(p.170)'의 사고 방식이다.

캐릭터를 시뮬레이션한다

어떤 캐릭터가 구부러질 때 어느 정도 불룩해지는 것일까 하는 선회 반경 성능은 속도와 선회 애니메이션에 의존한다. 그래서 캐릭터에 대해 몇 번이나 속도를 변화시키면서 모퉁이를 구부려 본다. 그러면 속도에 의존하는 선회 반경의 그래프가 완성된다. 이 그래프를 게임 내에서 사용함으로써 현재의 속도에 대한 선회 반경을 초과한 경로의 경우에는 속도를 떨어뜨려 구부러지는 것 같은 능숙한 동작이 가능하게 된다.

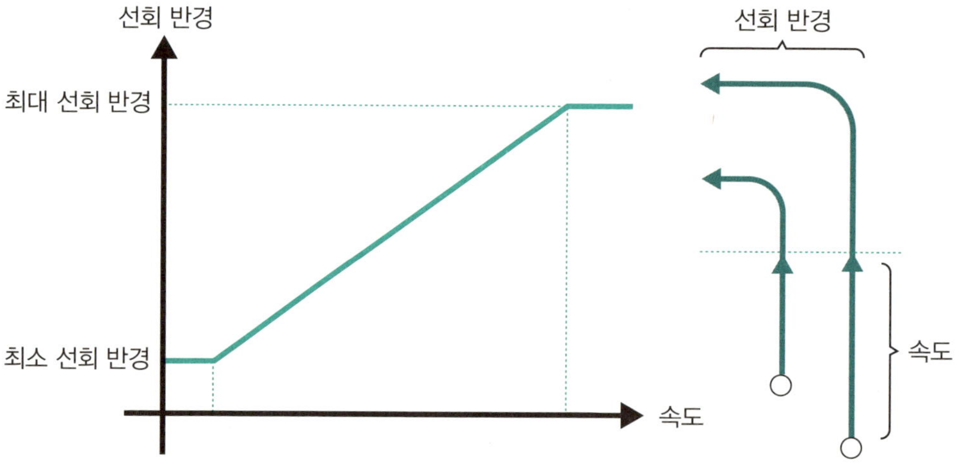

[그림 7-14] 속도에 의존하는 선회 반경 그래프

『컴퍼니 오브 히어로즈(Company of Heroes)』(Relic Entertainment, 2006년)는 실시간 전략 게임으로서 좁은 가로 속에 전차가 등장한다. 전차는 당연히 패스 검색을 이용하여 움직이지만 전차이므로 90도로는 구부릴 수는 없고 일정한 선회 반경을 가지고 있다. 그래서 항상 선회 반경을 고려한 궤도를 작성한다.[*31]

*31 [참고] Chris Jurney, 『Postprocessing for High-Quality Turns』(고품질 회전을 위한 사후 처리), AI Game Programming Wisdom 4, 2장~11장

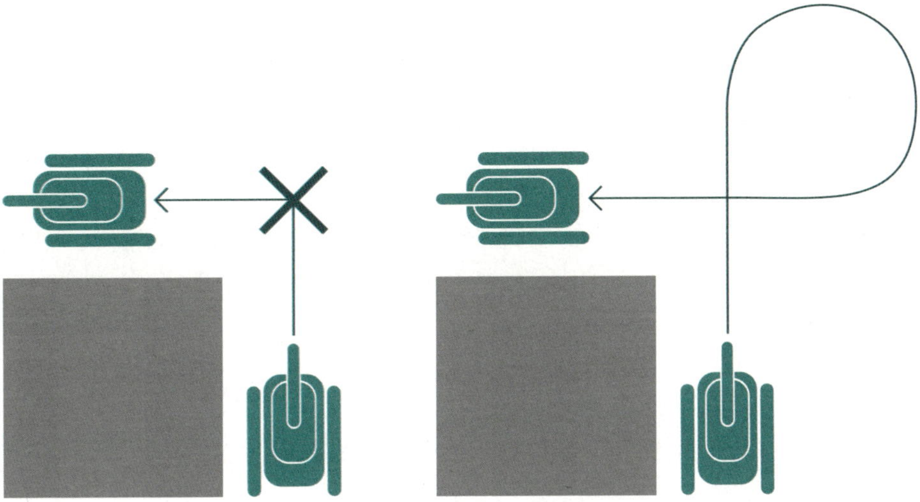

[그림 7-15] 선회 반경을 가진 전차의 궤도 예

'캐릭터의 성능은 프로그램을 보면 알 수 있다' 또는 '계산서에서 알 수 있다'는 이론은 단순한 게임의 경우 그대로 되지만 복잡한 운동을 수행하는 게임의 경우 물리 시뮬레이션에서 애니메이션, 게임 특유의 역학 등이 뒤얽혀서 이론적으로는 알 수 없는 경우가 많으며 특히 자신이 개발에 관여한 대형 게임이더라도 서서히 알게 되어 있다. 그래서 시뮬레이션이라는 방법의 채택이 증가하기 시작했다. 각각의 캐릭터의 공격 적중 영역이나 점프 가능한 높이, 가속 성능, 낙하 곡선 등을 선회 성능, 실제로 캐릭터를 움직이는 시뮬레이션에 의해 계층하고 그 수치를 의사 결정과 행동 생성에 대해 사용해 간다. 이 과정은 이른바 '지능이 신체를 아는' 과정인 것이다.

캐릭터 내부의 매개변수

환경을 인식하는 것만큼 중요한 사항은 '신체의 상태를 안다'는 것이기도 하다. 외부의 환경에 대해 무언가를 인식시키는 것과 내부의 신체 상태를 아는 것은 조금 다른 측면이 있다. 센서(p.260)는 외부를 향해 있고 내부를 향하지 않는다. 그러나 인간은 어깨가 아프다, 머리가 무겁다, 오늘은 몸이 가볍다, 배가 고프다 등 그러한 '내부 감각'을 가질 수 있다. 이러한 '내부 감각'과 '생리 감각'에 의해 인간은 자기 몸의 상태를 알고 있다. 또한 자기 자신의 몸을 움직이는 '신체 감각'이 있다. 의식은 이 감각을 통해 신체를 움직이고 있지만, 실제의 신체는 구석구석까지 움직이는 것은 아니다. 신체 감각은 마치 간이적인 인터페이스와 같이 기능하며, 간단한 명령으로 신체를 움직이고 있다 이와 같이 의식에는 신체가 움직이게 하는 감각이 깃들어 있지만, 이 감각이 신체에 대한 전능감을 부여하고 신체와 지능 사이를 맺어준다. 지능은 지금 자기 자신이 어떻게 움직일 수 있는지를 항상 의식할 수 있으며 정보에 의해 순간순간 신체를 움직이는 능력을 얻는다.

온도가 정기적으로 변화하는 맵을 시뮬레이션에서 생각해 보기로 하자. 변온동물은 자신의 최적 온도가 있는 장소를 구하기 위해 이동하게 된다. 인간도 의복이나 모닥불로 어느 정도는 체온을 조정할 수 있지만 일정 한도가 있으므로 더 살기 쉬운 지역을 구하러 이동을 반복해 온 역사가 있다.

여기서 내부 매개변수를 이용하여 자기 자신이 생활하는 가장 간단한 자율형 캐릭터 AI 만드는 방법을 해설한다.

먼저 '헝그리 정도(배고픈 정도)'의 매개변수를 설정한다. 이 매개변수를 지금 사인 함수 등(어떤 함수라도 상관없다)으로 시간적으로 변동시킨다. 앞의 경우와 마찬가지로 이 함수의 값이 어떤 값을 초과하면 침상으로 가고 초과하지 않으면 그대로 있도록 한다. 그런데 이번에는 매개변수가 있으므로 자고 싶지만 먹고 싶다는 타이밍이 발생한다. 즉, 두 가지 욕구가 경합한다. 이 경합을 야기하는 것이 캐릭터를 생물처럼 만드는 한 가지 기술이다. 그것은 생물의 자유도와 복잡도를 실현하는 역학이기 때문이다.

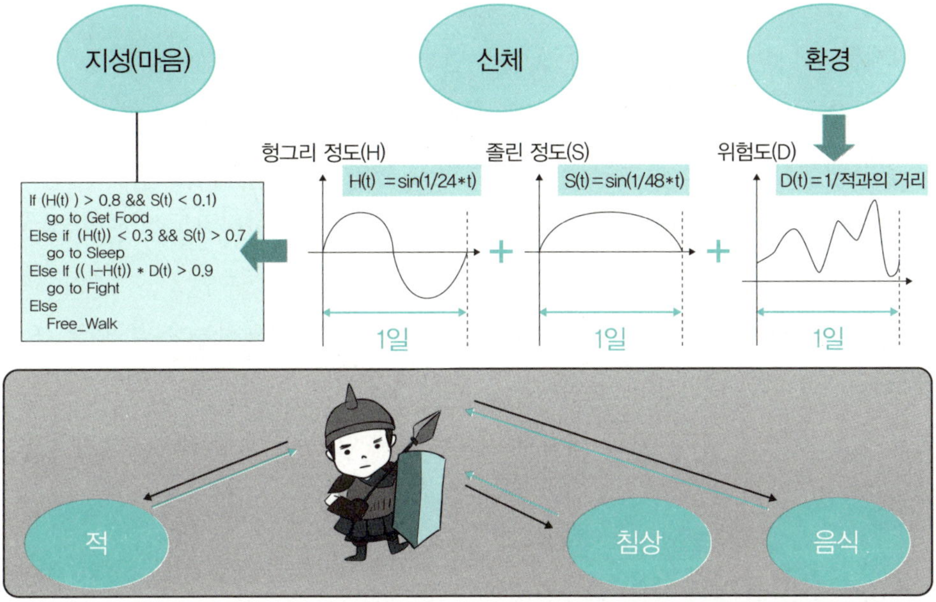

[그림 7-16] 자율형 AI의 내부 매개변수와 회복

그러므로 이와 같은 경우에는 어느 것을 우선할지에 대한 규칙을 결정해 둔다. 예를 들어 값이 큰 쪽을 우선한다든지 한다. 그러나 이것만으로는 먹고 나서 자는 동면 중인 곰처럼 되어 버린다. 그래서 외적에 대한 반응을 넣기로 한다. 거리의 역수를 취하고 가까워지면 크게 되고 멀어지면 작게 되도록 거리에 의존하는 '위험도'의 함수를 만든다. 이 함수가 어떤 값을 초과할 때에는 적과 싸우러 가도록 한다.

여기서 3개의 함수가 경합하게 되지만 여기서도 예를 들어 가장 큰 값을 취하는 행동을 선택하는 규칙 등의 규칙을 설정해 두면, '위험도'는 적이 가까워질수록 커지므로 졸린 정도, 헝그리 정도를 상회하여 먼저 적에 대한 싸움을 우선하게 된다.

지능은 외측의 환경과 내측의 신체의 관계를 조정하는 함수로서 내측에도 외측에도 인식을 둘러쳐서 행동을 결정하고 있다. 모든 동물은 이와 같이 내측과 외측을 인식하는 능력을 겸비하고 있다.

실제로 하나의 디지털 공간에 생명을 만드는 경우 신체를 부여함과 동시에 신체의 인식 형태를 부여할 필요가 있다. 신체는 다양한 행동의 원천이며 극단적으로 말하면 신체가 없으면 고도의 지능도 거의 필요하지 않다고도 말할 수 있다. 다만, 신체를 갖고 있지 않은 생물은 없으므로 그것은 생각하더라도 어찌할 도리가 없는 것이다.

단, 신체의 상태를 어떻게 표현한다는 문제가 있다. 게임에서는 체력, 마력, 이상 상태 등 객관적인 매개변수를 그대로 표현하여 사용하는 경우도 있지만, 더 주관적인 정보로 바꿀 수도 있다. 체력과 마력을 만족한 값을 건강도라는 매개변수로 해 두고 건강도가 내려가면 무언가 대처를 한다든지 하는 식이다.

캐릭터의 신체를 만드는 방법

지금까지는 내부 매개변수에 착안했다. 그래서 캐릭터의 신체 전체를 만드는 방법을 살펴보기로 한다. 모델링이나 외견상의 이야기를 배치해 둠으로써 지능으로서의 신체를 만드는 방법을 해설한다.

내부 매개변수는 말하자면 캐릭터의 생리적인 상태를 기술하는 것이다. 그리고 인공지능은 그 상태를 보면서 행동을 판단한다. 또한 신체의 '상태'와 '애니메이션'을 관리할 필요가 있다. 좋을 때 좋은 행동을 할 수 있도록 한 경우 인공지능의 판단에 따라 신체를 애니메이션으로 움직이면 좋지만 신체는 환경 속에서 제한되어 있으므로, 지금 신체가 어떤 상태에서 어떤 애니메이션을 재생하면 좋은가 하는 상태의 인식이 필요하다.

'사다리를 걸치면서 검을 휘두를 수는 없다'라든지 '테이블의 아래에 웅크리고 있는 상태에서 화살을 쏠 수는 없다'는 식이다. 그러나 의사 결정을 위해 '달리면서 화살을 쏜다'거나 '점프하면서 마법을 쏜다'는 가능하다는 등의 제어 사항을 알아 둘 필요가 있다.

그래서 지능에서 본 캐릭터의 신체 구조는 다음과 같은 3층 구조가 된다.

전술한 예에서 말하면 신체 레이어의 표현이 된다. 최초의 레이어는 '신체를 추상화한 매개변수군'이다. 다음에 제2층은 '행동 심볼군'이다. 각각의 행동 간의 배타적 관계, 금지 관계를 기술한다. 달린다, 걷는다, 검을 휘두른다, 머리를 긁는다, 방패로 막는다, 엎드려 있다 등과 같은 행동의 상태를 나타낸다. 이 상태가 신체의 인식이 된다. 현재의 신체 상태를 파악함으로써 잽싸게 수행해야 하는 일, 현재의 상태에서 할 수 없는 운동을 파악한다. 엎드려 있으면 일어서는 동작을 우선하고 방패로 막고 있으면 공격하는 것은 기다릴 필요가 있다. 마지막 제3층이 애니메이션 레이어(모션 데이터 수집)이다. 각각의 행동에 대한 '애니메이션 데이터군'이 있다.

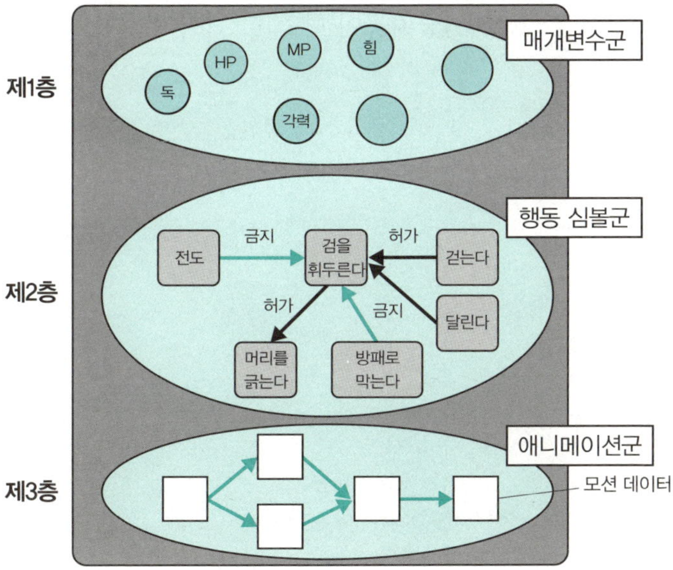

[그림 7-17] 지능에서 본 캐릭터의 계층적 신체 표현

애니메이션 레이어는 비교적 유연하게 하나의 애니메이션에 별개의 애니메이션을 추가하기도 하고(달리면서 검을 휘두른다 등) 두 애니메이션의 마지막과 처음을 블렌딩하여 접속하거나(검을 휘두르고 방패로 막는다 등) 두 애니메이션을 지정했을 때

사이에 있을 필요가 있는 애니메이션을 보완하거나(웅크린 상태에서 검을 휘두르기 위해 일어서는 등) 연속적으로 접속된 기능을 가질 필요가 있다.

이와 같은 데이터가 지능에서 본 신체의 표현이다. 애니메이션 시스템이나 물리에서 보면 환경과 자동 조화시키기 위한 기능이나 블렌딩 및 가산의 세세한 매개변수나 애니메이션 데이터의 관계성 지정 등이 필요하다.

이와 같이 지능에서 본 신체의 표현은 꽤 간략화했다고 해도 대규모인 것이다. 이러한 것들의 신체 상태를 파악하면서 환경을 인식하고 운동을 하는 것은 정보처리에서 보면 방대한 처리가 필요하다. 우리네 인간은 이 수천 배의 복잡한 신체를 각각의 순간에 움직이고 있는 것이며, 그 대부분의 처리는 의식되지 않고 무의식으로 수행되고 있다. 인공지능이 정말로 신체를 '가지는' 날은 멀지도 모르지만 간단한 모델이라 해도 인공지능이 한층 더 진화해야 한다는 것을 말해 준다.

게임과 어포던스

캐릭터의 행동을 생성한다

'**어포던스**(affordance)'는 인지과학의 용어이다. 어포던스는 생물이 환경의 각각에 대해 가지고 있는 가치이다. 사과라면 '먹는 것이 가능하다', '던질 수 있다', '들어 올릴 수 있다', '비틀어 딸 수 있다', 거리라면 '걸을 수 있다', '가로지를 수 있다' 등 사물이 자신에 대해 지닌 가능성과 가치를 나타낸 것이다. 이러한 가치는 아마 생물이 후천적으로 환경과의 상호 작용 중에서 가지고 있는 것과 애당초 그 생물의 생태로 선천적으로 가지고 있는 것이 있다.

어포던스는 예를 들어 곤충의 경우 어느 과실을 먹을 수 있을까, 어느 꽃에서 꿀을 빨 수 있을까, 어느 장소에 둥지를 지을 수 있을까 등 생태에 필요한 정보를 환경 속에서 발견하는 것에 해당한다. 인간이라면 의자에 '앉는다'든지 이 오솔길은 '통과할 수 있을까'라든지 환경에서 행동의 가능성을 찾아내는 것에 해당한다. 다만, 어포던스는 판단하는 것이 아니라 생물이 이미 무의식중에 해석한 것처럼 보이는 것을 나타내는 말이다. 단순히 디지털 카메라처럼 날아 들어오는 빛을 보는 것이 아니라 우리는 자신의 상태에 맞춰 무의식으로 해석된 세계를 보고 있다. 이 해석된 세계 속에서 어포던스는 환경에서 발견된 행동의 힌트를 나타내는 것이다.

그리고 게임 내에서 캐릭터의 지능을 만들 때에도 어포던스는 중요한 방법이다. 지능과 행동을 연결하는 가장 단적인 방법이 어포던스이기 때문이다. 게임 개발에서 어포던스는 오브젝트에 내장된 정보로 개발된다.

예를 들어 게임 내의 '의자'라는 오브젝트에는 '이 방향에서 앉을 수 있다', '움직일 수 있다', '집어 올릴 수 있다' 또는 '그 위에 올라갈 수 있다' 등 캐릭터가 의자에서 해낼 수 있는 행동의 목록이 준비돼 있다. 이 어포던스 정보를 통해 캐릭터는 자신이 이 의자에 대해 또는 이 의자를 사용하여 할 수 있는 일에 대한 정보를 취득한다. 그리고 그중에서 선택지를 선택하면 된다. 말하자면 그것은 마치 인간이 주관을 가지고 환경에서 행동의 가능성이 제시되어 있는 것처럼 보이는 것과 마찬가지로 '환경에서 말해 주고 있는' 것처럼 보일 것이다.

[그림 7-18] 게임 내의 어포던스 정보는 오브젝트에 행동의 목록으로 내장됨.

이러한 어포던스의 정보를 의자에 부여해 두는 것에는 개발 시에 한 가지 더 장점이 있다. 즉, 이 의자 자체는 게임 내의 모든 곳에서 사용하게 되므로, 이 데이터를 한번 부여해 두면 나중에는 몇 번이고 다시 이용할 수 있다.

물론 게임 내에는 의자뿐만 아니라 다양한 오브젝트가 있다. 그러한 오브젝트에 여러 가지 어포던스 정보를 부여한다. 세계에 있는 것뿐만 아니라 캐릭터 자체가 소지하고 있는 오브젝트도 마찬가지이며, 사다리를 가지고 있으면 깊은 골짜기에 걸쳐 놓고 건널 수 있고 소독약은 동료의 독 상태를 제거할 수 있듯이 그 아이템으로 무언가를 할 수 있는지 여부도 또한 어포던스 정보이다. 즉, 어포던스란 그 물건이 가지고 있는 가치를 가리킨다. 캐릭터가 아이템을 유지함으로써 가능한 행동이 점점 불어나는 것을 관리하고 캐릭터의 행동의 선택지를 넓힐 수 있다.

이러한 특징은 자율적인 캐릭터를 만들 때 매우 중요하다. 자율적인 캐릭터란 자신이 세계에 대해 가지는 어포던스(가능한 행동) 중에서 스스로 하나의 행동을 골라내거나 그것을 조합하는 사고 능력을 가지고 있다는 것을 의미한다.

예를 들어 마법을 쏘아서 싸우는 '마법 대전(가칭)'의 캐릭터가 지금 그림과 같이 어떤 방에 들어갔다고 하자. 방에는 동굴이 있고 다양한 장치와 기능이 있다.

- 레버를 당기면 다리가 내려와서 동굴을 건널 수 있게 된다.
- 마법 포대가 있으며 전방의 특정 영역의 적에게 큰 대미지를 줄 수 있다.
- 차가 놓여 있으며 타고 이동할 수 있다.

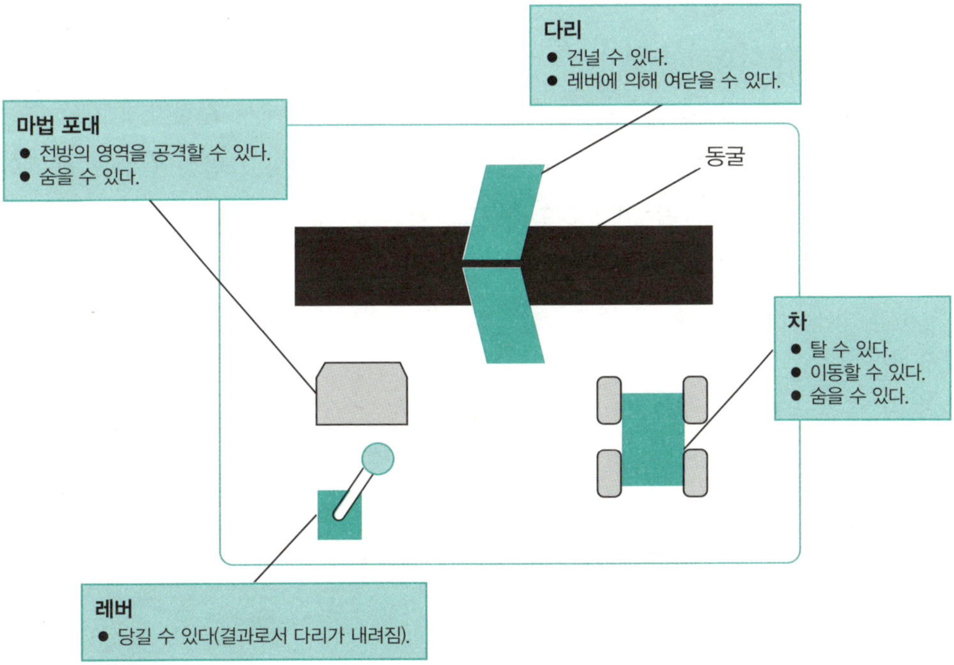

[그림 7-19] 게임 스테이지를 어포던스 정보로 표현한다.

캐릭터는 이 방에 들어가자마자 이 방 고유의 다양한 어포던스에 마주친다. 그리고 그 중 하나를 고르거나 또는 조합해 일련의 행동을 만든다. 예를 들어 마법

포대에서 적을 어느 정도 해치운 후 레버를 당겨서 다리를 내리거나 차에 타서 다리를 건너는 등의 행동을 만든다. 복수의 행동을 조합하는 방법을 '플래닝'이라 한다.

좁은 의미로 어포던스를 '행동의 가능성'이라고 생각하면 어포던스는 캐릭터의 행동 생성과 연결된다. 캐릭터의 행동은 언뜻 보면 자유로운 공간과 시간이 있고 무엇이든 가능할 것 같지만 실제로는 그렇지 않다. 환경 내에서 허락된 행동, 즉 어포던스를 힌트로 행동을 조립한다. 또한 더 깊은 레벨에서는 그 행동을 왜 하는가 하는 동기 부여 부분으로서 '환세계'가 큰 역할을 하고 있다. 환세계란 생물이 주관적으로 파악하는 세계이며(5장 p.184), 그 세계가 파악하는 방법이 생물의 행동 방식을 대략 결정하고 있다. 즉, 무엇을 인식하고 그 대상에 어떤 행동을 할까 하는 의미로 가득 찬 세계이다. 인간도 역시 그 환세계 속에서 완전하게 피할 수는 없다. 한 방향으로 의미가 부여된 세계 속에서 어포던스는 그 방향에 따른 행동의 자유성을 제시한다. 그리고 생물은 한정된 환경과 자신의 관계성이라는 자원을 조합하여 살아남는다.

환경에서 캐릭터를 조작하게 한다

환경에서의 제어

일반적으로 자율형 AI 게임의 캐릭터는 세계 속을 자기 자신이 움직인다. 즉, 지능에 의해 주변을 인식하고 의사 결정에 따라 움직인다. 그러나 게임의 캐릭터 제어에서는 이 방법이 모두가 아니다. 게임에서는 '환경에 대해 캐릭터를 조작시킨다'는 것이 있다.

게임의 경우 환경 쪽에서 제어하는, 좀 더 자세히 말하면 지성이 작용하는 경우가 있다. 어떤 장소에서 어떻게 행동할까에 대하여, 극단적으로 말하면 캐릭터 AI가 생각하는 것이 아니라 환경이 캐릭터를 조종하는 방법을 채택하는 경우가 있다. 앞 절의 '어포던스'는 환경이 가진 행동 가능성의 정보를 캐릭터가 일단 수집하고 그 복수의 행동의 선택지에서 하나의 행동을 선택하거나 조합한다. 그러나 이번에는 다르다. 캐릭터에는 선택권이 없고 환경측이 완전히 주도권을 가지고 캐릭터를 조작하는 것이다.

스마트 오브젝트를 설정한다

예를 들어 의자의 오브젝트에 가까워지면 의자에서 앉는 포인트와 방향이 캐릭터에게 교육되며 앉는 것처럼 파악된다. 또한 방에 들어가면 벽에 걸린 그림에서 이것을 볼 수 있는 응시점을 캐릭터에게 전달하고 그림 입장에서 보는 동작을 시킨다. 이 방법을 '**스마트 오브젝트**(똑똑한 물체, 지성이 있는 대상)'라 한다. 지형의 경우 '**스마트 터레인**(Smart Terrain)'이라 한다. 이것이 지능인가 하면 학술적 의미로는 그렇지 않겠지만 아무튼 디지털 게임에서는 많이 이용되는 방법이다.

『Bioshock Infinite』(Irrational Games, 2013년)에서는 창 옆에 가면 지정된 지점을 올려다보는 동작을 하도록 아군 캐릭터가 제어된다. 또한 소파 근처에 가면 앉는 지점에 대해 '앉는다'는 동작을 하도록 제어된다.[*32] 이것은 디지털 게임에서는 캐릭터와 오브젝트의 위치 관계 및 동작의 미소한 피드백이 어렵기 때문에 오브젝트 쪽이 캐릭터에 대해 오브젝트나 지형을 잘 다룰 수 있도록 제어할 필요가 있기 때문에 생긴 제어 방식이다. 대체로 식당 장면 등은 식기나 병 등을 손으로 다루는 동작 맞추기가 어렵기 때문에 이러한 환경에서의 제어로 조립되어 있는 것이다. 즉, 게임에는 게임이라는 무대 위에서 무대를 지도하는 AI와 같은 기능이 필요하다. 이러한 탑재 방식이 노력과 코드 탑재가 가장 적게 소요되는 경우가 많다.

더 고도의 캐릭터 조작

좀 더 나아가면 지능으로서의 기능이 더 많은 경우가 있다. 『Far Cry Instincts』(Ubisoft, 2005년)에서는 가스 탱크에 간이 제어 기능이 있다.[*33] 플레이어가 가스 탱크를 중심으로 한 일정 반경 내에 들어오면 가스 탱크의 AI는 가까이 있는 적 캐릭터에게 가스 탱크를 폭파하도록 메시지를 보낸다. 메시지를 받으면 적 캐릭터는 가스 탱크를 파괴한다. 그러면 플레이어는 폭파로 생긴 바람에 대미지를 입는다. 이것을 플레이어 입장에서 보면 '자신이 가스 탱크에 근접했으므로 적 캐릭터들은 가스 탱크를 타격하면 자신이 상할 수 있다고 인식하여 가스 탱크를 파괴했다'고 인식할 수 있다. 그러나 실제로는 플레이어가 받은 해석과 캐릭터의 제어가 완전히 다르다. 이 조작이 게임에 대한 캐릭터 AI의 내면이다.

*32 [참고] Shawn Robertso, 『Creating BioShock Infinite's Elizabeth』(바이오 쇼크 인피니트의 엘리자베스 만들기), GDC 2014
http://www.gdcvault.com/play/102545/Creating-BioShock-Infinite-s

*33 [참고] Eric Martel, 『An Analysis of Far Cry: Instincts' Anchor System』(Far Cry 분석: 본능의 앵커 시스템), AI Programming Wisdom 3, 7장 2절

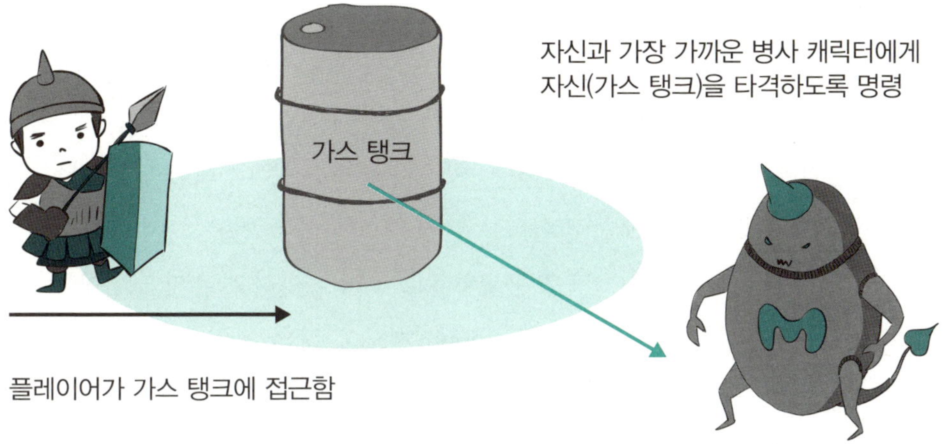

[그림 7-20] 스마트 오브젝트를 이용한 캐릭터 제어

일반적으로 환경에 내장된 지성을 '환경 지성' 또는 '내비게이션 AI(2장 p.69)'라 한다. '내비게이션 AI'란 원래 최소한의 기능으로 지형 속의 지점에서 지점으로의 경로 탐색이 필요하게 된 경우에 사용되어 왔는데, 레벨 디자인이 점점 복잡해짐에 따라 지형 속에서 어떻게 하면 잘 움직일까 하는 정보 전체를 관리하게 되었다. 무엇이든 캐릭터 AI의 지성에 주입하면 좋다는 것이 아니라 — 실제 공간의 로봇이라면 그 이외에 방법이 없겠지만, 게임의 경우 환경 쪽에 지성을 준비해 둔다. 캐릭터는 환경에 대한 지성과 캐릭터 AI가 정보를 잘 주고받아서 비로소 레벨 디자인을 기능적으로 사용해낼 수 있다. 이와 같이 본래 하나인 지성을 둘로 나눠 협조하게 하면서 하나의 기능을 실현하는 방법을 '**분산 인공지능**'이라 한다. 분산 인공지능은 거대한 처리로 되어 버린 부분을 소형 인공지능의 제휴에 의해 시스템을 구축하는 방법이다(자세한 내용은 8장 p.308 참조).

예를 들어 웹 에이전트들은 웹상에서 많은 정보를 수집해 오지만 그것을 정리하는 것은 백엔드에 있는 다른 인공지능군이다. 또한 거대한 데이터를 해석할 때 5단계가 있다고 하면 그것은 5개의 인공지능이 독립해서 움직이는 쪽이 효율적일 뿐만 아니라 유연성도 있다.

디지털 게임의 인공지능은 지금은 메타 AI, 캐릭터 AI, 내비게이션 AI의 3가지이지만 장래에는 회화나 데이터 로그 해석 등이 더해져서 더 많은 수의 인공지능에 의한 협조 시스템이 될 가능성이 있다. 또한 일반에 대해서도 웹의 서비스 등 사용자의 입력에서 오는 질문을 해석하는 인공지능, 그 질문에 대한 답을 찾아내는 인공지능, 거기서 사용자에게 반환하는 문장을 작성하는 인공지능 등 분산 인공지능의 연대에 의해 전체 시스템을 구축함으로써 더 유연하고 유지 보수가 용이한 시스템을 구축할 수 있다. IBM의 Watson에서도 고도의 자연 언어 처리 기능은 백엔드의 서버에 있지만, 프런트엔드에서는 사용자와 직접 주고받는 인공지능이 있고 양자가 연대하는 경우 또는 양자 사이에 또 하나의 인공지능을 개입시키는 등의 분산 인공지능 구조에 의해 서비스를 전개한다.

함께 생각해 봐요

이 장에서는 신체의 구조에 근거한 지능에 대해 고찰했다.

지능이 모든 것을 알 필요는 없지만 최소한 자신의 신체와 신체 주변 환경의 관계를 사용하는 방법을 알아 둘 필요가 있다.

그것에 의해 지능은 비로소 그 환경에 대한 행동의 가능성으로부터 행동을 조립할 수 있는 것이다.

이러한 개별 지능의 탐구는 지능이 신체에 의해 세계에 어떻게 파고들어 살고 있는지를 교육시켜 준다.

그런데 한편으로 생물에는 사회라는 것이 있다. 사회 속에서는 신체라는 것보다는 메시지가 있고 생물끼리의 관련성에 의해 행동이 강력하게 제한된다.

다음 장에서는 그러한 사회나 조직 속의 지능 표현을 살펴본다.

8장

■▲■●■

집단의 지능을 표현하는 테크닉

~군중 AI의 기술

"인공지능은 표현이다"라고 한다.

그것은 지식을 표현한다는 의미이기도 하고 사고, 즉 정신의 역학(운동, 동적 구조)을 표현하는 의미이기도 한 것 같다. 또는 팀과 같은 복수의 지성체가 협조할 때에도 역학의 표현이 된다.

지식은 정적인 구조체와 같이 기술되며 기억을 형성하지만 사고나 협조는 개별 요소 운동의 조합으로서 표현된다. 그러한 표현은 수가 적고 인공지능 독자의 기술이라고 할 수도 있는 것이다. 마치 그것은 지성을 인공지능에 출현시키기 위한 장치라고 해도 좋을 것이다.

지성 내부의 구조를 표현하는 것, 지성체끼리의 협조를 표현하는 것은 이상하게도 많이 닮아 있다. 둘 다 '**블랙보드**', '**모듈**', '**협조**'라는 3가지 원리의 조합으로 표현된다. 지성 내부도 복수 모듈의 협조에 의해 지성을 발휘할 수 있고 집단도 협조함으로써 비로소 지성을 발휘할 수 있다는 것은 지성이라는 것이 창출하는 원리에 가깝다는 증거이기도 하다.

여기서 설명하는 것은 극히 기본적인 지식인데, 지능을 만들어 가는 과정에서 큰 발판이 될 것이다.

거리를 만든다
즐거운 동료, 사회, 생물

만화에는 '몹(군집)'을 그리는 기술이 있다. 많은 인물을 단순히 그리는 것이 아니라 하나의 장면(코마) 중에서 가능하면 작은 인원수로 군집이 있는 것 같은 감각을 내는 기술이다.

예를 들어 어떤 범위에 10명을 그려서 10명밖에 없어 보이게 하는 경우도 있지만 그 주위에 보이지 않는 100인이 있는 것처럼 그릴 수 있다. 이것은 디지털 게임에도 있을 수 있는 것이다. 게임에는 흔히 거리가 나오는데, 일찍이 2D 시절의 거리는 왠지 활기가 있는 것처럼 보일 수가 있었다. 그런데 3D가 되면 큰 공간과 원경이 있다 보니 인물을 웬만큼 내더라도 왠지 적막해져 버리는 경우가 자주 있다. 이 '왠지'가 묘한 것이어서 그렇다고 많은 인원 수를 내더라도 적막하지 않게 되는 것은 아니며, 단지 NPC를 걸어가게만 해서는 인형의 거리처럼 더욱 을씨년스럽게 되어 버린다.

그렇기 때문에 다소 부하가 걸리더라도 좋으니 그 나름의 활동을 하고 있는 캐릭터를 낼 수 있는 만큼 내 보는 것인데, 그렇다 해도 쓸쓸해 보이는 경우가 자주 있다.

군집은 심오하고 한 혈통으로는 안되는 주제이다. 그러므로 이제는 실제 군집을 보러 가는 수밖에 없다. 도시 부분이라면 어디로 가도 많은 사람이 오간다. 당연한 말이지만 이런 도시를 관찰하고 있으면 많은 일을 알게 될 것이다.

어느 날 거리에서 알게 된 일

- 혼자서는 잘 걷지 않는다. (→ 휴일인가?)
- 2~3명이나 많은 경우 5~6명이 장난치며 걷고 있다. (→ 잘 생각해 보면 NPC는 전원 1명 설정이었다!)
- 두리번두리번 거리고 있다.
- 가끔 멈춰 선다. (→ 확실히 계속 걷고 있지 않다.)
- 거리 음악가에게 사람이 모인다. 또한 군중을 보는 군중이 생긴다.
- 사람에 따라 걷는 방향이 달라진다. (→ 당연한 일)
- 사람에 따라 속도가 다르다. (→ 더 당연한 일)
- 동물도 있다. 고양이나 개가 있다.

[그림 8-1] 거리의 이미지. 실제로 거리에 나가면 사람들의 다양한 활동이 눈에 들어온다(저자 촬영).

이와 같이 당연한 일이 많이 눈에 띄는데, 지성 자체인 우리의 입장에서는 당연한 일이 잘 보이지 않으며, 그런 것을 알아차리는 것이 지성을 아는 것이기도 하다.

거리를 표현한다

여기서는 실제 거리를 게임 내에서 만들기 위한 몇 가지 방안에 대해 설명해 간다. 『어쌔신 크리드(Assassin's Creed)』(Ubisoft, 2007년)에 도입된 방법에 따르면 처음은 셋업부터이다. 가능하면 많은 직업의 사람을 준비한다. 즉, 어느 정도 복장, 머리카락 모양, 사람의 키를 준비해 두고 그 조합으로 '인물'을 '소재에서 자동 생성(세미 프로시절: 준절차적)'해 간다. 다음은 어떤 영역에 대한 인구 '밀도'이다. 인구 밀도는 높다고 무조건 좋은 건 아니고 플레이어에서 보이는 범위의 밀도를 조금이라도 높게 해 두고자 한다. 그러기 위해 가로마다 밀도를 감시하고 플레이어가 있는 주변 가로의 밀도가 높아지도록 제어한다. 즉, 새 캐릭터가 서서히 생성점(숨겨진 노지 등에 설정되어 있음)에서 생성되어 그곳으로 보내진다. 반대로 플레이어로부터 멀어져서 보이지 않게 된 시점에 캐릭터는 소거된다.

다음은 "움직임"이다. 캐릭터는 다양한 움직임을 하고 있을 필요가 있다. 연설을 하고 있는 사람, 상점에서 물건을 팔고 있는 사람, 무언가 용무로 걷고 있는

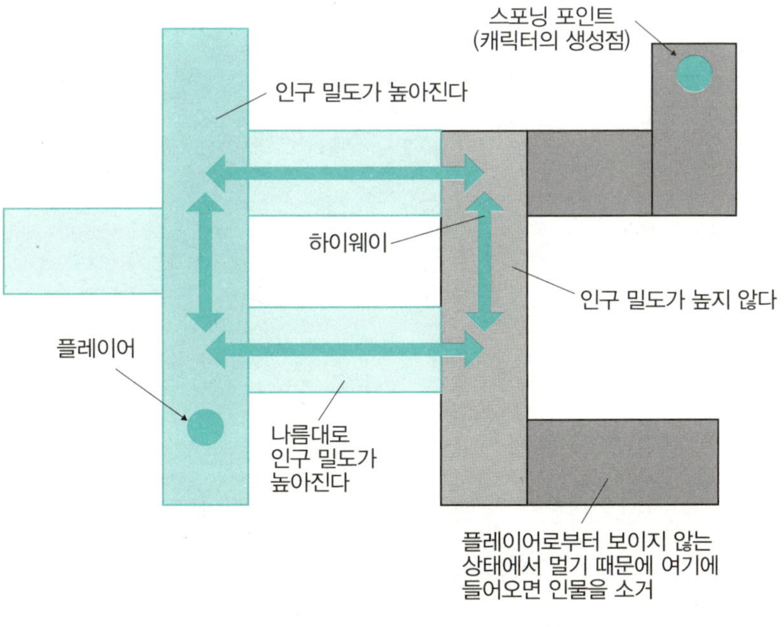

[그림 8-2] '어쌔신 크리드'(Ubisoft, 2007년)에서 도입한 거리와 군중의 표현*34

사람…. 아무튼 움직이고 있는 느낌을 내기 위해 '하이웨이'라는 캐릭터의 순회로가 설정되어 있다. 이것은 실제로는 목적도 없이 길을 걷고 있는 것인데, 사람의 움직임을 연출하기 위해 설정되어 있다. 그리고 소실 영역에 들어가서 소멸된다. 플레이어를 쫓아가도록 한 '몹'이 아닌 '적' 캐릭터에 관해서는 내비게이션 메시와 패스 검색에 의해 플레이어를 쫓아가게 한다. 또한 이 게임의 재미있는 부분은 다양한 건조물에 날아 들어와 타고 이동하도록 한 부분이므로, 어느 정도까지 병사도 쫓아오도록 하나의 내비게이션 메시 중에서 더 세세한 이동을 할 수 있도록 건물 위에서는 걷는 장소에 웨이포인트가 내장되어 있다. 이러한 내비게이션의 이중 구조에 의해 추격하는 병사의 캐릭터가 제어되고 있다.

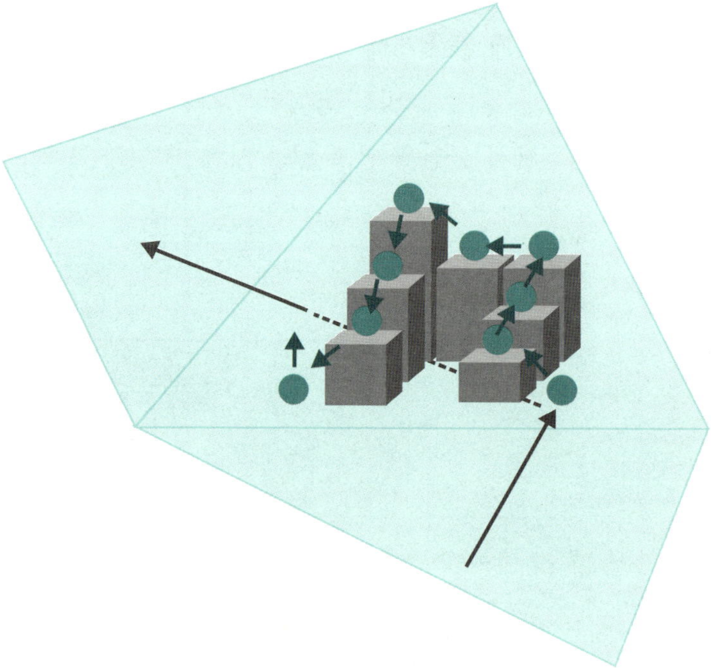

[그림 8-3] 내비게이션 메시와 그 위의 웨이포인트의 이중 구조

[그림 8-4] 『어쌔신 크리드』(Ubisoft, 2007년)에 대한 오브젝트상의 웨이포인트군('Taming the Mob: Creating believable crowds [몹 길들이기: 신뢰할 수 있는 군중 만들기]')*35

또한 '이벤트'라는 개념이 있다. 예를 들어 가로에서 연설하거나 싸움 등이 있을 때 주위의 군중이 어떻게 반응하는가 하는 점이다. 이것은 이벤트를 중심으로 동심원이 설정되고 가장 작은 반경의 원에 들어온 사람은 곧장 이 이벤트를 목격한다. 다음으로, 조금 큰 원 속에 들어온 사람은 일단 멈춰 서지만 잠시 후 떠나가 버린다. 끝으로 원의 바깥쪽에 있는 사람은 그냥 지나간다. 이 3단계를 설정함으로써 군중다운 느낌을 내도록 한다.

*34, 35 Sylvain Bernard, 『Taming the Mob: Creating believable crowds in ASSASSIN'S CREED(몹 길들이기: 어쌔신의 크리드에서 신뢰할 수 있는 군중 만들기)』, GDC 2008
http://www.gdcvault.com/play/292/Taming-the-Mob-Creating-believable

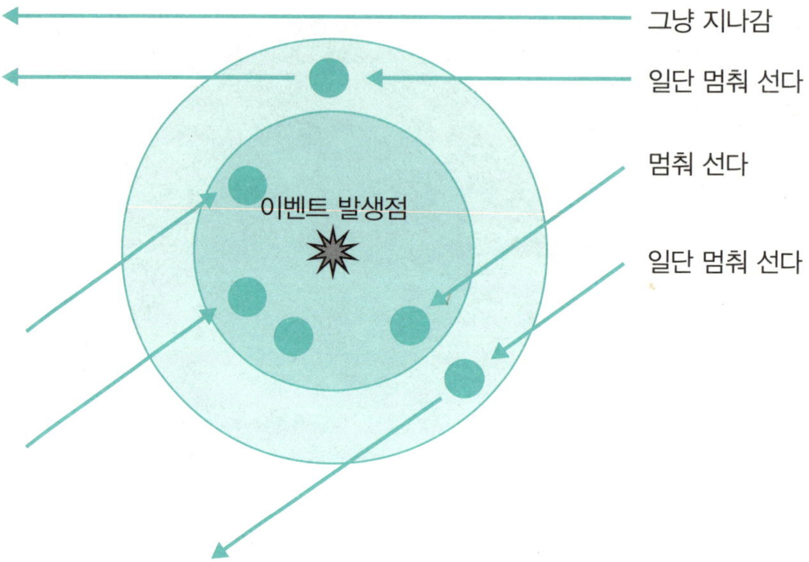

[그림 8-5] 『어쌔신 크리드』(Ubisoft, 2007년)에 도입된 이벤트에 대한 군중의 반응

또한 『어쌔신 크리드 유니티(Assassin's Creed Unity)』(Ubisoft, 2014년)에서는 광장의 군중에 대해서도 챌린지를 하고 있다. 광장에서는 사람을 한눈으로 볼 수 있으므로 '**레벨 오브 디테일**(Level Of Detail, LOD)'이라는 수법이 사용되고 있다(자세한 내용은 p.302 참조). 이것은 플레이어에서 거리에 따라 몇 단계쯤 그래픽스, AI의 면에서 퀄리티를 떨어뜨려 가는 방법이다.

멀리 있는 캐릭터는 많이 있어도 잘 보이지 않으므로 그래픽스도 AI도 저부하의 것으로 전환한다. 중거리인 것은 웬만한 퀄리티로, 근거리의 것은 높은 퀄리티로 해 두면 플레이어에서 보았을 때 품질이 높은 군중에 둘러싸여 있는 것 같은 느낌이 드는 것이다(자세한 내용은 p.303).

또한 '**스테이션**'이라는 개념도 도입되어 있다. '스테이션'은 2명~몇 명이 집단으로 행동하고 있는 단위이다. 이것은 어떤 장소에 고정되어 있고 3명이 서서 이야기를 하고 있으며 구두닦이가 말쑥한 차림의 신사의 신발을 닦고 있거나 상점에서 물건을 팔고 있다든지 하는 등의 단위이다. 게임 플레이에는 관여하지 않지만 군중으로서 리얼리티를 나타낼 수 있다. 일단 사건이 일어나든지 하면 스테이션은 해산되고 보통의 군중으로 돌아가는 경우도 있다.*36

이와 같이 게임 속에서 거리를 만드는 것은 한 계통이어서는 안 되며 많은 작전을 준비하여 임해야 한다. 중간 과정까지는 퀄리티가 올라가지만 마지막 3~4할의 퀄리티를 올리는 증가율은 서서히 높아진다. 그러기 위해서는 거리나 인물을 관찰하여 식견을 쌓아 두어야 하며, 또한 그것을 기술로 축적해 둘 필요가 있다. 게임 산업에서는 매년 새로운 군중의 기술이 발표되고 있다. 그것은 이해하면 할수록 끝이 없는 군중의 지능이라는 것의 심오함을 나타낸다.

*36 [참고] Nicolas Barbeau, 『Living Crowds: AI & Animation in ASSASSIN'S CREED: BROTHERHOOD』(살아 있는 군중: 어쌔신 크리드 형제의 AI 및 애니메이션), GDC 2011
http://www.gdcvault.com/play/1014676/Living-Crowds-AI-Animation-in

셀 기반의 군중 제어법

대량의 캐릭터를 움직인다

대량의 캐릭터를 움직이려고 할 때에는 캐릭터끼리의 상호작용을 생각하고 있다면 캐릭터 수의 거듭제곱에 가까운 상호작용을 계산할 필요가 생긴다. 어떤 사람이 어떤 사람을 눌러 버렸다고 하면 눌려진 사람도 누른 사람도 작용이며, 다른 사람에 맞닥뜨린 눈 깜빡할 사이에 그 힘의 파급에 대한 계산이 크게 되어 버린다.

예를 들어 군중의 한복판에서 갑자기 마법이 폭발했다고 하자. 그러면 그 주위의 사람이 휙 날아가게 되고, 또 그 주위의 사람은 눌려지고, 캐릭터끼리의 역학을 많이 계산해야 된다.

이러한 계산의 폭발을 방지하기 위한 한 가지 방법이 '**셀 기반 군중 제어**'이다.

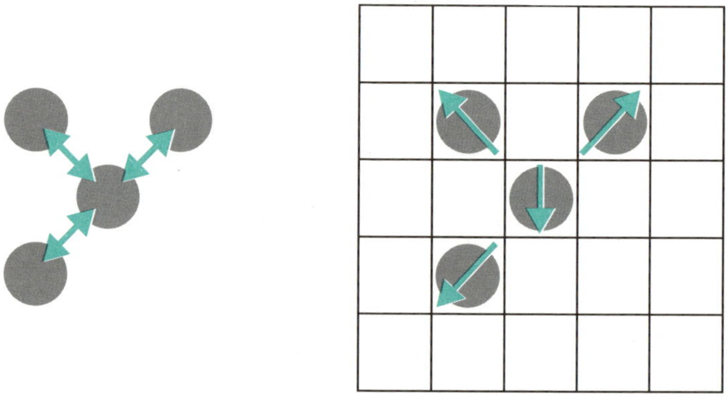

[그림 8-6] 캐릭터가 직접 상호작용하는 경우(왼쪽)와 셀 기반 제어(오른쪽)

'셀'은 사각형의 타일이며 바닥의 한 면에 깔려 있고 각각의 셀은 '벡터'를 가진다. 이 벡터가 캐릭터의 '가속도'가 된다(속도인 경우도 있음). 즉, 셀의 벡터가 한 방향을 향하고 있음으로써 군중의 일정 방향의 흐름을 만들 수 있다. 또한 2체의 캐릭터가 인접 동료의 셀에 들어가면 반대 방향의 가속도를 적용하는 경우도 있다.

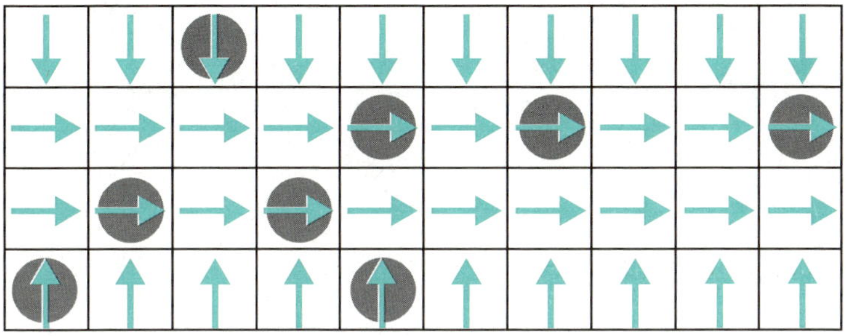

[그림 8-7] 셀 기반에 의한 사람의 흐름 제어

또한 앞의 예와 같이 군중의 한복판에서 마법이 폭발했다고 하자. 그러면 거기서 캐릭터들이 방사상으로 달아나 버리고 싶다고 하자. 그러한 때에는 폭발의 중심에서 방사상으로 가속도 벡터를 형성한다.

그러면 그 힘의 선에 따라 캐릭터들은 밖으로 밖으로 흘러가게 된다. 이러한 벡터의 집합을 '**벡터 필드**'라 한다. 벡터 필드의 흐름을 바꿈으로써 캐릭터 군중의 흐름을 만들 수 있다.

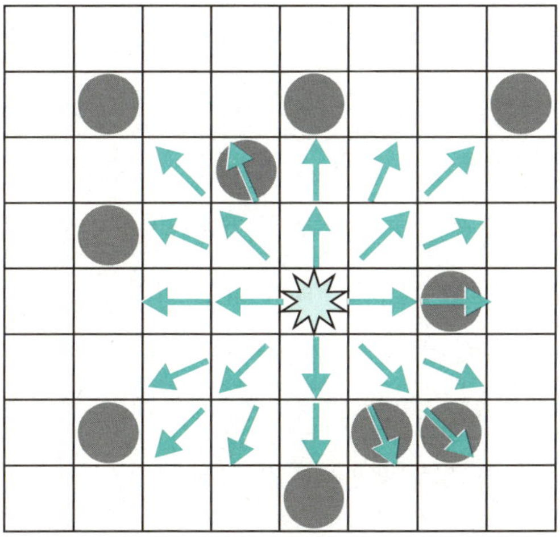

[그림 8-8] 중심에서 허둥지둥 달아나는 군중을 위한 벡터 필드

군중을 많이 만들기 위한 LOD

단계적인 사고의 실험

한정된 메모리와 계산 리소스로 군중을 많이 내고 싶다. 그때 도움이 되는 것이 앞 절에서도 언급한 '**레벨 오브 디테일**(Level Of Detail, LOD)'이라는 사고 방식이다. 번역하면 '상세도의 단계'라는 뜻이다. LOD는 원래 그래픽스의 기술이며 플레이어로부터의 거리에 따라 표시하는 3D 모델의 세밀도를 변화시키는 것이다.

3단계의 LOD란 예를 들어 거리의 사람의 캐릭터를 '다각형 수가 가장 많은 모델', '웬만한 거리에 있어도 보이는 중간 정도의 다각형 모델', '멀리 있어 그런 기미가 있게 보이는 듯한 낮은 폴리곤 모델'의 세 가지 패턴을 만들어 둔다. 그리고 플레이어에서의 거리에 따라 그 패턴을 나누어 사용한다. 멀리부터 어떤 캐릭터가 근접해 온다.

처음에는 '낮은 다각형 모델'로 표시된다. 가까이서 보면 색만 맞춘듯한 조악한 모델이지만 플레이어는 멀리 있으므로 상세한 것을 볼 수 없다. 30m까지라면 '중간 정도 모델'로 전환된다. 플레이어는 대체로 근접 전투에 열중하여 흘끔흘끔만 보므로 웬만한 모델이면 된다. 잘 보면 사실은 꽤 조악하다. 그리고 12m까지라면 '최상위 모델'로 전환된다. 이렇게 해서 화면 묘사에 걸리는 부하를 경감할 수 있다. 3단계 모델을 메모리에 로드되어 있는 경우에는 메모리로서는 득이 되지 않지만 애당초 상당히 멀리 있는 몹 캐릭터들이나 여러 가지 사정으로 이번에는 캐릭터에 근접하지 않는다. 낭떠러지를 향한 쪽에서 기다리고 있는 캐릭터 등은 '낮은 폴리곤 모델'로 충분하므로 메모리가 절약된다.

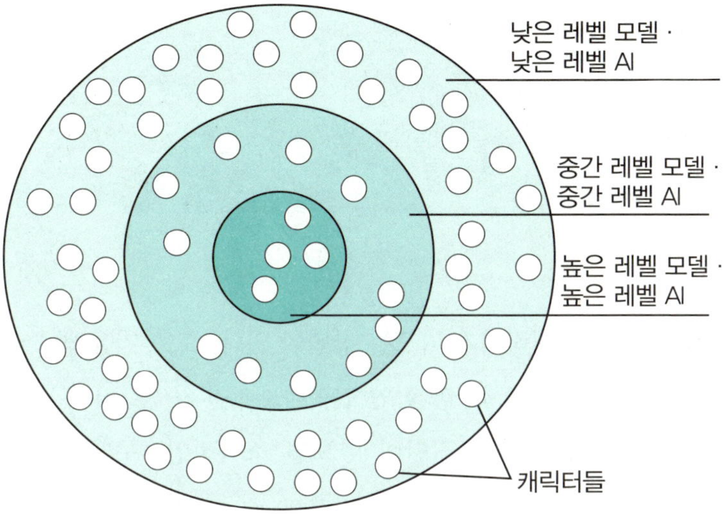

[그림 8-9] 군중을 위한 AI-LOD

그리고 LOD는 애니메이션, 물리 계산, AI에도 존재한다. AI의 경우 그 사고를 역시 단계적으로 만들어 둔다. 멀리 있는 캐릭터는 오른쪽으로 왼쪽으로 이동하고 있기만 해도 군중의 느낌이 난다. 중간 정도의 거리에 있는 캐릭터, 앞의 예에서 30m 이내에 있는 캐릭터는 다른 캐릭터와 수다를 떨거나 몸짓을 하거나 상대의 신체를 만지거나 그러한 인간다운 동작을 할 필요가 있다. 그리고 캐릭터에 가까운 캐릭터는 상세한 AI가 짜여져 있고 캐릭터의 다양한 액션에 대해 응답하는 사고를 가지고 있어야 한다.

이와 같이 단계적으로 사고를 만들어 둠으로써 멀리 있는 모든 캐릭터는 '낮은 레벨의 사고', 웬만큼 가까운 장소에 있는 캐릭터들에 대해서는 '중간 정도의 사고', 그리고 캐릭터 주위에 있는 소수의 캐릭터에는 '고급 사고'를 부여한다. 이 구조에 의해 한정된 리소스로 최대한 군중다움을 플레이어의 인상에 부여하는 것이다.

팀 표현

'조직적으로 움직이는' 사용자 체험을 만든다

게임에는 동시에 많은 캐릭터가 나오는 장면이 있다. 도로 가운데나 여러 사람의 큰 무리 등이다. 그러한 여러 사람을 막연하게 내보내면 자연스러워 보이지 않는다. 왜냐하면 동물은 유감스럽게도 집단이 있으면 조직적인 구조를 만들어 버리기 때문이다.

석양의 하늘을 올려다보며 석양을 가로지르는 새의 무리를 본다고 하자. 부등호 같은 모양의 편대가 짜여져 있다. 동물학자에 의하면 그런 무리들은 리더가 있고 편대의 지침으로 되어 있다고 한다. 개미의 세계에서도 여왕개미가 있고 벌의 세계에도 여왕벌이 있다. 동물의 무리에서도 이리의 경우 보스가 있다. 이와 같이 어떤 집단을 표현하려고 할 때 조직 구조를 적용함으로써 더 통일된 복잡한 움직임을 취할 수 있다.

『Killzone 2』(Guerrilla Games, 2009년)에서는 AI의 집단이 군대 같은 계층 조직으로 되어 있다. 여기서는 위에서 아래로는 명령이, 아래에서 위로는 각 부대장이나 각 병사가 본 국지적인 정보가 집적된다. 즉, 장군은 그러한 정보를 모아서 전체적으로 상황을 파악하고 작전을 세우고 각 부대장에게 명령을 하며, 각 부대장은 각 병사에게 명령을 내리고 그 결과가 병사로부터 부대장으로, 부대장으로부터 다시 장군에게 반환되어 가게 된다.

명령과 보고라는 정보는 조직에 있어서 동맥이자 정맥이며 특히 AI의 집단에서는 정보가 윤활유가 되어 조직의 특징적인 운동이 결정된다.

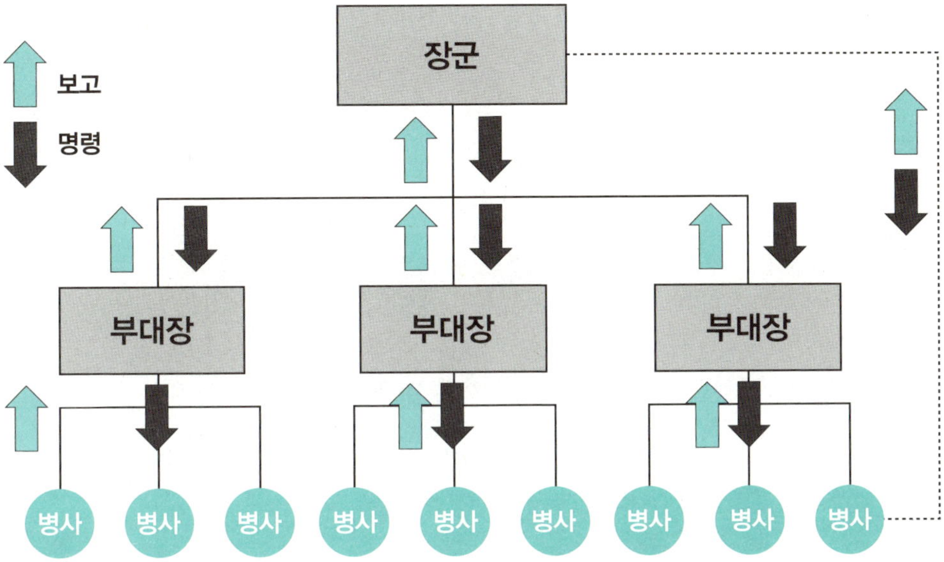

[그림 8-10] 『Killzone 2』(Guerrilla Games, 2009년)에 대한 군대 같은 계층 조직과 AI의 구조*37

이것은 RPG의 파티 등에서도 마찬가지다. 파티란 플레이어와 아군의 팀 및 그룹을 가리킨다. 플레이어 + 3명의 동료가 있다 하고 4명의 파티인 경우 능력의 차이나 특징이 나온다. 그래서 먼저 파티 속에서 역할을 결정하고 이 캐릭터는 "앞에 나와 적의 공격을 저지하는 사람", "다른 파티의 체력이 없어지면 구입하는 회복 마법을 거는 사람", "우세할 때는 공격하고 열세일 때는 수비를 하는 사람" 등의 특징을 적용한다.

RPG 경우는 규칙 기반으로 이러한 활동을 지정하는 경우가 많은데, 순식간인 경우 캐릭터는 복잡한 개별 상황에 대응하는 규칙을 가지고 있으며 그러한 것들의 우선도를 동적으로 또는 미리 결정해 둠으로써 규칙을 선택하게 된다.

*37 [참고] Alex J. Champandard, 『On the AI Strategy for KILLZONE 2's Multiplayer Bots』(KILLZONE 2의 멀티플레이어 봇에 대한 AI 전략에 대해), AI Game Dev 2010
http://aigamedev.com/open/coverage/killzone2/

4장의 '규칙 기반(p.134)'에서도 소개했지만, 『파이널 판타지(FINAL FANTASY) XII』나 『Dragon Age: Origins』에서는 그렇게 규칙 목록을 편집하여 동료의 행동을 사용자 지정할 수 있다. 예를 들어 AI가 가진 규칙의 실행 우선도를 사용자가 그림과 같이 스스로 사용자 지정할 수 있다.

우선도	조건	실행
1	만약 플레이어의 HP가 50% 줄었다면	회복 마법을 플레이어에게 건다.
2	대미지를 받으면	대미지를 준 상대에게 공격한다.
3	만약 자신의 HP가 50% 줄었다면	자신에게 회복 마법을 건다.
4	플레이어가 대미지를 받으면	플레이어에게 대미지를 준 적을 공격한다.

[그림 8-11] 규칙 목록의 예

이와 같이 먼저 팀 AI의 구성에는

❶ 팀 전체의 구조를 표현하는 것
❷ 구성원 간의 의사소통을 구성하는 것
❸ 팀 전체의 의사 결정 또는 각 구성원의 의사 결정을 사용자 지정하는 것

이 가능한 구조가 필요하게 된다.

전술한 『Killzone 2』의 경우 조직의 계층도와 정보의 전달 형식이 상세히 결정되어 있다. 그렇게 함으로써 각 병사는 자신의 몸 주변에 있는 상황, 그것을 모은 부대장은 부대의 상황을, 그리고 장군은 부대 전체의 상황을 모은 군 전체의 상황을 알 수 있다. 반대로 군대 전체의 상황에서 장군은 각 분대에 명령을 내리고 부대장은 수취한 명령을 다시 한 병사마다 분담하도록 분해하여 명령을 내린다. 이렇게 해서 팀 전체의 구조와 의사소통이 운용된다. 각 병사에게는 '**계층형 태스크 플래닝**'이라는 의지 결정 구조가 내장되어 있다. 이것은 명령이 주어진 경우 주위의 상황에 맞는 그 명령을 실행하기 위한 계획을 스스로 작성하는 알고리즘이다.

캐릭터의 지능이 깊이를 갖도록 팀 전체가 가진 지능도 위와 같은 내용을 조합함으로써 깊이를 가진다. 팀 AI는 스케일이 큰 만큼 사용자에 대한 임팩트도 크며 게임의 인상을 크게 좌우한다.

게임에도 영화에도 팀 표현의 기술이 사용된다. 영화는 실시간으로 움직이는 것이 아니므로 부하적인 문제는 없지만, 그런데도 주위의 상황에 맞춰 조직을 움직이기 위해 전용 미들웨어 툴을 내장시켜 군중을 움직이는 기능과 각각의 캐릭터에 대해 지능을 내장시키는 기능을 수행하고 있다.

게임의 경우 거기에 부하의 문제를 고려하면서 사용자에게 가장 효과적인 부분에 계산과 메모리 리소스를 할당해 간다. 그러나 어느 경우든 중요한 것은 정확한 시뮬레이션이 아니라 사용자 입장에서 그것이 팀이고 무언가 조직적으로 움직인다는 체험을 주는 것이다. 그래서 캐릭터끼리의 손짓이나 리더의 우렁찬 호령 등이 연출로서 필요하게 된 것이다.

앞으로 하드웨어가 진화하면 더 많은 캐릭터를 내게 된다. 그것에 의해 압도적인 팀이나 조직 및 군중의 존재감을 보여 줄 수 있을 것이다. 실제로 최근 20년 간 팀의 캐릭터들의 질은 비약적으로 향상되었다. 그러나 그러한 크기의 증가만이 군중인 것은 아니며 조직의 질이라는 문제가 있다. 캐릭터 간의 관계, 팀 전체로서의 통일감, 거기에는 또한 캐릭터 AI와는 다른 깊이가 있지만, 유감스럽게도 어떤 요소 기술이 필요한지에 대해 학계와 산업 모두 아직은 탐구가 불충분하다. 그 이유는 이러한 조직의 시뮬레이션이 보통 게임 산업에서만 필요한 것이 아니라 게임 산업 자체가 선도하여 연구를 추진할 필요가 있기 때문이다. 학계에서는 '멀티에이전트'라는 분야인데, 이 분야 자체가 넓고 반드시 캐릭터의 협조 시뮬레이션에만 초점을 맞추고 있는 것도 아니므로 이러한 기술을 흡수하면서 향후 발전이 필요한 분야이다.

복수의 사고에 의한 투표 시스템

메타 사고 방식의 교체

인공지능이 발전하는 방향에 '**메타화**'가 있다. 이것은 '다층 구조(3장 p.99)'와 많이 닮아 있다. 그러나 여기서는 더 한정하여 "사고 방식"에 주목한다.

분산 인공지능

인공지능의 사고를 하나 탑재하고 그것이 '인공지능이다'라고 말하는 표현 방법도 있다. 그러나 같은 캐릭터에 3가지 사고를 만들어 두고 그것을 경우에 따라 나누어 사용하는 경우를 생각해 보자. 그러기 위해서는 3가지 사고 중 하나를 제어하는 '사고 방식을 생각하는 AI', '지능을 선택하는 지능'이 필요하게 된다. 즉, 이 메타 사고는 상황에 따라 3가지 중 어느 사고 방식으로 할지를 결정하는 것이다.

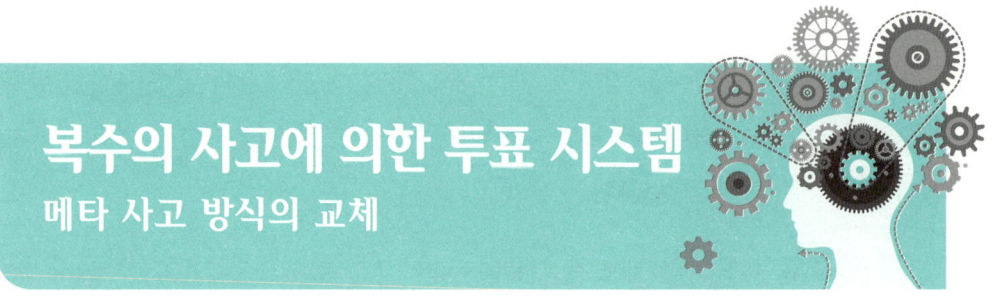

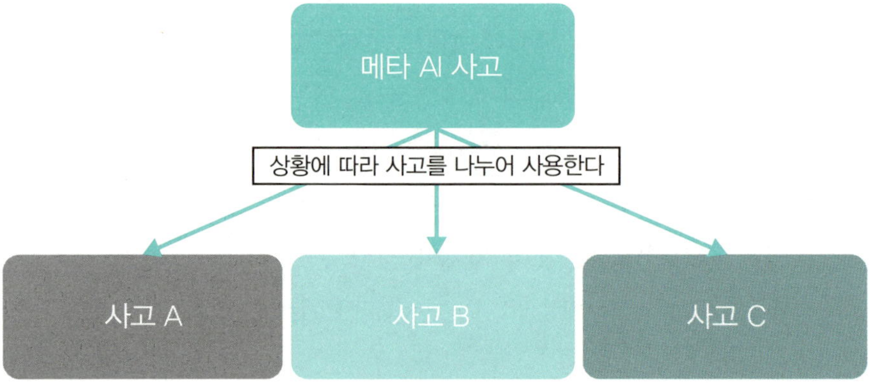

[그림 8-12] 메타 사고와 사고의 관계

인간도 나이를 먹으면 여러 가지 사고 방식이 생기게 된다. '그렇지도 않다', '이렇지도 않다'와 같은 문제를 생각할 때마다 다른 답이 나오기도 한다. 이것은 메타 사고의 방법을 교체하면서 생각하고 있는 결과이다. 인공지능도 현재는 하나의 통일된 사고로 구축하는 접근 방식이 기본이라는 전제가 있다. 그러나 더 발전된 미래의 게임 AI에서는 이윽고 복수의 서로 다른 인공지능을 만든 상태에서 더 상위의 지능이 상황에 따라 지능을 나누어 사용하게 될 것으로 예상된다. 이것은 전술을 전환한다기보다는 인공지능을 통째로 교체해 버리는 것이다.

예를 들어 격투 게임에서 사용자에게 캐릭터 AI의 논리를 읽지 않도록 하려면 두 사람이 서로 다른 사고를 만들어 두고 몇 프레임마다 그것을 교체함으로써 파악하기 어려운 AI를 만들 수 있다(이것이 강한지 여부는 모르지만). 물론 사고는 같은데 매개변수만 서로 다른 사고를 만들어 움직이게 해 두는 것도 효과가 있다.

합의제 알고리즘

'**합의제 알고리즘**'이란 하나의 의사 결정에 대해 복수의 인공지능이 각각에 의사 결정 결과를 제안하고 그 상태에서 최종적인 의사 결정을 하는 구조이다. 특히 의사 결정의 결과가 단순해서 비교할 수 있는 경우에는 매우 중요하다.

예를 들어 장기에서는 마지막 의사 결정의 결과가 수이므로 어떤 수를 둘까 하는 것을 복수의 인공지능에게 생각하게 한다. 모아진 수에서 최종적으로 어떻게 결정할지는 몇 가지 방법이 있으며 단순히 다수결로 결정하는 경우도 있고, 각각의 인공지능의 실적이나 신뢰도에 맞게 점수를 부여하고 각각의 수에 그 수를 제안한 인공지능의 점수를 더해서 점수가 가장 높은 수를 채택하는 방법이 있다.

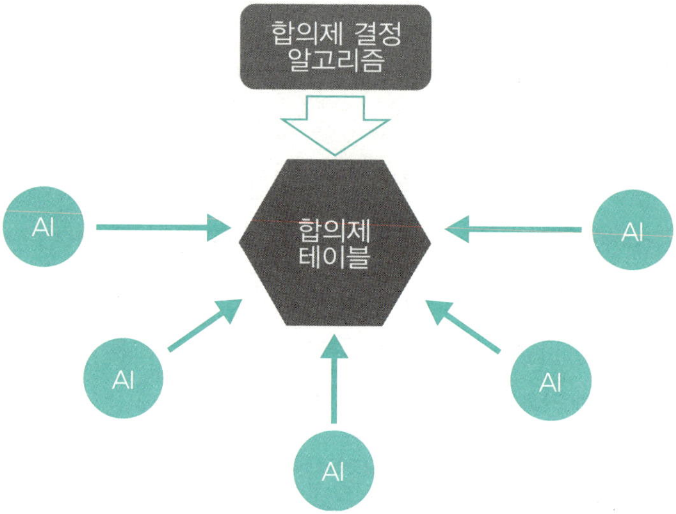

[그림 8-13] 장기에 대한 합의제를 이용한 인공지능 시스템

여기서 '복수의 인공지능'이 있지만 완전히 다른 알고리즘의 인공지능을 준비하는 경우도 있으며, 설정 매개변수가 조금씩 다른 인공지능 또는 난수를 내부에서 이용하는 경우라면 똑같은 인공지능을 참가시킬지도 모른다. 이와 같이 메타적인 방법에 의해서도 의사 결정은 더 강력한 것 또는 유연한 것으로 할 수 있다.

투표 시스템

또한 그러한 메타 AI가 위에서 제어하는 것이 아니라 복수의 사고를 갖다 놓고 각각의 사고가 결론을 메타 사고에 던져 주는 '**투표 시스템**'이 있다. 메타 사고는 그 집합에서 최종적인 결론을 도출한다. 알기 쉬운 것이 장기이다. '아카라'라는 프로젝트에서는 장기 프로그램 4개에다 그것들을 분산 클러스터화한 합계 8개의 장기 프로그램에 각각 투표 점수를 갖게 해 두고 결론을 내고 그 투표 점수의 총수가 높은 수를 채택하도록 한다. 투표 점수는 신뢰도가 높은 AI에 높은 점수를 준다든지 하며 그것도 조정 매개변수가 된다. 또한 편차로서 후보종이 나누어진 경우에는 어느 수를 추천할지를 각각의 인공지능에 물어서 결선 투표를 하게 된다.

TV 마니아 『신세기 에반게리온』(GAINAX, 1995년)에 등장하는 마기 시스템은 3개의 독립된 AI가 전술을 생각하고 각각이 다른 AI의 전술을 평가하게 되어 있다. 인공지능이라는 것은 처음에 설명했듯이 인간 지능의 한 측면을 그려내는 것이므로 이러한 특성에 따라 다른 AI를 만들어 두는 것은 그 치우침을 완화하는 것에 연결하여 더 높은 지능의 실현을 가능하게 하는 것이다.

플레이어를 포위하는 방법

타기팅의 질을 높인다

'타기팅'은 캐릭터가 복수의 적에게 둘러싸였을 때 어느 적을 공격할지를 선택하는 것 또는 공격 순서를 결정하는 것이다.

예를 들어 파티의 아군 캐릭터가 누구를 공격할까 하는 타기팅의 문제에서 가장 단순한 방법은 플레이어(자신)에 가장 가까이 있는 적을 선택하는 방법이다. 그러나 플레이어에서 가장 가까이 있는 적을 타깃으로 하고 있으면 플레이어와 타깃이 받는 경우나 아군과 타깃이 받는 경우가 있다. 또한 전투가 플레이어의 주위에만 집중하게 되어 버린다. 발상을 바꾸어서 이번에는 적 중에서 가장 강한 캐릭터를 선택하게 한다. 그러면 아군 캐릭터는 그 강적에 붙어서 플레이어를 지키게 되며, 가장 강한 적을 쓰러뜨린 것은 플레이어가 활약할 장을 뺏아 버릴지도 모른다. 최악의 경우에는 패배할 수도 있다.

그럼 아군 캐릭터는 어떤 타기팅을 하면 좋을까 하면 이것은 게임 디자인에 의존하는 문제가 된다. 보통 그 캐릭터의 개성이나 특징을 내도록, 즉 플레이어 입장에서 볼 때 그 캐릭터가 어떤 의도나 개성으로 행동하고 있는지를 이해하게 되는 형태로 결정한다. 그것에 의해 예를 들어 효율적이지는 않아도 플레이어는 아군의 의도를 헤아려서 행동하게 된다.

그렇다면 적 캐릭터 입장에서 본 경우에는 어떻게 될까?

예를 들어 극단적으로 말해서 플레이어 1체와 다수의 적 캐릭터가 싸우는 경우를 생각해 보자. 여기서는 타깃이 플레이어뿐이므로 타기팅이 문제가 되지 않는다. 그러나 한 번에 복수의 적으로 플레이어를 공격하면 일방적이어서 역시 플레이어는 방어할 수 없다. 즉, 게임이 되지 않는다. 이것은 쿵후 영화와 같이 주인공이 적에게 둘러싸였을 때 RPG에서 플레이어의 눈앞에 적이 길게 늘어선 경우에도 반드시라고 해도 좋을 만큼 과제가 되는 문제이다.

토큰을 사용한 공격

여기서는 『Kingdoms of Amalur: Reckoning』(Big Huge Game · 38 Studios, 2012년) 이라는 액션 RPG가 채택한 방법을 설명한다.*38

복수의 적 캐릭터로 플레이어를 에워싼 경우 쿵후 영화와 같이 일제히 플레이어를 공격하면 플레이어는 뭇매질을 당하고 곧 전투 불능 상태가 되어 버린다. 그러한 경우 일단 1체쯤 많아도 2~3체의 캐릭터가 플레이어에게 공격하도록 '토큰(공격 권리)'을 주고받으면서 공격한다.

토큰이 하나이면 1회 공격하면 다른 캐릭터에게 토큰을 건넨다. 그 캐릭터가 공격하면 다음 캐릭터에게 토큰을 건네고 가능하면 부자연스럽지 않도록 건네받는다. 플레이어에 가깝게 액션을 수시로 취하면 타이밍에 따라서는 연속 공격으로 보이므로 부자연스럽게 보이지 않게 된다.

또한 토큰이 2~3개 있는 경우에는 더 자연스러운 움직임으로 보일 것이다. 토큰 수는 플레이어의 레벨이나 스킬에 따라 적어지기도 하고 많아지기도 한다.

배치와 난이도 조정

또한 애당초 몇 체의 적으로 플레이어를 포위할까 하는 캐릭터 배치의 문제가 있다. 여기에는 몇 가지 테크닉이 있는데, 가장 단순한 경우에는 플레이어의 주위에 가상적인 공간 슬롯을 준비한다. 정사각형을 9등분한 중앙에 플레이어를 두고 주위의 8개 정사각형 위치에 적 캐릭터가 들어갈 수 있도록 한다(이 8개의 슬롯 중 몇 개의 슬롯에 캐릭터가 들어갈지는 플레이어의 레벨이나 스킬에 맞춘다). 플레이어가 약할 때에는 1슬롯, 즉 플레이어는 항상 1체의 적과 싸운다. 강해지면 2슬롯, 3슬롯으로

*38 [참고] Michael Dawe, 『Beyond the Kung-Fu Circle A Flexible System for Managing NPC Attacks(쿵후 서클을 넘어 NPC 공격을 관리하기 위한 유연한 시스템)』(GAME AI PRO, 28장)
http://www.gameaipro.com/GameAIPro/GameAIPro_Chapter28_Beyond_the_Kung-Fu_Circle_A_Flexible_System_for_Managing_NPC_Attacks.pdf

증가시켜 간다. 그리고 1슬롯의 경우 강한 적이 1체가 되면 곧 전투 불능이 되므로 예를 들어 플레이어의 레벨에 맞춰 적에게 강도의 합의 최대치를 결정해 둔다. 이것을 '**용량**(capacity)'이라고 한다. 용량 '10'으로 한 경우 적의 강도가 '3'이면 3체까지 들어간다. 그러나 슬롯 수를 우선하므로 슬롯이 1인 경우에는 1체밖에 들어가지 않는다. 적의 강도가 '7'이면 적 '3'의 적에 맞춰 2체까지밖에 들어가지 않는다. 이 경우 슬롯이 1이면 어느 한 쪽이 들어가고, 슬롯이 2이면 둘 중의 어느 쪽이 들어가도 상관없지만 둘보다 많이 들어가지는 못한다. '슬롯과 용량'에 의해 이러한 제한이 자연스럽게 추가된다.

이 슬롯 상한과 용량 제한에 의해 플레이어에 적합한 포위를 수행한다. 플레이어의 레벨, 각 스테이지의 난이도에 의해 게임 디자이너가 이 두 가지 설정값을 지정함으로써 플레이어 주위의 상황을 제어할 수 있는 것이다. 물론 플레이어는 착착 적을 쓰러뜨려 가므로 비어 있는 슬롯과 용량만큼 새로운 적이 플레이어의 주위에 배치되게 된다.

이번에는 그리드를 채택하여 설명했지만 형상은 자유롭게 설정할 수 있으며, 예를 들어 원을 분할한 부채꼴 영역을 플레이어의 주위에 설정하고 슬롯하는 등의 수법도 채택되고 있다.

[그림 8-14] 그리드, 슬롯, 용량에 의한 적 배치 제어

함께 생각해 봐요

이 장에서는 복수의 인공지능이 모였을 때의 협조 방법에 대해 설명했다.

캐릭터끼리 협조의 기능을 갖도록 하는 경우도 있으며 위로부터의 제어로 집단의 행동을 만들어내는 경우도 있다. 집단의 제어는 재미있고, 또한 게임을 플레이하는 사용자에게 큰 임팩트를 줄 수 있다. 캐릭터 집단으로서의 맛이라는 것은 게임 캐릭터 각각의 맛과 병행하며 게임의 클라이맥스 중 하나이다.

집단에는 개별 지능에 없는 집단만이 가진 지능이 재미가 있다. 또한 개별 지능이 그렇듯이 집단에도 지능의 레벨이라는 것이 있다.

사회적 조직으로서 견고한 권력 구조가 도입된 집단이나 비교적 완만하게 위치 관계만으로 시뮬레이션이 성립되어 버리는, 예를 들어 개별 사고는 독립되었지만 최후의 의사 결정에서는 합의가 필요한 경우이다.

마침내 다음은 마지막 장이다.

여기까지 읽으면 게임 AI의 최신 기술에 대해 큰 틀을 파악했다고 해도 좋을 것이다. 마지막 장은 그 보완으로서 '게임을 재미있게 만들기 위한 AI'를 살펴본다.

엔터테인먼트에서 인공지능은 완전히 올바른 시뮬레이션이 필요한 것이 아니라 시뮬레이션을 통해 사용자의 마음에 다가가는 것이 중요하다.

그러기 위해서는 단순히 군중, 단순히 시뮬레이션이 아니라 사용자의 인상이나 주관에 어떤 하나의 이미지를 집약하여 전달하는 것이 중요하게 된다.

예를 들어 동료다움은 무엇일까?

그 거리가 숨쉬는 것처럼 보이려면 어떻게 군중의 생활감을 나타내면 좋을까?

또한 사용자가 몬스터의 무리와 부딪치는 경우 어떤 리듬으로 몬스터를 파견하면 사용자가 가장 즐거워하는 것일까? 단조롭지 않으면서 계속해서 즐거울 수 있을까?

더 깊은 지능의 세계로 헤치고 들어가 보자.

9장

■▲■●■

인간다움을 만드는 방법

~게임을 재미있게 만들기 위한 AI

'시뮬레이션을 정확하게 수행하면 정확하게 보인다'는 사고 방식이 있다.

정확한 군중 모델을 만들면 군중처럼 보이고, 거리를 시뮬레이션하면 거리처럼 보이고, 지능을 시뮬레이션하면 지능처럼 보이고….

그러나 이것은 조금 모순된 말이다. 시뮬레이션이란 흉내를 내는 것이므로 아무리 잘한다 해도 사실의 시뮬레이션이라고 할 수 없다. 그리고 게임에서는 최소한의 시뮬레이션에서 최대한의 효과를 얻는 것을 추구한다.

'~다움'을 만드는 것은 그런 것이며 생물다움, 지능다움, 군중다움을 표현하는 것은 그 자체가 고유의 기술이기도 하다.

마치 화가가 캔버스에 과일을 그리면서 과일처럼 보일까 고민하듯이, 게임 개발의 오랜 역사 속에서 많은 기술을 시험하여 어떤 효과가 나오는가 하는 '~다움의 과학'도 지금까지 연구되어 왔다.

이러한 것은 게임 산업 내에서 닫혀 있는 기술이지만 이번에는 꼭 모든 사람에게 보여 주고 싶다.

캐릭터의 생활감을 만들어낸다

리듬과 리얼리티를 부여한다

전투하는 몬스터는 '적의'나 '흥분'을 연출하는 것이 중요하지만, 한편으로 거리의 주민이나 상인의 캐릭터에 필요한 것은 '생활감'이다. 그렇다면 캐릭터에 생활감을 나타내려면 어떻게 하면 좋을까? 생활하는 것은 리듬이 있다는 것이다.

그래서 생활의 스케줄을 캐릭터에 부여한다.

스케줄링을 설정한다

예를 들어 노점의 상인에 대해

- 6시에 기상한다
- 조식을 먹는다
- 7시에 가게로 향한다
- 8시에 가게를 준비하고 연다
- 가게를 지킨다
- 18시에 가게를 닫는다
- 술집에서 한 잔 마신다
- 집으로 향한다

라는 스케줄을 부여한다고 하자. 회사원이라면, 국회 서기라면, 공무원이라면, 각각 시각별로 스케줄을 짠다. 스케줄은 대략적인 것이므로 각각의 영역에 다다른 후에는 그 장소에 의존하는 제어에 맡기는 경우가 많다.

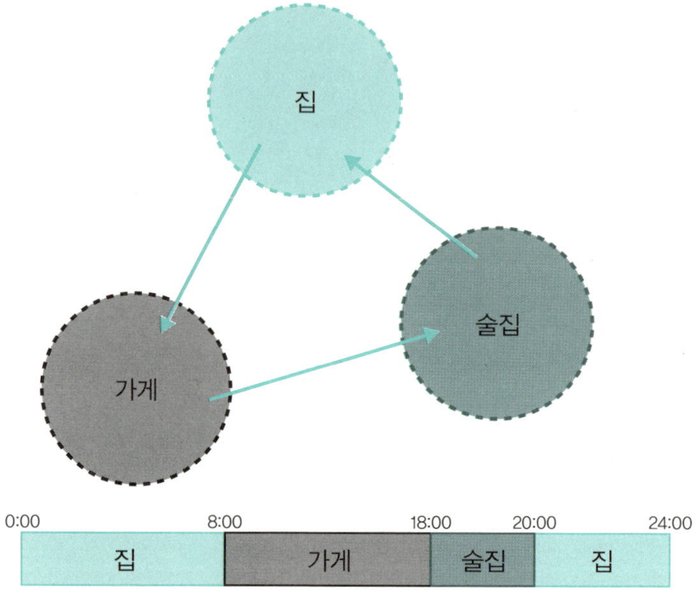

[그림 9-1] 노점 상인의 하루 스케줄

이와 같은 스케줄링은 『심즈(The Sims)』(EA·MAXIS, 2000) 등의 타이틀로 많이 사용되고 있다.

비를 피하게 한다

또한 생활감을 나타내기 위해 날씨에 따른 제어 등이 고려된다. 비가 내리면 대부분의 사람은 비를 피하므로 캐릭터들에게도 비를 피하게 한다는 것은 자연스럽다. 비를 맞지 않는 지점을 찾고 그곳으로 이동하도록 한다.

그러면 어떻게 해서 비를 피하게 하는가 하면 가장 단순한 방법은 비를 피할 수 있는 지점을 미리 준비해 두는 것이다. 이것은 게임 플래너가 맵마다 설치할 필요가 있으므로 보통 일이 아니다.

다음으로 생각할 수 있는 것이 내비게이션 메시를 이용하는 방법이다. 내비게이션에 높이를 갖게 해 둔다. 즉, 천장이 있는 곳이면 수 m의 높이를 갖고 천장이 없는 곳이면 높이를 정의할 수 없으므로 그렇게 정의해 둔다. 지금 캐릭터의 주위에서 높이를 가진 내비게이션 메시를 발견하고 그곳을 향해 이동하는 로직을 작성하면 비를 피할 수 있다. 또한 햇살이 비칠 때 나무 그늘에서 쉬거나 나무 그늘을 선택하여 지나가는 것도 마찬가지 처리로 실현할 수 있다.

사회적 거리, 사회적 공간을 고려한다

다음으로 거리에서 중요한 것이 캐릭터끼리의 거리이다. 전투 시와 일상에서 가장 큰 차이점은 캐릭터끼리의 위치 관계이다. 전투 시에는 상대를 쓰러뜨리려고 하므로 지근거리까지 근접하여 펀치를 날리거나 검을 휘두른다. 그러나 그 거리는 본래 허락된 거리이다. 생물은 모두 사회적 거리, 사회적 공간을 가지고 있다(2장 p.71). 자신을 중심으로 한 일정한 반경의 공간에는 본래 타인이 침입하지 못하도록 하기 위해 걱정하고 있다. 누군가와 이야기할 때 여유가 있으면 일정 거리를 두고 세 사람이 모이면 서로의 등이 보이도록 원을 등분하도록 배려한다. 캐릭터의 리얼리티를 나타내려면 해당 캐릭터의 사회적 거리를 지켜서 행동할 필요가 있다.

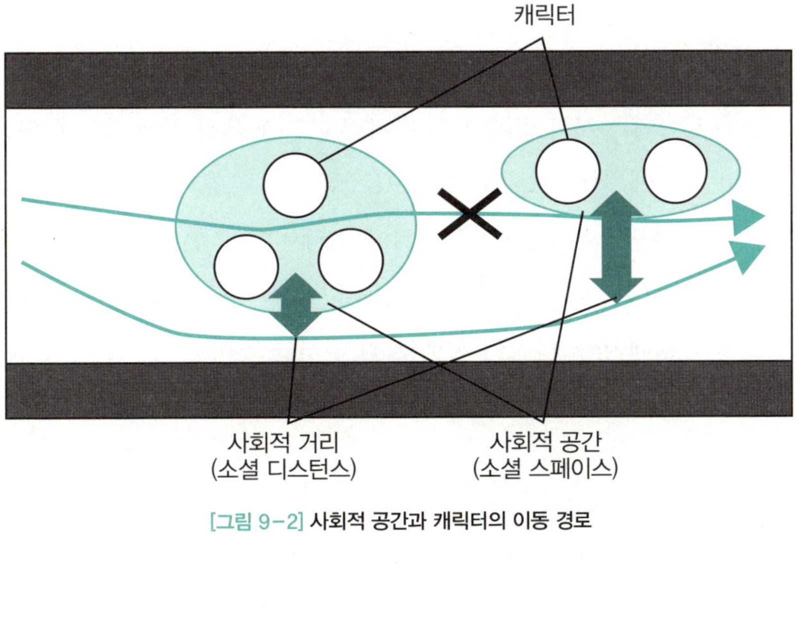

[그림 9-2] 사회적 공간과 캐릭터의 이동 경로

예를 들어 두 명의 캐릭터가 이야기하고 있는 공간에서 그 한복판을 가르며 나아가는 것은 큰 위화감을 준다. 등이 닿을 듯 말 듯 걸어가는 것도 좋지 않다. 충분히 여유가 있다면 최단 거리가 아니어도 캐릭터에서 조금 거리를 두고 지나갈 필요가 있다.

다음으로 비슷한 문제인데, 바로 시야이다. 생물은 반드시 자신의 시야 밖에서 시야에 들어온 생물에 주의를 기울인다. 속도가 빠르면 곧 시선을 주며, 큰 소리를 내면 즉시 보게 된다. 그러한 캐릭터의 시선을 이벤트에 맞춰 움직일 필요가 있는 것이다.

동료다움을 연출한다

캐릭터 1체의 지능을 만드는 것은 기본이지만 캐릭터가 모였을 때의 리얼리티를 나타내는 것도 연출상 중요하다. 사람이 가진 리얼리티는 자신에 대한 것뿐만 아니라 타자끼리의 활동에 공감하는 것도 성립되기 때문이다. 2체의 캐릭터가 있는 경우에 자연스러운 회화를 시키려면 서 있는 위치, 태도, 시선 등이 중요하게 된다. 무엇보다도 '상대를 인식하고 있는 느낌'이 중요하다.

『스프린터 셀 블랙리스트(SplinterCell: Blacklist)』(Ubisoft, 2013년)에서는 이러한 장면이 있다. 두 사람의 병사가 밤에 배의 갑판의 어둠 속에서 경계 활동을 하러 온다. 두 사람은 비 때문에 서로 보이지 않으므로 회화를 하면서 경계하고 있다. 회화 자체는 미리 준비한 회화가 흐를 뿐이지만 플레이어가 한쪽의 적을 쓰러뜨리면 당연히 회화가 단절된다. 그러면 회화를 하고 있던 적 캐릭터는 "답이 없네, 어떻게 된 걸까" 하고 궁금해 하며 아군이 피해를 입은 것을 인식한다. 즉, 적이 있는 것을 발견한다.*39

*39 [참고] Martin Wals, 『Modeling AI Perception and Awareness in Splinter Cell: Blacklist』(스프린터 셀: 블랙리스트에서 AI 지각 및 인식 모델링), GDC 2014
http://www.gdcvault.com/play/1020436/Modeling-AI-Perception-and-Awareness

회화는 준비된 것이므로 실제로 생각해서 회화하고 있는 것은 아닌데도 이러한 동료다움은 플레이어 캐릭터끼리의 관계를 인식하고, 또 플레이어의 액션에 대한 결과를 납득시키는 효과를 가지고 있다.

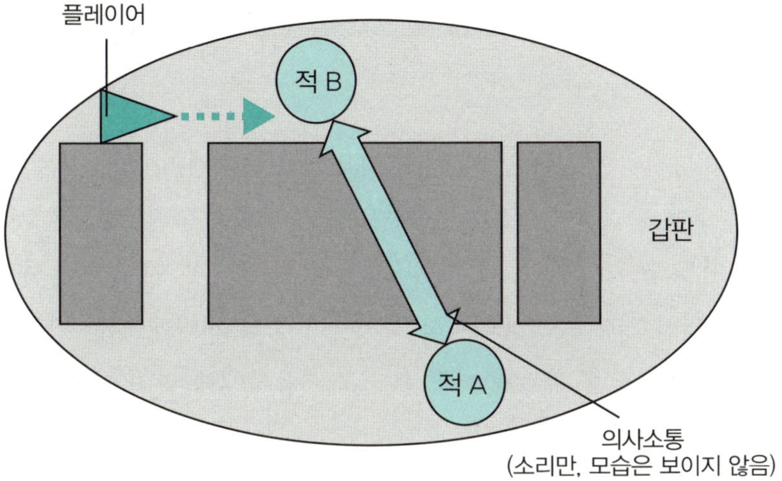

[그림 9-3] 적의 의사소통을 중단하는 모습

메타 AI로 사용자의 긴장도를 가늠한다

게임은 보통 디지털 공간에 닫혀 있다. 게임의 프로그램이 받는 것은 컨트롤러에서 오는 신호에 불과하다. 그러나 한편으로 게임이 가장 알고 싶은 것은 현실적인 사용자가 지금 어떻게 느끼고 있을까, 신난다고 생각하고 있을까, 지루해하고 있을까, 어떤 기분으로 플레이하고 있을까 등의 게임에 대한 반응이다. 그것을 알 수 있다면 게임 내부를 변화시켜 그 사용자에게 맞춰 게임을 변화시킬 수 있기 때문이다.

그러나 대부분의 게임은 그럴 수 없다. 뿐만 아니라 게임은 더 적극적으로 사용자를 끌리게 하여 자기들의 세계에 강하게 흡인하며 이쪽이 상기시키고 싶은 감정을 부여하도록 더 강한 연출을 하게 된다.

개발자는 그래도 불안감을 가지고 사용자는 이렇게 생각해 주겠지, 느낌을 주겠지 하고 생각하면서 게임이 릴리즈된다. 그 전에 테스터를 고용하여 어떤 방식으로 반응하는지를 테스트하는 경우도 있지만 게임 속에서 가장 미지수인 것이 사용자인 것이다.

메타 AI를 사용하여 사용자의 움직임을 안다

'메타 AI(2장 p.68)'는 게임 시스템에 깃들어 있는 AI이다. 게임과 게임 외의 경계에 위치한 AI라고 해도 좋을 것이다. 메타 AI는 게임의 모든 상태와 이력 및 게임의 외부에서 오는 입력을 알 수 있다. 게임과 그 이력에서 사용자의 스킬과 현재의 상태를 알 수 있다.

예를 들어 "이 플레이어가 이 장소에서 어느 정도의 무기를 사용하고 어느 정도의 적을 어느 정도의 시간 동안 쓰러뜨렸는가"를 알면 사용자 스킬을 알 수 있다. 지금 5초마다 "이 정도의 레벨의 적을 몇 체 쓰러뜨렸는가, 어떤 빈도로 버튼을 눌렀는가" 하는 정보가 나오면 사용자의 긴장도를 알 수 있다. 사용자의 긴장도를 알 수 있으면 메타 AI는 그곳부터 어느 정도 사용자의 긴장도를 제어할 수 있게 되는 것이다.

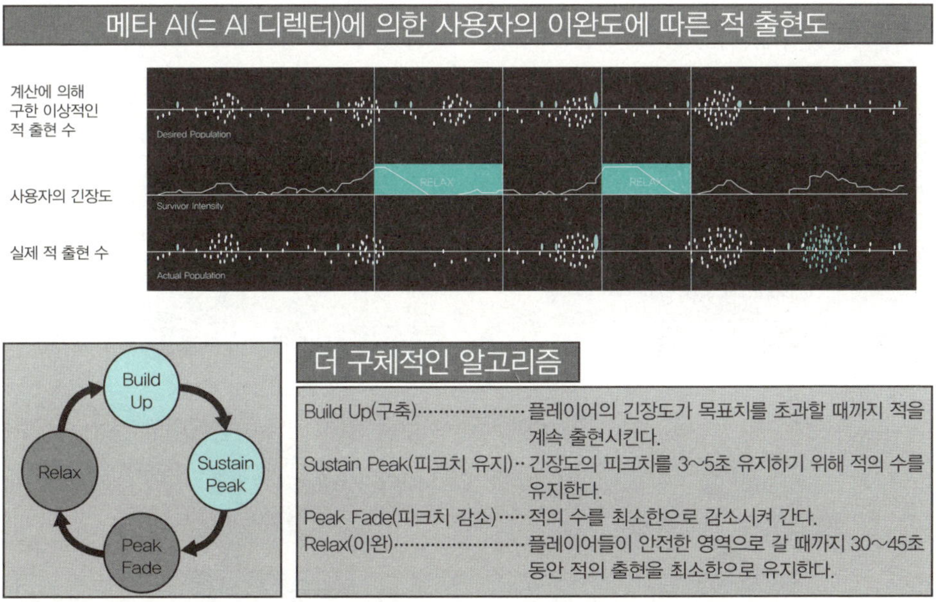

[그림 9-4] 사용자의 긴장도를 증감시키는 적응형 페이싱(완급 포함)*40

『Left 4 Dead』(Valve Software, 2008년)의 메타 AI는 게임을 신과 같이 위에서 조감하고 사용자의 상태를 항상 감시한다. 메타 AI는 내비게이션 AI(2장 p.68)를 이용하여 사용자의 경로를 예측할 수 있다. 그렇게 하면 사용자의 예상 진행 루트

*40 [참고] Michael Booth, 『Replayable Cooperative Game Design: Left 4 Dead』(재생 가능한 협력적 게임 디자인: 레프트 4 데드), GDC 2009
http://www.valvesoftware.com/company/publications.html

상에 적을 배치하는 것이 가능하다. 즉, 사용자의 긴장도가 낮을 때에는 적을 많이 배치하고 서서히 긴장감을 피크치에 가깝게 갖도록 해 가면서 거기서 몇 초 동안 긴장을 유지하고 서서히 적을 끌어들임으로써 긴장을 완화시켜 간다. — 그리고 긴장의 완화가 계속되면 다시 적을 배치하는 것을 반복함으로써 인공적으로 게임의 긴장감의 상하 사이클을 만들어내고 플레이어에 대해 긴장의 완급을 줄 수 있다.

메타 AI는 말하자면 게임 디자이너의 지능을 내장시킨 AI이다. 현재는 간단한 긴장도의 증감만 가능하지만 앞으로 다양한 기능을 주입함으로써 게임의 재미를 동적으로 만들어낼 수 있을 것이다. 이것은 하나의 패러다임 이동이다.

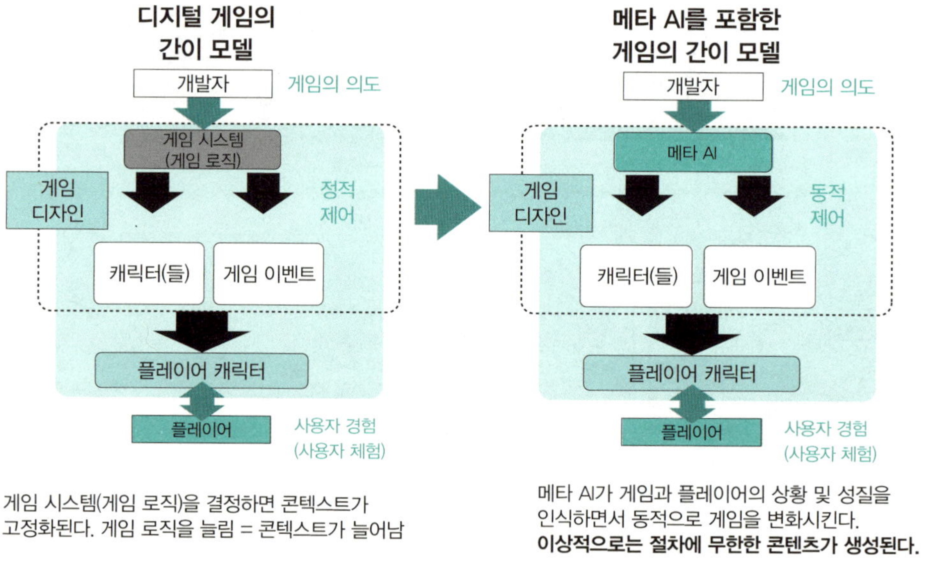

[그림 9-5] 이전의 디지털 게임의 모델(왼쪽)과 메타 AI에 의한 새로운 게임 모델(오른쪽)

지금까지는 게임을 릴리즈한 시점에서 게임의 내용이 어느 정도 결정되어 있었다. 적의 배치, 로직…. 그러나 메타 AI에는 게임 콘텐츠를 동적으로 변화시키기 위한 인공지능이 내장되어 있다. 장기의 AI는 기사의 기보에서 학습하여 똑똑해진다 메타 AI는 지금부터 게임 디자이너의 노하우를 탑재해 똑똑해짐으로써 마치 게임 내에서 게임 디자이너가 동적으로 조종하고 있는 듯이 게임을 사용자에 따라 변화시켜 가는 것이다.

『워프레임(Warframe)』(Digital Extremes, 2013년)에서는 앞의 『레프트 4 데드(Left 4 Dead)』를 발전시킨 시스템을 구축하고 있다.*41

먼저, 던전을 메타 AI가 자동 생성한다. 자동 생성한 던전을 지형 해석해 던전의 구조를 해석하고 가장 깊은 부분과 목적지, 입구, 출구를 설정한다. 그리고 지형에 따라 내비게이션 메시를 생성한다. 게임 내에서는 사용자의 동향에 따라 사용자를 향해 도처에 동적으로 적을 배치해 간다. 게임 개발 작업이 점차 인공지능으로 이식되어 가고 있는 것이다.

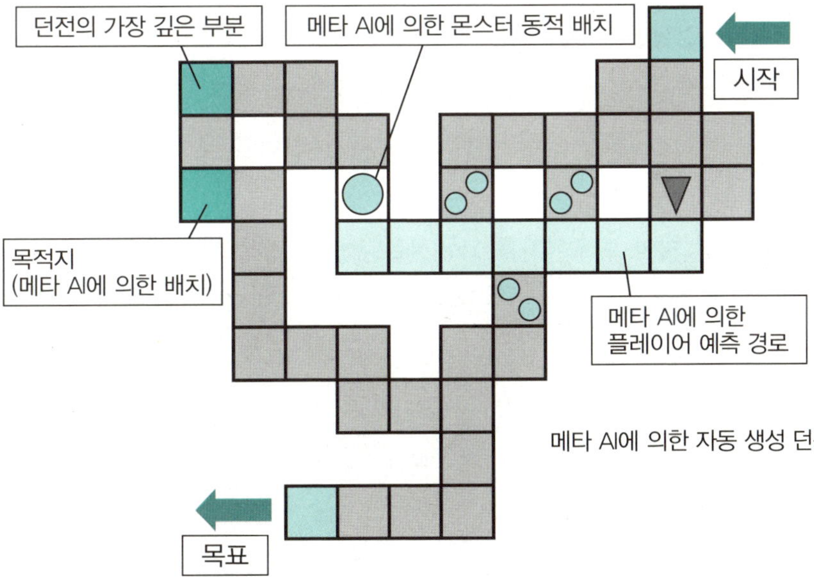

[그림 9-6] 메타 AI에 의한 정적, 동적 게임 디자인

*41 [참고] Daniel Brewer, 『AI Postmortems: Assassin's Creed III, XCOM: Enemy Unknown, and Warframe』(AI 사후: 어쌔신 크리드 III, XCOM: 알 수 없는 적과 워프레임), GDC 2013
http://www.gdcvault.com/play/1018223/AI_Postmortems-Assassin-s-Creed

앞으로의 게임 AI
게임 세계의 밀도

게임 세계에는 다양한 밀도가 있다.

먼저 '게임 스테이지 사물의 밀도'가 있다. 일반적으로 보는 방법에 따라 다르지만 상호작용 가능한 오브젝트가 많을수록 고품질의 게임이 된다.

다음으로 '캐릭터의 밀도'이다. 어디에 얼마만큼의 적 캐릭터가 있는지는 게임의 분위기에 강하게 인상을 심어준다.

끝으로 중요한 것은 '이벤트의 밀도'이다. 어떤 게임 이벤트가 어떤 타이밍에서 준비되어 있는가 하는 것은 플레이어를 대접하기 위해 중요하다. 캐릭터에는 밀도와 배치, 이벤트에는 밀도와 타이밍이 필요하다.

그렇게 생각하면 게임 스테이지를 고품질로 만들어 많은 캐릭터를 내고 이벤트를 많이 만들게 되면 게임을 만드는 비용이 점점 더 증가해 갈 것이다.

실제로 게임의 오픈 월드화(갈림길이 없고 어디까지라도 넓힐 수 있는 맵)는 비용 증가의 한 길을 걷게 된다고 할 수 있다. 그러나 게임은 현실적인 시뮬레이션이 아니다. 플레이어가 체감적으로 느끼는 체험을 만들어 내는 것이다.

그래서 오픈 월드라 해도 미리 모든 이벤트나 적을 거기에 배치하는 것이 아니라 이벤트 트리에 필요한 이벤트와 적만 준비해 두고 그 후에는 메타 AI가 동적으로 적을 생성하고 이벤트를 생성해 가는 방법을 채택한다.

메타 AI의 지능을 높인다

메타 AI란 2장이나 p.324에서 설명했듯이 게임 전체의 흐름을 조정하거나 창조해 가기 위한 인공지능이며, 게임을 조감하면서 게임에 영향을 미친다. 이 메타

AI의 지능을 높여가는 것은 게임의 재미 자체를 향상시키는 것에 연결된다. 그래서 오픈 월드에 대한 메타 AI에는 이벤트를 생성하는 기능을 실현해 둔다.

어떻게 실현하는가 하면, '야생 동물', '적 세력', '로봇 군단', '그 지방 주민' 등 복수의 세력을 준비해 두고 그중 두 세력을 싸우게 함으로써 이벤트를 생성한다. 그러면 예를 들어 사용자가 나아가면 마치 '코끼리가 그 지방 주민의 트럭을 흔들흔들 뒤집고 있었다'거나 '아군과 적이 싸우고 있었다' 등의 이벤트에 조우하도록 보이게 할 수 있다. 그렇다면 유원지 등에서 내방자가 도착하는 타이밍을 가늠하여 자연스럽게 마치 광장에서 봉제 완구들이 수다를 떨고 있는 것처럼 보이게 하는 것이다.

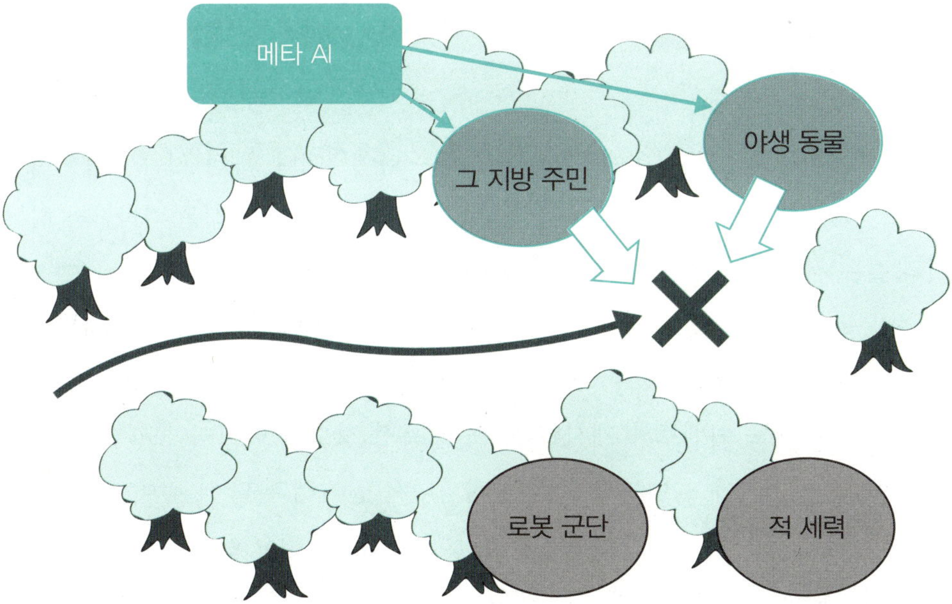

[그림 9-7] 메타 AI가 이벤트를 생성하는 구조

이를 위해 필요한 기술은 3가지가 있으며 패스 검색 기술에 의해 사용자의 예측 경로를 창출한다. 예측된 경로상에 이벤트를 발생시킨다. 이벤트를 발생시키는 방법은 먼저 캐릭터를 생성 배치하기만 한다. 각각의 캐릭터가 자율적으로 사고를 가지고 있으면 전투가 시작된다.

별도의 이벤트를 세우는 방법으로는 적의 기지가 가까운 장소에 플레이어가 온 경우 적군이 매복하고 기다리다가 플레이어를 연행하는 등이다. 여기서 중요한 것은 미리 정해 둔 어떤 특정 장소에 오면 그 이벤트를 발생시키는 것이 아니라는 점이다. 기지 근처의 영역에 오면 그 영역 내에 연행하는 이벤트를 발생시키는 일은 메타 AI의 적 배치에 의해 가능하게 된다. 그러므로 적 기지에 도달하는 다양한 경로를 만들어 두면 좋다. 그 경로의 어디에서 이벤트를 일으켜도 패스 검색 기술이 있으면 이벤트를 진행할 수 있다.

대체로 지금까지의 게임은 고정 이벤트를 발생시키기 위해 이벤트 디자인에서 그러한 경로는 하나가 되도록 되어 있었지만, 오픈 월드에서는 어디서도 근접할 수 있다는 것이 특징이므로 그것에 따라 어디서나 이벤트를 발생시킬 수 있도록 해 둔다.

한 가지 더 중요한 것은 이벤트를 발생시키는 타이밍이다. 메타 AI는 플레이어의 이력을 감시한다. 언제 어디서 어떤 전투를 하고 어느 정도로 적을 격파할까 하는 것과 같은 사항이다. 거기서 예를 들어 과거 3분 동안 긴장하는(1분의 격파 수가 15를 초과하는 경우 등) 타이밍이 없는 경우에는 다음 1분 동안에 이벤트를 발생시키도록 이벤트 생성이 개시된다. 또는 적 기지나 해안 및 촌에 왔을 때나 어떤 속성의 장소에 왔을 때에도 이벤트가 개시된다. 또한 특정 장소가 아니더라도 '언덕 가까이에 왔을 때 거기에 몰아넣도록 적이 나타나서 공격해 온다'와 같이 하는 경우도 있다. 그럴 때는 메타 AI가 지형을 파악하는 능력이 필요하다. 그러기 위해 내비게이션 메시를 사용할 수 있다. 언덕의 경계에 있는 메시에 언덕이라는 플래그를 붙여 두는 것이다.

이와 같이 메타 AI는 사용자 해석, 지형 파악, 자율형 AI의 도움을 빌려서 이벤트를 적절한 타이밍으로 생성할 수 있다. 여기서 날씨 등을 더 추가하면 더 다양하고 풍부한 이벤트를 생성할 수 있다. 그 이벤트의 질은 물론 게임 디자이너에 의해 완성된 이벤트에 적합하지 않지만, 그런데도 게임 전체의 이벤트 밀도를 내장시키는 측면에서 충분한 퀄리티까지 높일 수 있으면 레이어에 세계 전체가 생기 있게 만드는 것 같은 인상을 줄 수 있다.

이와 같은 구조는 『Far Cry4』(Ubisoft, 2014년)에 이용되고 있다. 『Far Cry4』의 메타 AI는 AI 디렉터(p.69)'라고 불린다. 배우로는 동물들, 적 병사들, 마을 사람, 아군의 네 가지 그룹이 있고 AI 디렉터는 이 네 그룹을 조합하여 이벤트를 만든다. 어느 정도의 시나리오가 작성된 이벤트의 양식이 복수로 준비되어 있고 언제, 어디서, 어느 이벤트를 발생시킬까 하는 것은 장소의 속성이나 날씨, 빈도(전에 언제 일어났는지), 우선도, 난수에 의해 결정된다.

이 구조에 의해 사용자는 오픈 월드의 어딘가로 가면 높은 빈도로 이벤트에 조우한다. 그러면 사용자 입장에서 보면 세계는 매우 넓고 이벤트로 가득 차 있는 것처럼 느껴진다.

이 수법은 미리 이벤트를 다수 준비해 둠으로써 비용을 억제해 오픈 월드의 게임을 만드는 것을 가능하게 한다. 이벤트의 질은 하나하나 직접 만들기 때문에 떨어질지 모르므로 직접 만든 이벤트에 더하여 AI 디렉터에 의한 이벤트를 가미해 두면 같은 비용으로 더 충실한 게임을 만들 수 있다.

또한 미래에는 다음과 같은 구상을 생각해 볼 수 있다.

게임의 지형이나 레벨 자체를 자동으로 생성하는 기술을 '절차적(procedual)'이라 한다. 1장에서 언급했지만 게임 AI 기술 중 하나이다(p.44). 그리고 그 자동 생성된 지형을 메타 AI가 자동적으로 해석하여 캐릭터나 오브젝트의 배치, 이벤트 생성, 타이밍, 종류를 담당한다. 캐릭터는 게임 내에 투입되면 자율적으로 움직일 수 있으므로 메타 AI는 이벤트의 타이밍과 배치만 결정하면 된다.

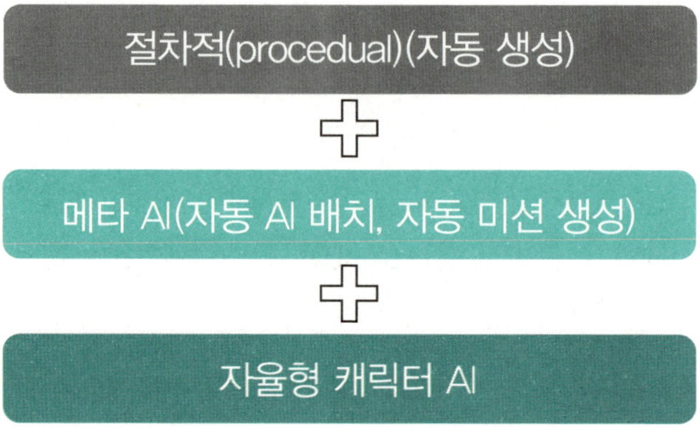

[그림 9-8] 지금까지의 게임을 지탱하는 세 가지 AI

이와 같이 절차적 기술, 자율형 캐릭터 AI, 메타 AI 기술의 3종류를 조합함으로써 물량감이 있으면서도 질이 높은 게임을 어느 정도까지 자동적으로 만들 수 있다는 전망이 열려 있다. 앞으로는 이 세 가지 AI 기술을 더 좋게 만들어 가는 것이 게임의 질 향상에 연결된다. AI 기술은 게임 개발 기술을 지탱하는 동시에 게임 자체의 본질적인 가능성을 넓히는 기술이 되고 있는 것이다.

인공지능 관련 자료와 책자 가이드

여기서는 본문의 각 장에 따른 문헌 참조와 인공지능을 더 깊이 공부하기 위한 서적이나 자료를 안내한다. 또한 본문 내용의 참조 대상에 대해서는 페이지 아래쪽을 참조하면 된다.

그리고 아래 웹 사이트에 저자의 강연 자료가 다수 게시되어 있다.

※인터넷상의 자료에 대해서는 서비스 내용의 변경이나 게시 기간 등의 규약에 따라 URL이 변경되거나 표시되지 않을 수 있다.

※본문 중 저자가 작성한 부분에 대해서는 작자 이름을 생략한 경우가 더러 있다.

미야케 요미치로(三宅 陽一郎) slideshare

http://www.slideshare.net/youichiromiyake

★ 1장

• 『지능과 우주』(知能と宇宙)

지능이 이 세상에서 어떤 존재인가 하는 화두로, 인간이라는 지능이 지능을 파악하는 다양한 관점을 해설했다. 필자가 쓴 『인공지능을 위한 철학원』(人工知能のための哲学塾)(BNN신서, 2016년)에서는 다양한 철학자의 말을 인용하여 인공지능의 기초 부분에 대해 끝나지 않은 여행을 해설한다.

• 『AI의 역사와 게임 AI의 역사』(AIの歴史とゲームAIの歴史)

1970년대의 디지털 게임 탄생에서 현대에 이르는 게임의 조류를 차례로 따라가 보았다. 게임 AI의 기초를 확실히 배우고자 하는 사람은 『실제 예제로 배우는 게임 AI 프로그래밍』(実例で学ぶゲームAIプログラミング) (Mat Buckland 저, 미츠다 코이치(松田晃一) 역, 오라일리 저팬, 2007년)이 디지털 게임용 인공지능의 기초에 대해 가장 완성도가 높은 책 중의 하나이다.

또한 컴퓨터가 지금 말하는 빅 데이터와 함께 발전해 온 역사는 찰즈 및 레이 임즈가 저술하고 와다 에이치(和田英一)이 감역하고 야마모토 아쓰코(山本敦子)가 번역한 『컴퓨터 시각으로 본 계산기 창조의 궤적』(コンピュー・タパースペクティブ-計算機創造の軌跡) 지쿠마쇼보(筑摩書房, 2011년)에서 사진을 곁들여 쉽고 친숙하게 설명되어 있다.

• 『디지털 게임의 두 가지 진화』(デジタルゲームの2つの進化)

디지털 게임에 대한 인공지능과 또 한 가지 중요한 분야로서 자동 생산 기술인 '절차적 기술'은 『디지털 게임의 교과서』(デジタルゲームの教科書) (디지털 게임의 교과서 제작위원회 저, SB 크리에이티브, 2010년)의 제22장, 제23장에서 자세히 설명했다. 또한 웹상에서도 해설 논문의 형태로 다양한 사례를 해설했다.

『온라인 게임에 대한 인공지능 및 절차적 기술의 응용』(オンラインゲームにおける人工知能・プロシーザャル技術の応用) (지능과 정보 일본 지능 정보 퍼지 학회지, Vol 22, No. 6)

http://igda.sakura.ne.jp/sblo_files/ai-igdajp/paper/YMiyake_JSFTII_22-6_2020_11_25.pdf

★ 2장

• 『디지털 게임에 대한 인공지능』(デジタルゲームにおける人工知能)

더 현대석인 인공지능에 대해 배우고자 하는 경우 『디지털 게임에 대한 인공지능 기술 응용의 현재』(デジタルゲームにおける人工知能の技術の応用の現在) (인공지능학회지, Vol 30 No. 1, 2015)를 웹상에서 읽을 수 있다.

http://id.nii.ac.jp/1004/00000517/

• 『현실감(리얼리티)을 추구한다』(現実感(リアリティ)を追求する)

엔터테인먼트에 있어서 현실감이란 무엇인가를 탐구하는 것은 디지털 게임 이외의 엔터테인먼트에서도 연구되고 있다. 『빠져 들게 하는 기술―누가 이야기를 구사하는가』(のめりこませる技術―誰が物語を操るのか) (프랑크 로즈 저, 사마우치 테츠로(島内哲郎) 역, 필름아트 사, 2012년)는 현실을 무대로 한 게임에서 사람을 어떻게 게임의 세계로 끌어들이는지 사례를 근거로 정리하였다.

• 『세 가지 게임 AI로 사용자 체험을 만든다』(3つのゲームAIでユーザー体験を作る)

현대의 게임 AI는 세 가지 지능을 조합하여 성립된다. 이것을 『파이널 판타지(FINAL FANTASY XV)』의 제작에 따라 해설했다. 총 4회 연재된다.

『AI 최전선의 현장에서 디지털 게임을 위한 인공지능 입문』(AI最前線の現場からデジタルゲームのための人工知能入門) (스퀘어 에닉스) (Think IT 연재)

http:s//thnikit.co.jp/article/10010

• 『살아 있다는 것』(生きているということ)

게임 캐릭터는 역할 분담을 하면서 게임의 세계 속에서 임무를 수행한다는 이야기를 하였다. 아래 문헌은 실제 게임 속에서 『목표 지향』이라는 기법을 취하면서 역할을 실시간으로 분담하고 팀으로 협조하는 인공지능에 대해 해설한다. 『에이전트 아키텍처 기반 캐릭터 실장』(エーザェント・アーキテクチャー基づくキャラクターの実装) (디지털 콘텐츠 심포지엄 4회)

http://igda.sakura.ne.jp/sblo_files/ai-igdajp/dcs2008/YMiyake_DCS_2008_6_11paper.pdf

또한 사회적 공간의 연구는 아이슬란드의 레이캬비크 대학에서 게임 회사 CCP와 공동으로 수행되었다.

Humanoid Agents in Social Game Environments (HASGE) research project(소셜 게임 환경의 인간 에이전트(HASGE) 연구 프로젝트)

http://populus.cadia.ru.is/

• 『메타 사고와 메타 지식』(メタ思考とメタ知識)

인공지능은 지식과 사고로 이루어진다. 인공지능을 만들기 시작하는 사람은 먼저 사고에만 집중하게 되지만 지식을 준비하는 것은 인공지능 작업의 절반 이상이라고 할 수 있다. 그러기 위해서는 지식은 물론 지식을 관리하기 위한 '메타 지식' 등 지식에 관한 기술이 필요하다. 이것을 '지식 표현'이라고 했다. 캐릭터를 만들기 위한 기술이 총집결되어 있는 아래 책자를 소개한다. 전화번호부 정도이지만 한 권 가지고 있으면 사전처럼 이용할 수 있다.

『에이전트 접근 방식의 인공지능 제2판』(エージャントアプローチ人工知能 第2版) (S. J. Russell, P. Norvig 저, 후루카와 고이치(古川康一) 역 교리츠출판(共立出版, 2008년)

• 『블랙보드에서 정보를 파악한다』(ブラックボードで情報を把握する)

블랙보드는 오래되었으면서도 새로운 기술이다. 이 분야에는 명저가 있어 필자도 자주 참고하는 것이 아래의 책이다.

『분산 인공지능』(分散人工知能) (이시다 토오루(石田享), 가타기리 야스히로(片桐恭弘), 쿠와바라 히로시(桑原和宏) 저, 코로나 사, 1996년)

• 『블랙보드 아키텍처에서 세계를 인식한다』(ブラックボード・アーキテクチャで世界を認識する)

이 분야의 선구적인 연구는 아래와 같다.

『블랙보드 아키텍처』(Blackboard Architectures) Bruce Blumberg, Damian Isla, 『AI 게임 프로그래밍의 지혜』(AI Game Programming Wisdom) Steve Rabin(Charles River Media, 2002년)

또한 같은 내용은 원래 『Halo2』의 AI 책임자인 Damian Isla 님의 회사 웹상에서도 읽을 수 있다.

Naimad Games Publications

http://naimadgame.com/publications.html

★3장

• 『반사에서 자율로』(反射から自律へ)

디지털 게임의 인공지능은 조작되는 '상태'에서 생각하는 '존재'로 변혁해 가고 있다. 『디지털 게임을 위한 인공지능의 기초 이론』(デジタルゲームのための人工知能の基礎理論) (일본 버추얼 리얼리티 학회지, VOL. 18 NO. 3, 2013년)에서는 이 변화를 해설하고 있다.

http://igda.sakura.ne.jp/sblo_files/ai-igdajp/academic/YMiyake_VRSJ_2013_9.pdf

『에이전트 아키텍처로 만드는 캐릭터 AI』(エーザェント・アーキテクチャーから作るキャラクターAI) (강연 자료)

http://igda.sakura.ne.jp/sblo_files/ai-igdajp/AI/CEDEC2007_R22_ymiyake_lecture.pdf

• 『모듈형 설계를 만든다』(モジュラーデザインを作る)

모듈형(부품)으로 나누고 그것을 조합하여 소프트웨어를 만든다는 방식이며 현대 소프트웨어공학의 기본이기도 하다. 다소 전문적이지만 인공지능의 설계도 대략 모듈형 설계이다.

『디지털 게임의 기술』(デジタルゲームの技術) (松井悠 저, SB크리에이티브, 2011년)에 실린 인터뷰에서 상세히 해설한다. 아래 책자도 함께 참조한다.

『디지털 게임에 대한 인공지능 엔진』(デジタルゲームにおける人工知能エンジン) (영상정보 미디어학회 학회지 2014년 2월호)

http://igda.sakura.ne.jp/sblo_files/ai-igdajp/academic/YMiyake_ITE_2014_2.pdf

• 『인공지능의 중심 과제 '프레임'』(人工知能の中心課題 'フレーム')

인공지능은 인간이 설정한 『프레임』의 안에서만 활약할 수 있다. 이것을 『프레임 문제』라 한다. 인공지능이 스스로 문제를 생각하는 것은 현재로서는 불가능하지만 미래에서는 어떻게 될까?

『프레임 문제』(フレーム問題) (인공지능 학회 사이트, What's AI)

https://www.ai-gakkai.or.jp/whatsai/AItopics.html

『엔터테인먼트 업계에서 본 그 가능성을 검증한다』(エンタメ業界から見たその可能性を検証する)

http://www.famitsu.com/news/201608/26114217.html

또한 『그림으로 이해하는 인공지능』(絵でわかる人工知能) 모리카와 유키토(森川幸人), 미야케 요이치로(三宅陽一郎) 저, SB크리에이티브, 2016)에서는 인공지능의 기초에 가로놓인 여러 가지 문제를 해설한다. 아래의 기사에서도 프레임 문제에 대해 언급하고 있다.

『IT, 도시, 헬스 케어, 모든 영역에서 인공지능과 인간이 함께 창조하는 미래』(IT, 都市, ヘルスケア, あらゆる領域で人工知能と人間が共創する未来)

http://wired.jp/innovationinsights/post/analytics-cloud/w/cocreation_with_ai/

• 『인공지능은 콘텍스트를 이해할 수 있는가?』(人工知能はコンテキストを理解できるか)

'콘텍스트'는 일체의 사항의 흐름이다. 예를 들어 회화, 게임, 세상의 흐름이 모두 콘텍스트이다. 인간이 막연하게 파악하고 있는 이 '흐름'을 파악할 수 있는 것이 미래 인공지능의 최대 과제가 될 것이다. 『인랑지능 달래고, 간파하고, 설득하는 인공지능』(人狼知能 だます・見破る・說得する人工知能) 토리 후지오(鳥海不二夫), 카다카미 다이스케(片上大輔), 오사와 히로타카(大澤博隆), 이나바츠우 쇼군(稲葉通将軍), 시노다 타카시요우(篠田孝祐), 카노 요시노부(狩野芳伸) 저, 모리키타 출판(森北出版, 2016년)에서는 '인랑지능'이라는 회화 게임 속의 인공지능을 탐구한다.

『인랑지능 프로젝트』(人狼知能プロジェクト)

http://aiwolf.org/

• 『창조와 선택』(創造と選択)

매년 하코네에서 게임 인공지능 개발자가 모두 모이는 '게임 프로그래밍 워크숍'이라는 세미나를 개최하고 있다. 거기서 2012년 초대를 받고 강연했을 때의 예비 원고와 강연 자료를 공개했다. 보드 게임과 액션 게임의 차이점을 비교하여 설명하고 있다.

『차세대 디지털 게임에 대한 인공지능의 연구 과제에 대해』(次世代デジタルゲームにおける人工知能の研究課題について)

http://www.ipsj.or.jp/sig/gi/gpw/2012/schedule.html

또한 장기의 인공지능에는 프로 장기 선수와 AI 연구자가 쓴 명저가 있다.

『둘 자리를 읽는 두뇌』(先を読む頭脳) 하부 요시하루(羽生善治), 마쯔바라 진(松原仁), 이토우 타케시(伊藤毅志) 저, 신쵸문고(新潮文庫, 2009년)

• 『게임에서 지능을 감지한다』(ゲームにおいて知能を感じる)

디지털 게임 AI는 엔터테인먼트의 인공지능이다. 그러므로 캐릭터를 어떻게 지적인 존재로 음미하는지가 우선적인 목표이다.

『디지털 게임에 대한 인공지능 기술의 응용』(デジタルゲームにおける人工知能技術の応用) (인공지능학회지 23권 1호 pp. 44-51, 2008년)
http://igda.sakura.ne.jp/sblo_files/ai-igdajp/paper/YMiyake_200801_23_1_p44_51.pdf

• 『현실을 만드는 질서』(現実を作る秩序)
동물의 깊은 지능을 생각한다면 『침팬지에서 본 세계』(チンパンジーから見た世界) 마츠자와 테츠오(松沢哲男) 저, 동경대학 출판회, 2008년)가 양서이다.

★4장

• 『의사 결정의 7가지 알고리즘』(意思決定の7つのアルゴリズム)
아래 기사에서는 캐릭터의 인공지능에 7가지 유형이 있다고 설명했다.
『최초의 게임 AI ～의사를 가진 것처럼 행동하는 구조』(はじめてのゲームAI ～意思を持つかのように行動するしくみ) 기술평론사(技術評論社), WEB+_DB PRESS Vol. 68, 2012년)
몬테카를로 트리 탐색법에 관해서는 『컴퓨터 바둑 —몬테카를로법의 이론과 실천』(コンピュータ囲碁 —モンテカルロ法の理論と実践) 부덴 가즈키(美添一樹), 야마시타 히로시(山下宏) 저, 마쯔바라 진(松原仁) 편, 교리츠출판(共立出版, 2012년)이 최신의 교본처럼 되어 있다.

• 『7가지 AI는 어떻게 살려질까?』(7つのAIはどう活かされるか?)
앞서 소개한 『Think IT』 제2회에서도 복수의 의사 결정을 조합하는 방법을 설명하고 있다.
『AI 최전선의 현장에서【스퀘어 에닉스】 게임 캐릭터는 어떻게 의사 결정을 할까?』(AI最前線の現場から【スクウェアエニックス】ゲーム・キャラクターはどのように意思決定するのか) (Think IT 연재)
https://thinkit.co.jp/article/10012

★5장

• 『지각 공간과 작용 공간에서 세계를 인식한다』(知覚空間と作用空間で世界を認識する)
'환세계'라는 개념은 독일의 생물학자 유크스큐르가 20세기 전반에 제창한 학설이었다. '환세계'는 그 이후 생물학, 사상, 그리고 인공지능으로 점점 더 중요한 개념이 되어 가고 있다.
『생물에서 본 세계』(生物から見た世界) (유크스큐르, 크리서트 저, 히다카 도시카타(日高敏隆), 하네다 세츠코(羽田節子) 역, 이와나미 문고(岩波文庫, 2005년)는 그 제창자 유크스큐르 본인이 환세계의 개념을 쉽게 설명한 세계적인 명저이다.

• 『사물 · 일 · 세계』(物·事·世界)
인공지능의 가장 큰 문제는 세계를 이해하는 방법에 있다. 그러나 인공지능에는 자기자신이 세계를 해석하는 힘은 없으며 인간이 어린아이에게 음식을 씹어 주듯이 세계를 일일이 파악하고 분석하여 가르쳐 줄 필요가 있다.
『어포던스 입문 지성은 어디에서 생기는가?』(アフォダンス入門 知性はどこに生まれるか) 사사키 마사토(佐佐木正人) 저, 코단샤(講談社 학술문고, 2008년)
또한 지형 전체를 인공지능에 가르치는 '세계 표현'이라는 분야는 게임에서 경로 검색에 응용되고 있다. 다음에 동영상도 있다.

『FF XIV에서 사용되고 있는 AI 기술 ～적 NPC는 어떻게 해서 경로 탐색을 하는 것일까?』(FF XIVで使わされているAI技術 ～敵NPCはどうやって経路探索しているのか) (4gamers, 2012년)

http://www.4gamer.net/games/04/G003263/20121205079

• 『캐릭터가 학습해 가는 구조』(キャラクターが学習していく仕組み)

인간이 아무 것도 배우지 않아도 경험에서 배워 가는 강화 학습은 1990년대부터 점차 자주 사용하게 되었다. 그 중심 인물이 쓴 유명한 저서가 『강화 학습』(强化学習) (R. Sutton, A. Barto 저, 미카미 사다요시(三上貞芳) 역, 모리키타 출판(森北出版, 2000년)이다.

• 『AI 동료의 연대』(AI同士の連携)

'에이전트'(캐릭터)들을 모아서 사회를 만들고 팀을 만들어 활약하게 하는 방향을 멀티에이전트라 한다. 멀티에이전트 시뮬레이션은 1990년대 후반부터 2000년 경에 큰 흐름이 되어 사회학이나 건축 등 인공지능 이외의 분야에 응용되고 있다. 『컴퓨터 내부의 인공 사회 — 멀티에이전트 시뮬레이션 모델과 복잡계』(コンピュータのなかの人工社会 —マルチエージェントシミュレーションモデルと複雑系) 야마카게 스스무(山影進), 핫토리 쇼오타(服部正太) 편, (構造計画 研究所, 2002년)는 다양한 분야의 멀티에이전트 시뮬레이션을 모은 책이다.

또한 생물의 운동의 협조를 다루는 분야를 '군지능(群知能)'이라 하는데, 이 분야의 개척자인 레이놀즈 님의 사이트는 동영상을 포함하여 종합적인 정보 사이트이다.

『군지능』 Craig Reynolds

http://red3d.com/cwr/boids/

• 『이야기의 힘』(物語の力)

게임 속의 인공지능은 영리하게 활동하는 것 외에도 게임의 이야기 속에서 연기를 할 필요가 있다. 그러한 지능 시뮬레이션과 이야기 연출을 빈틈없이 관련지어서 자연스럽게 행동하는 것이 게임의 캐릭터의 인공지능인 것이다.

『게임 내에서의 실시간 연출 영상 "In-Game Cinematics(IGC)"의 현상을 게임 개발자가 이야기하는 패널 디스커션』(ゲーム内でのリアルタイムな演出映像 "In-Game Cinematics(IGC)"の現状をゲーム開発者が語り合うパネルディスカッション)【CEDEC2013】(ファミ通.COM, 2013년)

http://www.famitsu.com/news/201308/30039207.html

또한 이야기 전반에 대해서는 『신화의 힘』(神話の力) (죠셉 캠벨, 빌 모이야즈 저, 토비타 시게오(飛田茂雄) 역, 하야카와 논픽션(ハヤカワ・ノンフィクション)문고, 2010년)이라는 유명한 서적이 있다.

★6장

• 『불확실한 정보의 신뢰도를 사용하여 사고한다』(不確かな情報の信頼度を使って思考する)

IBM의 연구자가 쓴 『지식공학』의 명저이다. 고서방에서나 구입할 수 있을지 모르지만 유례를 찾아볼 수 없을 만큼 높은 지식의 보고이다.

『Java에 의한 지적 에이전트 입문』(Javaによる知的エージェント入門) (죠셉 P. 비거스, 제니퍼 비거스 저, 아이다 마사유키(井田昌之) 역) (SB 크리에이티브, 2002년)

• 『소셜 네트워크 그래프』(ソーシャル・ネットワーク・グラフ)

SNS의 발전과 함께 개별 노드의 관련성을 해석하는 중요성이 점점 더 커지고 있다. 디지털 게임에서도 등장하는 캐릭터의 인간 관계를 표현해 두는 것은 사회성 지성을 실현하는 기초가 된다. 개별 지능이 아니라 사회 속에서 지능을 탐구한다는 연구를『소셜 브레인』이라 한다.

『소셜 브레인즈 — 자기와 타인을 인지하는 뇌』(ソーシャルブレインズ —自己と他者を認知する脳) 히라키 카즈오(開一夫), 하세가와 히사카츠(長谷川寿一) 저, 동경대학 출판회, 2009년)

• 『학습 · 적응 · 진화』(学習 · 適応 · 進化)

캐릭터의 '학습 · 적응 · 진화'라는 분야는 현재 게임의 인공지능에서도 아직 최첨단인 분야이다. 최근에는 많은 데이터가 축적되어 학습하는 방향에도 방향타가 설정되어 있다. 디지털 게임에 대한 이 분야의 개척자는 모리카와(森川幸人) 님(주식회사 muumuu)이다.

『TV 게임에 인공지능 기술의 이용』(テレビゲームへの人工知能技術の利用) 모리카와 유키히토(森川幸人), 인공지능 학회지 Vo. 14 No. 2, 1999년)

http://www.ai-gakkai.or.jp/whatsai/PDF/article-iapp-7.pdf

주식회사 muumuu 논문, 강연 자료 사이트는 이 분야의 알기 쉬운 해설 자료가 다수 게재되어 있다.

『주식회사 muumuu』

http://www.muumuu.com/product.html

• 『뉴럴 네트워크(신경망) 입문』(ニューラルネットワーク入門)

대부분의 게임에 대한 인공지능은 수학적으로 그렇게 어려운 것은 아니다. 오히려 단순한 것을 곱해 나가는 것에 불과하다. 다만 뉴럴 네트워크(신경망)를 이해하려면 수학적으로 고도의 지식이 요구된다. 이 뉴럴 네트워크를 가장 간단하면서도 정확하게 해설한 것이 『성냥갑인 뇌(AI) — 사용하는 인공지능의 이야기』(マッツ箱の脳(AI) —使える人工知能のお話) 모리카와 유키히토(森川幸人) 저, 신키겐샤(新紀元社, 2000년)이다.

『マッツ箱の脳 웹판』

https://www.1101.com/morikawa/index_AI.html

★7장

• 『운동의 결합』(運動の結合)

신체를 가지고 있지 않은 인공지능과 신체를 가지고 있는 인공지능은 본질적인 차이점이 있다. 인간에 가까운 인공지능을 만들 생각이라면 단지 사고만 하는 것이 아니라 신체를 포함한 인공지능을 만들 필요가 있다. 게임 산업은 아직 인공지능과 인공신체를 연결하는 명확한 아키텍처를 가지고 있지 않다. 그러려면 이산적인 시스템과 연속적인 시스템을 환경에 적응하여 변화시키는 접속성이 필요하게 된다.

『AI 최전선의 현장에서【스퀘어 에닉스】캐릭터의 신체를 만든다』(AI最前線の現場から【スクウェアエニックス】キャラクターの身体を作る) (Think IT)

https://thinkit.co.jp/article/10015

• 『협응의 원리』(協応の原理)

20세기 전반에 러시아 과학 학계는 모든 분야에서 높은 수준에 있었다. 생리학뿐만 아니라 『협응 구조』의 제창자인 베른슈타인도 고명한 학사였는데, 정치적인 이유로 『덱스테리티의 정교함과 그 발달』(デクステリティ巧みさとその発達) (니콜라이 알렉산드로비치 베른슈타인 저, 사사키 미사토(佐佐木正人) 감역, 쿠도 카즈토시(工藤和俊) 역, 카네코 쇼보(金子書房, 2003년)은 출판되지 못했다. 20세기 말에 점차 영역이 시작되어 세계에서도 유명한 저서가 되었다.

• 『캐릭터의 센서를 만든다』(キャラクターのセンサーを作る)

『MIT 미디어 실험실의 합성 캐릭터 그룹』(The MIT Media Laboratory's Synthetic Characters group)은 2004년까지 가상 공간의 인공 동물을 만드는 프로젝트 팀이었다. 거기서는 가상 동물의 감각, 신체, 학습이 주제였다. 그 성과는 이 실험실에서 게임 산업으로 옮겨져 게임 회사에 들어온 연구자나 논문, 데모에 의해 계속되고 있다. 지금도 그 사이트는 개방되어 있으며 모든 자료가 보존, 공개되어 있다.

『The MIT Media Laboratory's Synthetic Characters group』
https://characters.media.mit.edu/

• 『캐릭터의 신체를 인식한다는 것』(キャラクターの身体を認識するということ)

이 장은 게임 AI의 상당히 전문적인 사항을 다루고 있으므로 디지털 게임 AI의 전문서적을 소개하고자 한다. 디지털 게임 AI의 인공지능은 현재 급속도로 진보하고 있는 분야이므로 영어권에서도 완성된 책자가 그리 많지 않다. 그래서 각 게임 회사의 AI 개발자가 자신이 개발한 기술을 조금씩 집필하는 방식으로 책이 편찬되고 있다. 더욱이 『Game AI Pro』는 2년이 경과하면 온라인으로 무료 공개되므로 현재 앞서 말한 사이트에서 모두 다운로드하여 읽을 수 있다.

『AI 게임 프로그래밍의 지혜(AI Game Programming Wisdom) Vol. 1~4 (Charles River Media, 2002~2008)』
http://www.aiwisdom.com/

『Game AI Pro 1~2 (A K Peters/CRC Press, 2013~2015)』
http://www.gameaipro.com/

• 『게임과 어포던스』(ゲームとアフォーダンス)

J. J. 깁슨은 생태학적 심리학을 시작한 미국의 학자인데, 일관되게 인간이 일상 생활 속에서 주관적으로 환경을 인식하는 자세를 연구했다. 어포던스를 포함하여 여러 가지 중요한 개념을 제안한 것으로 지금도 그 영향이 널리 계속되고 있다. 디지털 게임도 예외는 아니다.

『생태학적 시각론 - 인간의 지각 세계를 탐구한다』(生態学的視覚論 －ヒトの知覚世界む探る) J.J. 기브소소(J.J. ギブソソ) 저, 후루사키 타카시(古崎敬) 역 사이언스(サイエンス)사, 1986년)

• 『환경에서 캐릭터를 조작시킨다』(環境にキャラクターむ操作させる)

'환경에서 캐릭터를 조작시킨다'는 것은 디지털 게임 특유의 방법이다. 디지털 게임은 모든 요소가 디지털 데이터이므로 데이터와 프로그램을 조합한 이 기법이 가능한 것이다. 아래에 일본 국내에서의 사례도 소개한다.

『따끈따끈 아이루 마을에 대한 어포던스 지향 AI 사례. AI에 다양한 활동을 시키는 기법』(ポカポカアイルー村におけるアフォーダンス指向のAI 事例. AIに多様な振る舞いをさせる手法) 나미키 코우스케(並木幸介)(CEDEC2011)

https://cedil.cesa.or.jp/cedil_sessions/view/697

(AI에 생명을. 『따끈따끈 아이루 마을』의 어포던스 지향에 의한 AI 사례와 『ARMORED CORE V』의 삼차원적인 이동 경로 검색(4gamers)) 『AIに命を. 『ポカポカアイルー村』のアフォーダンス指向によるAI事例と『ARMORED CORE V』の三次元的な移動経路検索 (4gamers)』

http://www.4gamer.net/games/100/G010022/2011090685/

★8장

• 『거리를 만든다』(街を作る)

거리를 만든다고 할 때 게임에서는 건축과 캐릭터를 세트로 하여 생각하는데, 이 방식을 레벨 디자인이라 한다. 즉, 건축과 그 사람의 움직임이 있는 장소를 만들어 캐릭터를 그 속에 끼워넣는 것이다.

『눈으로 보는 게임 AI 실천(군중)』(目でる目ゲームAI実践(群衆)) 타키 켄이치(多喜建一), 미야케 요이치로(三宅陽一郎)(CEDEC2016)

https://cedil.cesa.or.jp/cedil_sessions/view/1537

• 『셀 기반 군중 제어법』(セルベースの群衆制御法)

이 방법은 스테어링 사고 방식에서 힌트를 얻었으며, 아래의 참고서가 있다.

『복잡계의 시뮬레이션 — Swarm에 의한 멀티에이전트 시스템』(複雑系のミュレーション — Swarmによるマルチエージェント・システム) 이바 히토시(伊庭斉志) 저(코로나 사, 2007년)

• 『군중을 많이 만들기 위한 LOD』(群衆をたくさん作るためのLOD)

'LOD(Level of detail)'는 게임 특유의 방법이다. CG와 AI 모두 플레이어에서의 거리에 맞춰 품질을 몇 단계 저하시키는 것이다. 아래의 'GDC Vault'는 매년 샌프란시스코에서 개최되는 'GDC(Game Deveopers Conference: 게임 개발자 회의)'의 강연 자료를 모아 둔 곳이다.

어쌔신 크리드 유니티의 대량 군중: AI 재활용(Francois Cournoyer, "Massive Crowd on Assassin's Creed Unity: AI Recycling") (GDC vault, GDC 2015)

http://www.gdcvault.com/play/1022411/Massive-Growd-on-Assassin-s

• 『팀 표현』(チーム表現)

캐릭터가 집단보다는 조직으로서 질서를 잡고 싶은 경우가 있다. 그러한 경우 구조를 집단으로 집어넣는다. 예를 들어 소개한 것은 『Kilzone』(Guerrilla) 시리즈의 자료이다.

Guerrilla Games Publications

https://www.guerrilla-games.com/read

킬존 2의 멀티플레이어 봇에 대한 AI 전략에 관하여(Alex J. Champandard, "On the AI Strategy for KILLZONE 2's Multiplayer Bots") (AI Game Dev 2010)
http://aigamedev.com/open/coverage/killzone2/

• 『복수의 사고에 의한 투표 시스템』(複数の思考による投票システム)
합의제 알고리즘은 특히 장기 분야에서 연구가 활발히 이루어지고 있다. 장기와 바둑의 인공지능은 전기통신대학에 연구의 한 거점이 있다. 또한 『아카라(あから)』는 정보처리학회의 컴퓨터 장기 프로젝트이다.
정보처리학회 50주년 컴퓨터 장기 프로젝트 『아카라(あから)』
http://www.ipsj.or.jp/50anv/shogi/index2.html

• 『플레이어를 포위하는 방법』(プレイヤーを包囲する方法)
캠프 영화에서는 적이 친절하게도 한 사람씩 순번대로 공격해 온다. 마찬가지로 게임에서도 플레이어에게 조금 무리가 된다고 생각할 정도로 센 전력으로 한 사람씩 공격해 가는 방식이 많다.
쿵후 서클을 넘어 NPC 공격 관리용 유연한 시스템(Michael Dawe, "Beyond the Kung-Fu Circle A Flexible System for Managing NPC Attacks") (GAME AI PRO, 28장)
http://www.gameaipro.com/GameAIPro/GameAIPro_Chapter28_Beyond_the_Kung-Fu_Circle_A_Flexible_System_for_Managing_NPC_Attacks.pdf

★9장

• 『캐릭터의 생활감을 나타낸다』(キャラクターの生活感を出す)
경험적인 게임 속에서 거리 전체의 시끄러움이나 생활감을 나타내는 것은 매우 어려운 일이다. 예를 들어 많은 캐릭터를 내면 활기를 띠게 되지만 섬뜩한 느낌이 들게 되기도 한다. 왜냐하면 거리의 활기란 것이 도대체 어떤 것에서 이루어졌는가 하는 것에 대해 보통은 생각할 기회가 없기 때문이다. 캐릭터의 생활감을 나타내려면 어떤 것이 필요한지를 생각해야 한다. 건축에서는 패턴 랭기지라는 파악하기 어려운 요구를 언어로 정의해 가는 방법이 있으며, 생활감이 있는 거리를 만들기 위한 패턴 랭지지는 아래의 책에 정리되어 있다. 필자도 필요에 따라 참조하고 있다.
『건물 사이의 활동』(建物のあいだのアクティビティ) (얀 게일 저, 키타하라 미치오(北原理雄) 역, 가시마출판회(鹿島出版会, 2011년)

• 『메타 AI로 사용자의 긴장도를 측정한다』(メタAIでユーザーの緊張度を測る)
『메타 AI』라는 용어를 사용한 것은 『심시티』『더 뮤즈』(Maxis) 시리즈로 유명한 윌 라이트이다. 그것을 계속해서 필자가 확장한 것이다. 한편 『AI 디렉터』라는 표현 방법은 발안자인 Valve 사가 확장한 표현이다. 어떻게 부르든지 그 역할은 게임 전체를 제어하는 것이다. 아래에 Valve 사의 강연자료를 모아놓았다. 특히 2009년의 문헌 3건이 AI 디렉터에 관한 중요한 자료이다.
Valve Corporation Publications
http://www.valvesoftware.com/company/publications.html

이들은 일찍이 『팩맨』(나마코)을 만든 야와타니 토오루(岩谷徹) 님이 '셀프 게임 컨트롤 시스템'이라고 부른 것이었다.

『『팩맨』 岩谷 님, 『Rez』 水口 님 등 4인의 크리에이터가 말하는 세계의 게임 디자인론』
『국제 게임 설계자 패널』(International Game Designers Panel) (GameWatch)
http://game.watch.impress.co.jp/docs/20050312/gdc_int.htm

- 『앞으로의 게임 AI』(これからのゲームAI)

절차적 기술에 관해서는 미야타 이치노(宮田一乗) 선생의 연구가 세계의 개척자이다.

『게임과 CG: 절차적 기술』(ゲームとCG: プロシーザル技術) 미야타 이치노(宮田一乗)(영상 정보 미디어 학회지: 영상 정보 미디어 63(8), 2009년)
http://ci.nii.ac.jp/naid/110009669538
『3D 그래픽스 마니악스 77 인공 지성으로 콘텐츠를 생성하는 절차적 기술』(3Dグラフィックス・マニアックス 77 人工知性でコンテンツを生成するプロシーザル技術) 니시카와 젠지(西川善司)(마이나비 뉴스 칼럼)
http://news.mynavi.jp/column/graphics/077/

또한 메타 AI, 절차적 기술, 오픈 월드의 조합은 『Far Cry 4』(Ubisoft, 2005년)에 표현되어 있다.
※액세스 제한 있음

Julien Varnier, "Far Cry's AI: A Manefesto for Systemic Gameplay", GAME AI CONFERENCE 2014
http://archives.nucl.ai/recording/far-crys-ai-a-manifesto-for-systemic-gameplay/

『Warframe』 (Digital Extremes, 2013년)이라는 게임에서도 같은 접근 방식을 취했다.

Daniel Brewer, Alex Cheng, Richard Dumas, Aleissia Laidacker 『AI Postmortems: Assassin's Creed III, XCOM: Enemy Unknown, and Warframe』 (GDC 2013)
http://www.gdcvault.com/play/1018058/

웹상에서 읽을 수 있는 자료도 많으므로 흥미의 방향에 맞게 차근차근 읽어 가면 된다. 무언가 알지 못하는 사항이나 참고 문헌이 더 필요한 경우 필자에게 연락해 주기 바란다.

- 트위터: https://twitter.com/miyayou
- 페이스북: https://www.facebook.com/youichiro.miyake

맺음말

인공지능은 광대한 평원이다. 거기에는 다종 다양한 인공지능이 있고 다양한 지형이 있고 각각에 풍경이 적용되어 변화한다. 인공지능에 대한 그처럼 다양한 풍경의 스케치를 모아서 제공한다는 것이 이 책을 집필한 동기이다.

이런 취지는 마지막 장까지 쓰기를 마친 후에도 변하지 않았다. 필자는 디지털 게임의 인공지능을 12년에 걸쳐 만들어 왔으므로 직접 모험한 디지털 게임용 인공지능의 풍경을 많이 모으게 되었다. 멀리 보이는 내용은 개괄적으로, 가까이 보이는 내용은 상세하게 묘사하였으므로 그런 점에서 독자가 이 책을 읽다 보면 전문성이 깊다고 느낄 때와 얕다고 느낄 때가 있을지도 모르겠다.

인공지능이라는 분야의 매력은 그 다양성에 있다. 바꾸어 말하면 중심성이 없는 것에 있다고도 할 수 있다. 인공지능에는 여기가 중심이라고 부를 만한 부분이 없다. 물론 연구자 입장에서는 자신의 분야야말로 중심이라고 생각할 수 있으므로 인공지능에 대해 10인의 연구자가 말하면 10가지 서로 다른 정의를 내릴 수도 있으리라. 그만큼 혼돈스러운 상황에 있는 인공지능이다 보니 이해하기 쉽게 화제를 한정해서 쓰는 것이 보통이지만 여기서는 가능하면 모든 모습을 있는 그대로 묘사하고 디지털 게임의 인공지능을 중심으로 하면서도 거기서 보이는 풍경을 그려 보았다.

그러나 어떤 주제에도 공통적으로 존재하는 인공지능의 이념 같은 것이 있다. 그것은 서두에서 말했듯이 인공지능은 응용을 전개해 가는 동시에 본질을 천착해 가는 분야라는 것이다. 즉, 응용에 중심을 두고 제작을 전개해 나가면서도 항상 본질에 있는 지능이란 무엇인지 계속 질문해 가는 것이다. 다시 말해서 엔지니어링과 사이언스와 철학이 동시에 이루어지는 것이다. 인공지능의 개발자, 연구자는 항상 자신의 분야에서 그러한 양쪽을 모두 관찰해야 한다.

디지털 게임의 인공지능도 예외는 아니다. 물론 제품으로 출시하는 게임의 인공지능을 제작한다면 동시에 항상 지능이란 무엇인가 하는 궁극의 질문을 지향하면서 천착해 가고 있는 것이다. 다만 제품 안에서는 그러한 사이언스의 측면을 굳이 말하지 않겠지만 말이다.

그래서 이 책은 다양한 디지털 게임의 인공지능을 만들면서 천착해 가는 궁극의 질문에 답해 나가며, 마침내 지능이란 무엇인가 하는 탐구의 결과를 모은 결과이기도 하다. 물론 그 구조는 아직 미완성일지도 모른다.

인공지능은 무심코 막연히 생각하면 어느 사이엔가 멍해진 채 시간이 지나 버리는 분야이기도 하다. 그것은 모호한 분위기를 허용하는 부분이 있고 한 발짝 걸어들어가고 나서 방향을 잃어버리는 일도 많이 있다.

그럴 때에는 한 가지 주제에 초점을 맞춰 생각하는 것이 중요하다. 막연히 일반화하지 말고 의사 결정이나 타기팅, 뉴럴넷(신경망) 등 한정적이고 구체적인 문제를 규명해가면 거기서 일반적인 지능에 대한 원근감을 볼 수 있다. 이 분야는 아직 일반적인 지능을 개발할 수 있을 만큼 성숙하지 않았지만, 각각의 부분은 날이 갈수록 쌓이고 겹쳐서 언젠가는 간단한 원리에 따라 마침내 우리를 닮은 지능을 만들 수 있는 날이 올지도 모르겠다.

인공지능은 세간의 떠들썩한 분위기만큼 성숙하지 않았고 겨우 불안정기가 끝났다고 할 정도의 단계이다. 따라서 성급하게 답을 재촉하다 보면 본질에 다가갈 수 없다. 게임 속의 캐릭터, 청소 로봇, 바둑 AI 모두가 일반적인 것이 아니라 특수한 지능이며, 거기에는 더 일반적인 지능에 연결하는 암시가 숨겨져 있다.

인공지능은 무언가가 가능하게 되었을 때 그와 유사한 것을 할 수 있게 되었다고 말하기가 매우 어려운 것도 한 가지 특징이다. 바둑 AI는 장기를 지향하지 않고 자동 운전은 두 발로 걷는 알고리즘이 아니며 추천 시스템은 의사 결정이 아니다. 특정 문제에 결부된 인공지능은 예를 들어 각각의 문제에서 인간보다 압도적인 수행 능력을 가진다 해도, 그 문제와 유사하더라도 조금이나마 성격이 다르면 인간의 지능처럼 포괄적으로 처리해 내지 못한다. 인간이 가진 은유(metaphor) 능력, 세계를 유연하게 해석하고 문제를 파고드는 능력은 인공지능이 가지고 있지 않다.

문제를 푸는 능력은 인공지능이 사람을 앞지를지 모르지만 문제를 설정하는 능력은 인간 고유의 것으로 계속 남을 것이다. 그것은 세계에 속한 인간이 세계에 묻는 질문이며 우리들이 묻는 질문이란 항상 인간이 세계에 묻는 질문이기 때문이다. 인공지능은 그러한 문제를 푸는 일을 도와 줄 것이다.

게임은 모형의 정원이다. 노이즈가 적고 닫힌 세계이다.

그러나 거기서 전개하는 인공지능은 이윽고 그 모형의 정원을 뛰어넘어 현실 세계로 진출할 것이다. 인공지능은 이 모형의 정원 속에서 세계와 자신의 관계를 배우고 있는 것이다. 지능은 항상 상대적인 것이다. 환경 세계에 대해 형성된다. 현실 세계가 만들어 낸 지능이란 바로 우리들이며 게임 세계가 만들어 낸 지능은 게임 AI이다. 이 두 가지 지능은 세계와 자신의 관계를 모색한다는 의미에서도 많이 닮아 있다. 물론 현재의 게임 AI는 인간에 가깝게 도달하지 못했다.

그러나 우리는 이 게임 AI 속에서 지능의 작은 편린을 볼 수 있을 것이다. 그것은 게임 세계에서 키워지고 이윽고 현실에서 단련되고 결합되어 우리들과 많이 닮은 지능의 원형을 만들어내는 씨앗이 될 것이다. 다만 지금은 그 편린의 반짝임을 하나씩 키워나가며 탐구할 수밖에 없다. 이 책은 그러한 작은 반짝임을 모은 것이다. 이 반짝임은 날이 갈수록 게임 개발자가 개발 중에 발견하게 되는 것, 게임 사용자가 때때로 목격하는 것이다. 그러한 지능의 반짝임에 대한 사이언스와 엔지니어링의 풍경을 이 책에 수집해 놓았다.

지능이라는 파악하기 힘든 것을 파악한다는 것은 애초부터 가능한 일이 아니었다. 그것은 조금 훈련이 필요하다. 어려운 훈련이 아니라 각각의 지능을 특징이 부여된 주제에 대해 생각하고 실제로 자신과 타인을 관찰해 보는 것이다. 정치적인 판단과 어느 빵을 선택할까 하는 판단이 다른 것과 마찬가지이다. 어느 길로 나아간다고 해도 경로 탐색은 서로 다른 것과 마찬가지이다. 지능은 다양한 은유를 구사하면서 아이부터 어른까지 세계를 유연하게 해석해 가는 것이다. 인공지능을 아는 것은 지능의 특징을 하나씩 채택하고 하나의 관점을 수용해 가는 것이다. 그것은 타자를 이해해 가는 단서이기도 한 것이다.

이 책을 통독하여 세계를 새롭게 볼 수 있게 된다면 이 책은 역할을 다한 것이다. 지금까지 무리 없이 이해하고 따라왔다면 각각의 주제에 대해 더 깊은 여정을 떠나는 다음 단계를 준비할 수 있다고 생각한다. 마치 큰 평원의 언덕 위에 서서 지금부터의 풍경을 볼 수 있는 장소까지 온 셈이다. 새로운 지능을 파고드는 다음 모험을 시작할 수 있을 것이다.

감사의 글

이 책은 처음부터 끝까지 기술평론사의 아키야마 에미(秋山絵美) 님이 이끌어 왔기에 비로소 쓸 수가 있었다. 깊이 감사드린다. 대단히 감사드린다.

디자인이나 본문 중의 멋진 일러스트를 마무리해 주신 가토 아이코(加藤愛子) 님은 필자가 대략적으로 스케치한 그림에서 우아하고 정확한 그림으로 완성해 주시고 이 책에 친숙한 느낌을 살려 주셨다.

또한 표지 일러스트를 그려 주신 포모도로사(pomodorosa) 님은 빛과 그림자의 콘트라스트가 잘 살아나 한번 보면 잊을 수 없는 깊은 맛의 표현을, 놀랍게도 기꺼이 맡아 주셨다. 어두운 부분이 전자 회로로 되어 있는 것이 마음에 든다.

집필을 응원해 준 아버지, 어머니, 누님께 감사한다.

끝으로 이런 출판의 기회를 주신 기술평론사, 출판 일에 종사해 주신 모든 분들께 대단히 감사드린다.

2016년 11월　미야케 요이치로(三宅 陽一郎)

색인

아

자

인공지능을 만드는 법

2017. 9. 27. 초 판 1쇄 인쇄
2017. 10. 13. 초 판 1쇄 발행

지은이 | 미야케 요이치로(三宅 陽一郎)
옮긴이 | 이도희
펴낸이 | 이종춘
펴낸곳 | BM 주식회사 성안당
주소 | 04032 서울시 마포구 양화로 127 첨단빌딩 5층(출판기획 R&D 센터)
10881 경기도 파주시 문발로 112 출판문화정보산업단지(제작 및 물류)
전화 | 02) 3142-0036
031) 950-6300
팩스 | 031) 955-0510
등록 | 1973. 2. 1. 제406-2005-000046호
출판사 홈페이지 | **www.cyber.co.kr**
ISBN | 978-89-315-5521-9 (13000)
정가 | 25,000원

이 책을 만든 사람들
책임 | 최옥현
진행 | 조혜란
교정 · 교열 | 장윤정
본문 디자인 | 앤미디어
표지 디자인 | 박원석
홍보 | 박연주
국제부 | 이선민, 조혜란, 김해영
마케팅 | 구본철, 차정욱, 나진호, 이동후, 강호묵
제작 | 김유석

■ 도서 A/S 안내

성안당에서 발행하는 모든 도서는 저자와 출판사, 그리고 독자가 함께 만들어 나갑니다.
좋은 책을 펴내기 위해 많은 노력을 기울이고 있습니다. 혹시라도 내용상의 오류나 오탈자 등이 발견되면 **"좋은 책은 나라의 보배"**로서 우리 모두가 함께 만들어 간다는 마음으로 연락주시기 바랍니다. 수정 보완하여 더 나은 책이 되도록 최선을 다하겠습니다.
성안당은 늘 독자 여러분들의 소중한 의견을 기다리고 있습니다. 좋은 의견을 보내주시는 분께는 성안당 쇼핑몰의 포인트(3,000포인트)를 적립해 드립니다.

잘못 만들어진 책이나 부록 등이 파손된 경우에는 교환해 드립니다.